beck^Ische reihe

b^{sr}

Auch die moderne Welt ist eine von Religionen geprägte Welt: Viele
Götter leben unter uns. Religiöse Glaubensformen und Sprachmuster
beweisen in vielerlei Transformationen erstaunliche Beharrungskraft.
Diesem Gegenwartsbefund verleiht das neue Buch des Münchener
Theologen und Historikers Friedrich Wilhelm Graf historische Tie-
fenschärfe. Er analysiert anschaulich und pointiert die vielfach noch
ungeschriebenen Religionsgeschichten der Moderne als Teil komplexer Wandlungsprozesse von Kulturen und Mentalitäten. Der Zeit-
rahmen spannt sich von den Religionsdebatten um 1800 bis zu den
Menschenrechts- und Globalisierungsdiskursen des frühen 21. Jahrhunderts. Besonderes Interesse gewinnt dabei die Auseinandersetzung mit aktuellen kulturwissenschaftlichen Deutungsmodellen und
die programmatische Überwindung der Engführungen einer konfessionalistischen Religionsgeschichte.

Friedrich Wilhelm Graf, geboren 1948, ist Professor für Systematische Theologie und Ethik an der Universität München und nimmt
daneben zahlreiche weitere Aufgaben wahr, u. a. als Ordentliches
Mitglied der Bayerischen Akademie der Wissenschaften und Präsi-
dent der Ernst-Troeltsch-Gesellschaft. Als erster Theologe wurde er
1999 mit dem Leibniz-Preis der DFG ausgezeichnet. Bei C.H.Beck
erschienen von ihm u. a. «Moses Vermächtnis» (3. Auflage 2006)
und «Der Protestantismus» (2006).

Friedrich Wilhelm Graf

DIE WIEDERKEHR DER GÖTTER

Religion in der modernen Kultur

Verlag C.H.Beck

Dieses Buch erschien zuerst in broschierter Form 2004 im Verlag C.H. Beck und wurde für die vorliegende Neuausgabe in der Beck'schen Reihe um ein Vorwort und ein Postskriptum erweitert.

2., durchgesehene Auflage. 2004
3. Auflage. 2004

1. Auflage in der Beck'schen Reihe. 2007

© Verlag C.H. Beck oHG, München 2007
Umschlaggestaltung: +malsy, Willich
nach einem Entwurf von Uwe Göbel, München
Satz: Fotosatz Janß, Pfungstadt
Druck und Bindung: Druckerei C.H. Beck, Nördlingen
Printed in Germany
ISBN 978 3 406 54808 6

www.beck.de

Inhalt

Vorwort

In seinem berühmten Münchener Vortrag über *Wissenschaft als Beruf* hat Max Weber im November 1917 vom «Kampf der Götter» gesprochen. «Die alten vielen Götter, entzaubert und daher in Gestalt unpersönlicher Mächte, entsteigen ihren Gräbern, streben nach Gewalt über unser Leben und beginnen untereinander wieder ihren ewigen Kampf», erklärte Weber seinen studentischen Hörern. Für seine Religionsdiagnosen griff er auf John Stuart Mills These zurück, daß der Glaube an viele Götter den Menschen sehr viel näher liege als der Monotheismus. Für die Zukunft schloß er das Auftreten bisher unbekannter, neuer Propheten oder eine mächtige Wiedergeburt alter religiöser Gedanken und Ideale nicht aus.

In Webers Bildern läßt sich die Gegenwart als eine Epoche dramatischer Wertkonflikte deuten, in denen Religion eine entscheidende Rolle spielt. Neben dem alten einen Gott der Juden, Christen und Muslime leben wieder viele andere Götter unter uns. Spätestens seit dem 11. September 2001 ist die bleibende Macht des Religiösen unübersehbar deutlich geworden. In religiösen Symbolsprachen kann der Mensch seiner Grenzen innewerden und sich der Grundlagen eines humanen Ethos von Toleranz, legitimer Verschiedenheit und Anerkenntnis des Anderen vergewissern. Religiöse Gewißheiten können sich aber auch in Gewalt, Terror und Massenmord äußern. In religiösen Mythen wird von Engeln und Heiligen erzählt. Doch handeln sie auch von Teufeln und Dämonen. Diese elementare Ambivalenz des Religiösen nötigt zu intensivierter Deutung. Die Spuren der Transzendenz zu lesen und die Symbole religiöser Gewißheit zu interpretieren, ist allerdings ein mühevolles, theoretisch anspruchsvolles Unternehmen.

Religion und Religionen sind keine Spezialobjekte einer einzelnen akademischen Disziplin. Schon seit den Anfängen der modernen historisch-kritischen Religionsforschung im späten 17. und 18. Jahrhundert führen die Vertreter konkurrierender Disziplinen den «Streit der Fakultäten» (I. Kant) um die Frage, welchem Fach die Deutungshoheit über das religiöse Bewußtsein und seine komplexen symbolischen Welten zukomme. Seitdem hat sich das Spektrum der universitären Fächer, die religiöse Lebenswelten zu erkunden versuchen, zunehmend differenziert. Der großen Vielfalt der Angebote auf den religiösen Weltanschauungs- und Sinnstiftungsmärkten der Moderne entspricht ein nicht minder breiter, aber auch diffuser Pluralismus der wissenschaftlichen Deutungsmodelle.

Im 19. Jahrhundert bildete sich ausgehend von Großbritannien und den Niederlanden allmählich die neue kulturwissenschaftliche Disziplin «Allgemeine Religionsgeschichte» oder «Religionswissenschaft» heraus. Diese okzidentale Religionswissenschaft lebt bis in die unmittelbare Gegenwart von einem dezidierten Emanzipationspathos gegenüber den traditionellen akademischen Religionsdeutern, den christlichen Theologen. Auch dieser permanente Streit zwischen den Theologen, die Binnenperspektiven des (zumeist: christlich-konfessionell bestimmten) religiösen Bewußtseins einzunehmen versuchen, und den «allgemeinen» Religionswissenschaftlern, die im Anspruch auf Objektivität, analytische Distanz und Werturteilsfreiheit Außenperspektiven auf gelebte Religion entwerfen wollen, läßt sich als ein konstitutives Phänomen der Religionsgeschichten der Moderne deuten: Wie jede andere Bewußtseinseinstellung kann Religion immer von innen *und* von außen beobachtet werden. Das Bild, das sich ein frommer Mensch von seinem Glauben macht, ist niemals in die analytischen Deutungssysteme restlos integrierbar, die gelehrte Religionsexperten von außen entwickeln. Binnensicht und Fremd- oder Außenwahrnehmungen sind bleibend inkongruent. Keine der Perspektiven läßt sich sinnvoll verabsolutieren. Denn eine Internperspektive ist ebenso mit Begrenzungen verbunden wie die Wahrnehmungshorizonte externer Beobachter. Es ist nur naiver Dogmatismus, für eine einzige Perspektive ausschließliche oder von vornherein überlegene Wahrnehmungsfähigkeit zu beanspruchen. Theologie, die als «intellektuelle Rationalisierung religiösen Heilsbesitzes» (Max Weber) die Selbstdeutungen einer bestimmten Konfession oder Religionsgemeinschaft vernünftig auslegt, und Religionswissenschaft, die religiöse Sinnwelten analytisch distanziert zu erschließen versucht, sind in ihren Spannungen und unausweichlichen Konflikten aufeinander angewiesen.

Aby Warburgs Polemik gegen «grenzpolizeiliche Befangenheit»

und das «einflußreiche Grenzwächtertum» in den Geistes- und Kulturwissenschaften ist gerade in Sachen Religion hilfreich. Im vielfältig verminten, durch hohe Tabuschranken segmentierten Feld der kulturwissenschaftlichen Disziplinen, die mit Religion befaßt sind, setze ich auf die Überwindung disziplinärer Grenzen und die *bricolage* von Elementen heterogener Theorien. Die exklusive Bindung an einen einzigen Theorieheiligen, an dessen akademischer Gedenkstätte das Opfer unbedingter Hingabe und der Ritus der einen, reinen Begrifflichkeit zu feiern wäre, besitzt für einen protestantischen Theologen nur Züge blasphemischen Personenkults.

Die hier gesammelten Texte sind in den letzten sechs Jahren geschrieben worden. Sie sind teils an mehr oder minder entlegenen Orten schon publiziert worden, teils bisher unveröffentlicht. Alle Texte wurden für dieses Buch tiefgreifend überarbeitet und miteinander verknüpft.

Im ersten Teil werden drei Theorieangebote zur Deutung moderner Religion skizziert. Im zweiten Teil problematisiere ich zunächst in drei Fallstudien ältere Sichtweisen der Religionsgeschichten der Moderne und zeichne grundlegende Entwicklungen nach. Die seit 250 Jahren vielfältig variierten Verfallsmuster, in denen man die modernen Religionsgeschichten mit Metaphern von Untergang, Niedergang, Glaubenskrise, Werteerosion, Abfall, Glaubensverlust, Entchristlichung, Entkirchlichung und Säkularisierung deutete, werden begriffs- und diskursgeschichtlich historisiert. So wird die begrenzte analytische Tragweite dieser Deutungsangebote sichtbar. Die Geschichten der Religion in der Moderne lassen sich in teleologischen Narrativen – auch Erzählungen von Verlust und Niedergang sind nur negative Teleologien – nicht angemessen erfassen. Aufmerksamkeit verdienen gerade die vielfältigen Transformationen alter religiöser Symbole, die in neuen, etwa politischen Kontexten, eine erstaunliche Präge- und Faszinationskraft bewahren. Dies wird am Beispiel der modernen Nationalismen gezeigt. Im Anschluß analysiere ich in zwei Studien über Religion, kapitalistische Globalisierung und Kulturkonflikt die hohe Veränderungsdynamik in religiösen Wandlungsprozessen der Gegenwart.

Unter Religionswissenschaftlern ist es seit zwanzig Jahren Mode, programmatisch auf allgemeine Begriffe der Religion zu verzichten.

In der Tat ist «Religion» nur ein okzidentales Konstrukt des 17. und 18. Jahrhunderts, das in den postmodernen Orientalismus-Debatten zu Recht dekonstruiert wurde. Gleichwohl steckt im Verzicht darauf, trennscharfe typologische Begriffe der Religion zu bilden oder, im Sinne Max Webers, Idealtypen für Vergleiche zu entwerfen, auch viel hermeneutische Naivität. Wird Religion nicht mehr begrifflich präzise bestimmt, droht bloß ein ubiquitärer Gebrauch des Religionsbegriffs. Alle Götter erscheinen dann nur noch blaß und grau, und die vielen Götzen moderner Immanenzreligionen wandern wie einst die Geister der unerlösten Toten unruhig und ziellos im Intellektuellendiskurs umher.

Im dritten Teil problematisiere ich die irritierend schnelle, voreilige Preisgabe prägnanter Religionsbegriffe. Gewiß gibt es gute Gründe dafür, mit den Einsichten Michel Foucaults und anderer Theoretiker eines postmodernen Dekonstruktionismus alle Denkformen, die der Idee von Vernunft und Universalisierungsfähigkeit verpflichtet sind, herrschaftskritisch zu relativieren. Aber im emphatischen Lob der Differenz verbirgt sich häufig nur der Wille zu unbedingter Macht oder zur tendenziell totalitären Entgrenzung von Religiösem und Politischem. Die Religionswissenschaften bedürfen deshalb der Auseinandersetzung mit normativen Fragen, wollen sie nicht jede gesellschaftliche oder politische Relevanz verlieren. Für die reflektierte Pflege von Normativität stehen im Ensemble der religionshermeneutischen Wissenschaften vor allem die konfessionellen Theologien einschließlich der Jüdischen Studien. Ihre besondere Rolle innerhalb der Universitäten liegt nicht zuletzt darin, die akademischen Religionsdeuter anderer Fakultäten oder Fächer daran zu erinnern, daß religiöser Glaube Dimensionen menschlichen Lebens erschließt, die «das Endliche» transzendieren und auf Gott verweisen. Religionswissenschaftler, die alle Normativitätsprobleme von vornherein als unwissenschaftlich diskreditieren, sollten bei Max Weber in die Schule gehen. Für seinen konsequenten Verzicht darauf, sich im Medium wissenschaftlicher Theorie überhaupt zu «Wertfragen» zu äußern, war der kulturprotestantisch sozialisierte Heidelberger Gelehrte als dezidiert moralisches Individuum den Preis eines «heroischen Skeptizismus» zu zahlen bereit. Viele postmoderne Religionswissenschaftler machen es sich demgegenüber allzu leicht: Sie geben sich wertfrei, ohne auch nur über eine mögliche implizite Normativität ihrer religions-analytischen Konzepte und Deutungsmuster nachzudenken, insze-nieren sich aber gern als softe Gurus eines religiösen *anything goes*. Mit einer solchen Denkhaltung kann man weder tolerante Aner-kennung religiöser Vielfalt sichern noch gar demokratischen Staat machen.

Vorworte sind Gedenkorte akademischen Dankes. Frau Judith Bernstein hat mich im universitären Alltag mit hoher Kompetenz intensiv unterstützt. Herr Dr. Hans Cymorek hat mir bei den Re-daktionsarbeiten an diesem Buch weit über akademische Konven-tionen hinaus mit klugem Rat und entschiedener Tat zur Seite ge-standen. Die Deutsche Forschungsgemeinschaft (DFG) hat mich mit Hilfe des Leibniz-Preises darin bestärkt, auch jenseits der diszipliná-ren Grenzen der Theologie die Religionsgeschichten der Moderne mit höchst unterschiedlichen Theoriebrillen zu sehen. Inwieweit sich so ein neues Bild erzeugt, muß jeder Leser für sich entscheiden.

München, am 6. September 2003   *Friedrich Wilhelm Graf*

Vorwort zur Neuausgabe

Autoren sind eitel. Sie möchten gern gelesen werden und freuen sich, wenn ihre Texte unter die Leute kommen. «Die Wiederkehr der Götter» hat viel Resonanz gefunden. Drei Auflagen gleich im Erscheinungsjahr 2004 sowie zwei Sonderausgaben spiegeln die öffentliche Hochkonjunktur der Religionsthematik. Eigene Beachtung verdienen die zum Teil kontroversen Debatten, die meine Deutungsvorschläge provoziert haben. Ein bekannter römisch-katholischer Fundamentaltheologe hat meiner «neuen liberalen Theologie» den Untergang vorausgesagt: «Wenn, wie zu erwarten steht, der Kapitalismus seinen Blindflug bald beendet und zerschellt, dann wird diese ‹Theologie› mit ihm vergehen.» Die Empiriehaltigkeit dieser starken Prognose vermag ich selbst nicht zu beurteilen.

Das auf den folgenden Seiten Entwickelte ist inzwischen in diversen kleineren Studien sowie in «Moses Vermächtnis» und «Der Protestantismus. Geschichte und Gegenwart» fortgeschrieben worden. Über den bisweilen allzu friedhofsruhigen Gang der akademischen Glaubensdeutungsdinge und neue diskursive Trends in den Religionskulturkämpfen der Gegenwart informiert das Postskriptum 2007 am Ende dieser Neuausgabe.

Abermals ist zu danken: Herrn Dr. Ulrich Nolte vom Verlag C.H. Beck für verläßliche Unterstützung und Herrn Dr. Hans Cymorek für das intensive freundschaftliche Dauergespräch.

Berlin, am 21. Mai 2007 *Friedrich Wilhelm Graf*

Religion ist auf die Agenda der modernen Wissenschaften zurückgekehrt. Uralte Fragen haben neue Brisanz gewonnen. Der antike
Streit um den einen Gott und die vielen Götter wird nun in Kontroversen über die Frage fortgeführt, ob der Monotheismus die Quelle
fanatischer Intoleranz und religiös motivierter Gewalt sei. Meisterdenker des postmodernen Dekonstruktionismus beerben die Traditionen «negativer Theologie», Philosophen und Psychoanalytiker
rufen emphatisch zur Verteidigung des christlichen Erbes auf, und
Jürgen Habermas hält seine Dankesrede anläßlich der Verleihung
des Friedenspreises des deutschen Buchhandels über das einst von
ihm als alteuropäisch verabschiedete Thema «Glauben und Wissen». Neuzeithistoriker entdecken in ihrer Gedächtnisarbeit, daß
fragile Erinnerung auf religiösen Symboltransfer angewiesen bleibt,
soll sie kurze politische Rhythmen überdauern. Neurobiologen ordnen in ihren Laboratorien des Menschenversuchs religiöse Bewußt-
seinszustände wie mystischer Ichverlust, Selbsttranszendenz und
absolute Gottesnähe einzelnen Hirnregionen zu und wollen die för-
derlichen Wirkungen gelebter Religion auf den Seelenhaushalt des
Menschen messen. Mediziner streiten über mögliche Vermittlungszusammenhänge zwischen gelebter Frömmigkeit und Gesundheit
des Menschen; in neuen Sprachspielen werden hier klassische Debatten über die habituelle Prägekraft ernstgenommenen Glaubens
in der Lebensführung reinszeniert. Politikwissenschaftler beschwören die kommunitären Bindungskräfte der Religion, um gegenläufig
zu liberalem Individualismus und wachsender Prädominanz kapitalistischer Nutzenegozentrik der parlamentarischen Demokratie
neue sozialmoralische Ressourcen zu erschließen. Auch neoliberale
Ökonomen verstehen Religion als entscheidende Quelle zur Bildung und Akkumulation jenes Vertrauenskapitals, ohne das weder
produktive Interaktion auf Märkten noch sonstige ökonomische
Kooperation gelingen kann. Medienwissenschaftler analysieren die

Alltagsrituale im Medienkonsum vieler Menschen gern in religionstheoretischen Perspektiven und suchen das Fernsehen aufgrund seiner lebensstrukturierenden Ordnungsleistungen als eine Quasi-Religion zu deuten, die durch Kosmisierung Sinnhorizonte stabilisiert. Selbst liberale Ethiker, die lange die Verallgemeinerungsfähigkeit eines universalistischen Menschenrechtsethos durch strikt formale Rationalität sowie die funktionale Differenzierung von Moral und Glaube zu sichern suchten, akzeptieren zunehmend die mögliche ethosproduktive Leistungskraft der Religion. Auch die traditionellen akademischen Deutungsexperten für das Religiöse, die Theologen und Religionswissenschaftler, bemühen sich verstärkt, der Hochkonjunktur ihres ureigenen Themas gerecht zu werden. Die Bereitschaft, die eigene religionsanalytische Deutungskompetenz zu stärken und innovative Perspektiven zur Wahrnehmung dramatisch beschleunigter religiöser Wandlungsprozesse zu entwickeln, verbindet sich bei vielen Universitätstheologen mit einer neuen Sensibilität für die Vielfalt gelebter christlicher Religion. Auch die Religionswissenschaften haben die hochdifferenzierten Symbolwelten der Gegenwartsreligionen mit neuen analytischen Instrumenten zu erkunden begonnen. Im wissenschaftlichen Diskurs der letzten Jahre findet Dietrich Rösslers bekannter Satz «Religion ist überall»[1] eine eindrucksvolle Bestätigung.

Das verstärkte wissenschaftliche Interesse an Religion und Religionen erklärt sich primär durch die vielfältigen Renaissancen des Religiösen, die seit den 1970er Jahren weltweit zu beobachten sind. In den Universitäten ist Religion zum Trend-Thema geworden, weil sie vor allem außerhalb Europas an kulturpraktischer Stärke gewonnen hat. Mit einigen betriebstypischen Verzögerungen folgt die wissenschaftliche Aufmerksamkeitsökonomie nur den Konjunkturschwankungen auf den Religionsmärkten vieler moderner Gesellschaften. Dieser triviale Sachverhalt bedarf eigener Beachtung. Denn das modische Interesse vieler Wissenschaftler an religiösen Emotionen, Symbolen, Riten, Praktiken und Semantiken garantiert noch keineswegs ein besseres, vertieftes Verständnis gelebter Religion. Trotz ihrer eilfertigen Buße, dank allzu schematischer, eindimensionaler Modernisierungskonzepte dem einen Gott oder den vielen Göttern vorschnell einen Totenschein ausgestellt zu haben, kultivieren westliche Intellektuelle in Sachen Religion häufig einen elitären Deutungsgestus und besserwisserische Arroganz. Noch immer prognostizieren viele kluge Vordenker ein Ende der Religion mit eben jener glaubensstarken Erwartungssicherheit, mit der jüdische Gläubige vom Kommen des Messias oder fromme Christen von der eschatologischen Wiederkunft ihres Herrn überzeugt sind. Ihr säkularisierungstheoretisches Dogma lautet, daß gesellschaftliche Modernisierung mit unaufhaltsamer Rationalisierung aller Lebensbereiche, funktionaler Differenzierung und radikaler Verwissenschaftlichung der Welt- und Selbstdeutung des Menschen verbunden sei. In solchen religionsdiagnostischen Niedergangsprognosen steckt viel Ignoranz. Kein Intellektueller brüstet sich öffentlich damit, literarisch ungebildet zu sein. Kein Angehöriger der alldeutenden Reflexionsklasse mag gern als Kunstbanause gelten. Doch zu Religion und Christentum kann man als Intellektueller auch dann das Wort ergreifen, wenn man sich selbst als «religiös unmusikalisch» erfährt. Nun soll nicht behauptet werden, daß allein religiös musikalische Virtuosen die großen Symbolkunstwerke der Religionsgeschichte oder manche schrillen Religionskompositionen des 20. Jahrhunderts angemessen zu hören vermögen. Subjektive Religiosität oder gelebter Glaube sind keine notwendigen Bedingungen, um Religion verstehen zu können. Die theoretisch anspruchsvolle Aufgabe, Religion zu deuten, setzt aber mehr als nur elementare Religionsbildung und religionsanalytische Unterscheidungsfähigkeit voraus. Gefordert ist auch die Kompetenz, soweit theoretisch überhaupt möglich, Binnenperspektiven religiösen Bewußtseins nachzuvollziehen. Dazu muß man bereit sein, sich auch auf die Nachtseiten der Vernunft zu begeben und die eigene Deutungskraft von Mythen, Symbolen und Riten zu erschließen versuchen.

Doch welcher halbwegs nachdenkliche Wissenschaftler mag ernsthaft den Anspruch erheben, er könne verstehen, was in tief religiösen Menschen vor sich geht, die im Namen ihres Gottes anderen die Hölle auf Erden bereiten, um selbst in den Himmel ihrer religiösen Sehnsüchte zu gelangen? Wer kann die Selbstzeugnisse der Frommen aus anderen religiösen Kulturen verstehen wollen, wenn ihm die jüdischen und christlichen Herkunftsgeschichten der eigenen westlichen Kultur fremd geworden sind? Wer verfügt über die Deutungskompetenz für den Hokuspokus wundersamer Zauberei, der in einer vermeintlich säkularen Welt das Alltagsleben vieler

Menschen, von den Astrologie-Ratsuchenden bis zu den Halloween-Kürbiskopfschnitzern, durchdringt? Religiöses Bewußtsein wirkt häufig hermetisch, es scheint sich den gängigen Methoden kulturwissenschaftlicher Erkenntnis zu entziehen. Seinen symbolischen Welten eignet ein sperriger Eigensinn, der im rationalen Begriff nicht aufgeht.[2] Im heftigen akademischen Methodenstreit mag denn auch die Ratlosigkeit der Intellektuellen angesichts der Grenzen ihrer religionsdeutenden Vernunft aufscheinen. Je dunkler es im Wald der Theoriebäume bleibt, desto lauter wird gepfiffen.

Moderne Religion zu deuten, heißt in erster Linie, die schnelle Pluralisierung der Religionskulturen seit dem 18. Jahrhundert zu verstehen. Die Religionsgeschichten der Moderne sind innerhalb wie außerhalb Europas durch eine extrem hohe Konfliktdynamik geprägt. Religiöse Homogenität, das zumindest offiziell einheitliche Glaubensbekenntnis der Bevölkerung eines Territoriums, ist zum Ausnahmefall geworden. In aller Regel sind moderne Gesellschaften religionspluralistisch verfaßt. Der offensive Transfer des eigenen Glaubens in andere Kulturen durch Mission, gigantische Migrationsbewegungen, kapitalistische Transformation traditionaler Gemeinwesen und globale, durch neue Kommunikationsmedien und Informationstechnologien beschleunigte Ideenzirkulation haben dazu geführt, daß an immer mehr Orten Menschen unterschiedlichen religiösen Glaubens miteinander leben und neue Regeln der Koexistenz finden müssen. In den krisenreichen Prozessen kapitalistischer Modernisierung und politischer Demokratisierung sind zudem viele religiöse Gemeinschaften in antagonistische Religionskulturen auseinandergebrochen; aggressiv geführte religions- bzw. konfessionsinterne Kulturkämpfe zwischen Reformern, Modernisten oder religiös Liberalen einerseits und Traditionalisten, Konservativen und Neu-Orthodoxen andererseits gewinnen ihre Schärfe durch gegensätzliche Auslegungen der normativen, als kanonisch geltenden Heiligen Schriften sowie durch konkurrierende Deutungen der Lehrüberlieferungen und alternative moralische Optionen. Die großen Konfliktpotentiale in modernen Religionsgeschichten resultieren also nicht nur daraus, daß durch verstärkte räumliche Koexistenz die Angehörigen unterschiedlicher Religionen und Glaubensgemeinschaften unter härtere Zwänge von Grenzziehung und Identitätsbehauptung geraten. Kulturkämpfe zwischen verschiede-

nen Religionen oder Konfessionen und politische Auseinandersetzungen um Rechte, Machtchancen und kulturellen Einfluß der
unterschiedlichen Religionsgemeinschaften sind vielmehr auch verbunden mit starken religions- bzw. konfessionsinternen Polarisie-
rungstendenzen. Neue Weltanschauungen, neureligiöse Bewegungen und «politische Religionen» erhöhen noch den Druck auf
traditionale Religionsgemeinschaften, sich in polymorphen religionskulturellen Umwelten zu behaupten. Die schnelle Verwissenschaftlichung der menschlichen Lebensführung konfrontiert überkommene religiöse Sinnproduzenten zudem mit Deutungssystemen,
deren Repräsentanten häufig Konkurrenz- und Überbietungsansprüche erheben, Religion beerben wollen und ihren Wissenschaftsglauben als einzig zukunftsfähiges Credo wahrer Humanität verkünden. Dieser neue Pluralismus symbolischer Kapitalien zwingt
religiöse Organisationen und Gruppen zur permanenten Identitäts-
arbeit, zu erhöhter Konzentration auf Grenzziehungen und stabili-
sierende Mechanismen von Exklusion und Inklusion.

Der pluralistischen Signatur moderner Religionskulturen korrespondiert eine große Vielfalt religionsdiagnostischer Deutungsangebote. Besondere Aufmerksamkeit verdienen drei Konzepte: die vor
allem in den USA entwickelte *religious economics*, die den religiösen Pluralismus in Marktmodellen zu erfassen versucht; erste An-
sätze einer *shared history*, die strukturell analoge Entwicklungen in
den verschiedenen Religionen und Konfessionen sowie grenzüber-
schreitende Kommunikations- und Austauschprozesse in den Blick
nimmt; die Theorie des «religiösen Feldes», die die harten Positionskämpfe konkurrierender Religionsprofessionals und die konfliktreichen Verhandlungen über die osmotisch durchlässigen Grenzen des Religiösen zu verstehen erlaubt.

a) Religious economics, *oder: Religiöser Pluralismus im Marktmodell*

1963 veröffentlichte Peter L. Berger in *Social Research* seine Studie
A Market Model for the Analysis of Ecumenicity.[3] Der prominente
Religionssoziologe beschrieb hier zwei widersprüchlich erscheinen-
de Entwicklungen auf den religiösen Märkten der USA: Einerseits

ließen sich vielfältige neue Kooperationen zwischen den verschiedenen Denominationen, Zusammenschlüsse diverser kleinerer Gemeinschaften zu neuen Kirchen sowie eine intensive Rezeption der in Europa im frühen 20. Jahrhundert begründeten ökumenischen Bewegungen beobachten. Andererseits zeigten sich in allen Denominationen und Konfessionskirchen der USA verstärkt auch Tendenzen der Reformulierung alter konfessioneller Identitäten. Diese Prozesse der Rekonfessionalisierung waren nicht als bloße Wiederentdeckung oder «re-affirmation» alter denominationeller bzw. konfessioneller Identitäten zu deuten.[4] Noch vor den einschlägigen Arbeiten Eric Hobsbawms erklärte Berger vielmehr, daß man nicht von einer «rediscovery» oder Wiederentdeckung, sondern einer «invention», also Erfindung konfessioneller Tradition sprechen müsse, um die Prozesse neuer Selbstbesinnung auf die je eigene konfessionelle Identität angemessen deuten zu können.[5] Konfessionelle Identität gibt es nicht, sondern sie wird in bestimmten sozialen, kulturellen und religiösen Umwelten je nach Bedarf erzeugt und konstruiert, lautete Bergers Botschaft. Dann aber, so der zweite Schritt seiner Argumentation, sei es falsch, von einem Gegensatz oder von Widersprüchen zwischen den ökumenischen Aufbrüchen des 20. Jahrhunderts einerseits und den Prozessen neuer «Erfindung» konfessioneller Identitäten andererseits auszugehen. Berger verknüpfte mikrosoziologische Analysen von Prozessen der Identitätskonstruktion in einzelnen Denominationen und «protestant main line churches» mit einem makrosoziologischen Modell, das es erlauben sollte, die paradox scheinende Gleichzeitigkeit von ökumenischem Aufbruch und Neuerfindung konfessioneller Identitäten verständlich zu machen. Für sein makrosoziologisches Modell orientierte er sich an Konzepten der modernen neoliberalen Wirtschaftswissenschaften. Die Erschließungs- oder analytische Leistungskraft seines Modells wachse in genau dem Maße, in dem man experimentell dazu bereit und imstande sei, die Denominationen und Kirchen einmal als ökonomische Akteure auf den Religionsmärkten moderner pluralistischer Gesellschaften zu betrachten: «the denominations involved in the paradoxical situation are perceived as economic units which are engaging in competition within a free market».[6] Für den amerikanischen religiösen Markt wies Berger nach, daß die von den Bürokratien der einzelnen Denominationen und Kirchen organisierte praktische Ökumene, d. h. die projektbezogene konkrete Kooperation mit anderen religiösen Gemeinschaften, häufig auch den ökonomischen Imperativen der Senkung von Kosten und der Optimierung von Dienstleistungen folgte. Man habe den harten Wettbewerb zwischen den konkurrierenden Anbietern religiöser Dienstleistungen rationalisieren wollen. Ein ungebändigter laissez-faire-Kapitalismus sollte durch einen Prozeß der Kartellbildung abgelöst werden, bei dem die religiösen Märkte zwischen den verbleibenden Anbietern aufgeteilt wurden. Berger sprach von «ecclesiastical mergers», Kirchenfusionen mit kumulativem Effekt.[7] Neue Erfindungen konfessioneller Identitäten sind also nicht als religionskulturelle Regression, sondern als zweckrationale Optimierungsstrategie religiöser Akteure unter den Bedingungen eines zunehmend durch Kartellbildung geprägten Marktgeschehens zu begreifen. Denn sofern durch Kartellbildung die Produkte kleinerer Anbieter vom Markt verschwinden, drohen die verbleibenden Produkte unter Zwänge der Standardisierung und Entspezifizierung zu geraten. Wie lassen sich die Konsumenten dann noch von der Überlegenheit eines spezifischen religiösen Produkts überzeugen? Berger prägte die Formel von «quality through competition». In den komplexen Spielen von Angebot und Nachfrage, die für moderne Konsumgesellschaften kennzeichnend seien, hänge der Markterfolg eines Produkts entscheidend davon ab, daß seine besondere Qualität sichtbar werde. Unabhängig von der Frage der materialen Güte religiöser Produkte und Dienstleistungen seien alle Anbieter auf religiösen Märkten gezwungen, mit Blick auf die Konsumentenautonomie ihre Produkte möglichst optimal zu «verpacken». Gerade religiöse Dienstleister seien zunehmend darauf angewiesen, für ihre Güter und Leistungen ein spezifisches Image zu pflegen. Der neue «Konfessionalismus» lasse sich deshalb als ökonomisch rationale Reaktion auf die Marktbedingungen deuten: Je mehr die Produkte und Dienstleistungen der verschiedenen Anbieter sich faktisch glichen, desto größeres Gewicht gewinne «marginal differentiation», die gezielte Herstellung von Differenzen zwischen Angeboten und die bewußte Herausstellung der besonderen Eigenschaften und Unterscheidungsmerkmale eines Produkts. Je mehr Anbieter auf religiösen Märkten agieren, desto intensiver muß jeder von ihnen seine *corporate identity* pflegen, will er gegen seine Konkurrenten Marktanteile gewinnen, sichern oder ausbauen. Religiöser Pluralismus erzeugt erhöhten religions-spezifischen Identitätspräsentationsbedarf.

Im Zusammenhang mit Bergers anderen Arbeiten über den modernen religiösen Pluralismus[8] und seinen inzwischen klassischen Studien zur konstruktivistischen Erkenntnistheorie und Soziologie des Wissens trug sein «Market Model for the Analysis of Ecumenicity» dazu bei, daß Sozialwissenschaftler und Ökonomen seit den späten sechziger Jahren des 20. Jahrhunderts die mögliche heuristische Kraft ökonomischer Begriffe und Modelle für die Wahrnehmung und Deutung religiösen Wandels in der Moderne erkundeten. Vor allem die neoliberale *Chicago School* der Wirtschaftswissenschaften förderte die Entwicklung einer eigenständigen *religious economics*, die im englischen Sprachraum inzwischen als eine relativ eigenständige sozialwissenschaftliche Disziplin institutionalisiert ist. Eine wichtige Rolle spielten dabei die Arbeiten des 1992 mit dem Wirtschaftsnobelpreis geehrten Gary S. Becker, der als Schüler Milton Friedmans seit den 1960er Jahren über «Humankapital» forschte und «irrational behavior» in ökonomischen Begriffen zu deuten versuchte. Konsequent überschritt er die Grenzen einer rein mathematischen Ökonomik hin zu den Sozialwissenschaften und begann über die Liebe, den Altruismus, den Egoismus und «sexual divisions of labor» zu schreiben. Dabei suchte er den Nachweis zu führen, daß selbst vermeintlich irrationale Handlungen aus rationalen Nutzenkalkülen hervorgehen und sein *economic approach* auch die Allokation symbolischer Güter verständlich werden lasse.[9]

Auch mit Blick auf Gottesglauben, Religiosität und Frömmigkeit, also häufig als äußerst irrational angesehene Bewußtseinseinstellungen oder Mentalitäten, erwies sich die klassische *rational choice theory* als äußerst erkenntnisproduktiv.[10] Modelle rationaler Wahl erlaubten innovative Einsichten in die Funktionsweise von Sinnmärkten und das Konsumentenverhalten unter den Bedingungen relativ offener, nicht oder kaum regulierter Märkte. Mit den Mitteln der «economics of piety»[11] konnten die schnelle Durchsetzung des Christentums in der antiken Welt differenzierter als bisher beschrieben,[12] Gewinner und Verlierer in der religiösen Ökonomie der USA identifiziert[13] und die «human side of religion» sowohl mit Blick auf den frommen Einzelnen als auch bezüglich der inneren Dynamik religiöser Gruppen neu bestimmt werden.[14]

Religiöse Prozesse mit Mitteln der *rational choice*-Theorie deuten zu wollen, impliziert eine folgenreiche Voraussetzung: Unterstellt wird, daß Individuen sich in ihren religiösen Entscheidungen nicht anders verhalten als Konsumenten bei anderen Objekten ihrer Wahl. Sie handeln infolge einer Güterabwägung, in der sie *costs* und *benefits* vergleichen, und suchen ihren Nutzen zu maximieren. Auch auf freien religiösen Märkten steuert die Nachfrage das Angebot. Die «economics of piety» erlaubte es darüber hinaus, Konjunkturen religiösen Verhaltens präziser als früher nachzuzeichnen und die Frage nach den Gründen des Erfolgs einer Religion oder Konfession gegenüber ihren weniger erfolgreichen Konkurrenten aufzuwerfen. Sie lenkte die Aufmerksamkeit der Religionsforscher auf die bemerkenswerte Vielfalt religiöser Güter und Dienstleistungen, die in scharfer Marktkonkurrenz zueinander stehen. Kirchen und andere religiöse Sinnunternehmen offerieren ihren Kunden nicht nur spezifische Heilsgüter wie Glaubensgewißheit, Seelenfrieden, Befreiung von Sündenangst oder Erlösung, sondern verbinden die Vermarktung der traditionellen kirchlichen Sinnprodukte und Seelendienstleistungen – Wortverkündigung und Sakramente sowie Kasualien: Kommunion, Konfirmation oder, im jüdischen·Fall, Bar Mizwah, und Trauung und Beerdigung – zunehmend mit einer Ausweitung ihrer Produktpalette und Serviceangebote. Die klassische Seelsorge wird durch klientelspezifische Beratungsdienste ausgebaut und professionalisiert, gottgebotene Nächstenliebe wird in sozialdiakonischen Assistenz- und Betreuungsangeboten institutionalisiert, und um der Pflege ihres religions- oder konfessionsspezifischen symbolischen Kapitals willen gehen Religionsanbieter aggressiv auch in die Bildungsmärkte hinein, um in ihren Kindergärten, Schulen und Hochschulen Kunden mit hoher Unternehmenstreue heranzubilden. Die ausgeprägte Kundenorientierung diverser Dienstleister auf Religionsmärkten zeigt sich auch darin, daß sie nach der Seele des Menschen zunehmend seinen Leib entdeckt haben: In Bildungswerken der römisch-katholischen Kirche oder in protestantischen Einrichtungen werden Schnupperkurse für spirituelles Atmen, Yoga-Übungen und Praxisseminare für sensiblere Massagetechniken angeboten. Versammelten sich einst der erwecklich-fromme Jungfrauenverein zu Gesang, Häkeln und Gebet im Gemeindehaus oder der Bibelkreis der Männer zur geschlechtsspezifischen

Schriftlektüre, so können in kirchlichen Akademien nun Frauen, die sich als unterdrückt erleben, im Bibliodrama ihr wahres, feministisch transformiertes weibliches Selbst entdecken und Männer sich dank endlich eingeübter Zärtlichkeit ihrer schwachen, soften Ich-Anteile bewußt werden.

Die moderne *religious economics* gewinnt ihre spezifische analytische Leistungskraft nicht zuletzt daraus, daß sie neben den symbolischen Kapitalien, die auf Religionsmärkten getauscht werden, auch die finanziellen Ressourcen der Anbieter, ihre Umsätze, Gewinne und möglichen Verluste in den Blick zu nehmen erlaubt. Die modischen Konjunkturen einer «Kulturgeschichte», die die Sozial- und Gesellschaftsgeschichtskonzepte der 1970er Jahre abzulösen beansprucht, haben vergessen lassen, daß auch weiche Güter des Geistes in harten Währungen bezahlt werden müssen. Der römische Papst gründete schon 1605 eine Bank mit dem schönen Namen *Banco di Santo Spirito*, jüdische Organisationen legen eigene Investmentfonds auf, islamische Banken stellen mit speziellen Anleihemodellen sicher, daß das Zinsverbot beachtet wird, und geschäftstüchtige Caritas- und Diakoniefunktionäre gründen immer neue Unternehmen und Service-GmbHs, um trotz der Gemeinwohlbindung der übergeordneten Sozialholding legal Gewinne verbuchen zu können. Wer den himmlischen Herrscher verkündigt, hat irdische Kosten, braucht also Geld.

Auf Religionsmärkten geschieht «God selling», lautet die prägnante Formel amerikanischer Religionsökonomen wie Robert L. Moore.[15] Trotz ihrer bahnbrechenden Arbeiten sind die ökonomischen Grundlagen moderner Religionsmärkte bisher nur vage erkundet. Zwar liegen beispielsweise einzelne Studien zu Vermögen, Haushalt und staatlicher Alimentierung der beiden großen Kirchen in der Bundesrepublik vor. Auch gibt es Untersuchungen zum Spendenaufkommen besonders aggressiv werbender religiöser Akteure, etwa verschiedener Missionsgesellschaften und karitativ tätiger Organisationen. So ist bekannt: Hochengagierte Fromme in religiösen Kleingruppen, also – traditionell gesagt – in Sekten, geben für ihren Glauben zumeist sehr viel mehr Geld aus als die Mitglieder religiöser Großorganisationen. Auch in vermeintlich säkularisierten europäischen Gesellschaften investieren Sinnsuchende Mittel in astrologische Beratung, Kartenlesen und Esoterik-Literatur. Vergleichsweise gut erforscht sind die bemerkenswert erfolgreichen Geldsammelaktivitäten nordamerikanischer religiös-konservativer Fernsehprediger, deren laut schreiender Flimmerkistengott Tag für Tag die Kassen klingeln läßt. Zudem haben Religionswissenschaftler für zahlreiche Klöster, Tempel und sonstige Kultorte relativ präzise rekonstruiert, wie das hier arbeitende Priesterpersonal seinen Unterhalt erwirbt und wieviel Geld fromme Pilger einsetzen müssen, um die begehrten religiösen Produkte erwerben zu können. Dennoch besteht mit Blick auf die elementaren Finanzierungsstrukturen und Tauschmechanismen religiöser Märkte ein großes Forschungsdefizit. Wieviel Geld zahlen Gläubige an ihre Religionsgemeinschaft? Welche zusätzlichen Investitionen tätigen sie für ihr Seelenheil? Was ist es ihnen wert, daß ihre Vorfahren kultisch ordentlich bestattet werden und ihnen auf den unsicheren Wegen ins Jenseits der Beistand der Religionsprofessionals garantiert bleibt? Was verdienen akademisch ausgebildete Pfarrer, Priester und Rabbiner im Vergleich zu anderen Hochschulabsolventen? Wo, wie und für welche Zwecke reinvestieren religiöse Organisationen die Gewinne, die sie erzielt haben? Fragen dieser Art sind von Historikern der antiken Religionen, Mediävisten und Religionsethnologen, den akademischen Spezialisten für komplexe Tausch- und Transferprozesse, vielfältig gestellt worden. In der Erforschung der Religionsgeschichten der Moderne haben sie bisher nur am Rande Beachtung gefunden. Die Religionsökonomie sensibilisiert dafür, daß Kulturgeschichten moderner Religion nur auf windigen Fundamenten errichtet werden, bleibt ihre ökonomische Basis außer acht. Gerade die modernitätsspezifischen Pluralisierungstrends und die von vielen Anbietern betriebene Erweiterung ihrer Produktpalette zwingen zu erhöhter Aufmerksamkeit für die banalen geschäftlichen Dimensionen verstärkten Konkurrenzdrucks. Denn vermutlich gilt die Regel: Je mehr Götter ins Pantheon der Moderne gestellt werden, desto teurer wird Religion für eine Gesellschaft.

Seit den 1970er Jahren entwickelten in den USA führende Religionsökonomen wie Laurence R. Iannaccone, Roger Finke und Rodney Stark ein Pluralismustheorem, das inzwischen durch mehrere große empirische Studien zu den Religionsmärkten Nordamerikas verifiziert worden ist:[16] Auf offenen Märkten mit relativ vielen konkurrierenden Religionen oder Konfessionen läßt sich insgesamt ein sehr viel höheres Maß an religiöser Partizipation beobachten als unter Bedingungen, in denen Religion, etwa aufgrund überkommener hoher Staatsnähe, nicht marktförmig organisiert ist und es wegen der traditionellen Monopolstellung einer Religionsgemeinschaft oder nur sehr weniger Anbieter kein differenziertes Angebot und keinen relevanten religiösen Pluralismus gibt. Je entwickelter, lebensweltlich akzeptierter der religiöse Pluralismus, desto mehr steigt die Partizipationsbereitschaft der Religionskunden, lautet eine zentrale Einsicht der modernen Religionsökonomie. Unter den Bedingungen religiöser Konsumentenautonomie stimulieren differenzierte Angebote eine verstärkte Nachfrage. Es wird mehr ausgegeben, und die Religionsumsätze erhöhen sich.

Fragestellungen und Konzepte der neueren Religionsökonomie sind in den deutschsprachigen akademischen Debatten bisher nur zum Teil rezipiert worden. Doch ist ihre Leistungskraft unübersehbar: Die vor allem in Chicago entwickelten theoretischen Modelle erlauben es, das Handeln religiöser Akteure spielerisch einmal in anderen, möglicherweise erkenntnisfördernden Außenperspektiven wahrzunehmen. Sowohl die Aktivitäten der diversen Anbieter als auch das Konsumentenverhalten lassen sich in den Modellen der *religious economics* präziser als in den Begriffen der klassischen Religionssoziologie bestimmen. Denn der Sprache der modernen Ökonomie eignet eine spezifische Rationalität. Ökonomische Konzepte und Modellbildungen ermöglichen es, Zielsetzungen genau zu beschreiben, Kosten und Nutzen zu bilanzieren, mögliche Gewinne und Verluste mit hoher Präzision zu kalkulieren und die Kursschwankungen an den virtuellen Börsen der Sinnmärkte zu erfassen.

Viele Religionswissenschaftler haben die Religionsgeschichten der europäischen Moderne mit Narrativen erzählt, in denen christliche Kirchen, jüdische Gemeinden und andere religiöse Gruppen nur als Opfer eines ihnen aufgezwungenen Schicksals in den Blick kamen. Im Sinne eines zumeist unbegriffenen dogmatischen Sozialdeterminismus wurde unterstellt, daß religiöse Akteure modernitätsspezifische Prozesse wie Aufklärung, Industrialisierung, kulturelle Pluralisierung nur passiv erleiden, nicht aber aktiv mitgestalten. Ökonomische Modelle erlauben es demgegenüber, kirchliche Institutionen, religiöse Organisationen (wie beispielsweise kirchennahe Vereine und Verbände) und Gruppen von Frommen als kollektive Akteure ernst zu nehmen. Wie andere historische Prozesse sind moderne Religionsgeschichten durch ein unendlich komplexes Gewebe von überindividuellen Strukturen langer Dauer, kurzfristigen Trends, unterschiedlichen Erfahrungsräumen und Zukunftserwartungen, widerstreitenden Interessen und Handlungsintentionen sowie sich vielfältig überlagernden Aktionen von Individuen und kollektiven Akteuren geprägt. Gerade in den Religionsgeschichten der Moderne muß deshalb die sogenannte «human agency» sehr stark gewichtet werden. Zu fragen ist dann: Wie nehmen die Anbieter religiöser Produkte und Dienstleistungen den Religionsmarkt und ihn mitbestimmende sozialstrukturelle, politische und kulturelle Wandlungsprozesse wahr? Was tun sie, um ihren Markterfolg zu sichern und zu verbessern? Welcher Strategien bedienen sie sich, um ihre *corporate identity* zu pflegen? Wie reagieren sie auf sich verändernde Rahmenbedingungen, auf Verschiebungen im Konsumentenverhalten oder den Verlust von Marktanteilen?

In den Begriffen der nordamerikanischen Religionsökonomie ist ein modernisierungstheoretisches Dogma destruiert worden: die Vorstellung, religiöse Organisationen in einer bestimmten Gesellschaft oder einem spezifischen Religionskulturraum erlitten aufgrund externer Megatrends – wie beispielsweise «Säkularisierung», «Verwissenschaftlichung», «Konsumismus» – notwendig das gleiche Schicksal. Religiöse Akteure reagieren auf sich ändernde Rahmenbedingungen und steigende Konsumentenautonomie jedoch höchst unterschiedlich. Das Spektrum ihrer Reaktionsmöglichkeiten reicht von theologisch induzierter Wahrnehmungsresistenz und notorischer Selbstveränderungsverweigerung bis hin zu professionalisierter Welt- und Selbstbeobachtung sowie der damit häufig verbundenen Bereitschaft, Anpassungsflexibilität zu entwickeln und kundenorientiert zu handeln. Forschungen zu den Religionsgeschichten verschiedener europäischer Gesellschaften im langen 19. Jahrhundert haben gezeigt, daß manche Kirchen auf die Traumata krisenhaft erlittener Modernisierung bemerkenswert intelligent reagierten. Sie revitalisierten lange vergessene kultische Praktiken und Riten, um gerade den vielen Modernisierungsverlierern in bedrohlicher Unübersichtlichkeit zu neuer starker Identität zu verhelfen. Sie nahmen die dramatischen sozialen Krisenphänomene ernst, indem sie mit Diakonie, Caritas und klug organisierter Nächstenliebe Netzwerke kommunitärer Solidarität knüpften und Menschen am Rande der Gesellschaft neue Lebenschancen eröffneten. In anderen Kirchen waren relevante Teilgruppen der Pfarrerschaft, der in allen religiösen Großorganisationen wichtigsten Funktionselite, bereit, die überkommenen symbolischen Bestände und theologischen Lehren um der Kommunikationsfähigkeit mit den neuen bürgerlichen Sozialgruppen willen tiefgreifend zu reformulieren und mit den alten religiösen Zeichen den Bürgern ihren eigenen Wertehimmel zu bauen. Klassische Beispiele dafür sind der deutsche Kulturprotestantismus[17] und das vor allem in Deutschland entworfene, später in andere europäische Gesellschaften und vor allem die USA exportierte Reformjudentum. Einige Kirchen reagierten auf die höchst widersprüchlichen geschichtlichen Entwicklungen eher verunsichert und defensiv, andere entschieden offensiv. Vergleichende Untersuchungen des britischen Sozial- und Religionshistorikers Hugh McLeod haben die große Vielfalt der Krisenwahrnehmungen und Reaktionsmuster in den kirchlichen Funktionseliten verschiedener europäischer Länder gezeigt.[18]

Mit Blick auf die Verschärfung der Konkurrenz im Zeichen eines sich globalisierenden Kapitalismus haben sich Wirtschaftswissenschaftler in den letzten Jahren verstärkt auf die Frage konzentriert, wie komplexe Unternehmen auf offenen Märkten ihre *corporate identity* bewahren können. Identitätssicherung ist eine zentrale Aufgabe unter den Bedingungen wachsender differenzierter Nachfrage nach spezialisierten Produkten, die von vielen Produzenten angeboten werden. Schon Peter L. Berger hatte behauptet, daß gerade komplexe Religionsunternehmen mit einem breiten Angebot unterschiedlicher Produkte und Dienstleistungen einer erhöhten Identitäts(re-)präsentation bedürfen. In zahlreichen Einzelstudien zu den Religionsgeschichten der Moderne ist seine These vielfältig bestätigt worden. Auf pluralen Religionsmärkten gewinnen die Anbieter mit starker Marke. Aggressives *God selling* und das Angebot harter, streng bindender Religion sind insgesamt erfolgreicher als die konventionelle Vermarktung von Produkten hoher Mehrdeutigkeit und Unbestimmtheit. Am Beispiel der hochentwickelten Religionsmärkte der beiden Amerikas läßt sich jedenfalls zeigen, daß eine zunehmend größere Zahl von Konsumenten ganz harte Religionsprodukte bevorzugt. In den USA gehören die alten protestantischen *main line churches* zu den Verlierern. Gewinner sind dezidiert konservative Anbieter der «religiösen Rechten». Analoges läßt sich in verschiedenen lateinamerikanischen Gesellschaften beobachten, wo die römisch-katholische Kirche durch Konversion viele Mitglieder an charismatische Gruppen und Sekten verliert. Der große Erfolg solcher Sekten und überhaupt der vielen charismatisch-christlichen Bewegungen läßt sich wohl dadurch erklären, daß harte Religionen den Konsumenten sehr viel bieten: Indem sie hohes religiöses Engagement, dichte Vergemeinschaftung, strikt zu beachtende moralische Normen und erhebliche Finanzmittel fordern, erschließen sie den in ihnen vergemeinschafteten Menschen in pluralistischer Unübersichtlichkeit und verängstigender Unsicherheit eine starke, stabile Identität, krisenresistente Welt- und Zeitdeutung, geordnete Familienstrukturen und dichte Netzwerke der Solidarität. Im Himmel ihres autoritären Vatergottes herrschen die klaren Verhältnisse unumstößlich evidenter Wahrheit, die im Diesseits schon antizipiert werden.[19]

Kontrovers wird diskutiert, inwieweit sich die Leitbegriffe, Modelle und Hypothesen der nordamerikanischen Religionsökonomie für die Erforschung der modernen europäischen Religionsgeschichten fruchtbar machen lassen. Die Kritik betrifft insbesondere das Pluralismustheorem, das der vergleichsweise hohen religiösen Konsumbereitschaft in konfessionshomogenen Ländern wie Irland oder Griechenland nicht gerecht wird. In Irland existiert aufgrund der traditionell engen Beziehungen zwischen Staat und römisch-katholischer Kirche kein freier religiöser Markt. Starke staatliche Reglementierung und massive Vorherrschaft des katholischen Monopolisten werden von einer äußerst kirchentreuen Bevölkerung akzeptiert, so daß hier das Theorem, religiöses Engagement werde durch mehr Marktkonkurrenz und diversifizierte Angebote stimuliert, als falsifiziert erscheint. Mit solchen empirischen Einwänden verbindet sich häufig die prinzipielle Kritik, daß in ökonomischen Modellen nur die Außenseite menschlichen Verhaltens erfaßbar werde, nicht aber das religiös Entscheidende, die Innenwelt der Emotionen, der kränkenden Verletzungen, Heilungshoffnungen und Wünsche nach Ganzheit. Gegen diese Kritik läßt sich einwenden, daß die Religionsökonomie für das Gewicht harter, materieller Faktoren sensibilisiert und besser als andere theoretische Modelle die große Vielfalt der Produkte sichtbar machen kann, die die miteinander konkurrierenden religiösen Organisationen aus ökonomischem Nutzenkalkül und institutionellem Eigeninteresse anbieten. Doch herrscht auf Religionsmärkten tatsächlich eine der Konkurrenz auf anderen Märkten vergleichbare agonale Situation zwischen den unterschiedlichen Anbietern? Die Modelle von *rational choice* oder freier Produktwahl setzen voraus, daß die Religionskonsumenten wirklich das für sie subjektiv beste und günstigste Produkt wählen. In Religionskulturen mit hohen Konversionsraten und der gleichzeitigen Partizipation der Individuen an den Angeboten verschiedener religiöser Organisationen mögen *rational choice*-Modelle aufschlußreich sein. Auf sehr stark regulierten Märkten, in denen offene Konkurrenz durch rechtliche Privilegierung der traditionellen Großanbieter signifikant eingeschränkt ist, eignet den *rational choice*-Konzepten deutlich geringere Erschließungskraft. Durch verstärkte Pluralisierung der europäischen Religionskulturen dürften aber religionsökonomische Modelle an analytischer Leistungskraft gewinnen. Denn sie haben den großen methodischen Vorzug, den *homo religiosus* als freien Akteur ernst zu nehmen, der über den Gott, den er sich wählt, unbeschadet der Einbindung in ein dichtes Geflecht von Traditionen und Konventionen autonom entscheidet.

b) Shared history, *oder: Religiöser Pluralismus im Konfessionsvergleich*

Die Erforschung des Wandels religiöser Mentalitäten in der Moderne konfrontiert Religionshistoriker und Religionsdeuter anderer Disziplinen mit komplexen methodischen Problemen. Einerseits können Religionswissenschaftler lange Listen mit Definitionen von «Religion» vorweisen, in denen das spezifisch Religiöse jeweils ganz unterschiedlich bestimmt wird. Andererseits sprechen zahlreiche Religionswissenschaftler einem allgemeinen Religionsbegriff jede heuristische Leistungskraft ab und wollen «Religion» aus dem wissenschaftlichen Sprachgebrauch gestrichen sehen. In diesen Dauerdebatten um eine trennscharfe religionsanalytische Begrifflichkeit spiegelt sich auch der hochambivalente, schillernde Charakter des

Religiösen. Relevante Erkenntnisse über moderne Religion wird nur gewinnen können, wer sich einen skeptischen Sinn für die Fragwürdigkeiten des akademischen Betriebs bewahrt hat. Über Religion wissen auch kluge akademische Religionsexperten in aller Regel sehr viel weniger, als sie aus nachvollziehbaren Gründen ihrer wissenschaftsgeschäftlichen Selbstbehauptung prätendieren müssen.

Methodische Fragen stellen sich unabhängig von einer bestimmten religiösen Lebenswelt oder Konfessionskultur. Produktive Einsichten lassen sich nur gewinnen, wenn die jeweils prägenden Glaubensvorstellungen der Gläubigen in ihrer inhaltlichen Bestimmtheit erschlossen werden. Der Religionsforscher muß gleichsam den religiös-kulturellen Code in den Symbolwelten der Gläubigen entschlüsseln. Das erste Gebot konstruktiver Religionsforschung lautet, religiösen Glauben als Glauben ernst zu nehmen. Glaube läßt sich in analytisch distanzierten Außenperspektiven zunächst als ein symbolischer Kosmos bestimmen, der dem Frommen eine existentielle Gewißheit erschließt, die sein Leben in allen seinen Dimensionen neu wahrzunehmen erlaubt. Religiöser Glaube transzendiert jede endliche Perspektive auf Mensch und Welt, sofern er alles *sub specie Dei* zu sehen beginnt.

Seit den großen Kontroversen um die idealistischen Religionsphilosophien des späten 18. und 19. Jahrhunderts und hier speziell die Hegelsche Religionsphilosophie mit ihrem Versuch der «Aufhebung der religiösen Vorstellung in den Begriff» streiten akademische Religionsdeuter über die Frage, inwieweit sich religiöse Vorstellungsgehalte rational rekonstruieren lassen. Aus diesem gelehrten Streit läßt sich für eine realistische, um Nähe zu den Phänomenen bemühte Erforschung moderner Religionsgeschichten lernen, den unaufhebbaren Eigensinn der Vorstellungen, Symbole, Riten und irrational scheinenden Praktiken anzuerkennen. Will ein Religionsforscher den Glauben der Frommen analytisch ernst nehmen, muß er ihre Sündenangst, Erlösungsbedürftigkeit und Versöhnungshoffnungen nachzuvollziehen versuchen. Er muß ihre dramatischen Bilder falschen Lebens sehen, um die Emotionsintensität ihrer Visionen gelingenden Lebens ahnen zu können. Er muß erkennen, wie den Frommen ihr Gott dazu verhilft, die Welt sinnhaft zu deuten und diffuses Leben in eine kohärente Lebensgeschichte zu überführen.

Religiöser Glaube erschöpft sich jedoch nicht darin, symbolische

Weltsichten und Lebensentwürfe zu formen. Existentielle Relevanz eignet ihm gerade dadurch, daß er über spezifisch religiöse Praktiken hinaus die «Lebensführung» der Frommen in allen ihren Dimensionen bestimmt, von der Ordnung der Zeit über die Berufsauffassung bis hin zum Geschlechterverhältnis und den Distinktionen zwischen legitimer und illegitimer Sexualität. Seit den klassischen religionssoziologischen Arbeiten Emile Durkheims, Max Webers, Georg Simmels, Ernst Troeltschs und William James' ist viel über mögliche Vermittlungszusammenhänge zwischen Religion und Ethosbildung gestritten worden. Die schnellen religiösen Wandlungsprozesse der letzten dreißig Jahre haben erneut dafür sensibilisiert, wie stark gelebte Frömmigkeit Moralität und Sittlichkeit bestimmt. Je nach dem Grad seiner subjektiven Intensität formt religiöser Glaube den Habitus eines Menschen und durchdringt die Selbstbilder der Frommen bis in die tiefsten Schichten der Subjektivität. Deshalb darf der Religionsforscher religiöse Symbolwelten nicht als bloße Zeichensysteme sehen, als Texte, die nur neue Textualität erzeugen. Um komplexe Vermittlungszusammenhänge zwischen Religion und Lebensführung, Glaube und Persönlichkeit deuten zu können, müssen Religionsforscher religiöse Selbstzeugnisse und theologische Texte mit *charity* lesen können. Auch gegenüber hermetisch anderen, zutiefst fremden Symbolsprachen und religionskulturellen Praktiken bedarf es des elementaren hermeneutischen Vertrauensvorschusses, daß sie irgendwie sinnvoll sind – auch wenn sich dieser Sinngehalt dem Forscher erst allmählich oder überhaupt nicht erschließt.

Ethnologen haben seit dem späten 19. Jahrhundert die hohe Relevanz mündlicher Überlieferungen und vieler kleiner Zeichen, etwa flüchtiger Gesten, kurzer Augen-Blicke und peripherer Alltagsrituale, für die Tradierungsfähigkeit religiöser Symbolwelten betont. Selbst in der klassischen Verbalreligion, dem Protestantismus, ist religiöse Kommunikation niemals auf Wort und Schrift beschränkt. Bei den in ferne Welten reisenden Religionsethnologen und den Religionshistorikern der vielen alten Zeiten, von der Antike bis zu den Frühen Neuzeiten, können die Deutungsexperten moderner Religion lernen, daß sich religiöser Glaube auch in einem staunenswerten Reichtum materieller Objekte Anschaulichkeit verschafft. Götterbilder, Ikonen, Taufkerzen, Gebetsschals, Breviere, Weihnachtsbäume, siebenarmige Leuchter, Heiligenbildchen und auch der Religionskitsch, den Pilger vielerlei Glaubens gern von ihren Reisen mitbrachten und auch heute noch ins Wohnzimmer stellen, sind in ihrer spezifischen Materialität immer auch als Indizien religiöser Gefühlszustände zu lesen, als Medien von Andacht, stillem Gebet, Ehrfurcht, Gottvertrauen, Selbstversenkung, konzentriertem Schweigen und Besinnung auf die Jahresrhythmen religiöser Zeitordnung. Religion zeigt sich auch im Freitagsfisch und koscheren Sliwowitz, in der Kleiderordnung der Priester und Prediger, in der Sakralästhetik von Kirchen, Moscheen, Synagogen, Gemeindezentren, Trauerhallen und Friedhöfen, in den privaten Grabmälern für die Toten und dem nationalen Totengedenken vor den Altären des Vaterlandes. Religionen und Konfessionen bilden als Symbol- und Deutungsgemeinschaften zugleich Emotionsgemeinschaften, Gemeinschaften generationenübergreifenden kollektiven Erinnerns, in denen die kultische Memoria den Individuen im Gedenken an die Gestorbenen zugleich ein reflexives Verhältnis zur eigenen Sterblichkeit erschließt.

Religionen und Konfessionen sind komplexe Deutungskulturen, durchzogen von vielfältigen sozialen, politischen, frömmigkeitspraktischen und moralischen Trennlinien. Auch spielen geschlechtsspezifische Einstellungen und Weltsichten eine sehr wichtige Rolle für Religiosität und glaubensmotivierte Karität. Dichte religiöse Vergemeinschaftung hebt viele feine Unterschiede nicht auf. Um Binnenperspektiven religiösen Glaubens, soweit möglich, nachvollziehen zu können, müssen Religionswissenschaftler die Beziehung einer Gruppe von Frommen (oder eines frommen Einzelnen) zu andersdenkenden Gruppen oder Gemeinden ihrer eigenen Religionsgemeinschaft verstehen und die Konfliktthemen erkennen, die zu Streit und Fraktionierungen bis hin zu Schismen führen. Häufig wirken solche Konflikte deshalb so polarisierend, weil speziell religiöse Dissense, etwa in Fragen der autoritativen Lehre, der Hermeneutik der heiligen Texte oder der Religionsmoral, durch soziale Interessengegensätze und politische Positionsbildungen verstärkt werden.

Immer neu müssen religiöse Gemeinschaften prekäre Balancen zwischen entschiedener Abgrenzung und pragmatischer Offenheit aushalten. Religionsgemeinschaften oder Konfessionen gewinnen ihre Identität nicht rein aus sich selbst, etwa durch Pflege ihrer autoritativen kultischen Überlieferungen und die Prozesse permanenter Auslegung ihrer heiligen Schriften und Bekenntnistexte. In pluralistischen Religionskulturen läßt sich Identität nur im diskursiv riskanten Spiel immer neuer Grenzziehungen sichern; keine gelingende Inklusion ohne prägnante Exklusion. Insoweit ist es für jede Religionsgemeinschaft entscheidend, wie sie ihr Verhältnis zu den «Ungläubigen» oder «Andersgläubigen» reguliert. Ein Religionsforscher wird den Binnenperspektiven bestimmter Frommer erst gerecht, wenn er die Strategien ihrer Identitätskonstruktion durch Distinktion und Abgrenzung nachvollziehen kann.

Verstärkte religiöse Pluralisierung, interne religionskulturelle Gruppenbildung und vielfältige krisenreiche Traditionsbrüche zwangen alle Religionsgemeinschaften seit der «Sattelzeit» des späten 18. und frühen 19. Jahrhunderts zu intensivierter kollektiver Selbstreflexion. Identitätsdiskurse waren ein Medium, um in zutiefst verunsichernden, weil sich fortwährend und immer schneller verändernden kulturellen Umwelten ein zunehmend prekärer werdendes Selbstsein zu sichern. Im irritierenden Wandel der «neuen Zeit» setzten Kirchen und jüdische Gemeinden verstärkt darauf, sich der Loyalität ihrer Mitglieder durch neue Erinnerungsakte zu versichern. Neben die überkommenen Gottesdienste traten neue konfessionelle Feiertage, an denen die heroisierten Ursprünge der Gemeinschaft erinnert wurden. An eigenen Erinnerungsorten sollten konfessionsspezifische Gedächtniskulturen institutionalisiert und im Rückblick auf die Geschichte zugleich die Zukunftsfähigkeit erinnerter Konfessionalität beschworen werden. Identitätsstärkender Memoria dienten auch neue Bekenntnisdiskurse in den akademischen Theologien und in der «Wissenschaft des Judentums», die sich dezidiert als Praxistheorie zur Stärkung der jüdischen Minderheit verstand. Christliche Theologen begannen seit 1800 damit, die überkommene dogmatische Ekklesiologie zu einer stärker empirisch orientierten Kirchentheorie umzuformen, die den sozialen Ort der Kirche als einer Gemeinschaft *sui generis* in der «neuen Zeit» zu vermessen erlaubte. In neuen Subdisziplinen der Theologie wurden neben den überkommenen Lehrunterschieden zwischen der römisch-katholischen Kirche und den protestantischen Kirchen nun dezidiert auch die ethischen und religionskulturellen oder frömmig-

keitspraktischen Differenzen zwischen Katholizismus und Protestantismus zu bestimmen versucht. Durch klassisch historistische
Strategien wissenschaftlichen Erinnerns – wie neue, umfassende
Editionen der Werke Luthers und anderer Reformatoren oder
durch die Sammlung der lutherischen Bekenntnistexte des 16. Jahrhunderts – sollte eine klar konturierte protestantische Konfessions-
identität gestiftet werden. Systematisch korrespondierte damit die
Konstruktion eines «protestantischen Prinzips», das dem autoritativen «Wesen des Katholizismus» entgegengesetzt werden konnte.
Auch wurden die schon im frühen 18. Jahrhundert begonnenen
Versuche der phänomenologischen Beschreibung konfessionsspezifischer Habitus verwissenschaftlicht, etwa in der seit dem Vormärz
entstehenden «Konfessionskunde» und in vergleichenden Untersuchungen über die unterschiedlichen ethischen Überlieferungen
der christlichen Konfessionen.

Die komplexen Mechanismen konfessioneller Identitätspräsentation lassen sich exemplarisch an den Debatten um die «jüdische
Identität» verdeutlichen. Auch in den jüdischen Gemeinschaften
wurde Identität durch normative Festlegungen zu stiften versucht
und etwa die unbedingte Treue zur Thora zur Substanz wahren
Jüdischseins erklärt. Gelehrte Rabbiner und die Vordenker der
«Wissenschaft des Judentums» entwarfen zudem Bilder jüdischer
Geschichte, die sie für verbindlich erklärten, um den Juden durch
den Hinweis auf ihren göttlichen Ursprung und ihre Kontinuität im
Wandel der Zeiten, vom Auszug aus Ägyptenland bis zur unmittelbaren Gegenwart, zu einem kollektiv geteilten Herkunftswissen zu
verhelfen. In den Mustern der Konstruktion solcher verbindlicher
Geschichtsbilder und der Beschwörung normativer Ursprungsmythen gibt es zwischen jüdischen Geschichtsdenkern und den christlichen Historikern keinerlei relevante Differenzen. Immer wurde die
widersprüchliche Vielfalt des Historischen auf klare Linien reduziert, die bis in die unmittelbare Gegenwart ausgezogen werden
konnten. In allen Religionsgemeinschaften arbeiten sich gelehrte
Theologen und Religionshistoriker an dem Problem ab, daß die
Konstruktion kollektiver Religionsgruppenidentität unumgänglich
mit entschiedener Abgrenzung nach außen hin verknüpft ist. Denn
was für Nationen gilt, trifft analog auch für Religionen und Konfessionen zu: Keine starke Identität ohne klares Feindbild.

Zur Bestimmung des Jüdischen bedarf es insbesondere der Selbstunterscheidung von den anderen monotheistischen Weltreligionen,
ohne daß sich jüdische Identität in der Negation von Christentum
und Islam erschöpfte. Strukturell Analoges gilt für die verschiedenen christlichen Konfessionskirchen, die ihre konfessionellen Identitäten nur durch wechselseitige starke Negationen gewinnen und
stabilisieren können. Die christlichen Kirchen bedürfen der prägnanten Selbstunterscheidung vom Judentum, das zumeist als eine
definitiv überholte, religionshistorisch obsolete Religion diskrimi-
niert wurde. Die gelehrten Auseinandersetzungen um die Deutungshoheit über das Alte Testament bzw. die Hebräische Bibel lassen
sich auch als religionspolitischer Kampf um knappe symbolische
Ressourcen deuten. Wem das Alte Testament gehörte, der konnte
mit David und Salomo monarchische Legitimität erzeugen, mit den
Unheilspropheten einer babylonisch sündhaften Moderne Gottes
drohendes Gericht ankündigen oder mit den Siegen Israels über seine Feinde den eigenen Kriegsnationalismus legitimieren. Ähnliche
Interpretationskämpfe wurden zwischen den christlichen Konfessionen und in der theologischen Diskriminierung der Juden auch mit
Blick auf die Gestalt Jesu von Nazareth geführt. Denn in der christlichen Entjudaisierung Jesu und im Streit konkurrierender Christo-
logien ging es um das «Zentralindividuum» der vom Christentum
geprägten Kulturen. Deshalb wurden die konfessionellen Kämpfe
um die *imago Jesu* und die fundamentalpolitischen Auseinandersetzungen um konkurrierende Milieuchristologien mit großer polemischer Leidenschaft geführt. Im Bilderstreit um den göttlich-idealen
Repräsentanten wahrer Humanität ging es immer auch um Legiti-
mitätsgrundlagen der religiös-politischen Ordnung.

Religiöse Gemeinschaften zehren vom Traditionskapital gemein-
schaftsstiftender Mythen und großer Meta-Erzählungen. Im komplexen Zusammenspiel von Vergegenwärtigung der eigenen normativen Überlieferungen und Selbstunterscheidung vom fremden
Anderen gewinnen religiöse Identitätsentwürfe deshalb eine Aura
starker Substantialität. Der konstruktive Charakter religiöser Identität wird abgeblendet und der essentialistische Schein zeitübergrei-
fenden Selbstseins erzeugt. Diese ontologisierende Fixierung von
Konfessionsgrenzen verbindet sich im akademischen Religionsdiskurs seit dem 18. Jahrhundert mit einer Wesens-Rhetorik, die neben

der in allem geschichtlichen Wandel fortdauernden Sichselbstgleichheit einer Religion oder Konfession auch der Überlegenheit des eigenen Glaubens gegenüber den vielen minderwertigen Bekenntnissen der anderen Geltung verschaffen soll.

«Wir – andere»-Unterscheidungen, die für jede religiöse Identitätskonstruktion grundlegend sind, gewinnen nicht allein in gezielt dramatisierten theologischen Lehrgegensätzen, sondern auch in symbolischen Distinktionscodes Gestalt. Jeder religiösen Gruppenidentität sind Stereotypen des fremden Anderen eingestiftet, Vorurteile über «die Juden», «die Katholiken», «die Freidenker» oder «die Muslime». Heterostereotypen sollen in Prozessen alltäglicher Kommunikation und Kooperation die Mechanismen von Inklusion und Exklusion stabilisieren. In diffuser religiöser Vielfalt erzeugen Vorurteile neue Übersichtlichkeit und klare Verhältnisse. Auch wenn es an derzeitige Tabuschranken und die Grenzen des religionspolitisch korrekt Sagbaren rührt, ist im Blick auf die Strategien religiöser Identitätsproduktion zu betonen: Es läßt sich keinerlei kollektiv bindende religiöse Identität ohne starke Negation jeweils anderer Glaubensweisen erzeugen. Jeder Entwurf jüdischer Identität bedarf einiger Elemente des Antichristianismus. Alle Gestalten des Christentums sind konstitutiv durch Abgrenzung vom Judentum bestimmt. Entsprechendes gilt auch für identitätskonstitutive Beziehungen auf andere Religionen, etwa auf den Islam. Kollektive religiöse Identität bedarf immer einer Folie, eines Anderen, das in Stereotypen, Fremdrepräsentationen, Vorurteilen und Praktiken der Diskriminierung als Anderes präsent gehalten wird.

Die Religionsgeschichten der Moderne zu erforschen, konfrontiert die Wissenschaftler mit der schwierigen Einsicht, daß sich keine religiös neutralen Perspektiven entwerfen lassen. Selbst konfessorische Atheisten können trotz ihres subjektiv postreligiösen Aufklärungspathos nicht vergessen machen, daß sie in den Prozessen ihrer Sozialisation immer auch von den religionskulturellen Überlieferungen des Christentums (oder des Judentums, Islams und so fort) mitgeprägt wurden und als Bürger eines demokratischen Gemeinwesens beispielsweise an den freiheitsdienlichen Unterscheidungen von Politischem und Religiösem partizipieren, die auch eine Konkretion christlicher Differenzierungen der zwei Regimente oder Reiche Gottes sind. Religionshistoriker welcher Herkunft auch immer tun insoweit gut daran, ihre Erzählmuster mit starken Reflexivitätselementen zu verknüpfen, um mögliche konfessionsspezifische Konstruktionselemente ihrer Deutungsperspektiven zu bedenken. Aber niemandem stehen Reflexionsinstrumente zur Verfügung, um die möglichen blinden Konfessionsflecken zum Verschwinden zu bringen.

Die lebensgeschichtliche Prägung des Historikers durch eine bestimmte Konfessionskultur schließt kritische Distanz zu den Gegenständen seiner Forschung nicht aus. Daß ein protestantischer Intellektualhistoriker sich vorrangig mit protestantischen Denkwelten und Gelehrtenmilieus beschäftigt, impliziert noch keine generelle Unfähigkeit, die Geschichten der eigenen Konfession oder des eigenen akademischen Faches (etwa der Theologie) mit kritisch analysierendem Blick zu sehen. Aber die lebensweltlich naheliegende, präreflexive Konzentration auf die Geschichte der eigenen Konfession führt in aller Regel dazu, daß vergleichende Perspektiven in der Forschungspraxis nur eine marginale Rolle spielen. Protestanten schreiben die Geschichte ihrer Konfession häufig aus Binnenperspektiven und sehen in den gleichzeitigen und häufig parallelen Geschichten der Katholiken, der Juden und der diversen Frei- oder Neureligiösen bestenfalls die Umwelt ihres Untersuchungsobjekts. Analoges gilt für die Erforschung des Katholizismus und für die in den letzten dreißig Jahren vielfältig intensivierte jüdische Geschichtsschreibung. Es mangelt an Arbeiten, in denen strukturelle Analogien und parallele Entwicklungen innerhalb jüdischer und christlicher Lebenswelten analysiert werden. Auch werden die religiösen Pluralisierungsschübe im 19. und frühen 20. Jahrhundert häufig nur im nationalen Rahmen wahrgenommen, obwohl sie weithin gemeineuropäische Phänomene sind und auch in den USA vielfältige Entsprechungen haben.

Die Religionsgeschichten der Moderne lassen sich nur in Perspektiven einer *shared history* angemessen schreiben. Die Fixierung auf eine einzelne Religion oder Konfession und die nationalhistorische Verengung des Blickwinkels verstellen die Einsicht, daß sich alle religiösen Gemeinschaften seit dem 18. Jahrhundert mit identischen Herausforderungen konfrontiert sahen. Religiöser Glaube ist ein zentrales Medium menschlicher Selbst- und Weltauslegung. So werden in religiösen Deutungskulturen politisch-soziale Erschütte-

rungen und Wenden, kulturelle Brüche und existentielle Krisen mit
hoher Sensibilität registriert und verarbeitet. In seinen symbolischen Repräsentationen ist religiöses Bewußtsein «Zeit in Vorstellungen und Gedanken gefaßt». Ängste, Sorgen und Schrecken über
den Lauf der Welt bestimmen die Seelen der Frommen ebenso wie
Hoffnungen auf Verbesserung und Gottes gutes Regiment. Die fun-
damentalpolitisch revolutionären Umbrüche der Zeit können in
apokalyptischen Bildern als Zeichen baldigen Endes und dringend
gebotener Umkehr gedeutet werden oder, genau umgekehrt, in den
symbolischen Mustern einer Schöpfungstheologie als Bestätigung
dafür, daß trotz aller konstitutiven Sündhaftigkeit des Menschen
die Herren dieser Welt Gottes Ordnung nicht umzustürzen vermögen. Alte Institutionen können sakralisiert und revolutionärer Um-
sturz als wahre Treue zu Gottes Gebot, etwa als Kampf für heilige
Rechte der Menschen gedeutet werden. Wilde Phantasien haben im
religiösen Seelenhaushalt Platz neben tiefem Erschrecken, frommer
Demut und reflektiertem Schweigen. Mit den reichen symbolischen
Überlieferungen des Alten und, im Falle der christlichen Kirchen,
Sekten und Reformbewegungen, des Neuen Testaments können die
religiösen Deutungseliten alle «Zeichen der Zeit» erfassen. Wo von
Gott und seinem Willen die Rede ist, muß immer auch von der
Welt, dem geschichtlichen Handeln der Menschen und idealer, gott-
gewollter Ordnung gesprochen werden. Gerade unter modernen
Bedingungen gilt: Sofern sich der religiöse Diskurs auf Gott bezieht,
sind die fundamentalen Ordnungsstrukturen der Welt sein Thema.
Erschütterungen der sozialen Welt und politische Krisen werden
hier mit eigener Intensität gedeutet und verarbeitet.

Damit ist keinerlei gegenständliche Korrespondenz zwischen irgendeiner «objektiven» politisch-sozialen Wirklichkeit und den Be-
wußtseinsbildern des Menschen behauptet. Hier findet nirgends
eine direkte Widerspiegelung gegebener Realität im Bewußtsein
statt. Die Welt- und Zeitbezüge religiösen Bewußtseins sind feine-
rer, komplizierterer Art. Religion stellt gleichsam Zeichensprachen
und Symbolwelten bereit, um das, was subjektiv erlebt und erlitten
wird, in umfassendere Sinnhorizonte einzuzeichnen. Religiöse Sprachen ermöglichen Übersetzungsleistungen, indem sie das beängsti-
gende Kontingenzchaos der Welt und die elementare Fragilität
menschlichen Lebens *sub specie Dei*, in heilsamer Distanz zur eige-

nen Unmittelbarkeit zu sehen erlauben. Gibt es in der Welt nur Angst, kann in religiöser Sprache Trost erschlossen werden. Die konstitutive Zeitbezogenheit religiöser Diskurse zeigt sich gerade darin, daß Religion plurale Zeithorizonte erschließt, vor allem durch die Grundunterscheidung von Zeit und Ewigkeit. Sie erlaubt es, die kurze Dauer des Lebens oder die schnelle Erosion politischer Ordnung noch einmal ganz anders, im Morgenglanz der Ewigkeit, zu sehen.

Alle Religionsgemeinschaften mußten auf die modernitätsspezifischen Transformationen und Brüche reagieren. Im religiösen Diskurs, wie er sich in Gebeten, Liturgien, Predigten, Kirchenzeitschriften und autobiographischen Zeugnissen kristallisiert, wurden die semantischen Veränderungen in der «Sattelzeit», industrielle und politische Revolution, die Entstehung der modernen bürgerlichen Gesellschaft, Demokratisierung, parteipolitischer Pluralismus und europäische Expansion mit zeitdiagnostischer Sensibilität und hoher moralischer Emphase intensiv verhandelt. Religiöse Diskurse sind hybride. Die Kommunikation von Heilswissen und religiös fundiertem ethischem Orientierungswissen ließ sich nicht abschotten gegenüber politischen Debatten, historischen Memorialkulturen und kontroverser Gegenwartsdeutung der gebildeten Eliten. In den Kontroversen der akademischen Theologien ging es niemals nur um Religiöses oder Kirchliches im engeren Sinne, sondern um die grundlegenden Ordnungsstrukturen des Politischen, um Unterscheidungen von wahr und falsch oder gut und böse, also um religiös gerechte oder sündhaft ungerechte Ordnung. Hier gab es zwischen den Diskursen der Religionsgemeinschaften keinerlei prinzipielle Unterschiede. In den Synagogen wurden weithin dieselben Themen verhandelt wie in den christlichen Kirchen oder den Betsälen der kleinen neuen religiösen Gruppen.

Gerade die komplexen Spannungsfelder von «Religion und Modernisierung» lassen sich nur in integrativen Perspektiven einer gemeinsam geteilten Geschichte zureichend erschließen. Denn in Europa und den USA, aber zunehmend auch außerhalb Europas, waren die schnellen Veränderungen der kulturellen «Umwelt» der Religionsgemeinschaften eng verknüpft mit einer hohen religionsinternen Wandlungsdynamik. Überall gerieten die Religionsgemeinschaften unter einen starken Handlungsdruck. Sie mußten ihre

Stellung zum Staat und ihren Ort innerhalb der Gesellschaft neu definieren, wirksame Strategien von Verkündigung und Seelsorge für eine zunehmend differenzierte Klientel entwickeln, sich mit bisher unbekannten weltanschaulichen Gegnern und Konkurrenten argumentativ auseinandersetzen und vor allem ihr Verhältnis zur bindungsstärksten Integrationsideologie der Moderne, dem Nationalismus, klären. Historiker des modernen Judentums wie Shmuel Feiner haben gezeigt, daß jüdische Gemeinschaften auf modernitätsspezifische neue Herausforderungen durch umfassende «transformations of the Jewish religion» reagierten.[20] Strukturell analoge Transformationsprozesse und krisenreiche Umformungen prägten auch die europäischen Katholizismen und die diversen Protestantismen. Für alle religiösen Institutionen und Organisationen läßt sich zeigen: Sie erlebten «Modernisierung» keineswegs nur als eine krisenhafte Herausforderung, sondern zugleich als Chance konstruktiver Neugestaltung und Reform. Sie verhielten sich nicht passiv, sondern entwickelten teils sehr effiziente Strategien der Mitgestaltung kultureller Modernisierung, teils eine modern-antimoderne Kritik an den neuen Verhältnissen, die sie als religiös illegitim erachteten. In ihren internen Polarisierungsprozessen und in den Transformationen ihrer Religionskulturen und Theologien waren sie keineswegs nur passive Opfer ihnen aufgezwungener Verhältnisse. Den «Linien des Realen» (M. Bloch) wird erst gerecht, wer die religiösen Institutionen als starke Akteure modernitätsspezifischen religiösen wie kulturellen Wandels sieht.

Durch *shared history* lassen sich die essentialistischen Fiktionen vermeiden, daß Religionen und Konfessionen sich autark, ohne bestimmende Einflüsse ihrer religionskulturellen Umwelt entwickeln. Zwar bedürfen christliche Konfessionskirchen, jüdische Gemeinden und sonstige religiöse Gemeinschaften um ihrer Identitätsbehauptung willen scharf markierter Grenzen. Aber unbeschadet normativer Distinktionen sind die lebensweltlichen Grenzen zwischen den unterschiedlichen Konfessionskulturen und theologischen Reflexionsmilieus insoweit durchlässig, als sich vielfältige Austauschprozesse von Ideen, Semantiken, Symbolen und Frömmigkeitspraktiken beobachten lassen. Die Historiker der Frühen Neuzeit haben im Zusammenhang ihrer Debatten um das Konfessionalisierungsparadigma in den letzten zwanzig Jahren hohe Sensibilität dafür entwik-

kelt, daß unbeschadet der Formierung christlicher Konfessionskirchen katholische Gläubige intensiv Zeugnisse protestantischer
Frömmigkeit rezipierten und umgekehrt lutherische und reformierte Christen katholische Gebetbücher lasen und katholische Bräuche
übernahmen. Auch für die hochdifferenzierten jüdischen Lebenswelten der Frühen Neuzeit ist gezeigt worden, daß sie in religiöser
Kommunikation und theologischer Ideenproduktion vielfältige
starke Anleihen bei frommen Christen machten.[21]

Strategien symbolischer Repräsentation von Konfessionsidenti-
tät schlossen Prozesse intensiver Religionsosmose nicht aus. Die
frühneuzeitlichen konfessionellen Religionsdiskurse waren fürein-
ander durchlässig und offen für andere Formen kollektiven Wissens. Analoges gilt verstärkt für die modernen Religionsgeschichten seit dem 18. Jahrhundert. Trotz der im späten 18. und frühen
19. Jahrhundert sich formierenden neuen Konfessionalismen und
Neo-Orthodoxien sowie der zum Teil sehr aggressiven Kulturkämpfe zwischen Katholiken und Protestanten lassen sich vielfältige Phänomene verdichteter Kommunikation beobachten. In allen
Religionsgemeinschaften wurde seit circa 1770 eine Sprachrevolution inszeniert. In vergleichsweise kurzer Zeit wurden Tausende
religiöser Neologismen geprägt, überkommene Begriffe mit neuen,
heftig umkämpften Bedeutungsgehalten gefüllt und als definitiv
antiquiert geltende Wörter durch «Sprachreinigung» im Religionsdiskurs marginalisiert. Über die Konfessionsgrenzen hinweg konnten die neuen Semantiken kommunziert werden, und römisch-katholische wie jüdische Autoren machten sich zentrale Leitbegriffe
der protestantischen Debatten zu eigen. Intensiver theologischer
Ideentransfer verband sich mit hoher Aufmerksamkeit und Rezep-
tionsbereitschaft für die theologischen Positionskämpfe in den jeweils anderen religiösen Milieus. So wenig sich moderne Religionsgeschichte angemessen als Geschichte künstlich isolierter, als
essentialistisch autarke Wesenheiten imaginierter Konfessionen
schreiben läßt, so wenig lassen sich deshalb auch die Theologiegeschichten der Moderne in rein konfessionsinternen Perspektiven
zureichend erfassen. Konfessionsdogmatische Abgrenzung und
normative Überbietungsansprüche schlossen es nicht aus, daß man
die anderen las und von ihnen zu lernen versuchte. Aufgrund ihrer
Minderheitensituation hatten jüdische Autoren es zwar sehr viel

schwerer als katholische und vor allem protestantische Theologen und Religionsphilosophen, sich über die Konfessionsgrenzen hinweg Gehör zu verschaffen. Aber daß «die» Protestanten aufgrund konfessionsspezifischer Kulturarroganz und elitärer Selbststilisierung zur Leitkultur weder Katholiken noch gar Juden zur Kenntnis nahmen, ist unzutreffend. Komplexe diskursive Verhältnisse lassen sich nicht im binären Code moralisierender Vereindeutigung zureichend erfassen.

In den Perspektiven einer *shared history* zeigt sich, daß Zwänge normativer Abgrenzung vielfältige Interaktionen und Austauschbeziehungen nicht ausschlossen. Gegenläufig zur unreflektierten Tradierung eines Konfessionsessentialismus ist *shared history* deshalb als transkonfessionelle Verflechtungsgeschichte zu schreiben. Dies bedeutet weder naiven Ökumenismus noch den Versuch, die Erforschung moderner Religionsgeschichten an den harmonistischen Dialogkonzepten interreligiöser Verständigungsexperten zu orientieren. Es geht um konfessionsübergreifende Perspektiven, in denen die paradoxe Gleichzeitigkeit von Ideentransfer und Bedeutungskampf, Osmose und Abwehr sichtbar wird. Nur in einer Interaktionsgeschichte lassen sich die harten Konfessionskonflikte und die aggressiv ausgetragenen konfessionsinternen Kulturkämpfe verstehen. *Shared history* ist auch als Argumentationsgeschichte und Geschichte religiöser Symbolkämpfe zu schreiben, als Geschichte des permanenten Kampfes um die Verfügungsmacht über religiöse Symbolressourcen und Sinnenergien. Symbolkonflikte stehen in engem Zusammenhang mit verdichteter Interaktion, und nur wenn Ideen über Konfessionsgrenzen hinweg getauscht werden, können theologische Normierungsspezialisten ihre Bedeutungskämpfe, den Streit um die Auslegung von Ideen, Leitbegriffen und Grenzen des Sagbaren führen.

Moderne Religionsgeschichte als *shared history* zu schreiben, eröffnet zunächst faszinierende Pespektiven für die Erforschung der großen religiösen Umbrüche des 18. Jahrhunderts. Wenn Aufklärung aus dem emanzipatorischen Pathos der Entkonfessionalisierung lebte, sind konfessionsspezifische Blickwinkel wenig erkenntnisfördernd. Protestantische, katholische und jüdische Aufklärung lassen sich nur als eine Diskursgeschichte angemessen wahrnehmen, die neben den dichten kommunikativen Vernetzungen der

Aufklärer in allen religiösen Lebenswelten die überindividuellen Strukturen religionskultureller Transformationsprozesse erfaßt. Die von David Sorkin mit intellektueller Brillanz erkundete Haskala war keine «jüdische Aufklärung», sondern allgemeine Aufklärung in judentumsspezifischer Konkretion.[22]

Moses Mendelssohns Versuch, alten Glauben und aufgeklärte Vernunft zu versöhnen, läßt sich ohne die protestantische «Neologie» nicht zureichend verstehen. Die Politisierung der Berliner Haskala in den späten 70er Jahren des 18. Jahrhunderts korrespondiert den wachsenden religionspolitischen Antagonismen innerhalb des preußischen Protestantismus. Die aufgeklärt-absolutistische Obrigkeit machte in ihrer «Religionspolizei» nur marginale Unterschiede zwischen protestantischen Pfarrern, katholischen Priestern und jüdischen Rabbinern: Sie sah in ihnen ausnahmslos «Religionslehrer», die die öffentliche Moral heben, Streit in und zwischen den Konfessionen vermeiden, das Gemeinwohl fördern und den Bürgern die Loyalitätspflicht gegenüber der Obrigkeit einschärfen sollten.[23]

Um generelle religionspolitische Rahmenbedingungen, konfessionsübergreifenden Religionsdiskurs und strukturelle Analogien in den Transformationen und Differenzierungen der überkommenen Konfessionskulturen sehen zu können, bedarf es eines methodisch entkonfessionalisierten Blicks. Erst *shared history* erschließt auch die konfliktreichen Pluralisierungsschübe und religionspolitischen Antagonismen in Judentum, Protestantismus und (weniger ausgeprägt) Katholizismus. So lassen sich die neuen Gruppenbildungen innerhalb der jüdischen Gemeinschaften, etwa die Entstehung eines Reformjudentums einerseits und einer neuen jüdischen Orthodoxie andererseits,[24] sehr viel besser verstehen, wenn die gleichzeitigen und strukturparallelen internen Differenzierungsprozesse vor allem innerhalb des Protestantismus mit in den Blick genommen werden.

Michael Meyer hat in seinen großen Studien über Genese und Entwicklung des modernen Judentums darauf hingewiesen, daß man das deutsche «Reformjudentum» nicht ohne den liberalen «Kulturprotestantismus» verstehen kann.[25] Gewiß standen die Meisterdenker der religiösen Minderheit wie beispielsweise Moses Mendelssohn unter dem Druck, nicht nur ihrer eigenen Herkunftsgeschichte treu zu bleiben, sondern sich zugleich an den Idealen und

Erwartungen ihrer teils protestantischen, teils katholischen Umwelt zu orientieren. Aber komplexe Beziehungsgeschichten gehen im reduktionistischen Modell des Drucks der christlichen Mehrheit auf die jüdische Minderheit schon deshalb nicht auf, weil sich Katholiken in protestantisch dominierten Territorien ebenso als fremde, zu Anpassungsleistungen gezwungene Minderheit erfuhren wie umgekehrt protestantische Bürger in katholischen Ländern. Die heutzutage modische Oppositionsfigur «die Juden» – «die Christen» wird der hohen Differenziertheit der religionskulturellen Verhältnisse seit dem 18. Jahrhundert nicht gerecht. Zwar konnte Lavater Mendelssohn auffordern, entweder sein Judentum zu verteidigen oder sich taufen zu lassen. Aber dies ist nur eine christliche Stimme neben vielen anderen. Neologisch gestimmte oder von Kant begeisterte protestantische Theologen schrieben Nekrologe auf Mendelssohn oder frühe Biographien,[26] und Berliner Reformjuden haben bei Schleiermachers Beerdigung geweint. In den leitenden Begrifflichkeiten, Mustern der freiheitsdienlichen Umformung überkommener religiöser Symbolgehalte, ethischen Zeitdeutungen und Konzepten idealer gesellschaftlicher Ordnung weisen die theologischen Programme und religiösen Reformkonzepte von Vertretern der Wissenschaft des Judentums und liberalprotestantischen Theologen vielfältige Entsprechungen auf. Hier wie dort befürchtete man eine Barbarisierung der Gesellschaft, wenn es dem Individuum an Religion fehle, und Kulturprotestanten und Reformjuden stimmten weithin in den Idealen rational disziplinierter Religion und religiös fundierter Persönlichkeitsbildung überein. Die von Michael Meyer präzise benannten panischen Sorgen über das Ende von Religion und Humanität bildeten den gemeinsamen kulturellen Hintergrund von reformjüdischen und kulturprotestantischen Theologen. *Shared history* verheißt aber keine harmonisierende Sicht der konfliktreichen Beziehungen zwischen protestantischer Mehrheit und jüdischer Minderheit im Deutschland des späten 18. und (frühen) 19. Jahrhunderts; ganz im Gegenteil: Mehr religionskulturelle Vielfalt bedeutet zumeist auch mehr Reibung und Konflikt. Zur hohen Variabilität der religiösen Verhältnisse seit circa 1750 gehörten auch neue harte Konfliktstrukturen. Die Differenziertheit und Komplexität des religiösen Diskurses zeigt sich auch in der widersprüchlichen Gleichzeitigkeit zutiefst gegensätzlicher religionspolitischer Optionen. Im selben histori-

schen Moment, in dem prominente protestantische Theologen für
die bürgerliche Gleichberechtigung der Juden eintraten, entwickelten andere protestantische Theologen Konzepte der deutschen
christlichen Nation, die dank eines romantisch-organologischen
Volksbegriffs immer schon auf eine strukturell antisemitische Ausgrenzung und Herabsetzung der Juden als eines Fremdvolks hinausliefen. Teils wurden aus der religiösen Überlieferung universalistische Normen und spezifisch bürgerliche Wertideale abzuleiten
versucht, teils alte Religionssemantiken für neue Dramatisierungen
von Habitusdifferenzen in Anspruch genommen. Die einen wollten
alte Konfessionsgrenzen überwinden und die anderen neue Ekel-
schranken aufrichten. Solche gleichzeitige Ungleichzeitigkeit im Verhältnis von jüdischer Minderheit und protestantischer Mehrheit
läßt sich in ihrer religionskulturellen Komplexität aber erst dann angemessen deuten, wenn zugleich die Muster der Wahrnehmung von
Katholiken und christlichen Kleingruppen rekonstruiert werden. Es
bildete sich um 1810 bei den Erweckten, biblizistisch besonders
Frommen, eine transnationale Ökumene von Katholiken und Protestanten, aber in anderen Lebenswelten der beiden großen Konfessionen entstand gleichzeitig auch neue gewaltbereite Konfessionsfeind-
schaft.

Perspektiven einer *shared history* sind keineswegs nur für die re-
formerisch liberalen, bürgerlich geprägten Lebenswelten der Konfessionen produktiv. Sie erlauben auch ein besseres Verständnis
neuer traditionsbewußter Konfessionalismen und neo-orthodoxer
Milieus. Jakob Katz und Ismar Schorsch haben zu zeigen versucht,
daß die orthodoxen jüdischen Rabbiner und Gemeinden des
19. Jahrhunderts falsch verstanden werden, sieht man in ihnen
bloß Repräsentanten der Tradition.[27] Beide Autoren haben die eigene Modernität dieser Orthodoxen betont: Auf den sich beschleunigenden sozialen Wandel und die Krise des überlieferten Glaubens
reagierten sie in Theologie und Glaubenspraxis mit neuen Definitionen jüdischer Identität. Diese konstruktive Verarbeitung von
Modernisierungskrisen läßt sich in Begriffen Karl Mannheims als
«moderner Konservatismus» bezeichnen. Religiöser Konservatismus ist kein bloßer Traditionalismus, sondern eine modern-antimoderne Neudeutung von symbolischen Beständen, theologischen
Überlieferungen und historischen Erinnerungen. Er gewann im

deutschen Vormärz in allen Konfessionen an Gewicht, war aber kein spezifisch deutsches Phänomen; strukturell analoge religions-kulturelle und theologische Differenzierungsprozesse lassen sich im Anglikanismus in der Separation von *High Church* und *Low Church* beobachten. Es waren jeweils Bedeutungskämpfe um die konfessionsspezifischen symbolischen Ressourcen, die interne Fraktionierungen und neue Lager- und Gruppenbildungen ver-stärkten. Die religiös Konservativen oder Neo-Orthodoxen form-ten religiöse Symbole um zu Pathosformeln bindender Autorität: In einer unendlich schnell sich wandelnden, in allen Kultursphären von dämonisch destruktivem Autonomiewahn bedrohten Krisen-zeit könne allein die Kirche oder Synagoge noch bergende Ord-nung mit starker Autorität garantieren. Dazu klagten die religiös Konservativen eine unbedingte Geltung der Heiligen Schrift und Bekenntnistraditionen ein und wollten alle Formen kritischer Hi-storisierung der religiösen Überlieferungen durch Hermeneutiken metahistorischer Unmittelbarkeit, des innerlichen Ergriffenseins vom Gotteswort, überwinden. Sie setzten auf neue Disziplinierung der Lebensführung der Gläubigen und erkannten dem «geistlichen Amt» eine hohe Eigenwürde und starke Autorität gegenüber der Gemeinde zu. Die theologische Deutung der Berufsrolle der Geist-lichen wurde im konservativen Neuluthertum, bei anglikanischen *High Church*-Repräsentanten und bei neo-orthodoxen Rabbinern zunehmend von römisch-katholischen Deutungsmustern geprägt, um dem Pfarrer oder Rabbiner ein priesterliches Amtscharisma mit starker Bindungskraft gegenüber den Gemeindegliedern zuzuer-kennen. In kritischer Reaktion auf aufklärerisch-rationalistische Entkonfessionalisierungstendenzen entwarfen die theologisch Kon-servativen zugleich einen neuen Konfessionalismus, der eine politi-sche Funktionsökumene mit den Konservativen in den anderen Konfessionen nicht ausschloß. Im deutschen «Neuluthertum» – der Begriff wurde spätestens in den 1840er Jahren geprägt – begann-nen Universitätstheologen und Pfarrer damit, im polemischen Ge-gensatz gegen liberale Rationalisten eine neue starke lutherische Identität zu entwerfen. Sie sicherten Spuren des konfessionellen Gedächtnisses, dramatisierten die elementare Differenz von Ver-nunft und Glauben, kämpften gegen Skeptizismus und religiösen Individualismus, betonten die normative Geltung der heiligen Texte und schrieben über mystische Erfahrung, Herzensfrömmigkeit und Ergriffensein durch das Gotteswort – mit psychologischen Konzepten, die eine erstaunliche Nähe zu den religiösen «Erweckungsbewegungen» im Katholizismus, Anglikanismus und Judentum erkennen lassen.

Eine *shared history* moderner Religionsgeschichten ist schließlich auch als Begriffs- und Diskursgeschichte zu schreiben. Trotz des *linguistic turn* liegen für alle Konfessionen erst wenige Studien zur Religionssemantik und zu den Kämpfen um die Bedeutung religiöser Grundbegriffe vor. Dies verdient insoweit Beachtung, als sich die moderne Pluralisierung des Religiösen auch mit Sprachrevolutionen und explosiver Aufladung überkommener Semantiken verband. Sprachlich ist die Moderne eine extrem religionsproduktive Epoche. Neue politische Bewegungsbegriffe wurden mit religiös-theologischem Gehalt aufgeladen, Neologismen sollten den expandierenden religiösen Kosmos ordnen helfen, und trotz gern beschworener modernitätsspezifischer funktionaler Differenzierung drangen religiöse Sprachmuster immer stärker in alle möglichen Bereiche der Kultur ein.

Die seit 1770 einsetzende schnelle Produktion religiöser und theologischer Neologismen spiegelt die ideenpolitischen Auseinandersetzungen um die Legitimität der Aufklärung und speziell ihrer politisch-sozialen und religionsreformerischen Utopien. Neue Begriffe dienten häufig dazu, die in allen «Religionsgesellschaften» aufgebrochenen Gegensätze zwischen konkurrierenden Deutungsgemeinschaften sichtbar zu machen. Zwischen 1770 und 1830 entstanden zahlreiche Begriffe zur Strukturierung des zunehmend komplexeren religiös-theologischen Diskurses. Die in der protestantischen Universitätstheologie entwickelten Unterscheidungen zwischen «Paläologie» und «Neologie» wurden seit 1780 zu Positionsbegriffen wie «moderne Theologie», «liberale Theologie», «freie Theologie», «kritische Theologie» und «vernünftige Theologie» einerseits und «Glaubenstheologie», «positive Theologie», «Bekenntnistheologie», «neuorthodoxe Theologie» «Kirchentheologie», «Autoritätstheologie», «traditionelle Theologie» und «alte Theologie» andererseits differenziert; später kamen Oppositionsfiguren wie «Theologie der Rhetorik» und «Theologie der Tatsachen» hinzu. Sie wurden teils zur polemischen Abwertung und

Ausgrenzung, teils zur programmatischen Selbstbezeichnung geprägt. Die neuen positionellen Begrifflichkeiten durchdrangen die theologischen und religionspolitischen Debatten in allen Konfessionen. Der Religionshistoriker oder theologische Ideenhistoriker muß deshalb fragen, ob sie in den einzelnen Konfessionen different gebraucht wurden oder ob sich über Konfessionsgrenzen hinweg eine *shared meaning* wahrnehmen läßt. Im deutschen Sprachraum ist evident, daß gemeinsame Bedeutungshorizonte die Elemente konfessioneller Differenz überlagerten.

Was für den Religionsdiskurs um 1800 gilt, läßt sich analog auch für die zweite religionssemantische Sattelzeit um 1900 zeigen: Trotz innerchristlicher Kulturkämpfe zwischen Katholiken und Protestanten, verschärfter religiöser Symbolkämpfe durch die zahlreichen lebensreformerisch neureligiösen Gruppen und teils religionssemantisch, teils biologistisch begründeter Antisemitismen wurde der Religionsdiskurs oder genauer: der Diskurs über «Religion in der Krise der Moderne» in allen religiösen Lebenswelten in denselben neoromantisch kommunitären, vitalistischen oder lebenstheologischen Begrifflichkeiten geführt. Die vor allem für die deutschjüdische Religionsgeschichte bisweilen behauptete Vorstellung eines autonomen oder gar weithin autarken jüdischen Konfessionsdiskurses ist unzutreffend. Nietzscheanische Sprache durchdrang den Religionsdiskurs in all seinen konfessionellen Abschattungen und pluralistischen Differenzierungen. Martin Bubers Faszination für neue Mystik folgte den freireligiösen und liberalprotestantischen Neomystik-Debatten, und in den erlebnistheologischen Sprachmustern lassen sich zwischen Autoren wie Martin Buber, Georg Simmel und Ernst Troeltsch kaum Unterschiede beobachten. Auch ist die «jüdische Renaissance» eines Gershom Scholem nur mit Blick auf die zeitlich parallele, in den Strategien der Traditionsspurensicherung weithin übereinstimmende «Lutherrenaissance» in der protestantischen Universitätstheologie angemessen, als Kampf um Selbstbehauptung unter den Bedingungen neuer pluralistischer Unübersichtlichkeit und antisemitischer Ausgrenzung, zu verstehen. Die katholisierende, dezidiert antiprotestantische Bildsprache Stefan Georges bestimmte die theologischen Reflexionswelten der jungen, expressionistisch wilden theologischen Antihistoristen quer durch die konfessionellen Lebenswelten; in der frommen Ernsthaf-

tigkeit des konzentrierten Hörens auf Gottes Wort und ihren offen-
barungstheologischen Leitbegriffen stimmten Karl Barth, Franz Ro-
senzweig und im Katholizismus Hermann Hefele nahtlos überein.
Um den historistischen Relativismus zu überwinden, konzipierten
Gershom Scholem, Paul Tillich, Rudolf Bultmann und Emanuel
Hirsch Geschichte als einen offenen Begegnungsraum spontaner
Einbrüche des Absoluten; der dazu wichtigste, von George und
Friedrich Gundolf neu in Umlauf gebrachte Begriff lautete «Kai-
ros».

Wer Religionsgeschichte als *shared history* zu schreiben vor-
schlägt, steht unter dem Verdacht der Relativierung und Neutrali-
sierung konfessionsspezifischer Identitäten. Gegen diesen Einwand
ist darauf zu insistieren, daß jede Form analytischer Außenperspektiven das Eigenrecht individuellen religiösen Glaubens zu verletzen
droht. Der Eigensinn, den der Fromme seinem Glauben beilegt,
kann immer nur am Ort des religiösen Bewußtseins selbst erschlossen werden.

Viele Dogmatismen im Religionsdiskurs der Wissenschaften lassen sich in den pluralen Perspektiven einer *shared history* relativieren. Durch *shared history* sollen die vielen Religionsgeschichten der
Moderne experimentell einmal ganz anders erzählt werden. Zugleich bewahrt eine gemeinsam geteilte Geschichte moderner Religionskulturen die kritizistische Einsicht in unübersteigbare Grenzen
der religionsdeutenden Vernunft.

c) Das «religiöse Feld», oder: Religiöser Pluralismus im Unterscheidungskampf

Dem Pluralismus moderner Religionsgeschichten wird nur gerecht,
wer der Dogmatisierung einer einzelnen Deutungsperspektive
wehrt. Gelebte Vielfalt und demonstrativ inszenierte Glaubensdiffe-
renz lassen sich allein in pluralen analytischen Perspektiven erschließen. Einem Grundmuster gegenwärtiger Religiosität, der individuellen *bricolage* von Symbolen aus ganz unterschiedlichen
religiösen Überlieferungen, muß methodisch der Mut zur eklekti-
stischen Verknüpfung von Begrifflichkeiten heterogener Theorietra-
ditionen entsprechen. Angesichts des literarischen Charakters aller

Geschichtsschreibung, gerade auch der klassischen Religionshistoriographie, ist produktive Vernetzung unterschiedlicher Erzählmuster gefordert. Neben religionsökonomischen Modellen und Perspektiven einer *shared history* verdienen Konzepte des «religiösen Feldes» besondere Aufmerksamkeit.

Der Begriff des «religiösen Feldes» geht auf Pierre Bourdieu zurück, der nach einigen frühen Publikationen zur Religionssoziologie Max Webers seit den frühen achtziger Jahren des letzten Jahrhunderts seine Gesellschaftstheorie für die Deutung religiöser Gegenwartsphänomene fortentwickelte. Bourdieu versteht Gesellschaft als einen Raum, der sich aus relativ autonomen Feldern zusammensetzt. Für seine soziologische Theoriebildung sind Metaphern von Kampf und Spiel entscheidend. Den «sozialen Raum» differenziert er analytisch in drei sich überlagernde Ebenen: erstens eine objektiv-materiale Ebene des Eigentums oder Besitzes verschiedener Kapitalien; zweitens eine Ebene der symbolischen Praktiken, etwa der Stile der Lebensführung, des Konsums kultureller Produkte oder des ästhetischen Geschmacks; drittens die Ebene des Habitus, dem Bourdieu die Funktion zuschreibt, zwischen der ersten und zweiten Ebene, den objektiven sozialen Strukturen und den ihnen korrespondierenden symbolischen Praktiken, zu vermitteln.[28] Indem der Habitus als Ort der Inkorporation sozialer Objektivität in die Mentalität und symbolische Praxis der Individuen bestimmt wird, vertritt Bourdieu implizit eine dogmatische Widerspiegelungstheorie, die keinerlei starke Autonomie und Eigendynamik des Kulturellen oder Religiösen anzuerkennen erlaubt. Dennoch ist für seine Theorie sozialer Felder die Vorstellung einer relativen Autonomie der Felder grundlegend;[29] neben dem ökonomischen, kulturellen, wissenschaftlichen, literarischen und politischen Feld analysiert Bourdieu ausdrücklich auch das «religiöse Feld», etwa in Studien zum römisch-katholischen Episkopat[30] oder zur «Auflösung des Religiösen».[31]

Als radikaler sozialer Konstruktivist insistiert er darauf, daß es keine neutrale Perspektive gibt, sondern alle Symbolproduktion und Weltdeutung immer den Ort der Akteure im System sozialer Ungleichheit spiegelt. Auch das «religiöse Feld» ist insoweit ein Ort von Konkurrenz und Symbolkampf um die knappe Ressource Seelenheil. Bourdieu operiert mit einem sehr offenen Religionsbegriff und definiert um der Vermeidung substantieller Bestimmungen wil len das «religiöse Feld» rein als Geflecht von Relationen. Religion sei nichts anderes als ein besonders grandioser Schauplatz für symbolische Kämpfe. Hier agieren traditionelle Heilsanbieter wie Propheten, Priester, Wunderheiler und Laien, die aufgrund ihres Interesses an der Heilung von Seele und Körper die Produkte der Anbieter nachfragen und konsumieren. Auch streiten im «religiösen Feld» akademische Theologen und gebildete Seelenheiler. Bourdieu interessieren insbesondere die Habitus, die in den Symbolkämpfen des «religiösen Feldes» geformt werden, und die Konkurrenz der religiösen Spezialisten um die Gunst der Laien. Nicht die Suche nach Konsens, sondern der symbolisch dramatisierte Konflikt bestimme das «religiöse Feld». Diese konflikttheoretische Perspektive erlaubt es ihm, Habitusdifferenzen innerhalb einer Religionsgemeinschaft als Quelle von theologischen Auseinandersetzungen zu deuten. Die schnelle Verschärfung und Emotionalisierung von Religionskonflikten führt er auch auf die hohe Veränderungsresistenz religiöser Lebensstile zurück. Im Vordergrund seiner Analyse stehen jedoch nicht die Laien und deren Bedürfnisse, sondern die hauptamtlichen Akteure, vor allem die katholischen Priester als «Mandatsträger einer geistlichen Körperschaft», sowie ein allmähliches Schrumpfen des Religionsfeldes. Sein Konzept des «religiösen Feldes» gewinnt in genau dem Maße religionsdiagnostische Erschließungskraft, in dem die platten neomarxistischen Widerspiegelungs-Rhetoriken ignoriert werden, die Bourdieu in seine Arbeiten gern einstreute. Religionsanalytisch produktiv sind insbesondere zwei Elemente seines Feldkonzepts: die starke Konfliktorientierung und der Hinweis darauf, daß die Grenzen der Felder variabel und permanent umkämpft sind.

Das Konzept des «religiösen Feldes» bezieht seine Überzeugungsstärke aus dem programmatischen Einspruch gegen die große Erzählung vom modernitätstypischen Religionsverfall. In der Tat sind Niedergangsbegriffe wie «Säkularisierung», «Dechristianisierung», «Entkirchlichung» oder «Krise des Judentums» allzu eindeutig und reduktionistisch, um die widersprüchliche Komplexität moderner Religionsgeschichten erfassen zu können. Trotz der vielfältigen Kritik, die der Säkularisierungsbegriff vor allem seit den 1970er Jahren erfahren hat, halten zwar einzelne Soziologen an seiner Leistungskraft fest.[32] Doch wird es allmählich zur «herrschenden Meinung», daß in modernen Gesellschaften sehr viel mehr Götter und Götzen verehrt werden, als man im verengten Blick auf die Erosionsprozesse in den Kirchen und anderen religiösen Großorganisationen zu sehen vermag. Auch wird die Vorstellung, daß in der Moderne Religion um des öffentlichen Friedens willen zunehmend aus dem öffentlichen Raum in die Privatsphären der Bürgerinnen und Bürger abgedrängt worden sei, inzwischen erfolgreich kritisiert. Die Formel «Religion ist Privatsache» hatte das Interesse gespiegelt, die mit öffentlich demonstrierter Religion verbundenen Konfliktpotentiale zu neutralisieren und religiöse, die Grundlagen der politischen Ordnung relativierende Wertkonflikte möglichst zu vermeiden. Die privatisierte, gleichsam unsichtbar werdende Religion[33] ist in den letzten zwanzig Jahren jedoch vehement in den öffentlichen Raum zurückgekehrt. Diese «Deprivatisierung» des Religiösen kann sich in drei distinkten Arenen vollziehen: im Staat, im politischen Diskurs und in der Zivilgesellschaft.[34]

Deprivatisierte, öffentliche Religion kann in allen drei Arenen Wirksamkeit entfalten. Sie kann versuchen, die politische Ordnung auf der Grundlage ihrer Symbolwelten zu errichten und die staatlichen Institutionen strikt auf die Durchsetzung ihres religionsspezifischen Ethos zu verpflichten. Religionen oder Konfessionen können ihren «Öffentlichkeitsanspruch» geltend machen, indem sie sich politisch organisieren und in Gestalt von religiösen oder konfessionellen Parteien und Verbänden zu politisch Handelnden werden. Religionsgemeinschaften können sich schließlich als zivilgesellschaftliche Akteure begreifen, wenn sie die freiheitsdienliche Trennung von Staat und Kirchen oder die funktionale Differenzierung von Politischem und Religiösem akzeptieren; sie handeln dann insoweit öffentlich, als sie auf die zivilgesellschaftlichen Debatten Einfluß nehmen, mit wechselnden Bündnispartnern Menschen für ihnen wichtige Themen sensibilisieren und durch Mobilisierung politischen Druck erzeugen.

Die neue Öffentlichkeit des Religiösen tritt in zahlreichen westlichen Gesellschaften darin zutage, daß vermehrt juristische Konflikte im Spannungsfeld von Religionsfreiheit und öffentlicher Ordnung ausgetragen werden. In den USA wird immer wieder über verfassungsrechtliche Grenzen der «Free Exercise Clause» im ersten *amendment* gestritten:[35]

Haben Eltern in *Christian Science*-Gemeinden das Recht, aus Glaubensgründen ihren Kindern professionelle ärztliche Hilfeleistung zu verweigern? Schließt die Religionsfreiheit von *native Americans* den sakramentalen Konsum von *peyote* ein, auch wenn der Genuß dieses Rauschgifts durch die Antidrogengesetze verboten ist? Strukturell analoge Konflikte um die Auslegung des Religionsverfassungsrechts oder, in der älteren deutschen Terminologie, des Staatskirchenrechts bestimmen auch den politischen Diskurs in zahlreichen europäischen Gesellschaften. Diese religionsrechtlichen Konflikte finden zumeist hohe mediale Aufmerksamkeit und werden von starken Emotionen begleitet. Die Auseinandersetzungen um das Kreuz in bayerischen Klassenzimmern, das Kopftuch einer muslimischen Lehrerin in Baden-Württemberg oder die Ladenschlußzeiten an Adventssonntagen lassen erkennen, daß überkommene Mechanismen der institutionellen Differenzierung von politischer und religiöser Ordnung den konfliktreichen Pluralisierungsschüben im religiösen Feld nicht mehr gerecht werden. Mit den diversen islamischen Gemeinschaften sind seit den fünfziger Jahren des 20. Jahrhunderts neue, zunehmend selbstbewußtere Akteure in die europäischen Religionsfelder eingewandert, die die von freiheitlichen Verfassungsordnungen garantierten Spielräume zum Teil auch dazu nutzen, um normative Grundlagen des liberalen Modells freiheitssichernder Unterscheidung von Politik und Religion in Frage zu stellen. Die in Frankreich sehr heftig geführten Debatten um den «laizistischen Pakt», die politisch forcierte Zurückdrängung demonstrativer Frömmigkeit aus den öffentlichen Institutionen, haben die schnellen Wandlungsprozesse im «religiösen Feld» auch insoweit sichtbar gemacht, als sich Repräsentanten einst feindlicher Religionsgemeinschaften nun gegen dogmatische Säkularisten und Wertehüter der *laïcité* auf strategische Bündnisse zur Durchsetzung neuer öffentlicher Präsenz des Religiösen verständigt haben.[36]

In allen westlichen Gesellschaften haben religiös dramatisierte Wertkonflikte überkommene Konsense und religionsrechtliche Institutionen als fragil erscheinen lassen. Schwierige Konflikte entzünden sich an der Frage, welchem Akteur die Definitionskompetenz darüber zukommt, ob eine religiöse Gemeinschaft wirklich Religion sei und ihre Anhänger offensiv das Grundrecht auf Religions- und Gewissensfreiheit wahrnehmen können. Der gerade in

Deutschland geführte Streit um Scientology ist von exemplarischer Relevanz, da er die normativen Grundlagen der überkommenen liberalen Leitidee einer funktionalen Distinktion von Religiösem und Politischem betrifft. Mit Scientology sind die alten Fragen nach der Unterscheidung von politisch legitimer und bürgerlich illegitimer Religion auf die politische Agenda der europäischen Gesellschaften zurückgekehrt. Kann der weltanschaulich neutrale Rechtsstaat noch seine Neutralitätsfiktion wahren, wenn er darüber entscheidet, wer im religiösen Feld als Religionsanbieter agieren darf?

In den sozialtechnologischen Modernisierungstheorien der 1950er Jahre galt es als ausgemacht, daß gesellschaftliche Modernisierung mehr oder minder gleichbedeutend mit einem Schwund an Religion sei. Seit der Aufklärung habe die moderne Wissenschaft das Bild des Menschen und seiner Welt von allen mythologischen Resten befreit, die Industrialisierung habe durch technisches Weltverhältnis und praktische Naturaneignung alle überkommen magischen Elemente ausgeschaltet, und die Urbanisierung habe die einstmals zentrale Stellung der Kirche im Dorf zerstört und die Kirchen zu einem kulturellen Akteur neben vielen zumeist stärkeren anderen gemacht. Seit den 1970er Jahren ist allerdings deutlich geworden, daß solche pauschalisierenden Modernisierungstheorien vielfältiger Präsenz von Religion in modernen Gesellschaften nicht gerecht werden. Modelle eines notwendigen Zusammenhangs von Modernisierung und Säkularisierung lassen sich empirisch falsifizieren. Das Alternativkonzept des «religiösen Feldes» erlaubt eine präzisere religionsdetektivische Suche nach Spuren Gottes, der vielen Götter und diversen Götzen in modernen Gesellschaften. Kein Soziologe wird ernsthaft bestreiten, daß die USA als eine weithin moderne kapitalistische Gesellschaft gelten können. Hier durchdringt eine teils demokratisch universalistische, teils nationalistische Zivilreligion den politischen Diskurs bis in seine kleinsten Morpheme.[37] Trotz der verfassungsmäßigen Trennung von Staat und Kirchen oder Religionsgemeinschaften sowie der immer neuen Kontroversen um das Schulgebet ist ein starker, den äußerst pluralen Religionskosmos überwölbender «In God we trust»-Glaube in allen politischen Lagern als unverzichtbare sozialmoralische Grundlage einer multi-ethnischen Einwanderungsgesellschaft der vielen Verschiedenen akzeptiert. Die große Mehrheit der Amerikaner versteht sich in einem dezidiert konfessorischen Sinn als tief gläubig.[38]

Für andere moderne oder sich modernisierende Gesellschaften ist das modernisierungstheoretische Dogma vom modernitätsspezifischen Schwund an Religion gleichfalls empirisch unzutreffend. Japan ist eine moderne kapitalistische Gesellschaft mit sehr viel teils traditionaler, teils avantgardistisch neuer Religion. In Südkorea sind die kapitalistischen Transformationsprozesse mit zum Teil dramatisch schnellen Konversionen zu charismatischen Formen des Christentums verbunden, unter deren Oberfläche viel alte Ahnenreligion erhalten bleibt. Einige lateinamerikanische Gesellschaften sind gerade durch religiös hochengagierte Werteliten auf Modernisierungspfade geführt worden; ein religiös erhofftes, theologisch begründetes und durch Religionsreform schließlich durchgesetztes Ideal der freien christlichen Persönlichkeit, die um Gottes willen ökonomisch zweckrational handelt, markiert beispielsweise den Ursprung der Moderne in Mexiko.[39]

Auch im vermeintlich so säkularisierten Europa, das in neueren Studien zum globalen Religionsvergleich häufig als ein tendenziell postreligiöser, weil von massiver Entkirchlichung geprägter Sonderfall erscheint, läßt sich in diversen Lebenswelten viel Religion finden.[40] Man muß nur die großen generalisierenden Leitannahmen über *die* europäische Moderne preisgeben und Europa in der widersprüchlichen Vielfalt seiner zahllosen Mikrowelten wahrzunehmen versuchen, um auf die Spuren gegenwärtiger Götter zu stoßen.

Was einst als christlich illegitime Religionspraxis oder «Aberglaube» galt, ist in vielen Lebenswelten bleibend präsent. Das Spektrum reicht hier von magischen Praktiken und spiritueller Alternativmedizin mit Wunderheilungen bis hin zu astrologisch berechneten Investitionsentscheidungen. Zunehmend können die von Theologen und anderen akademischen Religionsexperten gern markierten scharfen Trennlinien zwischen dem christlichen Symbolsystem und den symbolischen Welten anderer – sei es «heidnisch» alter, sei es «neuheidnisch» neuer – Religionen überschritten werden. Mehr als ein Viertel der kirchentreuen Schweizer Katholiken und Katholikinnen, die Sonntag für Sonntag die Messe besuchen, hat keinerlei Schwierigkeiten damit, überkommene eschatologische

Vorstellungen des Christentums mit Elementen des buddhistischen Reinkarnationsglaubens zu verbinden. Es klingt trivial, ist aber von erheblicher religionsdiagnostischer Relevanz: Je genauer akademische Religionsdeuter irritierend fremde, unverständliche Zeichen, Spuren und Indizien untersuchen, desto mehr feine, doch gravierende religiöse Unterschiede entdecken sie. Dreizehn Jahre lang hat der Tübinger Ethnologe Thomas Hauschild in Ripacandida, einem Ort mit 2000 Einwohnern in der süditalienischen Basilicata, gelebt. Mit den Methoden der «teilnehmenden Ethnologie», die ihn tief in die zu erkundende religiöse Welt verstrickten, erkannte Hauschild bald die starke Präsenz uralter magischer Praktiken, die wie andere Traditionen populärer Religion zwar überdeckt, aber nicht außer Kraft gesetzt werden können. Im lokalen Kult des San Donatello, eines von der «Amtskirche» nicht anerkannten Heiligen, der straft und rettet, fand Hauschild magische Rituale der Einweihung, des Bindens und des Lösens sowie viel spirituelle Wunderheilerei. Unter dem Firnis modernen Landlebens entdeckte er Geisteraustreibungen, Zungenreden und Hexerei. Menschen ohne Vertrauen in die Segnungen einer funktionsrationalen, als kalt und entfremdend erlittenen Moderne suchten Zuflucht bei zölestischen Rettern, die ihnen Tod, Seelenflug und Ruhelosigkeit der Geister erläuterten. Ein katholischer Schamanismus ermöglichte den Lebenden insgesamt einen bemerkenswert freundschaftlichen Umgang mit den Toten. Religionsdiagnostisch entscheidend ist dabei, daß die Magier, Wunderheiler und Handleser sowie die Menschen, denen sie helfen, «gute Katholiken» sind und regelmäßig in die Kirche gehen. Bei Prozessionen greifen sie tief in ihren Geldbeutel und spenden vergleichsweise hohe Summen, bestreiten aber dem Pfarrer den Anspruch darauf, das gespendete Geld zu verwalten; dies machen sie lieber direkt mit ihrem Heiligen Donato selbst aus.[41]

Der naheliegende Einwand, daß sich archaisch wirkende «Volksfrömmigkeit» nur im katholischen Süditalien erhalten habe, dürfte zu kurz greifen. Nicht nur bieten in Berlusconis Italien mehrere Fernsehsender Tag für Tag große Tarot-Programme mit Magiern an, die den Leuten live die Karten legen. Vielmehr lassen auch andere Mikro-Studien zur europäischen Gegenwartsreligion erkennen, daß neureligiöse Bewegungen wie *New Age* und neuer Okkultismus starke Anleihen im spezifisch christlichen symbolischen Kosmos machen. In einer Untersuchung des religiösen Seelenhaushalts von Chemikern in der deutschen Industrie hat der Religionswissenschaftler Ansgar Jödicke diverse Interviews mit Anhängern alternativer Religionen, Scientologen und dezidiert christentumskritischen Kirchengegnern geführt. Selbst die Religionskritischen stellten sich als fromme Sinnsucher dar. Ihre Konfessionen zeigten, «daß die religiösen Elemente des traditionellen Christentums kulturell stabiler sind als vielfach unterstellt und einen größeren Einfluß auch auf neue Symbolsysteme haben, als es unter dem Eindruck des modernen Synkretismus erscheint».[42]

Auch innerhalb der überkommenen religiösen Großorganisationen, in den Kirchen, lassen sich widersprüchlich erscheinende Entwicklungen beobachten: Phänomenen wachsender Kirchendistanz stehen neue Konjunkturen der Kirchlichkeit bei einstmals Distanzierten gegenüber. Bestimmte «harte», stark bindende Gestalten christlicher Frömmigkeit, die in Außenperspektiven gern als «fundamentalistisch» bezeichnet und abqualifiziert werden, gewinnen in diversen römisch-katholischen Milieus an neuer Attraktivität. Die Bereitschaft zum Kirchenaustritt steigt bei besonders mobilen, mit Bildungspatenten ausgestatteten Menschen. Aber trotz wachsender Austrittszahlen und der Schrumpfung der kerngemeindlichen Milieus sind die Kirchen insgesamt vergleichsweise stabile Großorganisationen, von denen viele Menschen noch immer sehr viel erwarten. Sie haben in den meisten europäischen Gesellschaften ihr überkommenes Ritenmonopol bewahrt und werden mit der Erwartung konfrontiert, lebensgeschichtlich orientierte religiöse Sinndeutungen zu kommunizieren. Zentrale kirchliche Feste werden derzeit mit größerer Partizipationsbereitschaft und Intensität gefeiert als noch vor hundert Jahren, und trotz des Streits um Sonntagsarbeit und religiöse Feiertage wird die überkommene christliche Zeitordnung nirgends ernsthaft in Frage gestellt. Auch mit Blick auf die Kirchen und kleineren christlichen Gemeinschaften ist im «religiösen Feld» viel Dynamik zu erkennen. Konversionen nehmen zu, und kleine Freikirchen mit hoher Bindungskraft können ihre Mitgliederzahlen kontinuierlich steigern.

In den letzten dreißig Jahren ist der Religionsbegriff inflationär multipliziert worden. Alle möglichen kulturellen Praktiken werden neuerdings als implizite Religion gedeutet. Alte Analysen über mögliche Vermittlungszusammenhänge von Credo und Kredit, Sünden-schuld und Bankschulden, Gotteslehre und Geldtheorie[43] sind in Verbindung mit der Differenzierung immer neuer Kapitalsorten für eine religionstheoretische Analyse des globalen Kapitalismus in Anspruch genommen worden. Schon Walter Benjamin hatte in einem wohl 1921 geschriebenen Fragment behauptet: «Im Kapita-lismus ist eine Religion zu erblicken, d. h., der Kapitalismus dient essentiell der Befriedigung derselben Sorgen, Qualen, Unruhen, auf die ehemals die so genannten Religionen Antwort gaben.»[44] Seit Max Webers, Ernst Troeltschs und Richard H. Tawneys klassischen Analysen der asketisch-protestantischen Wurzeln eines kapitalis-musförderlichen Habitus haben zahlreiche Ökonomen und Kultur-wissenschaftler versucht, den modernen Kapitalismus als einen quasi-religiösen Kult zu charakterisieren, etwa wegen seiner Feti-schisierung des Geldes und der Auratisierung spezifischer Konsum-güter. Viele dieser Analysen erschöpfen sich jedoch in assoziativen Verknüpfungen von Gottesdienst und Kapitaldienst, Heiligenbil-dern und Banknoten. «Wenn der Kapitalismus darin besteht, den Schuldendienst mit der Ausbeutung der einen und der Gewinnstei-gerung der anderen in ein asymmetrisches Verhältnis kippen zu las-sen, dann ist er eine exklusive und exkludierende Religion, die ihrem Gott unterstellt, daß er nur für die Auserwählten ein Herz und einen Sinn hat. Dieser Kapitalismus, seine Priester, seine Götter und seine Opfer sind unter uns.»[45] Dann ist es nur konsequent, ökonomische Theorien kapitalistischer Marktwirtschaft als implizi-te Theologien zu rekonstruieren. Robert H. Nelson hat in der Wis-senschaftsgeschichte der modernen Ökonomie alte theologische Re-flexionsfiguren identifiziert[46] und deutet die Ökonomiegeschichte nun in religionstheoretischen Perspektiven.[47]

Sein Versuch, den Kapitalismus als sinnerschließendes Glaubens-system zu deuten, spiegelt starke legitimatorische Interessen. Bei anderen Autoren ist es genau umgekehrt: Dem modernen Kapitalis-mus religiöse Bindungskraft zuzuschreiben, folgt hier dem dezidier-ten Interesse an Legitimationsentzug. Angesichts der hohen sozialen Folgekosten kapitalistischer Globalisierung und der vielen schnel-len Krisen einer in Heilsrhetorik gepriesenen *New Economy* soll kapitalistische Zweckrationalität als zutiefst irrational erwiesen werden. Kulturpessimistische Subtexte finden sich auch in den diversen neuen Versuchen, den zeitgenössischen *consumerism* als Quasi-Religion zu beschreiben. Die großen *shopping malls* gelten dann als Kultstätten und die *factory outlets* als Tempel einer Gemeinde der Marken-Frommen. Die jungen schönen Augenblicksgötter und mythischen Gestalten im modernen «Kult-Marketing» haben die Werbung zum Medium aufwendig inszenierten Sinntransfers gemacht.[48]

Viel Religion und Religionsersatz finden *cultural studies*-Experten derzeit in der populären Kultur. Die zeitgenössische Popmusik lebt so stark von Sakralzitaten, Erlösungsmotiven, Heilsheroen und androgynen Engelwesen, daß Religionswissenschaftler bestimmte ihrer Formen, etwa Rave-Parties und Techno-Events, inzwischen als «eine Art Religion» deuten.[49] Auch feiern auf den globalen Buchmärkten des späten 20. Jahrhunderts subversive Helden eines Ursprungszaubers große Erfolge, die, wie Harry Potter, den Leser in ein «Zwischenreich zwischen Traum und Wirklichkeit» führen, um durch fiktionale Wiederverzauberung des Alltags im relativistischen Chaos des modernen Wertepluralismus klare Gut-Böse-Unterscheidungen zurückzugewinnen.[50]

Für die populäre Medialisierung alter religiöser Symbolwelten stehen in anderer Weise auch die kleinen Alltagsapokalypsen der Medienikonen in den *daily soaps*. Hier lernen globale Normalfamilien die Durchschnittskatastrophen im täglichen Überlebenskampf zu meistern, indem sie von den Simpsons erfahren, daß auch deren Alltag hochriskant und kontingenzkomplex ist.[51]

Nicht erst die mediale Aufbereitung klassisch religiöser Stoffe zur «visual piety»[52] oder die signifikant verstärkte Präsenz religiöser Themen in Fernsehnachrichten und Informationssendungen,[53] sondern schon die Alltagsrituale einer Fernsehkultur werden von Medienwissenschaftlern und Theologen inzwischen als Transformation mythisch stabiler Weltkonstruktion und religiöser Kosmisierung sowie als neue religionsanaloge Sinnintegration gedeutet.[54]

Die Knappheit evidenter Sinnressourcen bei wachsender Sinn-Nachfrage hat dazu geführt, daß in der Gesellschaft der vielen Lebenssinnsuchenden[55] immer mehr kulturelle Praktiken als «Diesseitsreligionen»[56] interpretiert werden – selbst dann, wenn sie nur geringe Kontingenzentlastung bieten. Intensiv diskutieren Religionswissenschaftler inzwischen darüber, inwieweit auch die moderne Sportkultur ihre große Faszinationskraft daraus gewinnt, daß sie den vielen Einzelnen in religionsanalogen Vergemeinschaftungsritualen neue Sinnhorizonte erschließt.[57] Auch bezeugt die «Sinnmaschine Kino»[58] in ihren großen Filmen die Wiederkehr ganz vieler Götter. In den gewaltigen *Star Wars*-Apokalypsen werden regressiv simple Omnipotenzphantasien vom Sieg der wenigen auserwählten Guten über die Übermacht der Bösen bedient, und nie zuvor in der Religionsgeschichte ist der Himmel von so vielen Schutzengeln bewohnt gewesen wie im Kino der letzten zwanzig Jahre. Neben den guten Boten Gottes haben in zahllosen Filmen auch die bösen satanischen Gegengestalten große Auftritte.[59]

Religion bleibt in zahlreichen Gegenwartsgesellschaften für viele individuelle wie kollektive Akteure ein äußerst wichtiges, deshalb aggressiv umkämpftes symbolisches Kapital. Viele Religionsfelder sind zu Schlachtfeldern «Heiliger Kriege» geworden, in denen Gotteskrieger hohe Gewaltbereitschaft zeigen. Fortwährend werden Verhandlungen über die Grenzen des «religiösen Feldes» gegenüber anderen Feldern, vor allem dem politischen Feld, geführt. Konfliktreiche Überlagerungen von Religionsdiskurs und politischem Diskurs bestimmen keineswegs nur viele islamische Länder. Religiös induzierte oder verstärkte Wertkonflikte prägen auch die politischen Debatten diverser westlicher Gesellschaften. Die sich schnell beschleunigenden wissenschaftlichen Erkenntnisgewinne, die neuen medizinisch-technischen Interventionsmöglichkeiten am Beginn und Ende des menschlichen Lebens und die prinzipiell möglichen gentechnischen Eingriffe, etwa das reproduktive Klonen, haben Tendenzen neuer Moralisierung politischer Kontroversen Vorschub geleistet; gerade der weltanschaulich emotionalisierte Streit um die Biopolitik hat Züge eines neuen religiösen Kulturkampfes gewonnen. In bioethischen Debatten lassen sich bemerkenswerte Kontinuitäten zu den konfessionellen Kulturkämpfen des 19. und frühen 20. Jahrhunderts wahrnehmen: Viele protestantische und jüdische Theologen und Philosophen argumentieren aufgrund konfessionsspezifischer anthropologischer Leitannahmen oder «Menschenbilder» signifikant anders als die große Mehrheit römisch-katholischer Theologen, die für die Klärung der umstrittenen Fragen ausdrücklich auf das gottgegebene Naturrecht, also eine allein religiös erschließbare Quelle unbedingter Normativität, verweist. Der fromme Ernst und die hohe moralische Sensibilität der in bioethischen Debatten Engagierten legen die Vermutung nahe, daß hier über spezielle Konflikte hinaus ein letztlich religiöser Streit um die «Wertgrundlagen» des Gemeinwesens geführt wird. Der weltanschaulich neutrale Rechtsstaat kann kein ethisch indifferenter Staat sein. Spätestens bei der Auslegung der normativen Leitbegriffe der freiheitlichen Verfassungsordnung, vor allem des Begriffs Menschenwürde, wird er Partei im Deutungskampf.

Außerhalb Europas, vor allem in den beiden Amerikas, der islamischen Welt und in den meisten afrikanischen und asiatischen Gesellschaften, sind die Religionsfelder seit circa 1970 durch dramatisch schnelle Wandlungsprozesse geprägt, deren konfliktreiche Dynamik westliche Intellektuelle häufig unterschätzen. Harte Kämpfe um neue Religionsangebote werden auch dadurch verstärkt, daß immer mehr Laien ihren Hunger nach Ganzheit durch intensivierten Religionskonsum befriedigen wollen.[60] Doch eskalationsbereite Gewalt zwischen konkurrierenden Göttern schwelt nicht nur auf dem indischen Subkontinent und in vielen afrikanischen Ländern, sondern auch mitten in Europa, auf dem Balkan und in Nordirland. Neue starke religiöse Bewegungen verdanken ihre hohe Mobilisierungskraft nicht zuletzt ihrer aggressiven Missionstätigkeit und ihrer Entschiedenheit in der Dramatisierung symbolischer Kulturkonflikte. Viele Positionskämpfe im «religiösen Feld» lassen sich jedoch in rein feldinternen Perspektiven nicht zureichend erklären. Die Anerkennungskämpfe rivalisierender Akteure gewinnen ihre Dynamik auch aus den Erfahrungen und Hoffnungen, mit dem Symbolkapital der Religion zugleich Zugang zu anderen Kapitalien gewinnen zu können. Durch religiöses Kapital kann beispielsweise Sozialkapital erworben und akkumuliert werden, weil die religiöse Vergemeinschaftung auch Netzwerke kommunitärer Solidarität erschließt. Religionskapital läßt sich zudem in kulturelles Kapital umtauschen, indem religiöse Institutionen und Organisationen Bildungseinrichtungen aufbauen, asketisch methodisierte Stile der Lebensführung prämieren und sozialen Aufstieg durch Kompetenzerwerb als Inbegriff eines Gott wohlgefälligen Lebenswandels verkünden. Die symbolischen Sinnkapitalien der Religion können schließlich ins psychische Kapital gestärkter Identität konvertiert werden. Der Mehrwert des Religionskapitals liegt hier darin, neues Emotionskapital gewinnen zu können.

Die Bereitschaft zu religiöser Konversion wird häufig auch von existentiellen Hoffnungen mitbestimmt, durch den neuen Glauben nicht nur himmlische Güter, sondern auch viele irdische Kapitalien gewinnen zu können. Bereits Roger Bastide hatte in seinen bekannten Studien über die afro-brasilianischen Religionen darauf hingewiesen, daß viele junge schwarze Brasilianer die diversen charismatisch-pfingstlerischen Protestantismen als Religionen sozialen Aufstiegs wahrnahmen; die religiöse Faszinationskraft des pfingstlerischen Christentums sei eng damit verknüpft, daß die hier geforderte strenge Sozialmoral, etwa der Verzicht auf Alkohol, und die Ideale eines tugendsamen Lebenswandels als Bedingungen für die Verbesserung der eigenen Lage erkannt werden: «To the black joining any Protestant denomination is in itself an advance. A cultural advance because Protestantism is the religion of the book and therefore of literate people; it is the religion of the United States, of a world power. A social advance because on every level the Protestant tends to rise and enter the middle class. And lastly a religious advance.»[61]

David Martin, ein britischer Religionssoziologe, hat mit Blick auf den Siegeszug protestantisch-pfingstlerischer Gruppen in Brasilien gezeigt, daß *Pentecostalism* den marginalisierten Massen in den großen urbanen Agglomerationen nicht nur ein klar strukturiertes Weltbild bietet, sondern durch polemische Selbstunterscheidung von den Altgläubigen, den Katholiken, zu starker Identität verhilft.[62] Offenkundig sind religiöse Akteure besonders erfolgreich, wenn sie den Laien ein starkes Distinktionsbewußtsein gegenüber der Umwelt vermitteln. Religiöses Symbolkapital ist deshalb so heftig umkämpft, weil es eine wichtige Quelle für starke kollektive Identität ist. Indem Menschen in der religiösen Gemeinschaft das Gefühl erhalten, von Gott auserwählt, also anders als die vielen anderen draußen, zu sein, gewinnen sie starke Gruppenidentität und als Individuen neue Kraft. Religiöser Glaube scheint für Menschen, die sich als anonyme Opfer gesellschaftlicher Entwicklungen, als Marginalisierte und Ausgeschlossene erleben, vor allem dann attraktiv zu sein, wenn er ihnen zu «empowerment» und neuer Ich-Stärke verhilft. Religionskapital als wichtigste Ressource kollekti-

ver Identität und eines starken individuellen Ich-Bewußtseins – mit
dieser Sicht auf moderne Religionsfelder läßt sich verständlich machen, warum in Südafrika viele schwarze Mitglieder christlicher
Kirchen und Gruppen ihre charismatische Christlichkeit nun auch
mit der Rückkehr zu archaischen Ahnenreligionen verbinden. Der
Vexierbegriff «Identität» taugt aber auch dazu, den lebensdienli-
chen Sinn der spirituellen Praktiken von Hindus in Manchester,
Muslimen in London oder Anglikanern in Oxford nachzuvollziehen. In zunehmend pluralistischeren, «multikulturellen» Lebenswelten sehen sich immer mehr Menschen gegensätzlichen kulturellen
Einflüssen ausgesetzt und mit widersprüchlichen Rollenerwartun-
gen konfrontiert. Sie müssen höchst Heterogenes integrieren und
personale Identität als immer neue Synthesis des widersprüchlich
Differenten entwerfen können. Möglicherweise ist gelebte «Spiritualität» ein Medium reflexiver Identitätspräsentation.[63]

Westliche Intellektuelle haben Wandlungsprozesse in den Religionsfeldern des späten 20. Jahrhunderts zumeist mit Blick auf die
diversen islamischen, jüdischen und christlichen Fundamentalismen
wahrgenommen. Ein politisierter Islam gilt ihnen als eine besonders
aggressiv expandierende Religion. Gegen die lange Zeit diskursbe-
herrschenden Stereotypen von einer modernitätsspezifischen Gel-
tungskrise des Christentums ist jedoch darauf hinzuweisen, daß
auch das Christentum derzeit eine hohe Expansionsdynamik entfaltet. In Lateinamerika, Afrika und einigen asiatischen Gesellschaften
beweisen charismatische und pfingstlerische christliche Gemeinschaften eine extrem starke Mobilisierungskraft. Protestantische
Charismatiker agieren vor allem auf den Religionsfeldern Latein-
amerikas, Afrikas, Asiens und zum Teil auch Osteuropas als domi-
nante Akteure. Bei relativer Konstanz der bisherigen Wachstumsraten werden die christlich-charismatischen Gemeinschaften schon
in wenigen Jahren mehr Mitglieder als die römisch-katholische
«Weltkirche» zählen.[64]

Indem sie mit Geisttaufe, Auditionen, Zungenreden und enthu-
siastischer Spiritualität traditionelle Kirchentümer durchdringen
oder auf Religionsfeldern agieren, in denen sie traditionell gar nicht
präsent waren, verschärfen sie religiöse Symbol- und moralische
Wertkonflikte zwischen und in den christlichen Konfessionen. Die
evangelikalen und pfingstlerischen Protestantismen bestärken klas-

sische Familienwerte, kritisieren in Lateinamerika den dominanten, vom katholischen Symbolsystem verstärkten Machismus, fördern ein rigides Arbeitsethos und bilden in demonstrativer Selbstunterscheidung von der jeweiligen Gesellschaft dichte kommunitäre Strukturen, die ihren Gläubigen Schutz gegen elementare Lebensrisiken bieten. Indem sie die unmittelbare Evidenz der Heiligen Schrift betonen und mit alten Lehren von der Verbalinspiration eine unbedingte Geltung jedes Schriftworts einklagen, formulieren sie ethische Orientierungen, die denen vieler nordamerikanischer *main line churches* und europäischer Volkskirchen diametral entgegengesetzt sind. Die Auseinandersetzungen, die in der *Anglican community* derzeit um die Frage des Zugangs von Homosexuellen zum Priesteramt geführt werden, sind repräsentativ für neue tiefe Polarisierungen zwischen den christlich geprägten Religionsfeldern der USA und Europas einerseits und den aggressiv christianisierten religiösen Feldern in Afrika andererseits.[65]

In den Fragen von Ehe, Familie, Geschlechterordnung, Frauenemanzipation, *gay rights* und sexueller Selbstbestimmung werden innerchristliche Auseinandersetzungen noch an Schärfe gewinnen. Trotz der religionspolitisch korrekten Ökumene-Rhetorik, die viele Kirchenfunktionäre in Europa und den USA pflegen, dürfte die christentumsgeschichtliche Entwicklungsdynamik durch neue Pluralisierungsschübe, Schismen und «Kirchenspaltungen» geprägt sein. Denn auf vielen Religionsfeldern agieren derzeit die dezidiert konservativen, harte Religion propagierenden Akteure besonders erfolgreich. Dies gilt nicht nur mit Blick auf die römisch-katholische Kirche, die sich teils als Medienreligion einer papalen TV-Ikone, teils als autoritäre Institution verbindlicher Lehre darstellt. Vielmehr gewinnen auch in den orthodoxen Christentümern antiliberale Theologien großen Einfluß; alte Vorstellungen einer gottgewollten Einheit von Nation und Religion sind hier ebenso erneuert worden wie eine radikale Fundamentalkritik an westlich-aufklärerischen Wertorientierungen, die für die Dauerkrisen der Moderne verantwortlich gemacht werden: freie Selbstbestimmung des Individuums, Rationalismus, Kapitalismus und Individualismus. Die neue Attraktivität entschieden konservativer Auslegungen der christlichen Symbole läßt sich auch im intellektuellen Feld diverser englischsprachiger Gesellschaften beobachten. Im protestantisch-theologischen Feld der USA und Großbritanniens gewinnen die Wortführer einer «neuen Orthodoxie» verstärkt Einfluß. Im Unterschied zu den theologisch Konservativen des 19. und 20. Jahrhunderts postulieren sie nicht mehr die Rückkehr zu den als normativ erklärten Urtexten des Protestantismus. Neuorthodoxe protestantische Theologen wie Robert Jenson, Carl Braaten und George Lindbeck entwickeln in produktiver Religionssynthese vielmehr Modelle eines evangelischen Katholizismus, für dessen theologische Identität die altkirchlichen Kirchenväter wichtiger als die Reformatoren oder gar modernprotestantische Meisterdenker wie Friedrich Daniel Ernst Schleiermacher oder Karl Barth sind. Ihre Neu-Orthodoxie wird an religionspolitischer Entschiedenheit noch übertroffen durch die «radical orthodoxy» John Milbanks und die «Kommunitarische Theologie» eines Stanley Hauerwas. Mit scharfen postmodernen Waffen suchen sie in den Kämpfen des theologischen Feldes eine Deutungshoheit über die christlichen Symbole und Theologietraditionen zu gewinnen sowie eine Fundamentalkritik klassisch liberaler Autonomiekonzepte durchzusetzen. Den religionskulturellen Pluralismus nehmen sie darin ernst, daß sie die symbolischen Distinktionskämpfe durch neues Eindeutigkeitspathos gezielt verschärfen.

Wenn auf vielen Religionsfeldern eine zunehmend größere Zahl von Akteuren rhetorischen Eskalationsstrategien folgt, ist die Radikalisierung symbolischer Konflikte unausweichlich. Im Pantheon des frühen 21. Jahrhunderts sind liberale Konsensgötter in die Minderheit geraten. Viele ekstatisch wilde, machtbesessene Götter werden in den pluralen Religionsfeldern der Zukunft neue dramatische Kämpfe inszenieren, und religiöse Gewaltbereitschaft wird besonders Frommen als wahrer Gottesdienst erscheinen. Darf man Bourdieus «Felder» dazu nutzen, den Begriff des modernen Götterfeldes einzuführen? Auch die vielen Götter der Moderne tragen Distinktionskämpfe um Anerkennung aus. Ihre Fehden folgen nicht der reduktionistischen Logik einer «monotheistischen Unterscheidung».[66] Starke Exklusionen erzwingt keineswegs nur der konsequente Monotheismus. Auch in polytheistischen Symbolwelten bedarf es prägnanter Unterscheidungen und der Götterdiskriminierung. Denn je mehr Götter im Himmelsfeld agieren, desto höher wird die Relationskomplexität und nötigt zu interner Ordnung. Im Götterfeld der Moderne sind nicht alle Götter gleich. Hierarchien erlangter Anerkennung und differenzierte Muster der Verehrung bilden sich aus. Die hier geführten Unterscheidungskämpfe berühren unvermeidlich auch die Frage nach dem Unterschied von wahrer und falscher Religion. Sollen aggressive Nationalgötzen denselben Rang einnehmen wie die Spezialgötter einzelner sozialer Gruppen und kultureller Deutungsgemeinschaften? Ist der eine universalistische Gott der Juden identisch mit dem Gott der Christen und dem der Muslime? Der Götterkampf um Anerkennung droht härter zu werden und neue Menschenopfer zu fordern. Wer sich den vielen neuen Kampfgöttern nicht wehrlos ausliefern will, muß alte normative Fragen nach der Unterscheidung von humaner Religion und barbarisierenden Glaubensmächten neu stellen.

1. «Dechristianisierung»

Wo derzeit von Religion und Christentum die Rede ist, wird zumeist auch von ihrem Verfall gesprochen. Solche kulturkritischen
Klagen über den Niedergang des Christentums werden in Deutschland allerdings schon seit mindestens zweihundert Jahren ange-
stimmt. Historiker, die Prozesse von «Dechristianisierung», «Säkularisierung» und «Rechristianisierung» erforschen wollen,[1] tun
daher gut daran, die Historizität ihrer Fragestellung im Auge zu behalten. Historizität bedeutet hier vor allem: Die Geschichte der Phänomene ist weithin die Geschichte ihrer kontroversen Deutungen.
Es ist schwer auszumachen, was jenseits konkurrierender Deutungsmuster thematisiert wird, wenn vom Schicksal *des* Christentums
(oder gar: *der* Religion) in *der* Moderne überhaupt die Rede ist. Die
Analyse dieses Streites um die konkurrierenden Deutungen der Religionsgeschichten der Moderne wird dadurch kompliziert, daß bei
allen Interpretationsangeboten vielfältige Gegenwartsinteressen im
Spiel sind. Auch wer Max Webers Postulat der «Werturteilsfreiheit» ernst zu nehmen versucht und sich durch Methodenreflexion
um rationale Distanz bemüht, wird beim Thema Religion bald mit
der eigenen Herkunftsgeschichte, mit der Kontingenz kultureller
Prägungen und der unausweichlichen Einbindung in konfessionsspezifische Traditionen konfrontiert.[2] In Sachen Religion gibt es
keinen neutralen Beobachter.

a) Zur Problemgeschichte eines kulturpolitischen Topos

«Dechristianisierung», «Säkularisierung» und «Rechristianisierung» sind Begriffe mit einer widersprüchlichen, komplexen Geschichte, die über die diskursiven Felder von Religion, Kirchen und Universitätstheologie hinausweist. Die drei Begriffe wurden im späten 18. und frühen 19. Jahrhundert als kultur- und konfessionspolitische Kampfbegriffe geprägt.[3] Konkurrierenden Gruppen der deutschen gebildeten Öffentlichkeit dienten sie dazu, ihre alternativen politischen Grundeinstellungen gegenüber Aufklärung, Französischer Revolution, politischer Reform und Industrialisierung zu artikulieren. Doch lassen sich ideenpolitische Kampfbegriffe, die in den weltanschaulichen Auseinandersetzungen zwischen Frühliberalen und Frühkonservativen sowie in den vormärzlichen Kulturkämpfen zwischen Protestanten und Katholiken geprägt wurden, zu analytischen Leitbegriffen für eine mentalitätsgeschichtliche Erforschung des Wandels religiöser Wertorientierungen umformen? Suggerieren die Begriffe nicht eine falsche Eindeutigkeit der religiösen Verhältnisse? Haben sie genug Trennschärfe, um empirisch gehaltvolle Forschungsprogramme über den Wandel religiöser Mentalitäten und den Ort der Kirchen in den Prozessen sozialer Differenzierung anleiten zu können? Bringt der Gebrauch der Begriffe den Historiker nicht in die fatale Lage, genau angeben zu müssen, was das spezifisch Christliche oder das «Wesen des Christentums»[4] ist? Bleibt «Dechristianisierung» nicht immer mit einer extrem unhistorischen Verfallsperspektive verbunden,[5] der zufolge einst, in fernen guten Zeiten vor der Aufklärung, alle Menschen fromm, die Kirchen voll, die Moral christlich, also die Welt von Grund auf in Ordnung war?

Durch einige Hinweise auf die widersprüchliche Geschichte der drei Leitbegriffe lassen sich zugleich methodische Probleme schärfer konturieren, die alle Versuche begleiten, den Wandel religiöser Mentalitäten und die vielfältigen Veränderungen der sozialen Stellung der beiden großen christlichen Konfessionskirchen in einer an den Begriffen «Dechristianisierung» oder «Rechristianisierung» orientierten Perspektive zu erfassen. In der hohen Vieldeutigkeit des Themas spiegelt sich die konfessionelle, kulturelle und politische Pluriformität *des* modernen Christentums. Dieselben Phänomene,

die konservative Gruppen in beiden Großkirchen als untrügliche In-
dikatoren für Religionsverfall und Entchristlichung gedeutet haben,
sind von religiös Liberalen – vor allem im Protestantismus – als Zeichen einer Realisierung der ursprünglichen Intentionen der Reformation und als Ausdruck einer kulturpraktischen Transformation
des Protestantismus gewertet worden. Darin zeigt sich: Die Prozesse
des Wandels religiöser Mentalitäten sind vieldeutig, widersprüchlich. Selbst von den berufenen Hütern der alteuropäischen religiösen Tradition, den Theologen, werden sie höchst gegensätzlich
beurteilt. Diese Mehrdeutigkeit religiösen Wandels dürfte das entscheidende Problem für die Konzeptualisierung von Forschungs-
programmen sein. Die analytischen Kategorien, die bisher zur Beschreibung dieses sehr komplexen Wandels verwendet werden, sind
zu reduktionistisch und eindimensional. Dies gilt auch für das Konzept der *déchristianisation*, wie es vor allem von französischen So-
zial- und Mentalitätshistorikern entwickelt worden ist.[6]

b) «*Fuga templi*»: Krisendiagnostik um 1800

«Dechristianisierung» und «Entchristlichung» sind ursprünglich
keine deutschen Begriffe. Sie sind aus dem Französischen übernom-
men, als Übersetzungen von *déchristianisation*. Dieser Begriff und
das Verb *déchristianiser* wurden im Kontext der religionspolitischen Kämpfe der Französischen Revolution geprägt und bezeichneten hier zunächst spontane gewalttätige Aktionen kleinbürger-
licher Gruppen gegen Kirche und Klerus, also die Angriffe auf
Priester und deren Hinrichtung, den Raub von Kirchengut sowie
die Verwüstung von Kirchen und anderen kirchlichen Gebäuden.
Anhänger der Revolution verwendeten den Begriff zudem zur Beschreibung des Abbruchs kirchlicher Tradition und Sitte, etwa mit
Blick auf die Pensionierung oder die Heirat von Priestern. *Déchristianisation* diente ihnen schließlich auch dazu, die Etablierung des
neuen Vernunftkultes der Revolution zu rechtfertigen.[7]
　Wann der Begriff erstmals ins Deutsche übertragen wurde, läßt
sich noch nicht sagen; die deutschen Begriffshistoriker interessieren
sich kaum für religiöse Symbolsprachen sowie die eigentümlichen
Begriffswelten der Theologen, und Kirchen- oder Theologiehisto-

riker nehmen in Deutschland selten die Anstrengung begriffsgeschichtlicher Forschung auf sich. Doch läßt sich der Kontext bezeichnen, in dem *déchristianisation* Eingang in die deutsche Sprache
fand: in den heftigen literarischen Debatten über die Französische
Revolution. Dieser Streit um die Revolution im katholischen Nach-
barland wurde im protestantischen Deutschland auch als ein reli-
gions- und konfessionspolitischer Streit geführt.[8] Dabei standen
mögliche Zusammenhänge zwischen katholischer Kultur und Revo-
lutionsgeist, Religionskritik und Unkirchlichkeit der aufklärerischen
Gebildeten im Vordergrund.

«Entkirchlichung», «Unkirchlichkeit», «Unglauben» und «Verfall der Religion» sowie «Kirchenreformation», «Religionsverbes-
serung» und «erneuerte Kirchlichkeit» waren in Deutschland
schon seit den späten siebziger Jahren des 18. Jahrhunderts zentrale Themen der neuen literarischen Öffentlichkeit. Die obrigkeitlichen Religionsedikte der achtziger Jahre – neben Wöllners bekann-
tem Preußischen Religionsedikt vom Juli 1788 gab es vergleichbare
Verfügungen zu Schutz und Stärkung der alten Kirchenlehre auch
in Württemberg, Bayreuth, der Reichsstadt Ulm und in Hannover
– sowie die Französische Revolution bewirkten eine Politisierung
dieser Debatten, so daß sich, neben den alten konfessionellen Milieus, im Protestantismus allmählich neue religiös-politische Fraktionierungen bildeten. In zuspitzender idealtypischer Vereinfachung lassen sich zwei Richtungen unterscheiden, die die kultur-
und kirchenpolitischen Diskussionen im deutschen Protestantismus während des gesamten 19. Jahrhunderts bestimmten: ein auf-
klärungskritischer religiöser Konservatismus, der eine bleibende
Verbindlichkeit überkommener Kirchenlehre und kirchlicher Sitte
einklagte, und ein stark von Aufklärung und Idealismus geprägter
liberaler Bildungsprotestantismus, der freie individuelle Frömmigkeit und ein moralisches Tatchristentum autonomer Bürger und
Bürgerinnen zur gelungenen Realisierung reformatorischer *libertas
christiana* erklärte. Die primären sozialen Trägerschichten beider
Deutungskulturen waren relativ kleine Gruppen des gebildeten, mit
Bildungspatenten ausgestatteten Bürgertums. Neben Theologen
spielten dabei auch andere beamtete oder staatsnahe Kulturdeuter
und -gestalter, insbesondere Juristen, Historiker, Philosophen und
vor allem Lehrer, eine wichtige Rolle. Viele von ihnen erfuhren sich

in den krisenhaften Modernisierungsprozessen des 19. Jahrhunderts als Verlierer. Dies blieb nicht ohne Einfluß auf ihre Deutungen der religiösen Lage der Zeit.

Allein zur Reform der protestantischen Kirchen und zur Neubelebung von Religion und kirchlichem Sinn lassen sich, neben zahllosen Aufsätzen und Artikeln in gelehrten Journalen und in Tageszeitungen, in der «Sattelzeit» (R. Koselleck) zwischen 1780 und 1820 über vierhundert selbständig erschienene Abhandlungen und Flugschriften nachweisen. Hinzu kommen circa 120 selbständig erschienene Schriften zu den diversen obrigkeitlichen Religionsedikten und Reskripten gegen den «Verfall der Religiosität»[9] sowie zahlreiche Publikationen über die «Religionskrisis» und die negativen religiös-kulturellen «Zeichen der Zeit». Diese kulturkritischen Diagnosen der «Lauheit des Zeitalters gegen Religion»,[10] der «herrschenden Irreligiosität»,[11] des «Verfalls der Religiosität»,[12] des «Religions-Indifferentismus»,[13] der «religiösen und sittlichen Verderbnis unsers Zeitalters»[14] und des «Verfalls des öffentlichen Religions-Cultus» bei den Protestanten[15] waren zumeist mit Vorschlägen zur «Wiederherstellung der Religiosität»,[16] Neubelebung der Kirchlichkeit, «Kirchenverbesserung»,[17] kirchlichen Verfassungsreform und religiös induzierten Stärkung von bürgerlicher Sitte und moralischem Anstand verbunden. Vor allem um die Wende vom 18. zum 19. Jahrhundert – Säkularwenden provozieren mit einer gewissen Regelmäßigkeit religionskulturelle Selbstverständigungsdebatten! – und im ersten Jahrzehnt des neuen Jahrhunderts bildeten Klagen über den Verfall der Religion und Prognosen über das «künftige Schicksal des Christentums»[18] ein vieldiskutiertes Modethema. Der einflußreiche Gothaer Generalsuperintendent und spätrationalistische Universitätstheologe Karl Gottlieb Bretschneider begann einen Traktat *Ueber die Unkirchlichkeit dieser Zeit im protestantischen Deutschland* 1820 denn auch mit der Feststellung, über das Thema sei «schon so viel geschrieben worden, daß man Bedenken finden könnte, noch ein Wort darüber zu sagen. Alles scheint erschöpft zu seyn».[19]

Der breite Sattelzeit-Diskurs über das Schicksal der Religion in der neuen, «modernen Zeit»[20] ist bisher kaum erforscht. Unter den Leitbegriffen «Verfall der Religion» und «Unkirchlichkeit» wurde ein breites Spektrum von Themen verhandelt: der Rückgang mildtätiger Stiftungen zugunsten der Kirchen, das Desinteresse an Pri-

vatbeichten, die vor allem in den Städten starke Schrumpfung der
sonntäglichen Gottesdienstgemeinde, die chronische Langeweile
und intellektuelle Dürftigkeit vieler Predigten, die Profanisierung
des Sonntags, der Schwund überkommener christlicher Sitte, etwa
in häuslicher Andacht und Bibellektüre, der Abbau von Kirchenzucht und «Kirchenpolicey», der Rückgang der Theologiestuden-
tenzahlen, die statistisch auffällige Unsittlichkeit protestantischer
Theologiestudenten, das sinkende soziale Ansehen der Geistlichen
sowie – dies war vor allem im Streit um den theologischen Kantianismus ein wichtiges Thema – jener tiefgreifende, revolutionäre
Wandel der Theologie, der als Abkehr von der überlieferten Dogmatik zugunsten einer rationalen Kritik des überkommenen Kirchenglaubens und der Inszenierung eines freien moralischen, praktischen Christentums in Erscheinung trat. Da ein anonymer Autor
des *Deutschen Museums* 1782 den Theologen jeden kulturellen
Funktionswert abgesprochen und die Abschaffung des «geistlichen
Standes» gefordert hatte,[21] wurde zudem eine intensive Debatte
über die «Nutzbarkeit des Predigtamts»,[22] eine zeitgemäße Bestimmung der Berufsrolle von Pfarrern und «Religionslehrern»[23] sowie
die Reform des theologischen Studiums und der praktischen Vorbereitung der Geistlichen geführt. Hinzu kommen literarische Kontroversen über die Reform des protestantischen Kultus, die Einführung
neuer Agenden, die Qualität der Predigten, den Religionsunterricht
an Schulen[24] sowie die religionsästhetische Qualität von Gottesdiensten und kirchlichen Gebräuchen.[25] Über diese Themen schrieben keineswegs nur Pfarrer und akademische Theologen, sondern
auch Juristen, Philosophen, Mediziner, hohe Verwaltungsbeamte
und einzelne Küster und Lehrer.

In ihren Kontroversen über das «Schicksal des Christentums» in
der «neuen Zeit» ging es ihnen nicht bloß um Religion, Frömmigkeit und Kirche im engeren Sinne. Indem sie über die «fuga templi»[26] debattierten, thematisierten sie immer auch die normativen
Grundlagen der Kultur, die moralischen Fundamente des Staates,
die Basis der Rechtsordnung. Obgleich die Autoren im einzelnen
sehr unterschiedliche Ansichten über die «religiöse Lage der Zeit»
vortrugen und auch in den therapeutischen Rezepten gegensätzliche
Richtungen einschlugen, stimmten sie in der prononcierten Betonung der gesellschaftlichen Notwendigkeit von Religion überein.

Immer wieder wurde ein Zusammenhang von Religiosität, Sittlichkeit, Tugend, Glückseligkeit und öffentlicher Ordnung beschworen[27] und Religion zur konstitutiven Bedingung von allgemeiner Wohlfahrt, Stabilität des Gemeinwesens und bürgerlichem Rechtsfrieden erklärt. Selbst jene aufgeklärten, stark vom Kantischen «Vernunftglauben» geprägten Theologen, die den Verfall der «positiven», «kirchlichen Religion» affirmativ, als einen Ausdruck des Aufschwungs vernünftiger Religion und moralisch-innerlicher Religiosität, deuteten, erkannten in der Religion ein unverzichtbares Integrationsband der Gesellschaft und im öffentlichen Gottesdienst eine tragende Säule der bürgerlichen Ordnung. Zwar sahen viele Neologen und theologische Kantianer eine zentrale Funktion der Religion darin, dem Einzelnen zu einer stabilen Gewißheit seiner selbst zu verhelfen; Religion sei, erklärte der einflußreiche Neologe Johann Joachim Spalding, die «einzige Stütze einer wahren und völligen Beruhigung» der Seele, weil sie das Individuum von der Sinnen- und Alltagswelt emanzipiere und ihm damit reflexive Selbstgewißheit erschließe.[28] Aber Spalding unterstrich wie die anderen Neologen zugleich die politisch-soziale Funktion der Religion. Ohne Religion seien Gesellschaft und Staat zum Untergang verurteilt, lautete die *opinio communis* der deutschen Religionsdiagnostiker des späten 18. und frühen 19. Jahrhunderts. Denn nur durch Religion könne die Gesellschaft zu *einem* Körper geformt,[29] eine vertrauensvolle Beziehung zwischen Obrigkeit und Bürgern gefördert, der öffentliche Friede gewahrt und jener moralische Sinn der Bürger – und erst recht der Kinder und Jugendlichen! – gebildet werden, ohne den es keine innere Bindung an das Gesetz, kein Pflichtbewußtsein gebe.[30] Sogar Kantianer und andere frühliberale Rationalisten, die für Religions- und Gewissensfreiheit eintraten, betonten gegen den verbreiteten Vorwurf, daß die «kritische Philosophie» «an dem Kaltsinn gegen die Religion Schuld sei, welcher als ein so auffallendes Zeichen unsrer Zeit wahrgenommen werde»,[31] «die Unentbehrlichkeit der Religion» und führten den «Beweise, *daß Religion Pflicht sei*».[32] Einige riefen die Obrigkeit im Kampf gegen Religionsverfall und Entchristlichung deshalb dazu auf, von den Mitteln der überkommenen Religions- und Kirchenpolizei Gebrauch zu machen und eine Bürgerpflicht zur aktiven Religiosität und Kirchlichkeit durchzusetzen:

Niemand kann Glied des Staats seyn, und im Staat der Rechte desselben genießen, etwas im Staat besitzen, den Schutz des Staats erhalten, in ihm etwas erwerben, oder ein öffentliches Geschäft betreiben, der nicht sich würklich und durch äußere Beobachtungen zu einer öffentlichen, im Staat herrschenden oder doch geduldeten Religion hält. Jeder, der auf dergleichen Anspruch macht, muß daher gültig Zeugnisse beibringen, daß er sich zu einer öffentlichen Religion halte, und dies durch Theilnahme an ihrem öffentlichen Gottesdienste beweise.[33]

Jene Autoren, die die Gegenwart durch einen dramatischen Verfall der öffentlichen Religion bestimmt sahen, verbanden ihre religionsdiagnostischen Analysen deshalb mit politischen Krisenszenarien, etwa der Beschwörung fortschreitender Werteerosion, drohender sozialer Unruhen oder kommender Anarchie. Sie verknüpften ihre Aussagen zu «Entchristlichung» und «Entkirchlichung» mit einer pauschalisierenden gesamtkulturellen Krisendiagnostik[34] sowie mit kulturpolitischen Therapievorschlägen, Rechristianisierungsprogrammen und verfassungspolitischen Reformkonzepten. In diesem Dechristianisierungsdiskurs, der eng mit den politischen Reformdebatten der Zeit vernetzt war, wurden viele jener Wahrnehmungsmuster und Vorurteile formuliert, die bis heute die kultur- und konfessionspolitischen Auseinandersetzungen um das Verhältnis von «Christentum und moderner Kultur» bestimmen und häufig auch noch elaborierte sozial- oder kulturhistorische Forschungen zum Wandel von Religion und Kirchlichkeit prägen. Fünf der damals entwickelten und kontrovers diskutierten Deutungsmuster haben eine erstaunliche Beharrungskraft gewonnen und bewahrt:

Konfessionsspezifische Kirchlichkeitsstile: Katholiken seien als solche kirchlicher, kirchentreuer als Protestanten; ihre Frömmigkeitspraxis sei im Gegensatz zum protestantischen Individualismus stärker kultisch und gemeinschaftsorientiert. Die größere Distanz der Protestanten zur kirchlichen Institution sei eine unumgängliche Folge der von den Reformatoren erkämpften «Freiheit eines Christenmenschen». Mit diesem weitverbreiteten Deutungsmuster kann die neue «Unkirchlichkeit im protestantischen Deutschland» deshalb auch als eine kulturpraktische Transformation reformatorischer Freiheitsprinzipien gedeutet werden.

Protestantische Weltfrömmigkeit: Protestanten seien fleißiger, aktivistischer und leistungsorientierter als Katholiken. Sie seien stärker an Bildung, Wissenschaft und Industrie orientiert als die kulturell rückständigen, weithin traditionalistisch ausgerichteten Katholiken. Protestantische Frömmigkeit konkretisiere sich vorrangig im «weltlichen Beruf» des Christen, sie gestalte sich als «praktisches Christentum», «Weltfrömmigkeit» und «Bildungsglaube». Da die Protestanten mehr arbeiteten, hätten sie auch weniger Zeit zum Kirchgang oder zu religiös-kultischen Handlungen. Was vielen Katholiken als Defizit erscheine, die stärkere Unkirchlichkeit der Protestanten, sei kulturell ihr Vorzug: Die «höhere Kultur» der protestantischen Länder resultiere aus Berufspathos und aktiver Weltfrömmigkeit der Protestanten.

Kultisches Defizit des Protestantismus: Die schwächere Kirchlichkeit der Protestanten sei Folge eines «ästhetischen Erfahrungsdefizits» (V. Drehsen)[35] protestantischer Liturgie und Gottesdienstkultur. Blutleerer Kultus, der intellektualistische Vorrang der Wortverkündigung vor dem Sakramentalen und die Profanisierung des Kirchenraums sprächen allein den Verstand, nicht aber das religiöse Gemüt oder die fromme Seele an. Johann Wolfgang von Goethe schrieb 1812:

Der protestantische Gottesdienst hat zu wenig Fülle und Konsequenz, als daß er die Gemeine zusammenhalten könnte; daher geschieht es leicht, daß Glieder sich von ihr absondern und entweder kleine Gemeinen bilden, oder, ohne kirchlichen Zusammenhang, neben einander geruhig ihr bürgerliches Wesen treiben. So klagte man schon vor geraumer Zeit, die Kirchgänger verminderten sich von Jahr zu Jahr und in eben dem Verhältnis die Personen, welche den Genuß des Nachtmahls verlangten. Was beides, besonders aber das letztere betrifft, liegt die Ursache sehr nah; doch wer wagt sie auszusprechen? Wir wollen es versuchen.

In sittlichen und religiosen Dingen eben so wohl als in physischen und bürgerlichen, mag der Mensch nicht gern etwas aus dem Stegreife tun; eine Folge, woraus Gewohnheit entspringt, ist ihm nötig; das was er lieben und leisten soll, kann er sich nicht einzeln, nicht abgerissen denken, und um etwas gern zu wiederholen, muß es ihm nicht fremd geworden sein. Fehlt es dem protestantischen Kultus im Ganzen an Fülle, so untersuche man das Einzelne, und man wird finden, der Protestant hat zu wenig Sakramente [...].[36]

Der von Aufklärungstraditionen und kantischem Rationalismus geprägte Breslauer Theologe Joachim Christian Gaß, ein enger

Freund Schleiermachers, beklagte drei Jahre später «die Leerheit und das Unbefriedigende des protestantischen Cultus»:

Der protestantische Cultus nimmt offenbar zu wenig von dem Ganzen des innern Menschen in Anspruch. Die darin vorherrschende Verstandesbildung hat zur unvermeidlichen Folge eine Vernachlässigung des religiösen Gefühls, das wir doch als das eigentliche Organ alles Handelns auf diesem Gebiet und als das Objekt für alles Einwirken auf andre durch die Gottesverehrung anerkennen müssen. Jeder wird zugeben, der Weg zum Herzen führe durch den Verstand, aber auch keiner leugnen wollen, daß die entgegengesetzte Richtung nicht weniger sicher zum Ziel führe und daß es zwischen dem, was gewußt, und dem, was geglaubt werden kann, eine Scheidung gebe, die nicht überschritten werden sollte. Die reine Contemplation des Gemüths, ein wesentlicher Bestandtheil der religiösen Stimmung, wird in der protestantischen Gottesverehrung oft viel zu wenig genährt.[37]

Gaß und andere theologische Kultreformer wollten deshalb mit mehr «Mystik», «Mythos», «Darstellung», «erbaulicher Musik» und «neuem Ritual»[38] die protestantischen Kirchen wieder füllen. Angesichts der «abstoßenden Kälte» vieler protestantischer Kirchen und «Betsäle» setzten sie zudem auf eine neue, künstlerisch-anschauliche Ausstattung des Kirchenraumes, auf Kerzen und abgedunkelte Altäre.[39] Ihre Kritiker sahen darin eine religiös illegitime Katholisierung der protestantischen Frömmigkeitskultur.

Unkirchlichkeit der Gebildeten: Unkirchlichkeit sei ein Produkt der städtischen Aufklärung; sie sei, so heißt es seit den zwanziger Jahren des 19. Jahrhunderts, ein typisch liberales Phänomen, eine Haltung allein der gebildeten Bürger. Immer wieder wurden die Unkirchlichkeit der Gebildeten und der einfache Glaube des Volkes einander kontrastiert. Damit verband sich schon seit den neunziger Jahren des 18. Jahrhunderts eine massive Gebildeten- und Intellektuellenkritik, zumal der Vorwurf, daß sie sich in ihrem Glauben an Aufklärung, Kritik und Vernunft vom Volke und den Bedürfnissen der Gemeinschaft entfernt hätten. Viele Landpfarrer und selbsternannte Vertreter des «einfachen Volkes» empfahlen der rationalistischen Pfarrerelite, ihr Bildungsghetto zu verlassen und wieder den Weg zu den «Leuten» zu suchen: durch Hausbesuche, Teilnahme an den Familienfeiern nach den Kasualgottesdiensten, Spielnachmittage für die Kinder, stärkere Öffnung des Pfarrhauses für die Gemeindeglieder und die Bereitschaft, den Schulkindern Unterricht zu erteilen.

Zurück zur evangelischen Substanz: Die neue Unkirchlichkeit sei Folge einer pädagogischen Trivialisierung der christlichen Heilsbotschaft, einer falschen Anpassung der aufgeklärten Theologenelite an den Zeitgeist und die moderne Unkultur. Nicht äußerliche Reform, sondern allein eine innerliche, religiöse Erneuerung, die Konzentration auf die elementaren Heilstatsachen und Glaubenswahrheiten werde die Kirche wieder für die Gebildeten und das Volk attraktiver machen. Die Kirche dürfe nicht religiöse Aufklärung und blasse Moral predigen, sondern müsse die Menschen an Sünde, Verderbnis und die unausweichliche *renovatio* der Herzen erinnern, dann werde ihre Botschaft vom erlösenden Tod Christi und seiner Auferstehung von selbst einleuchten. Geholfen werden könne, so formulierte es 1813 ein württembergischer Stadtpfarrer,

allein durch den Vortrag der freyen Gnade Gottes in Christus, durch die Lehre vom Kreutze, gepredigt denen, welche sich als Sünder erkennen – durch die Predigt von der Buße, und die Erregung der Aufmerksamkeit auf die Verdorbenheit des Herzens. […] Zu Wiederherstellung des Christenthums, der Religiosität, fordere ich demnach einzig dies, daß die Religion in ihrem ursprünglichen Geiste gelehrt werden soll, das heißt, der Mensch soll auf sich und sein sittliches Verderben aufmerksam gemacht, dann bey dem dringenden Gefühl dieses seines Mißfallens vor Gott, Vergebung durch den Glauben an den Versöhnungstod Jesu suchen.[40]

c) Konzepte und Formen religiösen Wandels

Seit den späten siebziger Jahren des 18. Jahrhunderts publizierten Vertreter des protestantischen Frühkonservatismus Schriften zur religiösen Lage der Zeit, in denen sie der aufgeklärten Bildungselite «Indifferentismus», «Vernunftglauben», «Atheismus», «Antichristentum», «Materialismus» und «Unkirchlichkeit» vorwarfen. «Dechristianisierung» und «Entchristlichung» waren dabei Kategorien religiöser und politischer Illegitimität. In den politischen Weltanschauungskämpfen des Vormärz wurde dieser politische Gehalt der Begriffe von den Konservativen dann zunehmend polemischer und aggressiver akzentuiert. Exemplarisch genannt sei Friedrich Julius Stahl, der bei der politischen Popularisierung des Feindbegriffs «Dechristianisierung» eine prominente Rolle spielte. Mit Blick auf die politischen Revolutionen von 1789, 1830 und 1848/49 sprach er von einer «Entchristianisierung», «Säkularisierung» und «Entkirchlichung» des Staates.[41] Konkret richtete sich dies gegen die «liberale Partei», den «größten Promotor der Entchristlichung des Staates».[42] Wer für die Trennung von Kirche und Staat eintrete, die geistliche Schulaufsicht beseitigen wolle, Religions- und Gewissensfreiheit fordere, Nicht-Christen den Zugang zu politischen Ämtern öffne, die «Staatsreligion» Christentum zur bloßen Privatsache der Individuen erkläre und den «christlichen Staat» zugunsten demokratischer Pöbelherrschaft abschaffen wolle, etabliere nur die Herrschaft von Unglaube und «Überzeugungslosigkeit».[43] Stahl erhob «Dechristianisierung» zu einem Kampfbegriff, mit dem die Modernisierung politischer Institutionen in Richtung auf funktionale Differenzierung von Religiösem und Politischem, Partizipation der Bürger, Volkssouveränität, Parlamentarisierung und Kodifizierung von Individualrechten als religiös illegitim verworfen werden sollte.

Theologen eines liberalen Bildungsprotestantismus, die die Ziele der politisch Liberalen unterstützten und christentumsgeschichtlich legitimierten, deuteten Konstitutionalismus und Menschenrechte demgegenüber als originäre politische Transformation und theologisch legitime Säkularisate protestantischer Tradition. Richard Rothe, im zweiten Drittel des 19. Jahrhunderts der einflußreichste liberalprotestantische Theoretiker eines kulturellen Christentums jenseits der Kirchen, konnte 1837 die Aufhebung der Kirche in den sittlichen Kultur- und Rechtsstaat als eine Realisierung des Christlichen interpretieren:

In demselben Verhältniß, in welchem das Christenthum einen christlichen Staat, d. h. aber eben auch nur einen an und für sich selbst vollkommenen Staat, zustande bringt, wird die Kirche überflüssig; denn grade an einem solchen Staate hat das christliche Leben sein allein ihm wahrhaft angemessenes kosmisches Dasein und Organ seiner geschichtlichen Wirksamkeit. In demselben Verhältniß, in welchem der Staat sich entsäcularisirt, säcularisirt sich die Kirche, tritt sie zurück, die nur ein provisorischer, immer ungenügender werdender Nothbau für den christlichen Geist ist für die Zeit bis jene seine eigentliche Behausung ausgebaut ist.[44]

In den heutigen Diskussionen um Zivilreligion und demokratische Grundwerte stimmen Theoretiker aller politischen Lager eher Rothe als Stahl zu und machen für Menschenrechtsindividualismus, Demokratie und die Entlastung des Politischen von religiösen Sinngebungsansprüchen gern auch jüdische und christliche Wurzeln geltend. Wie immer man die ideengeschichtliche Plausibilität solcher religionskulturellen Herleitungen und gewiß auch legitimatorischen Traditionsstiftungen beurteilt – deutlich dürfte sein, daß Analysen von «Dechristianisierung» oder «Rechristianisierung» immer stark subjektiv geprägt sind von Elementen wertender Stellungnahme.

Dies gilt auch in Hinblick auf die von konservativen Theologen und Kulturtheoretikern formulierten Analysen des Verfalls überkommener kirchlicher Sitte. Ihre Krisendiagnosen waren vorrangig auf die tradierten Riten und hier insbesondere den Sonntagsgottesdienst konzentriert. Christlichkeit wurde primär über «Kirchlichkeit» – eine Begriffsprägung des späten 18. Jahrhunderts[45] – oder über «kirchlichen Sinn» definiert. Kirchlichkeit wiederum galt – so die Lexika des 19. Jahrhunderts – als die «Gesinnung und Denkart, die sich in der fleißigen und regen Theilnahme an den öffentlichen Religionsübungen äußert».[46] Nur der sei tatsächlich ein Christ, der sich ohne inneren Vorbehalt den überkommenen kirchlichen Symbolen und Bekenntnissen verpflichtet wisse, hochengagiert am Leben der Gemeinde teilnehme, in allen Dimensionen seiner Lebensführung die Wahrheit des Evangeliums bezeuge und mit missionarischem Eifer Kritik an Kirche und überkommener christlicher Sitte bekämpfe.

Geleitet von ihrem Interesse, den «kirchlichen Sinn» wiederzubeleben und die von der Kirche entfremdeten sozialen Gruppen – insbesondere viele Adlige, die aufgeklärte Bildungselite und seit den vierziger Jahren auch die proletarisierten unterbürgerlichen Schichten – in die Kirche zurückzuführen, begannen die protestantischen Konservativen seit dem ersten Jahrzehnt des 19. Jahrhunderts mit der Sammlung kulturgeschichtlichen, zumal religionsstatistischen Materials über die Teilnahme am kirchlichen Leben. Seit 1820 wurden in einzelnen Gemeinden oder Regionen Statistiken über das kirchliche Leben geführt, seit Mitte der dreißiger Jahre in der konservativen Kirchenpresse «moralstatistische» Untersuchungen über die heilsamen Auswirkungen der Kirchentreue auf Sitte, Fleiß und öffentliche Ordnung publiziert, seit den sechziger Jahren dann komparative Kirchenstatistiken für den gesamten Bereich des deutschen Protestantismus initiiert.[47] Diese empirischen Studien zur «kirchlichen Statistik» oder «Kirchenstatistik» – beide Begriffe las-

sen sich seit den achtziger Jahren des 18. Jahrhunderts nachweisen –
bildeten eine wichtige Grundlage für die in den sechziger Jahren
entstehende «religiöse Volkskunde» und die im späten 19. Jahrhundert sich allmählich verselbständigende «Kirchensoziologie».[48] In
Deutschland waren es im 19. Jahrhundert vorrangig religiös Konservative, die kulturgeschichtliche Forschungen über kirchliches
Teilnahmeverhalten, Akzeptanz der Kirchenlehre und volkskirch-
liche Sitte forderten und in Gang brachten.[49] Bei allem Reichtum
des präsentierten Materials ist der Aussagewert dieser Kirchenstatistiken deshalb eigentümlich beschränkt. Wer auf ihrer Basis Aussagen über «Dechristianisierungsprozesse» machen will, droht
schnell in die Irre zu gehen. Denn in den alten Statistiken und der
«religiösen Volkskunde» des 19. Jahrhunderts kam die faktische
Vielgestaltigkeit christlicher Lebensformen und die komplexe kulturelle Präsenz protestantischer Traditionen nur höchst selektiv in
den Blick.

Als wichtigster Indikator echten Christseins galt den Kirchen-
statistikern des 19. Jahrhunderts die regelmäßige Teilnahme an
solchen Riten, in denen sich die Einbindung des Frommen in die
gläubige Gemeinde besonders markant darstellt, also an Sonntagsgottesdienst und Abendmahl. Konservative Kirchenstatistiker
waren auf die Abendmahlsgemeinde fixiert, fanden sie hier doch
symbolisch verdichtet archaisch zeitlosen Ritus, überschaubare Verhältnisse und klare Autoritätsstrukturen – eine Liturgie, die, im Gegensatz zur Beschleunigung der historischen Zeit, generationenübergreifende elementare Kontinuitäten repräsentiert; den Pfarrer,
der mit Amtsautorität steht, austeilt und von Schuld freispricht; das
Gemeindeglied, das kniet, empfängt und von Sündenschuld entla-
stet wird; die rituelle Inszenierung perfekter Gemeinschaft, die die
sozialen Trennlinien von Stand, Klasse und Geschlecht zu transzendieren scheint. Dahinter traten in den Kirchenstatistiken andere
Formen individueller Verbindung mit der kirchlichen Institution –
also Kasualien wie Taufe, Konfirmation und kirchliche Beerdigung
sowie die Teilnahme an einzelnen herausgehobenen Gottesdiensten
– ebenso zurück wie das weite Feld religiös motivierter Karität und
das hochdifferenzierte Spektrum christlicher Vereinsaktivitäten. Die
vielfältigen Phänomene einer individuell gestalteten selektiven Verbundenheit mit der kirchlichen Institution, die in der neueren Kir-

chensoziologie zumeist als «distanzierte Kirchlichkeit» im Rahmen einer offenen, durch unterschiedliche Frömmigkeitstypen geprägten Volkskirche bezeichnet werden,[50] kamen nur am Rande in den Blick. Schon Schleiermacher führte dies auf die massive Interessenbedingtheit der von Kirchenvertretern betriebenen Erfassung von Kirchlichkeit zurück:

Allgemein hört man die Bemerkung, die Religion sey im Verfall. [...] Zuerst klagen die Geistlichen. Nicht so laut und dringend als ihnen eigentlich ums Herz ist, weil sie doch leider wissen, daß wenig auf sie gehört wird, vielleicht auch zurückgehalten von einem beschämenden Bewußtseyn der Verworrenheit ihrer Motive. Keinesweges soll hierdurch geläugnet werden, daß nicht die besseren unter ihnen wirklich in ihrer Qualität als Bürger und Weltbürger nicht nur, sondern auch als fromme Männer klagen, aber bei weitem die mehrsten thun es doch gerade nur als Geistliche, als Mitglieder eines Standes, für den die Religiosität der Gesellschaft den Gewerbsgegenstand ausmacht. Was diese eigentlich drückt, ist das Gefühl von dem verringerten Einfluß ihres Standes, die Erfahrung, daß die öffentlichen Ausstellungen der Religion bei weitem nicht mehr das ehemalige Interesse erregen, sondern fast unbemerkt vorübergehn, daß ihr besonderer Dienst nicht mehr so häufig gefordert, und wo er gar nicht zu umgehn ist, nicht mehr so feierlich abgewartet wird. Der Kundige erkennt den Vogel leicht am Gesang. Für die Betrachtung, daß der Verlust an wahrer Religiosität doch nicht so groß sey als er scheine, weil ehedem gar vieles dafür gehalten worden, was nur Gewohnheit oder Aberglaube war, und es auch jetzt viel Frömmigkeit gebe, die aus manchen Gründen nur nicht eben so erscheine wie ehedem, dafür haben sie keinen Sinn.[51]

Die älteren Kirchenstatistiken sagen aus, wie viele Menschen zu einem bestimmten Zeitpunkt Gottesdienste besucht und am Abendmahl teilgenommen haben. Sie lassen dabei auch erkennen, daß die verbreitete Vorstellung eines mit der Aufklärung beginnenden kontinuierlichen Schwundes an Kirchlichkeit für die meisten deutschen protestantischen Territorien wenig aussagekräftig ist. Gewiß, in einer langfristigen Perspektive zeigen sich vielfältige Traditionsabbrüche und die Schrumpfung der sonntäglichen Gottesdienstgemeinde auf spezifisch kirchennahe mittelständische Gruppen, die «Kerngemeinden».[52] Aber diese Prozesse wurden immer wieder von Phasen neuer Kirchlichkeit unterbrochen und von der kulturellen Durchsetzung neuer Partizipationsformen – beispielsweise der «Erfindung» des Heiligen Abends – begleitet. Nach Phasen eines beschleunigten Verlustes an sozialer Bindungskraft gewann die kirchliche Institution etwa in Zeiten politischer Umbrüche an neuer

Integrationsfähigkeit; auch ansonsten relativ kirchenferne Gruppen schienen dann von der evangelischen Kirche Sinndeutung des unerwarteten Wandels zu erhoffen.

Die älteren Kirchenstatistiken zeigen schließlich, daß das kirchliche Teilnahmeverhalten in einzelnen protestantischen Regionen erhebliche Unterschiede aufweist und selbst auf lokaler Ebene gravierende Differenzen zwischen einzelnen Kirchengemeinden zu beobachten sind; dafür dürften sehr langfristige religionskulturelle Prägungen eine wichtige Rolle spielen.[53] Dies gilt gerade auch für das Abendmahl. Alexander von Oettingen, ein baltischer konservativer Lutheraner, der mit seiner einflußreichen *Moralstatistik* zu den Wegbereitern der «Sozialethik» zählt, wies schon 1873 darauf hin, daß Abendmahlsfrömmigkeit stark auch durch die innerprotestantischen Konfessionsunterschiede geprägt werde. Unierte Protestanten gingen signifikant weniger zum Abendmahl als Lutheraner oder Reformierte.[54] Von Oettingen zeigte zudem, daß in der protestantischen Diaspora, also da, wo Protestanten gegenüber Katholiken in der Minderheit waren und sich als Minorität erfuhren, regelmäßiger Gottesdienstbesuch und Abendmahlsteilnahme religionskulturell sehr viel selbstverständlicher blieben als in dominant protestantischen Gebieten. Offenkundig wirkte Kirchlichkeit in einer als fremd oder gar feindlich empfundenen sozialen Umwelt über das Kirchliche im engeren Sinne hinaus identitätsverbürgend und trug dazu bei, relativ homogene protestantische Milieus zu stabilisieren. Insgesamt gilt freilich: Über die Traditionen, die lokale und regionale Unterschiede in kirchlicher Sitte und Gesinnung mitgeprägt haben, und sonstige Faktoren für die Gleichzeitigkeit regional ungleicher Kirchlichkeit wissen Religionshistoriker bisher nur sehr wenig.

Das in den älteren Kirchlichkeitsstatistiken dargebotene Material erlaubt kaum mentalitätshistorisch aufschlußreiche Aussagen. Zwar ist im trikonfessionellen Deutschland etwa die Konfessionswechselstatistik gerade auch für eine umfassend orientierte Geschichte der Mentalitäten von hohem Interesse. Doch über subjektive Motive, religiöse Gefühlslagen und Selbstrepräsentationen von Frömmigkeit erfahren wir aus diesen Quellen ebensowenig wie über moralische Wertorientierungen, politische Einstellungen oder Herkunftsmilieus der Gottesdienstbesucher. Das mentalitätsgeschichtlich Entscheidende, die gesamte «Innenseite» der Religion – die individuelle Auslegung christlicher Symbole, die Sinndeutungen bei Krankheit und Tod, Versuche religiös vermittelter Identitätsformulierung, Gefühle von Ehrfurcht und Scheu, die Bewährung des Glaubens im Alltag, die Orientierung des individuellen moralischen Bewußtseins an den Zehn Geboten und der Bergpredigt oder an den Katechismen –, bleibt hier weithin ausgeblendet. Entsprechendes gilt für soziale Prägekräfte, die den Abbau tradierter kirchlicher Sitte mitbestimmt haben. Inwieweit haben «äußere» Faktoren wie die Aufhebung der Kirchenzucht, die Abschaffung der polizeilichen Zwangsvorführung beim Pfarrer, die mit Urbanisierung und Industrialisierung verbundene Mobilität und der Schwund an Sozialkontrolle die nachlassende Integrationskraft der Kirchen gefördert? Oder sind es vorrangig «innere» Bewußtseinsfaktoren gewesen, etwa die Wahrnehmung einer wachsenden kognitiven Dissonanz von alter Kirchenlehre und spezifisch «modernen» Alltagserfahrungen, die Unverständlichkeit der Predigten, die Fremdheit der biblischen Symbolwelt sowie der penetrante Moralismus vieler Pfarrer und ihr autoritärer Herrschaftsgestus? Welches Gewicht ist den Erfahrungen zuzuerkennen, daß sich die Kirche als öffentliche Moral- und Sinnstiftungsagentur darstellt, sie faktisch aber eine höchst fallible und politisch zumeist sehr einseitige, eng mit konservativen oder reaktionären alten Eliten verbundene Institution ist und ihre Vertreter aus Schrift und Bekenntnis gern Weisheiten entnehmen, die sich schon bald als Fehlurteile erweisen? Welche Rolle haben die Zurückdrängung religiös-kirchlicher Curricula in den Schulen sowie die schnelle Expansion des literarischen Marktes gespielt? Auf solche Fragen werden sich kaum verallgemeinerbare Antworten geben lassen. Globalanalysen, die als Bezugsrahmen für religiöse Wandlungsprozesse in der Moderne einen irgendwie normativ vorausgesetzten früheren Zustand von Kirchlichkeit in Anspruch nehmen, bringen bestenfalls die tautologische Selbstbestätigung des jeweiligen Bezugssystems; dies zeigt sich spätestens dann, wenn die Forschungsperspektiven komparatistisch erweitert und geschärft werden.[55] Weiterführend dürften allein Mikrostudien über einzelne Milieus sein und die hier jeweils prägenden Formen kirchlicher Vergesellschaftung.[56] Besondere Aufmerksamkeit wäre dabei all jenen Formen der Verbundenheit mit der kirchlichen Institution zu schenken, die sich in dichotomischen Unterscheidungen von Kirchlichkeit und Unkirchlichkeit nicht zureichend erfassen lassen.

Für solche Mikrostudien seien exemplarisch sieben Themenfelder genannt:

Die «Erfindung» der Individualität: Jenseits jener irrealen Erwartungen an Dauerpartizipation, die viele «interessierte Religionsprofessionals» nach wie vor aufrechterhalten, bildete sich im deutschen Protestantismus seit Pietismus und Frühaufklärung zunehmend ein lebensgeschichtlich orientierter Stil der Kirchlichkeit heraus. Sowohl in bürgerlichen Milieus als auch in Arbeitergemeinden konzentrierte sich die Bindung an die Kirche zunehmend in einer eigenen Kasualkirchlichkeit.[57] Viele Protestanten waren religiös komplizierte Widerspruchswesen. Sie nahmen die reformatorische «Freiheit eines Christenmenschen» für einen Privatglauben in Anspruch, der ihnen ein funktionales Verhältnis zur Kirche erlaubte. Kirchliche Amtshandlungen wie Taufe, Trauung und Beerdigung sowie die Konfirmation wurden nun primär lebensgeschichtlich verstanden und demgemäß individualisiert. Besonders deutlich zeigt sich diese Individualisierungstendenz an der wachsenden sozialen Relevanz der kirchlichen Beerdigung und dem Formenwandel der Beerdigungsliturgien. Im späten 18. und frühen 19. Jahrhundert hatten zahlreiche Familien darauf verzichtet, ihre Toten nach kirchlichem Ritus bestatten zu lassen; die Gründe für die nachlassende Akzeptanz der kirchlichen Beerdigung und auch die schwindende Bereitschaft vieler Pfarrer, sich hier zu engagieren, liegen weithin noch im Dunkeln. Seit den dreißiger Jahren des 19. Jahrhunderts läßt sich dann eine schnelle Aufwertung der kirchlichen Beerdigung beobachten: Bestattungen ohne Pfarrer wurden selten. Viele Geistliche gestalteten die Trauerfeiern nun als einen «Gedächtnisort» für den Toten: In Predigt und Liturgie inszenierten sie eine Erinnerung, die eine bleibende Gemeinschaft der Lebenden mit dem Toten stiften und zum Impuls einer familiär gepflegten Memorialkultur werden sollte. Solche Individualisierungstendenzen lassen sich auch am Wandel der Taufzeremonie – etwa an den Taufpredigten und den für die Taufe gewählten Bibelversen oder «Sprüchen» – sowie der zunehmenden Aufwertung des «Passageritus» Konfirmation verdeutlichen. Über den Bedeutungswandel der verschiedenen kirchlichen Kasualien,

die Plausibilitätsstrukturen der Kasualfrömmigkeit, die Deutungsmuster der beteiligten Familien und Freundeskreise wissen Historiker und Theologen bisher ebensowenig wie über den Formenwandel von Kasualliturgien und die Predigtkultur.

Die Inszenierung der Familie: Vor allem im protestantischen Bür-
gertum wurde das Christentum seit dem 18. Jahrhundert prononn-
ciert zu einer Familienreligion. Überkommene christliche Symbole,
Riten und Feste dienten nun dazu, eine generationenübergreifende
Kontinuität der Familie in Szene zu setzen und einen inneren
Zusammenhalt der Familienangehörigen zu stiften. In Taufe, Konfirmation und Beerdigung eines ihrer Mitglieder suchte sich die
Familie immer auch ihrer selbst zu vergewissern. Die kirchliche
Institution entsprach dem durch die Erfindung neuer kultischer Angebote, die der symbolischen Repräsentation und Sakralisierung
familialer Gemeinschaft dienten. Exemplarisch genannt seien Gottesdienste am frühen «Heiligen Abend», die erst vor ungefähr hundert Jahren eingeführt wurden, oder die bedürfnisorientierte Expansion der Kasualangebote. Neben die klassischen Kasualien
Taufe, Trauung und Beerdigung traten seit dem frühen 19. Jahrhundert weitere auf die Lebensgeschichte der Individuen bezogene gottesdienstliche Handlungen: die «goldene Konfirmation» und die
«goldene» oder «diamantene Hochzeit». Hier bot sich die Gelegen-
heit, den Ritus von einst – die Segnung bei der Konfirmation oder
bei der Trauung – noch einmal symbolisch zu reinszenieren. Die Beteiligten erhielten Urkunden und Gedenkmünzen, und schon an den
liturgischen Formularen wie an der religiösen Formensprache läßt
sich erkennen, daß viele dieser Kasualien auch zu Feiern des kollektiven Gedächtnisses der Familie wurden. Die spezifische Leistungskraft der Religion, vieldeutigem, unbestimmtem Leben zur Struktur
einer reflexiven Lebensgeschichte zu verhelfen, wird hier also nicht
nur mit Blick auf die Biographie des Individuums anschaulich. Indem die Übergänge im Leben des Einzelnen vergegenwärtigt und
durch Passageriten transparent gemacht werden, wird zugleich
auch die elementare Sozialitätsdimension des rituell repräsentierten
Lebens, das Immer-schon-Eingebundensein dieses Menschen in die
Gemeinschaft seiner Familie symbolisiert und gefeiert.

Entlastete Kirchlichkeit: Im Dechristianisierungsdiskurs der «Sattelzeit» brachten die modernen Theologen traditionelle Kirchlichkeit
häufig mit Zwang, Einschränkung individueller Freiheit, sozialer
Kontrolle und pädagogischer Indoktrination in Verbindung: Die
Kirche erschien als exemplarische Institution der «Sozialdisziplinierung». Auf diesem Hintergrund gewannen neue Formen entlasten-
der Partizipation an der kirchlichen Institution ihre besondere Bedeutung. In einer sich pluralisierenden Kultur differenzierten sich
auch die Stile der Kirchlichkeit. Neben das hohe Engagement der
«Kerngemeinde» und die oft bewußt kultivierte Distanz der Kasu-
alfrommen traten Formen der Teilhabe an der kirchlichen Institution, die es erlaubten, in der Kirche zu sein, ohne einem starken
sozialen Konformitätsdruck oder autoritärer Disziplinierung zu
unterliegen. Die Bildung eines breitgefächerten religiösen Vereinswesens, die Expansion des kirchlichen Zeitschriftenmarktes und die
Entstehung eines organisatorisch selbständigen Sozialprotestantis-
mus der diakonischen Vereine und Verbände ermöglichten es dem
Einzelnen, sich durch selbstbestimmte «Ersatz»-Leistungen am
kirchlichen Leben zu beteiligen, durch Mitgliedschaft in einem
wohltätigen christlichen Verein, das Abonnement einer Kirchenzeit-
schrift, die Spende für eine diakonische Einrichtung. Die – im Verhältnis zur Erforschung des Vereins- und Verbandskatholizismus
sowie des jüdischen Vereinswesens – sehr großen Defizite in der so-
zial- und kulturhistorischen Erschließung der zahlreichen protestantischen Vereine und Verbände[58] sowie des breiten protestan-
tisch-religiösen Zeitschriften- und Literaturmarktes[59] haben dazu
geführt, daß die neuere Historikerdebatte über Entchristianisierung
und Entkirchlichung einem allzu engen, institutionenzentrierten
Konzept der Kirche verpflichtet geblieben ist. Doch wer seine chri-
stentumshistorischen Forschungskonzepte «den Linien des Realen
anzugleichen» (M. Bloch) sucht, muß die hochdifferenzierten kommunikativen Netzwerke im Umkreis der Kirchen – Vereine, Verbände, semipolitische Interessenorganisationen, Presseorgane, Verlage
– sowie das breite Spektrum außerkirchlicher, aber christlicher oder
christlich imprägnierter synkretistischer «religiöser Kultur» in seine
Untersuchungen einbeziehen. In einer Geschichte von «Dechristianisierung» und «Rechristianisierung» müssen die aus den angelsächsischen Ländern nach Deutschland einwandernden neuen

protestantischen Sekten und fundamentalistischen Gruppen der «Gemeinschaftsbewegung» ebenso einen Ort haben wie die Monisten und der religiöse Kulturverlag eines Eugen Diederichs, die Anthroposophie und die «Christengemeinschaft», die verschiedenen «deutschen Gottschauer» und die zahlreichen anderen an den diffusen Rändern des Protestantismus sich bildenden religiösen Gruppen und Zirkel.[60] Wo diese vielfältigen neuen Synkretismen in den Blick genommen werden, lösen sich die simplen Unterscheidungen von religiös und säkular, heilig und profan auf. Es zeigt sich, daß die postaufklärerische Geschichte des 19. und 20. Jahrhunderts, gerade in Deutschland, durch vielfältige Prozesse der religiösen Aufladung der Kultur bestimmt ist. Viele Indizien sprechen dafür, daß eine von dem *intellectual historian* Frank M. Turner für das viktorianische England entwickelte These auch für Deutschland zutreffend ist: Die Krisen des überkommenen Kirchenglaubens wurden weniger durch den neuen Wissenschaftsglauben, etwa die Popularisierung der Naturwissenschaften, sondern durch die wachsende Resonanz aggressiverer, konfessorisch entschiedener religiöser Gruppen am Rande der Kirchen provoziert.[61] Bis in die unmittelbare Gegenwart hinein läßt sich in vielen europäischen Kirchen beobachten, daß interne Integrationskonflikte, etwa die Auseinandersetzungen zwischen Liberalen und Konservativen in Fragen der theologischen Lehre und der Lebensführung der Gläubigen, die kirchliche Institution sehr viel grundlegender erschüttern als Angriffe von außen. Stärker als andere gesellschaftliche Institutionen und Organisationen sehen sich die Kirchen durch den modernen moralischen Pluralismus herausgefordert. Höchst unterschiedliche, zumeist hochmotivierte Gruppen halten ihre partikularen Wertvorstellungen für das religiös einzig Richtige und suchen deshalb die Unterstützung der kirchlichen Institution. Da sich in grundlegenden moralischen Fragen häufig keine pragmatischen Kompromisse schließen lassen, sind die Kirchen permanent mit internen Kulturkämpfen zwischen den Repräsentanten konkurrierender oder einander diametral entgegengesetzter Moralkonzepte konfrontiert. Das treibt manche engagierte Gruppe aus den Kirchen hinaus, führt aber auch dazu, daß sich die kognitive Dissonanz zwischen vielen kirchlich Distanzierten und der Kirche als Institution weiter zu verschärfen droht.

Die Ökonomie der Zeit: Wie in allen Religionen werden im Christentum bestimmte Bilder von Zeit überliefert. Religiöse Symbolsprachen stellen lebensgeschichtlich relevante Deutungsmuster zur Strukturierung von Zeit dar. Sie grenzen heilige Zeiten aus dem vermeintlichen Gleichlauf der Zeit aus, bewirken heilsame Unterbrechungen des Alltags, geben dem Kalenderjahr durch die Feste des Kirchenjahres einen Rhythmus und ermöglichen es Individuen damit, die eigene Lebenszeit auf eine umfassendere Ordnung und Ökonomie der Zeit hin zu transzendieren. So verhelfen sie Gesellschaften und Zivilisationen dazu, die vielen subjektiven Zeitentwürfe der Individuen zu kollektiven Zeithorizonten zu verschmelzen. Protestantische Theologen des 20. Jahrhunderts wie Ernst Troeltsch, Karl Barth, Rudolf Bultmann und Paul Tillich insistierten in seltener Übereinstimmung darauf, daß Judentum und Christentum – im vielbeschworenen Gegensatz zum «griechischen Denken» – primär Religionen intensivierter Zeiterfahrung sind, nicht statisch, sondern geschichtlich, orientiert an Endlichkeitsakzeptanz, Bewegung, Veränderung, Dynamisierung von Zeit und eschatologischer Zeitbeschleunigung. Wenn diese These zutreffend ist, dann ist «Zeit» eine – möglicherweise: die – entscheidende Analysedimension für die Frage nach Dechristianisierungsprozessen. Alle europäischen Gesellschaften wurden seit dem 18. Jahrhundert durch kulturelle Gruppenkämpfe um die kollektive Zeitökonomie bestimmt, durch Auseinandersetzungen um den staatlichen Schutz konfessionsspezifischer Feiertage, um Sabbatruhe, Sonntagsheiligung und den Festrhythmus des Kirchenjahres. Kulturelle Konflikte entzündeten sich zudem an den konfessionskulturellen Differenzen der Zeiterfahrungen, etwa an den Gegensätzen von protestantischer Unruhe und institutionell gesicherter römisch-katholischer Stabilität, sowie an den konfessionell sehr unterschiedlichen Feiertagskulturen, etwa dem Karfreitag der Protestanten und dem Allerheiligenfest der Katholiken. Insgesamt haben sich die großen christlichen Feste und «hohen Feiertage» als erstaunlich stabil erwiesen und selbst die massive Dechristianisierungspolitik der totalitären Regime des 20. Jahrhunderts überdauert. Neben der Kirchlichkeit der Kerngemeinde und der Kasualkirchlichkeit hat sich eine eigene Kirchlichkeit des jährlichen Festrhythmus entwickelt. Weihnachten feiern bis heute in je besonderer, sehr unterschiedlicher Weise auch jene Gruppen, die weit aus dem kirchlich institutionalisierten Christentum ausgewandert sind, und daß der 24. Dezember etwas qualitativ anderes, eben Heiliges, ist, wird selbst von Agnostikern und Andersgläubigen alltagspraktisch anerkannt. Religionswissenschaftler und Theologen wissen nur wenig über die Wandlungsprozesse, denen die großen christlichen Feiertage seit dem 18. Jahrhundert unterlagen, und die Praktiken individueller Gestaltung und Inszenierung der Feste des Kirchenjahres. Diese privaten Frömmigkeitskulturen sind für die religions- und kulturhistorische Forschung weithin noch eine *terra incognita*.

Konfessionskulturen: Zu den pauschalisierenden Deutungsmustern über den Niedergang des Christentums in der Moderne bildet es einen eigentümlichen Kontrast, daß die europäischen Gesellschaften auch am Beginn des 21. Jahrhunderts noch stark durch ihre je besonderen konfessionskulturellen Herkunftsgeschichten geprägt sind. Italien ist ebenso ein katholisches Land wie der schwedische Wohlfahrtsstaat seine Genese aus der paternalistischen lutherischen Gemeinwohlethik nicht verleugnen kann, Griechenland ist ohne die griechisch-orthodoxe Kirche kulturell nicht identifizierbar, und die politische Kultur Großbritanniens spiegelt in vielen Institutionen, Ämtern und Riten die Bindung an die «established church» der Anglikaner mit ihren vielen Privilegien gegenüber den «independent churches» und anderen religiösen Gemeinschaften. Vor allem für das konfessionell gespaltene Deutschland gilt, daß Konfessionalität der wichtigste Faktor kultureller Vergesellschaftung gewesen ist.[62] Konfessionsspezifische symbolische Ordnungen und *images* wirken tief in die alltägliche Lebensführung der Menschen hinein. Sie prägen die *cognitive maps* der Individuen, bestimmen ihre moralische Ökonomie und stellen Codes der Selbstrepräsentation, der lebensgeschichtlichen Selbstdeutung bereit. Doch *wie* konfessionskulturelle Sozialisationsprozesse wirken, in welcher Weise sie als «Hintergrundsidentität» habitualisiert werden, ist in allen Sozial- oder Kulturwissenschaften wenig erforscht. Die klassischen Texte der modernen Religionssoziologie – Webers *Protestantische Ethik*, Troeltschs *Soziallehren der christlichen Kirchen und Gruppen*, Simmels *Die Religion* – sind methodisch gerade darin so interessant, daß sie die Relevanz religiöser Wertorientierungen auf Gebieten der

Kultur zeigen, die von allem Religiösen weit entfernt zu sein scheinen: dem Gebiet des ökonomischen Handelns und der ökonomischen Präferenzen, der Sphäre der gedachten politischen Ordnungen, dem Verständnis von der Aufgabe des Staates (Kulturstaat,
lutherische Genese des Sozialstaatsgedankens), der Konstruktion
von «Gemeinschaft» und der Ordnung der Geschlechterverhält-
nisse. Das bedeutende Gewicht kultureller «Repräsentationen» von
Konfessionalität läßt viele der großflächigen Dechristianisierungs
hypothesen als wenig plausibel erscheinen. Selbst wer aus dem Kom-
munikationszusammenhang der Kirche auswandert, in die er durch
die Kindertaufe hineingeboren wurde, bleibt doch in elementarer
Weise seiner konfessionellen Herkunftsgeschichte verbunden. Auch
ein «ausgetretener» Katholik kann durch seine Trennung von der
kirchlichen Institution doch jene lebensgeschichtlichen Prägungen
nicht völlig zum Verschwinden bringen oder auslöschen, die er im
katholischen Elternhaus, der katholisch geprägten Schule, im Kom-
munionsunterricht oder als Meßdiener empfangen hat: Er bleibt
zumindest in negativer Hinsicht an das katholische Milieu oder die
römisch-katholische Amtskirche gebunden. Insofern gilt: Konfessionalität ist mehr als nur ein historisch relevanter Faktor der modernen
europäischen Religionsgeschichte. Konfessionsgrenzen sind vielmehr
auch in den europäischen Gegenwartsgesellschaften noch vielfältig
bestimmend. Konfession strukturiert kulturelle Vergesellschaftung
mit, prägt normative Orientierungen, beeinflußt das Wahlverhalten
und durchdringt den Alltag. Die zahlreichen neuen konfessionellen
Konflikte in verschiedenen europäischen Gesellschaften lassen erkennen, daß hier ein hoher Deutungsbedarf besteht.

Die «Erfindung» neuer Gemeinschaft: Der Stadthagener Hauptpas-
tor Christian Konrad Jacob Dassel, ein unter «specielle Censur der
schaumburg-lippe'schen Landesregierung» gestellter Anhänger der
«kritischen Philosophie» Kants,[63] unterbreitete 1818 «gutgemeinte
Rathschläge zum Behuf der Kirchenverbesserung»,[64] die auf eine
Stärkung «politischer Gottesdienste» gegenüber den üblichen Sonn-
tagsgottesdiensten hinausliefen:

Man vermindere da, wo die Umstände und die religiösen Bedürfnisse und
Grundsätze der Menschen es zulassen, die öffentlichen Sonn- und Festtage und
ziehe, wo es geschehen kann, einzelne Kirchen und Gemeinen ein; fahre aber,

wie man angefangen hat, fort, große Welt- und Staatsbegebenheiten, welche das Daseyn Gottes und die Allwürksamkeit einer weisen Vorsehung so laut ausgesprochen, öffentlich und auf eine religiöse Weise zu feiern, es sey in Gebäuden oder unter freiem Himmel. Dieß sind Gelegenheiten, bei welchen das Andenken an Gott und überhaupt alles Religiöse die tiefsten und dauerndsten Eindrücke auf das Gemüth macht, und wo es gar keiner äußerlichen Feierlichkeiten bedarf, sondern jeder das Feierliche in sich selbst mitbringt.[65]

Hinter dieser Forderung standen die Erfahrungen des neuen politisch-religiösen Kultus im revolutionären Frankreich. Einige deutsche Religionsdiagnostiker der Zeit sahen in diesen Kulten weniger einen Bruch mit der überkommenen katholisch-kirchlichen Sakralpraxis als vielmehr eine tendenziell plausible Beerbung christlicher Symbolsprachen. Auch in Deutschland fanden seit den neunziger Jahren des 18. Jahrhunderts verstärkt «politische Gottesdienste» statt: teils spontan, beispielsweise im Zusammenhang der Befreiungskriege, teils obrigkeitlich verordnet, wobei zum Teil die innerchristlichen Konfessionsgrenzen transzendiert und selbst die jüdischen Gemeinden, als «dritte Hauptkonfession», einbezogen wurden. In diesen Gottesdiensten aus Anlaß herausragender öffentlicher Ereignisse – Inthronisation des Landesherrn, Geburtstage der Landesherren und ihrer Familien, Beerdigungen von Vertretern der Obrigkeit, Buß- und Bettage, Eröffnung von Ständeversammlungen, Vorbereitung von kriegerischen Auseinandersetzungen, Dank nach siegreichen Schlachten, Beisetzung von im Kriege Gefallenen – formierte sich ein zivilreligiös orientiertes Kulturchristentum, das die politische Ordnung sakralisierte und zugleich die Einbindung des Einzelnen in überindividuelle, bergende Gemeinschaften symbolisch vergegenwärtigte. Neue Gedenktage des Gemeinwesens – etwa die Akte der Konstitutionsgebung – ließen sich ebenso kirchlich inszenieren wie die Eröffnung von Landtagen, die Proklamation von Gesetzen, die vormärzlichen Verfassungsfeiern und die Wahlen, die zumeist im Anschluß an den Sonntagsgottesdienst und nicht selten auch in der Kirche selbst durchgeführt wurden. Einzelne Pfarrer suchten seit dem Vormärz den Erwartungen der «von unten» sich formierenden neuen politischen Öffentlichkeiten Rechnung zu tragen: Genannt seien Gottesdienste im Zusammenhang der Revolution von 1848/49 – heftig umstritten waren vor allem die demonstrativen kirchlichen Beisetzungsfeierlichkeiten für die Berliner Märzgefallenen –, Gottesdienste für Streikende, gottesdienstliche Feiern im Zusammenhang mit Par-

teitagen, aber auch die stark religiös geprägten Feste der Burschen-
schaftler und die nationalreligiösen Feiern von «vaterländischen»
Vereinen.[66] Die kirchliche Gottesdienstkultur wanderte seit den Befreiungskriegen teilweise aus den Kirchen aus, die Erschließung und
«Besetzung» neuer öffentlicher Räume wurde kirchlich begleitet und
verstärkt. Ein «transfert de sacralité»[67] stärkte den inneren Zusammenhalt der politischen Gemeinschaft. Besonders die zahlreichen
national-protestantischen Gottesdienstfeiern – die Gottesdienste anläßlich der Einweihung von Kriegerdenkmälern, die Reformations-
gottesdienste zur Feier des Nationalhelden Martin Luther am
31. Oktober, die kirchlichen Feiern bei dem von Friedrich von Bodelschwingh erfundenen «Sedanfest»[68] – lassen erkennen, daß alte
christliche Zentralsymbole und überkommene Prädikate Gottes oder
Christi zunehmend auf Staat und Nation bezogen wurden. Brüder-
lichkeit und Nächstenliebe, Kreuz und heiliges Selbstopfer, Auferstehung und ewiges Leben fanden starke Resonanz als Grundbegriffe
einer neuen – zumeist: nationalen – politischen Semantik, wurden zu
Topoi und Typen der kollektiven Selbstrepräsentation der Gemeinschaft «Nation». Religiöse Repräsentation diente hier vor allem
dazu, neue Gemeinschaft zunächst zu stiften, dann zu vergegenwärtigen und über den bloß äußeren, politisch-rechtlichen Zusammenhalt
von Bürgern und Bürgerinnen, Obrigkeit und Untertanen hinaus eine
innerliche, seelische Verbundenheit der Angehörigen der Nation zu
kommunizieren. Durch Religion wird Gesellschaft in Gemeinschaft
transformiert, Äußerliches zu Innerlichem vertieft, der politische Bürger und ökonomische Konkurrent in einen Nächsten und Bruder ver-
wandelt. Religion vergegenwärtigt – etwa durch das Meßopfer oder
das Abendmahl – die Realpräsenz elementarer Gemeinschaftserfah-
rung. Über diese Prozesse synkretistischer Verschmelzung alter kirchlicher Symbolik mit neuer politischer Gemeinschaftssemantik wissen
Religionshistoriker und Theologen bisher nur wenig zu sagen; kaum
mehr über die Wandlungen religiöser Sprachnormierungen, Sprach-
tabus, deren Funktion als Stabilisierungsfaktor sozialer Ordnung
auch dann noch erhalten blieb, als nach 1800 die begrifflichen Transformationsprozesse der Blasphemiediskurse eher in juristischen als in
theologischen Sprachspielen ausklangen.[69] Falsch wäre es, diesen
semantisch-symbolischen «Sakraltransfer» in dichotomisierenden
Bestimmungen von kirchlich – unkirchlich, christlich – nachchristlich

zu deuten. Denn für das breite Spektrum neuer politischer Inkultura-
tion christlicher Symbolbestände sind gerade die Mischungen und
Legierungen, die Grautöne und fließenden Übergänge[70] kennzeichnend.

Frömmigkeitskonzepte: Der sozialen wie kulturellen Differenzierung von Christentum, Kirchlichkeit und individueller Religiosität
entsprach seit dem 18. Jahrhundert eine schnelle Pluralisierung der
theoretischen Konzepte von Religion und Frömmigkeit. Kirche und
Christentum, Religiosität und Frömmigkeit, Glaube und Weltanschauung sind Begriffe, die «implizite Theologien» (J. Assmann)
und Zeitdeutungen beinhalten. In ihnen reflektieren sich spezifische
kulturelle Erfahrungen und Hoffnungen, Deutungen von Vergangenheit und Zukunft, Entwürfe gelingenden Lebens. Dies bedeutet:
Die analytischen Begriffe, mit denen Sozial- und Kulturhistoriker
religionskulturelle Wandlungsprozesse in modernen Gesellschaften
zu deuten versuchen, stehen in einer weithin noch unerforschten
Korrespondenz zu jenem Gestaltwandel religiöser Kultur, den sie
erschließen sollen. Viele von Historikern formulierte Aussagen über
das Schicksal von Religion und Christentum in der Moderne lassen
deshalb eine irritierende epistemologische Naivität erkennen. Unbe-
eindruckt vom *linguistic turn* und der begriffshistorischen Selbst-
aufklärung der Historikerzunft verwenden sie einen der vieldeutig-
sten Begriffe der modernen Wissenschaftssprachen, den Begriff der
Religion, als analytisches Konzept, ohne sich über die implizite
Normativität ihres Leitbegriffs Rechenschaft abzulegen. Soll kulturhistorische Forschung über den Wandel religiöser Deutungskulturen seit dem 18. Jahrhundert nicht hinter jenem Reflexionsniveau
zurückbleiben, das sich, vor allem dank der epistemologischen
Revolution der frühen *Annales*, in der Religionskulturforschung
der Mittelalter- und Frühneuzeithistoriker durchgesetzt hat, muß
sie die komplexen Zusammenhänge zwischen der reflexiven Religionssemantik und dem Wandel religiöser Deutungskulturen thematisieren. Gefordert sind vorrangig Studien zur Begriffsgeschichte
religionssemantischer Leitbegriffe wie «Religion», «Religiosität»,
«Frömmigkeit», «Glaube» und «Weltanschauung», aber auch
«Gott», «Christentum», «Kirche», «Sekte», «Gemeinschaft», «Mystik» und «Gebet». Nur im Medium begriffshistorischer Selbstrefle-

xion werden sich Konzepte zur Erschließung religiösen Wandels formulieren lassen, die den spannungsreichen Differenzierungstendenzen und der hochgradigen Individualisierung religiöser Selbstdeutungen gerecht werden.

d) Den Menschen ins Herz blicken? – Forschungsperspektiven

In den fünfziger und sechziger Jahren des 20. Jahrhunderts führten Soziologen und Theologen in Deutschland eine breite Debatte über den Begriff der «Säkularisierung». Dabei zeigte sich: Eine rein auf Institutionen beschränkte sozialwissenschaftliche Erschließung religiöser Deutungskulturen vermochte entscheidende Dimensionen des Religiösen nicht zu erfassen. Demgemäß wurde damals die Weiterentwicklung der Kirchensoziologie zur Religionssoziologie oder zu einer umfassenden «Soziologie des Christentums» gefordert.[71]

Die kultursoziologische Forschung hat seitdem vielfältige Phänomene einer Präsenz des Religiösen in modernen Gesellschaften erschlossen, die sich in einer institutionenzentrierten Perspektive nicht oder nur unzureichend erkennen lassen. Die Moderne besitzt ihre eigene «Glaubensgeschichte». Viele Kultursoziologen deuten sie als Prozeß der Säkularisierung oder Immanentisierung ursprünglich christlicher, transzendenzbezogener Glaubensgehalte. Verwiesen wird auf die religiöse Überhöhung des Staates, den Wissenschaftsglauben in den Naturwissenschaften des 19. und frühen 20. Jahrhunderts, die versuchte Erfüllung alter Erlösungssehnsüchte und Heilshoffnungen durch neue Diesseitsreligionen, die Mobilisierung von Hingabe- und Opferbereitschaft durch die «politischen Religionen»[72] des Nationalismus, Kommunismus oder Nationalsozialismus, den gerade im frühen 20. Jahrhundert außerordentlich breiten Markt an «vagierender Religiosität»[73] und die diversen postmodernen Parareligionen, von der Selbsterlösung durch Psychokult über die neue Wunderzauberei bis hin zur Heilserwartung beim *body styling*. Phänomene dieser Art lassen erkennen: Die im 19. Jahrhundert von Repräsentanten eines positivistischen Wissenschaftsverständnisses formulierte Annahme, daß in «*der* Moderne» «*die* Religion» abnehme, spiegelt bestenfalls einen modernisierungstheoretischen Dogmatismus mit hoher Empirieresistenz. Im

Gegensatz zum Credo vieler Sozialwissenschaftler, daß religiöser Glaube fortwährend an kulturprägender Kraft verliere, läßt sich eine Geschichte von Modernisierungsprozessen auch als Religionsgeschichte schreiben. Gerade wegen der permanenten Traditionsabbrüche und krisenhaften Veränderungsdynamik verlieren religiöse Weltdeutungen in der Moderne nicht an orientierender Kraft, sondern gewinnen umgekehrt eine neue und in vielem sehr viel existentiellere Relevanz. Religiöser Glaube wird in der Moderne nicht insgesamt weniger. Er nimmt in einem bestimmten Sinne vielmehr zu.[74] In den modernen Wissenschaftssprachen suchen die akademischen Religionsdeuter dem durch immer neue Differenzierungen des Religionsbegriffs gerecht zu werden. Um die vielfältigen Phänomene «neuen Glaubens» und «vagierender Religiosität» zu erfassen, sprechen sie von «politischen Religionen», «Säkularreligionen», «Sozialreligionen», «Ersatzreligionen», «quasireligiösen Weltanschauungen», «Diesseitsreligionen», «Parareligionen», «Jugendreligionen» und «Intellektuellen-Religiosität». Auch sind Begriffe wie «Freizeitreligion», «neue Religion», «Sportreligion» und «Religionsersatz» in Umlauf gebracht worden. Diese diversen neuen Komposita des Religionsbegriffs sind begriffsgeschichtlich bisher noch nicht erforscht.[75]

In der neueren Kultursoziologie wird die «Glaubensgeschichte der Moderne» häufig in einer Perspektive gedeutet, die von der Vorstellung einer Ablösung des alten christlichen Glaubens durch neue säkulare, innerweltliche Glaubenssysteme geprägt ist. Mit Blick auf die Deutungsangebote, die in der liberalprotestantischen Tradition für die nicht – oder nur partiell – kirchlich institutionalisierte Religion formuliert worden sind, dürfte dies nur eingeschränkt zutreffend sein. Viele jener religiösen Bewegungen, die Kultursoziologen oder Kulturhistoriker als nachchristliche oder auch antichristliche «Säkularreligionen» deuten, bleiben sehr stark geprägt durch die Anknüpfung an christliche Symbolbestände.

Religionswissenschaftler aller Disziplinen wissen bisher nur sehr wenig über religiöse Plausibilitätsstrukturen und jene lebensgeschichtlichen Prozesse, in denen sich über die individuelle Aneignung und Aktualisierung überkommener christlicher Symbole so etwas wie individuelle Glaubensgewißheit und Identität bildet. Deutlich ist, daß in bestimmten kulturellen Milieus Erfahrungen eines weiten kognitiven Abstandes zwischen der alten christlichen Symbolsprache und den Plausibilitäten von Wissenschaft, Ökonomie, Politik in den Zwängen des Alltags bestimmend geworden sind. Tradierte christliche Symbole – Versöhnung, Auferstehung von den Toten, ewiges Leben – galten und gelten gerade vielen Gebildeten als schwer verständlich und nicht vereinbar mit sonstigen Deutungsmustern für elementare Lebenserfahrungen. Solche Erfahrungen unüberwindbarer kognitiver Dissonanz lassen sich als Plausibilitätskrise des überkommenen christlichen Symbolsystems deuten.

Die vielfältigen Krisenerfahrungen mit dem «alten Glauben»[76] lassen verständlich werden, warum im 19. Jahrhundert immer wieder Versuche unternommen wurden, überlieferte christliche Symbole in neuer Weise lebensrelevant auszulegen, so daß sie Individuen zur sinnhaften Deutung ihrer Biographie verhelfen konnten. Geleistet wurde dies insbesondere durch die Einbindung des Individuums in überindividuelle Gemeinschaftszusammenhänge, vor allem in die Gemeinschaft der Nation. Pfarrer, Universitätstheologen und Vertreter anderer Kulturwissenschaften bemühten sich seit dem ausgehenden 18. Jahrhundert intensiv darum, überkommene religiöse Symbole mit dem neuen Kulturwert «Nation» zu verbinden und durch Theologisierung von Volk und Nation oder durch Programme einer «Germanisierung des Christentums» (A. Bonus)[77] den alten Glauben in neuer erfahrungsoffener, individuell relevanter Weise auszulegen. Diese breite Geschichte des protestantischen Theologennationalismus,[78] der gerade von den beamteten Kirchenfunktionären gepredigte metaphysische Spezialtransfer vom «absoluten Geist» auf den «objektiven Geist» von Staat und Nation, läßt die heuristische Begrenztheit von kultursoziologischen Ablösungsmodellen erkennen: Die «politische Religion» des Nationalismus dürfte gerade deshalb so erfolgreich gewesen sein, weil die überkommene religiöse Zeichensprache nicht einfach für unverständlich erklärt und verworfen, sondern neu zu lesen versucht wurde. Die besondere Aufmerksamkeit des Mentalitäts- oder Kulturhistorikers muß insoweit den vielfältigen religionskulturellen Synthesen alter Symbole mit neuen – politischen – Erwartungen sowie den Strategien von «Sakraltransfer» und metaphysischer Aufladung nationaler Sinngebilde gelten.

Zugespitzt formuliert: Auch die Durchsetzung des modernen Nationalismus läßt sich nicht einfach unter «Dechristianisierung» sub-
sumieren. Sie kann auch als eine Erfolgsgeschichte von «Rechristianisierung» gelesen werden – auch wenn wir heute berechtigte
theologische Zweifel haben, ob die «Virilisierungen» oder «Germa-
nisierungen des Christentums», die diversen «deutschen Christentümer» und antiwestlichen Volksgemeinschaftstheologien nicht
eher als ein «Bankerott des Christentums» (M. Rade)[79] zu deuten
sind. Für uns Heutige stellen diese Theologen-Nationalismen politisch «falsche» Kultursynthesen oder ideologische Perversionen
christlicher Traditionsbestände dar. Aber die Pose des moralisch in-
tegren Richters, die sich viele Historiker als heimliche Nachfolger
der Theologen anmaßen, droht Erkenntnis hier nur zu verhindern.
In religionssemantisch reflektierten Wahrnehmungsperspektiven
läßt sich erkennen: Die individuellen Produzenten solcher neuen
Auslegungen christlicher Tradition waren tief davon überzeugt, gegenüber einem dogmatisch petrifizierten, nur noch für eine relativ
kleine Klientel plausiblen Kirchenchristentum den originären Intentionen der biblischen Überlieferung oder der Wahrheit des Glaubens zu neuer Durchsetzung zu verhelfen. Die vielen theologischen
Propheten der modernen Nationalismen wollten altehrwürdigen
Symbolen wieder gemeinschaftsstiftenden Sinn abgewinnen und
überkommenen Vorstellungsgehalten von Gottes Treue zu seinem
Volk existentielle Bedeutung zuerkennen. Immer ging es ihnen darum, das Eingebundensein des Individuums in die Nation zu einer
zutiefst innerlichen, Lebenssinn erschließenden moralischen Selbstbindung zu sakralisieren; der Dienst an der eigenen Nation gewann
so einen religiösen Verpflichtungsgehalt.
Die liberalprotestantischen Universitätstheologen, Religions- und
Kulturtheoretiker haben sich immer darum bemüht, neben dem
«kirchlichen Christentum» und dem «öffentlichen Kulturchristentum» auch das «private Christentum» der vielen einzelnen, die Dimension individueller Frömmigkeit und Glaubensunmittelbarkeit
theoretisch zu erschließen. Damit ist eine Perspektive der Wahrnehmung von christlicher Religion entwickelt worden, die für aktuelle
mentalitätshistorische Forschungen unverzichtbar zu sein scheint:
der Blick auf die Dimension des «Innerlichen». Wenn Religion Individuen dazu verhilft, die elementaren Erfahrungen der Kontingenz

des Lebens sinnhaft zu deuten, dann ist sie jenseits von Institution und Kult etwas höchst Privates, Innerliches, «eine eigne Provinz im Gemüthe» (F. D. E. Schleiermacher).[80]

Das zentrale methodische Problem mentalitätsgeschichtlicher Erforschung christlicher Deutungskulturen in der Moderne dürfte genau hier liegen, in der Frage, wie sich – mit Begriffen Max Webers formuliert – «subjektiver Sinn» oder religiöse Individualität, Innerlichkeit, Gewissensreligiosität oder Frömmigkeit jenseits der Institutionen und mit theoretischem Anspruch erfassen läßt. Diese Frage drängt sich jedenfalls vor dem Hintergrund der liberalprotestantischen Tradition als entscheidend für die Erforschung religiöser Deutungskulturen auf. Frömmigkeit wird, für protestantische Liberale, definiert über Selbstgewißheit, Gewissen, Innerlichkeit, Identität, Individualität und den Aufbau subjektiver Plausibilitätsstrukuren[81] – «Religion ist eine Gesinnung, und hat nur als solche einen Werth».[82] Ein «Ansatz» bei den religiösen Institutionen erklärt nur sehr wenig oder gar nichts. Es geht vielmehr um die religionstheoretisch entscheidende Dimension subjektiver Gewißheit. Offenkundig entzieht sie sich einem generalisierenden Zugriff. Denn sie erhebt nicht den Anspruch, irgendeine allgemeine Welterklärungstheorie zu sein oder zu solchen allgemeinen Deutungsangeboten in Konkurrenz treten zu wollen. Gefordert ist daher eine Art mentalitätshistorischer Forschung, die dieser subjektiven Dimension des Religiösen gerecht wird. Möglicherweise sind dazu vor allem die Untersuchungen religiöser Biographien und der in Autobiographien sowie sonstiger Zeugnisliteratur entfalteten Selbstrepräsentationen von Religiosität hilfreich.[83] Im Unterschied zu den Historikern der Frühen Neuzeit, die die sogenannten «Ego-Dokumente» als Quellen von außerordentlich hoher Erschließungskraft entdeckt haben,[84] pflegen die Spezialisten für das 19. und 20. Jahrhundert derzeit noch eine wahrnehmungsasketische Haltung gegenüber dem reichen Bestand an Selbstzeugnissen frommer Menschen. Besonderes Gewicht kommt hier all jenen Textgattungen zu, in denen Menschen «Zeugnis ablegen» von ihren je individuellen Begegnungen mit Gott.

Dieses zentrale «Subjektivitäts»-Problem soll abschließend mit einem Blick auf einen religionssoziologischen Klassiker verdeutlicht werden, der einerseits das methodische Pathos einschärfte, historische Forschung sowie Wert- und Glaubensurteile strikt zu unterscheiden, und es andererseits nicht vermochte, Prägungen seiner historischen Christentumssoziologie durch spezifisch kulturprotestantische Wertvorstellungen zu verbergen. Max Weber schrieb im Schlußteil der *Protestantischen Ethik*, daß «der moderne Mensch im ganzen selbst beim besten Willen nicht imstande zu sein pflegt, sich die Bedeutung, welche religiöse Bewußtseinsinhalte für die Lebensführung, die Kultur und die Volkscharaktere gehabt haben, *so groß* vorzustellen, wie sie tatsächlich gewesen ist».[85] Dabei geht es aber nicht um ein quantitatives, sondern um ein qualitatives Problem: Sind wir überhaupt imstande, uns vorzustellen, was Glaubensgewißheit für einen frommen Menschen bedeutet? Kann den Gläubigen verstehen, wer seinen Gott nicht kennt? Man kann diese Methodenfrage auch in der Sprache der jüdischen und christlichen Überlieferungen formulieren: Können Mentalitätshistoriker dem historischen Anderen «ins Herz blicken»? Wer sich nur ein wenig religiöse Weisheit bewahrt hat, wird hier Grenzen analytischer Rationalität anzuerkennen bereit sein.

2. Die Nation – von Gott «erfunden»?

a) Die kulturalistische Wiederkehr der Religion

In der «‹Achsenzeit› moderner Wissenschaft»,[1] also in den krisenreichen Jahren zwischen 1880 und 1930, versuchten Autoren wie Georg Simmel, Heinrich Rickert, Max Weber, Ernst Troeltsch, Emile Durkheim, William James, Aby Warburg und Ernst Cassirer die konzeptionellen Grundlagen einer Kulturtheorie zu formulieren, die dem konstruktiven Charakter aller menschlicher Erkenntnistätigkeit gerecht werden sollte. Im Unterschied zu mehr oder minder dogmatischen Sozialtheoretikern, die die Objektivität von gesellschaftlichen Ordnungen oder Strukturen betonten und das Konstruiertsein ihrer begrifflichen Konzepte abblendeten, folgten die Klassiker der Historischen Kulturwissenschaften weithin der kritizistischen Grundeinsicht, daß alle Gegenstände unseres Erkennens durch das erkennende Subjekt konstituiert sind. Gegen die gleichsam ontische Verselbständigung von Begriffen wie Gesellschaft, Struktur, Ordnung, Entwicklung, Prozeß, soziales System entwickelten sie Konzepte kultureller Praxis oder Theorien sozialen Handelns, die dem unaufhebbaren Eigensinn der jeweiligen Weltbilder und den subjektiven Intentionen der handelnden Akteure Rechnung tragen sollten. Diese Intention läßt sich an einem inzwischen berühmten Zitat aus Max Webers Studien zur *Wirtschaftsethik der Weltreligionen* verdeutlichen:

Interessen (materielle und ideelle), nicht: Ideen, beherrschen unmittelbar das Handeln der Menschen. Aber: die «Weltbilder», welche durch «Ideen» geschaffen wurden, haben sehr oft als Weichensteller die Bahnen bestimmt, in denen die Dynamik der Interessen das Handeln fortbewegte. Nach dem Weltbild richtete es sich ja: «wovon» und «wozu» man «erlöst» sein wollte und – nicht zu vergessen: – konnte.[2]

Religiöse Ideen und Weltbilder bilden zwar einen äußerst weichen – und analytisch extrem schwer zu erfassenden – mentalen Stoff, entfalten aber eine hohe Prägekraft bezüglich der Wahrnehmung und normativen Deutung der härteren, etwa: politischen oder ökonomischen Strukturelemente menschlicher Kultur. Die besondere Leistungskraft der von den genannten Klassikern entwickelten Kulturtheorien liegt gerade darin, Religion und die in ihr erzeugten Weltbilder und Wertideen nicht als ein Epiphänomen des kulturellen Weltumgangs des Menschen oder als einen Sonderbezirk der Kultur zu deuten, sondern religiösen Glauben als eine elementare Sinnstruktur ernst zu nehmen, die alle Handlungsvollzüge des Menschen (mit-)bestimmt.

Intensiv diskutierten die führenden Theoretiker der Historischen Kulturwissenschaften deshalb die Methodenprobleme einer Rekonstruktion historischer Religionsformen, die den Eigensinn der jeweiligen religiösen Symbolwelten zu erfassen vermag. Inwieweit läßt sich der Glaube eines Menschen oder das «religiöse Bewußtsein» in analytischen Außenperspektiven überhaupt zureichend erschließen? Wie kann dem konstruktiven Charakter religiösen Bewußtseins angemessen Rechnung getragen werden, wenn dem Frommen die Gehalte oder Objekte seines Bewußtseins gerade nicht als von ihm selbst konstruiert erscheinen, sondern er ihnen eine ontische Eigenständigkeit zuerkennt oder sie – in der konstruktivistischen Außenperspektive des kulturwissenschaftlichen Analytikers formuliert – mit einer «Aura der Faktizität» (C. Geertz) umgibt? Wie ist der elementare Widerspruch hermeneutisch zu bearbeiten, daß der kritizistisch informierte Kulturwissenschaftler alle religiösen Vorstellungsgehalte, von Gott bis zum ewigen Leben, als vom gläubigen Subjekt (mit-)konstituiert weiß, der Fromme sich selbst aber, vor allem im Falle des christlichen Schöpfungsglaubens, als von einem extramundanen Schöpfergott geschaffen wahrnimmt? Darf von der Fiktionalität religiöser Symbole, Narrative und Vorstellungen die Rede sein, wenn viele religiöse Menschen auf deren realem Immer-schon-Gegebensein insistieren, also gerade deren Nicht-Fiktionalität behaupten?

Solche Fragen bildeten einen Schwerpunkt der in den Jahrzehnten um 1900 intensiv geführten Debatten um die Möglichkeit einer kulturwissenschaftlichen Hermeneutik, die der «Kulturbedeutung» ihrer Erkenntnisgegenstände gerecht wird, ohne bloß die subjektiven Werturteile des Kulturwissenschaftlers in die Vergangenheit zu projizieren. Trotz der intensiven Weber-Rezeption und einer neuen

Offenheit für die Kulturtheorien von Maurice Halbwachs, Clifford Geertz, Mary Douglas und Pierre Bourdieu haben viele Historiker in Deutschland das Reflexionsniveau dieser klassischen Historischen Kulturwissenschaften noch immer nicht erreicht. Dies zeigt sich vor allem dann, wenn sie sich zum Thema Religion äußern.

Viele deutsche Sozial- und Gesellschaftshistoriker orientierten sich in den sechziger, siebziger und frühen achtziger Jahren des 20. Jahrhunderts an soziologischen Modernisierungstheorien, in denen gesellschaftliche Modernisierung auch in Mustern einer – zumeist als Emanzipationsgewinn begrüßten – Niedergangsgeschichte der Religion gedeutet wurde. Die konfliktreichen Prozesse der Durchsetzung der modernen bürgerlichen Gesellschaft, des Kapitalismus und schließlich auch der parlamentarischen Parteiendemokratie wurden weithin in teleologischen Fortschrittsnarrativen erzählt, in denen Modernisierung mit der Erosion traditionaler Bindungen und einem Gewinn an Gestaltungschancen emanzipierter Individuen gleichgesetzt wurde. In solchen modernisierungstheoretischen Sprachspielen konnte Religion primär nur als eine jener Traditionsmächte wahrgenommen werden, die in den Prozessen gesellschaftlicher Differenzierung zunehmend ihre einstmals zentrale kulturelle Prägekraft verloren hatten. Fortschreitende Modernisierung wurde häufig als progressive Rationalisierung gedeutet, als mit der Steigerung wissenschaftlich-technischer Zweckrationalität verbundener Siegeszug humaner Vernunft überhaupt. Religion wirkte dann irgendwie archaisch, ein Relikt aus alten, vormodernen Zeiten. Den Aufstieg der zumeist in den fünfziger Jahren in den USA konzipierten soziologischen Modernisierungstheorien zu Schlüsseltheorien für die Deutung der modernen Gesellschaftsgeschichte überhaupt begleitete dabei die implizite Unterstellung, daß eine wahrhaft moderne Gesellschaft eine Gesellschaft ohne Religion sein werde, in der die alten religiösen Institutionen, etwa die Kirchen, bestenfalls noch für kleine Gruppen Vorgestriger attraktiv seien.

Von den führenden deutschen Sozial- und Gesellschaftshistorikern wurden die vielfältigen, oft genug widersprüchlichen Wandlungsprozesse der Religion in der Moderne häufig nur mit einem einzigen, dogmatisch privilegierten analytischen Konzept zu erfassen versucht: dem Konzept der *Säkularisierung*. Nicht selten blieb der Säkularisierungsbegriff dabei eigentümlich diffus. Säkularisierung wurde verstanden als fortschreitender Schwund der gesell-schaftlichen Orientierungskraft der Kirchen oder als generelle De-christianisierung. Die vielen religiösen Bewegungen insbesondere an den unscharfen Rändern der evangelischen Kirchen kamen dabei ebensowenig in den Blick wie die internen Differenzierungsprozesse religiöser Milieus und der seit dem zweiten Drittel des 19. Jahrhun-derts expandierende Markt neuer synkretistischer Religionsformen, deren Trägergruppen zumeist im Bildungsbürgertum zu finden wa-ren. Aber auch die mit der partiellen Deinstitutionalisierung des Religiösen verbundenen Prozesse neuer Konfessionalisierung und die bleibende Prägekraft überkommener – oder revitalisierter – konfessioneller Abgrenzungsmuster fanden nur wenig Aufmerk-samkeit. Die institutionell gegebene Trennung der in konfessionel-len Theologischen Fakultäten betriebenen Kirchengeschichte von der zumeist in Philosophischen Fakultäten angesiedelten allgemei-nen Geschichtswissenschaft trug dazu bei, daß Religions- und Kir-chengeschichte bestenfalls als eine kleine Spezialgeschichte neben anderen wahrgenommen wurde. Insgesamt gilt: Die dogmatische Hochschätzung des Säkularisierungskonzepts als Königsweg für die Erschließung der Religionsgeschichten der Moderne führte dazu, daß vielen Sozial- und Gesellschaftshistorikern die differenzierten religiösen Lebenswelten der Moderne *terrae incognitae* blieben. Wenn sie in ihren Modernisierungsgeschichten überhaupt auf die Religion zu sprechen kamen, dann zumeist nur im Zusammenhang mit der «Funktion» des Religiösen für die Legitimation politischer Herrschaft und die mehr oder weniger erfolgreiche Stabilisierung alter sozialer Ordnungsstrukturen. Religion galt nicht als eine eige-ne, relativ autonome «Potenz» der Kultur, sondern wurde primär nur in Abhängigkeit von den – als eigentlich prägend gedachten – ökonomischen und politischen Bewegungskräften gesehen.[3] Ein möglicher Eigensinn religiöser Deutungskulturen und die habitus-prägende, weltbildbestimmende Kraft religiösen Glaubens gerieten so nicht in das Blickfeld.

Erst die vor allem außerhalb Europas vielfältig zu beobachtende Renaissance religiöser Bewegungen provozierte neue Nachdenk-lichkeit. Unter dem Eindruck der teils realen, teils als globaler «clash of civilizations» (S. Huntington) perhorreszierten Religions-konflikte des späten 20. Jahrhunderts, der fundamentalistischen

Religionsrevolutionen in verschiedenen islamischen Gesellschaften,[4] der starken Mobilisierungskraft der dominant protestantischen *Christian Right* in den USA[5] und der aggressiven Expansion des charismatischen Christentums in vielen Ländern der Dritten und Vierten Welt[6] gewann «die Religion» in vielen kulturwissenschaftlichen Diskursen wieder ihren alten Rang zurück, das methodisch spannendste Untersuchungsfeld für die Konstruktion kollektiver Mentalitäten und deren sozial-kulturelle wie politische Prägekraft zu bilden.

Seit zudem *linguistic turn* und «kulturalistische Wende» auch die deutsche Geschichtswissenschaft erfaßt haben, läßt sich ein signifikanter Wandel der Diskussionslage unter Neuzeit-Historikern beobachten: Im Zeichen einer «neuen Kulturgeschichte»[7] haben vor allem jüngere Forscher Religion, Konfession, Kirchen und andere religiöse Gemeinschaften als bleibend relevante Themenfelder der Geschichtswissenschaften entdeckt.[8] Deutsche Historiker entschlüsselten die politische Prägekraft kulturprotestantischer Mentalitäten,[9] ließen sich von Heilsarmeeoffizieren und Zungenrednern in religiöse Erregungszustände versetzen,[10] erkannten in den Pfarrern der badischen Landeskirche eine zentrale Trägergruppe des Bildungsbürgertums,[11] untersuchten Genese und interne Differenzierungsprozesse protestantischer Sozialmilieus,[12] eilten unter britischer Führung nach Marpingen,[13] entdeckten den Herz-Jesu-Kult katholischer Frommer,[14] suchten in dichten Beschreibungen der Koexistenz von Juden, Katholiken und Protestanten jenseits alter Stereotypen[15] ebenso gerecht zu werden wie den religiös fundierten Überlebensstrategien von Weberfamilien auf der Schwäbischen Alb[16] und unternahmen alle möglichen Anstrengungen, um auch das breite Spektrum kirchendistanzierter oder nachchristlicher Religiosität in den diversen Weltanschauungsvereinen, Bünden, Sekten, Gruppen und Bewegungen des späten 19. und frühen 20. Jahrhunderts zu erfassen.[17] Diese Liste ließe sich unschwer fortsetzen, bis hin zu Gesamtdarstellungen der Seelenwanderung in Europa[18] oder zum provokanten Vorschlag, das einstmals «bürgerliche 19. Jahrhundert» als ein «Zweites Konfessionelles Zeitalter» zu deuten.[19]

Hinter dieser Entwicklung steht die Einsicht, daß auch in modernen Gesellschaften Religion eine zentrale kulturelle Produktivkraft bleibt, die in ihren Symbolsprachen, Riten, Liturgien und impliziten moralischen Codes entscheidend den Habitus von Individuen prägt, zur Konstruktion kollektiver Identitäten beiträgt, die ursprüngliche Akkumulation und Mehrung sozial relevanten Vertrauenskapitals fördern kann und politische Prozesse in vielfältiger Weise mitbestimmt. Die neue Offenheit für religionshistorische Fragestellungen bleibt aber durch disziplinenspezifische Erkenntnisgrenzen restringiert. Die häufig emphatische Zuwendung zu den kleinen religiösen «Alltagswelten» oder «Lebenswelten» ist in aller Regel zwar mit intensiver Methodenreflexion verbunden. Die Deutungsangebote und analytischen Instrumentarien jener alten Geistes- oder Kulturwissenschaften, die im Wissenschaftssystem der deutschen Universität traditionell für die – zumeist politisch normativ oder kirchlich instrumentalisierte – Deutung religiöser Überlieferungen und Symbolsprachen zuständig waren und sind, werden hingegen kaum rezipiert. Pointiert formuliert: Jüngere Sozial- und/oder Kulturhistoriker, die sich nun mit religionsgeschichtlichen Themen beschäftigen, lesen zwar Weber, Simmel und Durkheim oder Halbwachs, Bourdieu und Geertz. Die Kundigeren versuchen sich in Sachen Religion auch von Gianni Vattimo oder Derrida inspirieren zu lassen. Geraune ist *en vogue*. Aber die jungen deutschen Historiker pflegen eine bemerkenswerte Rezeptionsaskese gegenüber den akademischen Theologien, in denen sie, so steht zu vermuten, wohl nur dogmatische Legitimationsunternehmen der jeweiligen Konfessionskirche sehen. Diese Distanz ist vor dem Hintergrund theologieinterner Entwicklungen durchaus verständlich, haben sich viele Theologen doch in Reflexionsghettos zurückgezogen, in denen eine – zumindest in Außenperspektiven – eigentümlich esoterisch wirkende Semantik nur dazu dient, die zunehmende Marginalisierung ihrer Disziplin im Wissenschaftssystem vergessen zu lassen. Die wechselseitigen Kommunikationsblockaden zwischen Geschichtswissenschaft und akademischen Theologien sind für eine kulturhistorische Erforschung religiöser Lebenswelten jedoch problematisch und bisweilen ruinös: Theologieabstinente Kulturgeschichtsschreibung «religiöser Mentalitäten» kann bestenfalls die Außenseiten «des Glaubens» erfassen. Religiöse Deutungskulturen lassen sich jedoch erst dann verstehen, wenn die symbolischen Gehalte und theologischen Ideen trennscharf bestimmt werden, die das «religiöse Bewußtsein» des jeweiligen Individuums oder einer Gruppe von Gläubigen (mit-)prägen. Religiöser Glaube welcher Art auch immer ist ein mentaler Stoff, der für den Frommen oder eine fromme Gemeinschaft in aller Regel sehr hohe existentielle Relevanz besitzt. Er läßt sich ebenso wie moralische Überzeugungen oder Hintergrundgewißheiten anderer Art nur schwer in seiner habitusformierenden Prägekraft oder identitätskonstituierenden Funktion erfassen. Unter den Bedingungen des neuzeitlichen Christentums und des modernen Judentums sind aber keine Ausdrucksgestalten «religiösen Bewußtseins» bekannt, die nicht auch durch theologische Sprachmuster oder dogmatische Ideen konstituiert werden. Wenn religiöse Subjekte über ihren Glauben reden oder sich zu ihrer gelebten Frömmigkeit reflexiv verhalten, produzieren sie je individuelle Populartheologien, die sehr stark von vorgegebenen kirchlichen und akademisch-theologischen Sprachmustern leben. Selbst im Falle kirchenfreier Mystik – für Ernst Troeltsch bekanntlich der dritte Typus der sozialen Manifestation des modernen Christentums neben Kirchen und Sekten[20] –, charismatisch-expressiver Erlebnisreligiosität oder vagierender Bildungsreligiosität sind für das extrem breite Spektrum individueller religiöser Bewußtseinsformationen immer bestimmte theologische Leitannahmen oder Restbestände alter Kirchendogmatik prägend. Trotz der orthodox-jüdischen Kritik an der vermeintlichen inhaltlichen Unbestimmtheit oder dogmatischen Leere der diversen Spielarten des Reformjudentums und liberalen Kulturjudentums gilt Entsprechendes auch für die liberaljüdischen Religionsgestalten.[21] Theologen und Religionswissenschaftler kennen im Horizont der jüdischen und christlichen Religionsgeschichte kein «religiöses Bewußtsein», das sich ohne Rekurs auf theologische Gehalte darzustellen vermag.

Ein Kulturhistoriker, der eine Geschichte religiöser Mentalitäten ohne die Aneignung theologischer Deutungskompetenz schreiben oder konfessionsspezifische Habitusformen ohne präzise Wahrnehmung kirchendogmatisch oder amtstheologisch definierter Unterscheidungslehren rekonstruieren will, gleicht insoweit nur einem Wirtschaftshistoriker, der Wirtschaftsgeschichte bar aller ökonomischen Grundkenntnisse schreiben zu können beansprucht. Gerade im komplexen Feld konfessioneller Repräsentationen und Differenzstereotypen von Katholiken, Lutheranern, reformierten Protestanten und Juden reproduzieren die «neuen Kulturhistoriker» häufig nur jenes Alltagswissen, das immer schon von den konfessionellen Kulturkämpfen der Vergangenheit geprägt ist. Das spannende Unternehmen, die religiösen Mentalitäten einer bestimmten Berufsgruppe zu erfassen,[22] kann jedoch nur scheitern, wenn man konfessionsspezifische Frömmigkeitsmuster ohne theologische Deutungskompetenz analysieren will.

Konfessionelle Bilder des jeweils anderen, kulturkämpferische Feindbildstereotypen, Innen-Außen-Distinktionen und Selbstbilder sind immer auch durch theologische Unterscheidungsmuster mitbestimmt. Wer diese theologischen Elemente und religionssemantischen Repräsentationen nicht präzise zu erfassen vermag, kann Glaube, Frömmigkeit und religiöse Mentalität bestenfalls in äußeren Umrissen wahrnehmen. Es kommt aber gerade darauf an, solche inhaltlichen Bestimmtheiten zu erfassen. Denn nur dann läßt sich nachvollziehen, warum Menschen ihr Glaube so existentiell wichtig gewesen ist, daß sie ihn zu einem oder *dem* konstitutiven Element ihrer Identitätskonstruktion gemacht haben. Kulturhistorische Studien zur Geschichte religiöser Mentalitäten im Deutschland des 19. und frühen 20. Jahrhunderts verspielen Erkenntnischancen, wenn sie ein zentrales Methodenproblem wissenschaftlicher Deutung religiöser Bewußtseinsgestalten und religiös bestimmter «Lebensführung» nicht oder nur unzureichend wahrnehmen: das Problem, daß die analytischen Außenperspektiven auf religiöse Mentalitäten und der gelebte Glaube von Individuen niemals kongruent sind. Wer mit seinen analytischen Begriffen den religiösen Glauben eines anderen, wie differenziert auch immer, zu erfassen und die Funktion zu bezeichnen sucht, die dieser Glaube für eben diesen Menschen – oder Religion für die Gesellschaft – hat, muß durch methodische Reflexion eine elementare Grenze seines eigenen Tuns akzeptieren lernen: Der Glaube ist für einen frommen Menschen etwas qualitativ anderes als eine Funktion von x oder ein Nutzen für y. Kein frommer Jude glaubt daran, daß Jahwe sein auserwähltes Volk aus Ägyptenland geführt hat, weil er weiß, daß Erwählungsglaube den psychischen Nutzen stabiler Ich-Identität zur Folge hat oder zur Stiftung starker kollektiver Identität beiträgt. Kein frommer Christ bekennt sich zur Heilsmittlerschaft Jesu Christi, weil er um die Integrationsfunktion der Religion weiß. Hier bleibt eine Differenz von Außen- und Innen-Perspektive, die zu me-

thodischer Behutsamkeit zwingt. Um solcher Behutsamkeit willen
dürfte es hilfreich sein, religionsrelevante theologische Sprachspiele
ernster zu nehmen, als viele «neue Kulturhistoriker» es bei der Beschäftigung mit Religion bisher tun. Gerade in der Erfassung des
für religiöse Subjekte «Innerlichsten», ihres je individuellen Gott-
vertrauens, bedarf es hoher hermeneutischer Sensibilität.[23]

Auch die Methodendebatten der älteren Religionssoziologie, die
seit dem späten 19. Jahrhundert entwickelten Programme einer psychologischen Rekonstruktion der «varieties of religious experience» (W. James) und die Diskurse über den Begriff der «Religion»
in der modernen Religionswissenschaft[24] sind in der «neuen Kulturgeschichte» bisher erst unzureichend rezipiert. Trotz des großen Ge-
wichts, das ökonomische Erklärungsmuster in den aktuellen religionswissenschaftlichen Debatten über die vielfältigen Prozesse
schnellen religiösen Wandels spielen, nehmen viele Kulturhistoriker
auch diese religionsanalytischen Deutungsangebote der zumeist
neoklassisch orientierten amerikanischen *religious economics* nicht
wahr.[25] Doch unter modernen, pluralistischen Bedingungen lassen
sich Angebot und Nachfrage nach religiösem Sinn und entsprechende Konjunkturschwankungen in Marktmodellen erfassen. Auch in
dieser Hinsicht bleiben die «neuen Kulturhistoriker» noch hinter
den Deutungsangeboten anderer Disziplinen zurück. Zugespitzt
formuliert: Die Begriffe der «Religion», mit denen Historiker derzeit die komplexen religiösen Lebenswelten moderner Gesellschaft
zu erschließen versuchen, sind häufig allzu vage und unbestimmt.
Der Mangel an methodischer Reflexion führt dann dazu, Religion
nur in den Gestalten expliziter oder gar institutionalisierter Religion wahrzunehmen und die hintergründige Prägekraft religiöser
Weltbildkonstruktion in anderen als den explizit religiösen Lebens-
vollzügen zu ignorieren. Nur selten kommt «Religion» als eine – relativ – autonome kulturelle Produktivkraft in den Blick, die sowohl
die Selbstentwürfe, Identitätskonstruktion und Lebensführung von
Individuen existenziell relevant bestimmt als auch eine starke, tief
emotional gespeiste Quelle von Gruppenbildung und Vergemeinschaftung darstellt.

b) Religion als Deutungscode

Religionen lassen sich als Deutungssysteme mit einem unüberbietbar hohen Allgemeinheitsanspruch verstehen. Sie vermitteln den in
ihnen vergemeinschafteten Frommen ein kohärentes Bild des «Ganzen» der Wirklichkeit, das ihnen selbst die elementaren Negativi-
tätserfahrungen des endlichen Lebens sinnhaft zu deuten erlaubt. In
religiösen Deutungssystemen werden überkomplexe Wirklichkeit
und chaotische Fülle geordnet. Im Vorstellungshorizont monothei-
stischer Religionskulturen wird das unbestimmte Viele auf das Eine,
auf einen persönlichen Schöpfergott oder ein erstes Prinzip bezogen
und gewinnt so eine bestimmbare Struktur. Solche auf Gott zurück-
geführten Grundstrukturen der Wirklichkeit – in der Sprache der
jüdischen und christlichen Theologie: die von Gott geschaffenen
«Schöpfungsordnungen» – bilden in der Binnenperspektive des so
bestimmten religiösen Bewußtseins den allgemeinsten Ordnungsrahmen, der allem menschlichen Handeln als gegeben und mithin
unverfügbar immer schon vorausliegt. Religiöse Symbolsprachen
eröffnen den Gläubigen zudem sinnhafte Zeithorizonte: Indem sie
die elementare Differenz von Zeit und Ewigkeit präsent halten, erschließen sie den Gläubigen Ordnungen von Zeit und Geschichte.
Die Frommen können ihre je individuelle Lebensgeschichte dann in
diesen Ordnungsrahmen einbeziehen. Die «Vernunft der Religion»[26] liegt insoweit darin, das vergängliche Leben des Individuums
auf einen unüberbietbar allgemeinen Sinnzusammenhang hin zu
überschreiten und so den Einzelnen zu befähigen, sich zur elementaren Kontingenz seines Lebens konstruktiv zu verhalten. Religiösen
Symbolsprachen eignet das spezifische Sinnpotential, den gläubigen
Individuen Horizonte der Transzendenz zu eröffnen. Dazu dienen
insbesondere die religiösen Grundunterscheidungen von Schöpfer
und Geschöpf, Ewigkeit und Zeit, Jenseits und Diesseits sowie
Himmel und Erde. Es ist – zumindest unter monotheistischen Bedingungen – die spezifische Logik religiöser Weltbilder, mit Blick
auf Gott als das Subjekt unüberbietbarer Allgemeinheit, alle Unbestimmtheit in Bestimmtheit zu überführen, einen krisenresistenten,
stabilen Ordnungsrahmen zu definieren und dem Einzelnen eine
tragende Gewißheit mit starker Integrationskraft zu erschließen.

Religion läßt sich deshalb als «lebensgeschichtliche Sinndeutung»[27] oder «Kontingenzbewältigungspraxis»[28] deuten.

Mit Blick auf ihre ordnungsstrukturierenden Leistungen lassen sich religiöse Deutungssysteme auch als *Systeme der Lebensführung* verstehen, die die Lebensvollzüge der in ihnen vergemeinschafteten Menschen zumeist tiefgreifend prägen. Zwar unterscheiden sich Religionen in der materialen Bestimmung der Heilsgüter, die sie den Gläubigen anbieten und zueignen wollen. Auch sind sie durch tiefgreifende Gegensätze in der Auslegung und Vermittlung von Heilsgewißheit bestimmt. Weiterhin differieren sie in der Art der Korrelation von spezifisch religiösen Gütern – wie Seelenfrieden, Befreiung von Sündenangst, Auslöschung des sündhaften Ich, Gemeinschaft mit Gott, Erlösung – und ethischen Forderungen. So binden bestimmte Religionen die Chance, das Heilsgut erwerben zu können, an die Bedingung eines äußerst disziplinierten, rigiden Lebenswandels, wohingegen andere Religionskulturen dem frommen Einzelnen bei der Befolgung religiös geforderter Maximen einen relativ großen Spielraum lassen. Immer gilt jedoch: Religiöse Deutungssysteme vermitteln mit einem bestimmten Gesamtbild der Welt auch Verhaltensmaximen und Muster idealer Lebensführung. Im Medium religiöser Symbolsprachen werden die Grundunterschiede von Heil und Verderben, Gut und Böse, Tugend und Sünde eingeschärft. Mit Blick auf die jeweils erstrebten oder offerierten Heilsgüter werden Tabuschranken errichtet und gottwidrige, sündhafte Verhaltensweisen mit Sanktionen belegt. Ein tugendhafter, dem Willen Gottes entsprechender Lebenswandel wird religiös prämiert, dem Frommen besondere Anerkennung durch andere Gläubige und Verehrung innerhalb der Gemeinde zugesagt oder außerweltliche Belohnung verheißen. Die Besonderheit von hochentwickelten religiösen – im Unterschied zu rein innerweltlichen, säkularen – Ethiken liegt jedoch darin, daß der ethische Verpflichtungsgehalt nicht erfolgsbezogen definiert wird: das Handeln und die Prämien des Handelns lassen sich entkoppeln. Religiöse Ethik ist dann erfolgsunabhängig. Der Fromme folgt dem Gebot Gottes nicht um des Erfolges willen, sondern handelt allein mit der Intention, dem absolut bindenden Gotteswillen Genüge zu tun. Im radikalen Fall vertraut er Gott so sehr, daß er gar nicht fragt, ob sein «jenseitiges» Schicksal verdient ist oder nicht. Insoweit gilt: Je intensiver der Grad der Frömmigkeit eines Menschen ist, desto strenger folgt er in der Regel auch den seinem Glauben inhärenten ethischen Maximen. Ernstgenommener religiöser Glaube prägt die Lebensführung eines Menschen sehr viel stärker als Überzeugungen oder Gewißheiten anderer Art.

Noch einmal: Religiöse Deutungssysteme beziehen sich auf das «Ganze» der Wirklichkeit. Deshalb ist es jeder religiösen Ethik immanent, einen Anspruch auf den «ganzen Menschen» zu erheben und alle Felder menschlichen Handelns normieren zu wollen. Alle religiösen Ethiken treffen Aussagen über das Weltverhältnis des Menschen. Jeder religiösen Ethik liegt überdies eine bestimmte Sicht des Verhältnisses des Menschen zu Gott sowie seiner Stellung im Kosmos zugrunde. Daraus folgt: Die Ethiken der einzelnen Religionen und Konfessionen unterscheiden sich elementar darin, wie im Medium der religiösen Symbolsprache jeweils die Beziehung des Menschen zu Gott geordnet und seine Stellung im Kosmos, sein Verhältnis zur Welt bestimmt wird. Sie schließen notwendig auch Aussagen über das Verhältnis des Einzelnen zur politischen Obrigkeit und zu seiner Stellung im Gemeinwesen oder in der Gesellschaft ein. Selbst wenn religiöse Ethiken keine explizit auf das Politische bezogenen Aussagen enthalten, haben ihre Bilder der Ordnung des Kosmos, der Herrschaft Gottes über seine Schöpfung und der Wirkmächtigkeit des Bösen immer eine fundamentalpolitische Relevanz. Zugleich haben religiöse Weltbilder auch einen metapolitischen Gehalt, weil sie, gerade unter den Bedingungen des Christentums, symbolische Bestände bereitstellen, mit deren Aneignung sich der Einzelne von «der Gesellschaft» prinzipiell zu unterscheiden vermag.

Die Ordnung des politischen Gemeinwesens und die Beziehungen zwischen weltlichen Herrschaftsinstitutionen und der Kirche gehören zu den klassischen Themen politischer Ethik. Durch die konfessionelle Pluralisierung des westlichen Christentums in den Reformationen des 16. Jahrhunderts gewannen Fragen der politischen Ordnung besonderes Gewicht. Vor allem in den protestantischen Diskursen war «die teutsche Nation» dabei schon seit den Anfängen der Wittenberger Reformation ein zentraler Topos. Auch die Beziehungen zwischen Pietismus und Patriotismus sind seit den klassischen Studien von Gerhard Kaiser vielfältig diskutiert worden.[29] Vor allem aber lädt der intensive Gebrauch religiöser Semantiken in den modernen europäischen Nationskonzepten[30] dazu ein, mit neuem Elan religionshistorisch und theologisch konstruierte Deutungsperspektiven zu erproben. Möglicherweise läßt sich die Faszinationskraft der modernen Nationalismen dann noch einmal ganz anders als in den Sprachspielen von Sozialwissenschaftlern und Historikern wahrnehmen. So wird sich eine religions- und konfessionsgeschichtlich informierte Nationalismusforschung von der dogmatischen Fixierung auf die «Sattelzeit» lösen müssen, die immer noch zahlreiche Studien zum modernen Nationalismus seit der Französischen Revolution bestimmt.[31] Denn wer die spezifische Leistungskraft religiöser Symbolsprachen für die Entwicklung von Nationskonzepten untersuchen will, muß der *longue durée* dieser semantischen Systeme gerecht zu werden versuchen und langfristige Überlieferungsprozesse in den Blick nehmen. Er kann – Anregungen Wolfgang Hardtwigs[32] und Dieter Langewiesches[33] folgend – jedenfalls nicht mit starren, tendenziell ahistorischen Modellen der Abgrenzung von modernem Nationalismus einerseits und vormodernen, frühneuzeitlichen Proto-Nationalismen andererseits operieren.

Ein religionstheoretisch informierter Wechsel der Perspektiven läßt sich mit Autoritäten rechtfertigen, die vom Verdacht disziplinenbornierter religionswissenschaftlicher oder theologischer Befangenheit frei sind. Elias Canetti schlägt in «Masse und Macht» vor, Nationen so anzusehen, «als wären sie *Religionen*».[34] Norbert Elias bestimmt den Nationalismus als «eines der mächtigsten, wenn nicht das mächtigste soziale Glaubenssystem des 19. und 20. Jahrhunderts».[35] Politik- und Sozialwissenschaftler sehen in der Nation «the God of Modernity»,[36] und Historiker bezeichnen den modernen Nationalismus als eine «Religion»[37] oder zumindest «Ersatzreligion»,[38] in der alte christliche Vorstellungen säkularisiert wurden. Auch Anthony D. Smith greift in seinen grundlegenden Arbeiten zum Ethnonationalismus auf religiöse Sprachmuster zurück, wenn er behauptet, daß für die Nation «a sense of difference, if not election»[39] konstitutiv sei. Sofern solche Aussagen mehr sind als nur vage Assoziationen, bedarf es zur Deutung des modernen Nationalismus religionswissenschaftlicher und theologischer Kompetenz.

Fünf Fragekomplexen kommt besondere Aufmerksamkeit zu:

1. Über welche Deutungsangebote verfügen Religionswissenschaft-

ler und Theologen, um die Sakralisierung der Nation zu erklären? Wie läßt sich religionstheoretisch beschreiben, daß sich auf «die Nation» sehr starke religiöse Energien richten und die Gemeinschaft der Nation – oder die «Volksgemeinschaft» – häufig in religiösen Symbolsprachen vorgestellt wird?

2. Lassen sich die modernen Nationalismen seit der Französischen Revolution religionstheoretisch als neue Religionen oder «politische Religionen» deuten? Was sind die spezifisch religiösen Qualitäten moderner «politischer Religionen» im Unterschied zu vormodernen Religionsgestalten? Stellt die Religionsgeschichte der Moderne einen Interpretationsrahmen dar, um die zu beobachtende schnelle Durchsetzung nationalistischer Erwartungen und Hoffnungen besser als bisher verstehen zu können?

3. Wie lassen sich die möglicherweise spannungsreichen oder gar antagonistischen Beziehungen zwischen überkommener jüdischer Religion und christlichen Kirchen einerseits und den modernen Nationalismen andererseits beschreiben? Wie werden konfessionsspezifische Traditionen auf die Gemeinschaft der Nation bezogen? Wie wird in den einzelnen Nationalismen das Verhältnis der nationalen Gemeinschaft oder «Volksgemeinschaft» zu den unterschiedlichen Religionen und Konfessionen bestimmt? Sind Exklusionsmodelle, auch Modelle der Integration durch Ausschluß bestimmter religiöser oder konfessioneller Gruppen, oder Modelle der Integration aller Menschen eines bestimmten Territoriums, unabhängig von ihrer Religion und Konfession, leitend?

4. Welche überkommenen theologischen Gehalte wurden auf den «neuen Gott» bezogen? Inwieweit lassen sich unterschiedliche Nationskonzepte auch nach ihren impliziten Theologien unterscheiden? Wie ist es zu erklären, daß in vielen europäischen Gesellschaften gerade die Repräsentanten der kirchlichen Institutionen, also die Pfarrer, und akademische Theologen Nationalismen propagierten oder Nationskonzepte entwarfen?

5. Welche Wechselwirkungen zwischen der Theologisierung der Nation und der Nationalisierung von Theologien lassen sich beobachten? Wie haben sich die theologisch oder religionssemantisch formulierten Nationsvorstellungen gewandelt? Lassen sich Verschiebungen in den leitenden Begriffen, Zurückdrängung

alter Semantiken und die Produktion von nationalreligiösen Neologismen beobachten?

c) Die religiöse «Erfindung» der Nation

Seit dem *linguistic turn* und der konstruktivistischen Wende sind die alten substantialistischen Konzepte von Staat, Volk und Nation vielfältig dekonstruiert worden. Was einst als Seinsordnung galt oder religiös als eine die Individuen umfassend bindende Schöpfungsordnung legitimiert wurde, ist in den kulturtheoretisch informierten Sprachspielen der modernen Nationalismusforscher zur «erfundenen Tradition» geworden. Spätestens seit Benedict Anderson und Ernest Gellner wissen wir: Die Nation gibt es nicht.[40] Sehr alte Deutungsmuster aufgeklärter Religionskritik und Grundeinsichten der kritizistischen Erkenntnistheorie Kants sind so reformuliert worden, daß alle überindividuellen Ordnungskonzepte ihres traditionell behaupteten ontischen Eigensinns entkleidet und in ihrer je besonderen Konstruktivität transparent gemacht wurden. So wenig es Gott «gibt» oder «der Weltgeist» die Geschichte macht, so wenig existieren in irgendeinem gegenständlichen Sinne auch das Volk oder die Nation. Die Nationalismusforscher in der Geschichtswissenschaft übernehmen von anderen Kulturwissenschaftlern deshalb gern eine konstruktivistische Semantik: Sie reden vom «Erfinden», wollen «Konstrukte» dekonstruieren und alte Sinnentwürfe auf die bewußte Sinnerzeugung durch empirisch identifizierbare Autoren zurückführen. Den konstruktivistischen Sprachmustern der neueren Nationalismusforschung entspricht der starke Gebrauch von Kreationsmetaphern: Alles ist gemacht und erzeugt, geschaffen, hergestellt oder «erschrieben».[41]

Unter den Bedingungen eines reflektierten Kritizismus ist jedoch darauf hinzuweisen, daß die in den Nationalismusstudien vieler Historiker neuerdings bevorzugte Erfindungssemantik aporetisch ist. So wenig es die Nation an sich gibt, so wenig läßt sich ein *reines Erfinden* endlicher Subjekte imaginieren. In einer bestimmten Hinsicht ist es erkenntnistheoretisch naiv, wenn Historiker nun immer wieder die Formel vom «inventing of tradition» beschwören.[42] Die gerade in der geschichtswissenschaftlichen Diskussion häufig be-

gegnende Erfindungsmetaphorik[43] ist zu unbestimmt. Denn im Akt
des Erfindens oder in sonstigen intellektuellen Konstruktionspro-
zessen sind die imaginierenden Subjekte unausweichlich auf Ressourcen bezogen, die ihren Konstruktionsleistungen vorausliegen.
Im Unterschied zu jenem absoluten, göttlichen Subjekt, dem wir in
religiösen Sprachspielen traditionell die Fähigkeit zur *creatio ex nihilo* zuschreiben, sind endliche Subjekte in ihrem produktiven Handeln immer auf die Aneignung von gegebenen Beständen angewiesen. Der Regelfall ist hier die Reinterpretation des Überlieferten
oder die Umschaffung von Beständen. Dies gilt auch für die «Erfindung» der Nation. Um die Einheit der Nation zu begründen, rekurrieren ihre intellektuellen «Erfinder» auf überkommene Zeichen,
Symbole, Riten, Sinnvorgaben, Narrative und *images*.[44] In der
neueren Nationalismusforschung betonen dies primär Theoretiker
des Ethnonationalismus: Zwar hebt auch Anthony D. Smith in seinen Studien über «national identity» hervor, daß der moderne «national spirit» als zentrales Element eines «spirit of the age» «erfunden» («invented») wurde. Aber er weist in seiner Analyse von
ethnischen Konstruktionsmustern der Nation, also der Deutung der
Nation als einer Gemeinschaft von Menschen mit gemeinsamer Abstammung, zugleich darauf hin, daß die modernen «Erfinder» der
Nation auf «earlier motifs, visions and ideals» zurückgreifen mußten und müssen.[45] Historiker haben gleichfalls Grenzen des «Erfin-
dungs»-Begriffs markiert. Als gedachte Ordnung sei die Nation, so
Ernst Schulin, keineswegs «etwas Fiktives, Unwirkliches»: «Nationen sind Produkte der Geschichte, werden also ge- und erfunden,
indem die Völker ihre nationalen Bindungen entdecken und schaffen, wobei sie allerdings oft für Entdeckungen ausgeben, was tatsächlich Konstruktionen sind.»[46] Auch Shulamit Volkov kritisiert in
ihren Zionismus-Studien Hobsbawms «inventing of tradition».
Die Zionisten hätten ihren Entwurf der Nation keineswegs «erfunden», sondern überkommene jüdische Traditionsbestände für ihre
neuen Ziele umgeformt: «Moderner jüdischer Nationalismus ist
also eine interessante Kombination von alten, ursprünglichen, be-
ständigen Elementen und neuen Erfindungen.»[47] Zur näheren
Analyse solcher Neuformulierung tradierter Bestände oder der synkretistischen Verknüpfung alter Symbole, Mythen und religiöser
Gemeinschaftskonzepte mit neuen nationalen Erwartungen dürfte

das von Claude Lévi-Strauss entwickelte Konzept der «bricolage» hilfreich sein.[48] Denn mythopoietische Bastelei war die entscheidende Technik der «Erfinder» der Nation, um die von ihnen erhoffte, vorgestellte oder gedachte Ordnung als eigentlich immer schon existierend zu imaginieren.

Zur «Erfindung» der Nation oder zur Konstruktion sonstiger kollektiver Identitäten bedarf es immer klarer Grenzziehungen.[49] Je stärker, substantieller die Einheit der Nation sein soll, desto rigider müssen Innen-Außen-Unterscheidungen getroffen und symbolisch dramatisiert werden. Zugleich sind starke historische Narrative gefragt, um der Nation eine gemeinsame Geschichte zu geben und alle Angehörigen der Nation als Teilhaber eines kollektiv geteilten, sie bis in die Tiefenschichten ihrer Subjektivität emotional bindenden Schicksals zu definieren. In der neueren Nationalismusforschung besteht weithin Konsens, daß sich die modernen Nationalismen als Sinnkonstrukte beschreiben lassen, die den Einzelnen derart intensiv mit der Nation verbinden, daß er sie als für ihn entscheidende, primär bestimmende Schicksalsgemeinschaft erfährt. Die «Erfinder» der modernen Nation erheben für diese den Anspruch auf unbedingte Geltung: Die Nation gilt ihnen als höchster politischer Wert und oberstes Legitimitätsprinzip.[50] Dazu muß die Nation eindeutig bestimmt, also von anderen, konkurrierenden Nationen klar abgegrenzt und möglichen transnationalen Einheiten wie der Christenheit, dem «Abendland» oder Europa vorgeordnet werden. Dies gelingt nur mit Hilfe scharfer Grenzziehungen und Feindbildstereotypen. In den amerikanischen Kommunitarismus-Debatten und den neueren Auseinandersetzungen über das «soziale Kapital» moderner Gesellschaften[51] ist betont worden, daß die vielen verschiedenen Interessen einen *common ground* sehr viel leichter durch starke Negationen und Abgrenzungen nach außen als durch die Suche nach positiv verbindenden moralischen Ressourcen wie etwa «Kulturwerten» gewinnen können. Falls diese – von religionstheoretischen Erwägungen gestützte – These zutrifft, lassen sich Gründe formulieren, warum viele «Erfinder» der Nation seit den frühneuzeitlichen Konfessionskriegen auf alte religiöse Symbolsprachen und Zeichen rekurrieren, um die nationale Gemeinschaft zu imaginieren. Mit Narrativen der hebräischen Bibel, mit Metaphern des Alten Testaments erhöhen sie die eigene Nation zum «neuen Israel» und «auserwählten Volk» oder zu «God's Chosen People».[52] In Situationen der Krise oder permanenten Bedrohung nationaler Identität werden häufig christologische Sprachmuster, etwa der Topos vom leidenden Gerechten, reformuliert, um kontrafaktischen Sinn zu stiften. Immer geht es in solchem «Sakraltransfer» darum, der Bindung des Einzelnen an seine Nation eine religiöse Qualität zu geben: So wie sich der Fromme seiner selbst in der Herzensbindung an Gott inne wird, so soll der Einzelne sein wahres Selbstsein durch die Einbindung in die Nation gewinnen. Die religiöse Semantik dient in den modernen Nationalismen dazu, die emotionale Bindung des Einzelnen an die Nation in den tiefsten Schichten seiner Seele zu verankern und die nationale Gemeinschaft als eine umfassend, auch innerlich bindende Heilsgemeinschaft zu stabilisieren. Das Verhältnis des Individuums zur nationalen Gemeinschaft wird deshalb häufig mit Metaphern aus den mystischen Überlieferungen in Judentum und Christentum bestimmt, um eine «ganzheitliche» Hingabe des Einzelnen an sein Volk oder die Verschmelzung der vielen Partikularwillen zum unbedingten Tatwillen der Nation imaginieren und einklagen zu können. Die vielfältig zu beobachtenden Anklänge an biblische Sprachmuster geben den modernen Nationalismen ein eschatologisches Erwartungspotential: Alle Erwartungen einer besseren Zukunft werden mit der Nation verbunden. Als «neues Israel» oder auserwähltes Gottesvolk repräsentiert die Nation gleichsam eine Antizipation des Himmels auf Erden, den Ort kollektiver Sehnsüchte, an dem alle Entfremdungen und Entzweiungen zugunsten von Versöhnung und harmonischer Gemeinschaft als aufgehoben erscheinen können.

Die These, daß es zur Konstruktion kollektiver Identität – zur «Erfindung der Nation» – des Bezugs auf gegebene symbolische Bestände bedarf, läßt sich deshalb mit einer zweiten Behauptung verbinden: Die «Erfinder» der Nation sind auf religiöse Symbolsprache angewiesen, um eine emotional bindende starke Vergemeinschaftung erzeugen zu können.[53] Sie rekurrieren auf überkommene religionssemantische Bestände, religiöse Riten und kirchliche Liturgien, um die hohen emotionalen Energien, die fromme Menschen in ihren Glauben investieren, auf die Nation hinlenken zu können. Die «Erfinder» der Nation reden von Gott, seiner Schöpfungsordnung oder elementarsten Seinsbindungen, um existentielle

Intensität zu erzeugen. Alte Prädikate der Kirche als einer *sanctorum communio*, die – jedenfalls in der Tradition der römisch-katholischen Ekklesiologie – dem einzelnen Gläubigen das ihm von Gott in Jesus Christus dargebotene Heil vermittelt, werden der Nation zugeschrieben, um sie zu einer Erlösung erschließenden Heilsgemeinschaft zu sakralisieren. Die Nation gewinnt so den Charakter einer Glaubensgemeinschaft mit starken Innen-Außen-Grenzen. In religiöser Sprache läßt sich die faktische Vielfalt der Nationen anerkennen und zugleich der Anspruch auf eine «Absolutheit» der eigenen Nation geltend machen. Sie sei von Gott dazu berufen oder auserwählt, ihre spezifische innergeschichtliche Mission zu erfüllen, und fördere damit das Kommen von Gottes eschatologischem Friedensreich. Diese Vorstellung vom Willen Gottes, den die Nation durchzusetzen habe, läßt sich strukturell als eine Selbstermächtigungsfigur beschreiben, in der um Gottes willen jede innerweltliche Begrenzung des nationalen Handlungswillens jederzeit zur Disposition gestellt werden kann. Vieles spricht für die Vermutung, daß religiöse Metaphern und Sprachmuster gerade in Zeiten des Krieges, dem «Ernstfall» der Nation, besondere Bedeutung für die Definition und symbolische Repräsentation kollektiver Identität gewinnen.

Zwei Grundmuster religiös vermittelter «Erfindung der Nation» sind zu unterscheiden. Im *ersten* Fall wird der Nationalismus als eine politische Religion inszeniert, die die überkommene kirchlich institutionalisierte christliche Religion ablösen soll. Das Verhältnis von Christentum und Nation wird kritisch bestimmt, da die christlichen Konfessionskirchen aufgrund ihres – insbesondere im Katholizismus evidenten – übernationalen Charakters als Kräfte der Desintegration der nationalen Gemeinschaft gedeutet werden. Für Nationsentwürfe dieser Art ist der Versuch kennzeichnend, religiöse Traditionsbestände zu erschließen, die der Christentumsgeschichte vorausliegen und zum archaischen Ursprung des jeweiligen «Volkes» zurückführen sollen. Hier wird auf Substanzen des Selbstseins der Nation rekurriert, die als so ursprünglich zu denken sind, daß jeder einzelne immer schon in die starke, gleichsam ewig, vom Anfang der Zeiten her existierende nationale Gemeinschaft eingebunden ist. Je älter das «Volk», desto plausibler erscheint der Anspruch, daß ihm von Gott ein bestimmtes Land gegeben ist. Je intensiver sich in urzeitlichen Mythen und Sagen die Konstitution der «Volkseinheit» bis an den Anfang der Geschichte, die Schöpfung der Welt, zurückverfolgen läßt, desto natürlicher erscheint das Immer-schon-Gegebensein des eigenen «Volkes».

Entwürfe christentumskritischer, volksreligiöser Konstruktion der eigenen Nation lassen sich im 19. Jahrhundert in nahezu allen europäischen Gesellschaften nachweisen. Für Deutschland sind exemplarisch die vielen Entwürfe germanischer Mythologie und das hochdifferenzierte Spektrum völkischer Religiosität zu nennen.[54] Im trikonfessionellen Deutschland, das seit dem 16. Jahrhundert durch die Konfessionsgegensätze zwischen Katholiken, Lutheranern und Reformierten bestimmt war und das die religiös-soziale Ausgrenzung der jüdischen Minorität rechtlich fixiert hatte, sollten die «arteigenen», «völkischen» oder «deutschgläubigen» Religionen die vielfältig prägenden Antagonismen zwischen den konfessionellen Milieus transzendieren und im Medium religiösen Glaubens eine einheitliche, alle Deutschen innerlich immer schon bindende Substanz erschließen. Protestanten und Katholiken sollten ihre konfessionsspezifischen Identitäten preisgeben und im neuen völkischen Glauben zu wahren Brüdern und Schwestern werden. Diese völkisch-religiöse Konstruktion der nationalen Gemeinschaft beinhaltete von vornherein die Ausgrenzung der Juden, die im völkischen Vorstellungshorizont gar nicht anders denn als Angehörige eines fremden Volkes und einer anderen Rasse bestimmt werden konnten. Nationalreligiöse Deutungen der Geschichte des eigenen Volkes oder «arteigene», in Rassesemantiken explizierte Konstruktionen völkischer Religiosität sind aber keineswegs etwas spezifisch Deutsches. Nationalreligiöse Denkmuster lassen sich in den Selbstverständigungsdebatten der Eliten vieler europäischer Länder bis ins späte 17. Jahrhundert zurückverfolgen und haben sehr stark auch die akademischen Diskurse über religiös geprägte Habitusformen und die kulturellen Unterschiede zwischen Katholiken, Reformierten, Lutheranern, Anglikanern und Juden bestimmt. Im 19. Jahrhundert waren nationalreligiöse Begriffe und volksreligiöse Ordnungsschemata zentrale Deutungskonzepte der sich disziplinär verselbständigenden Religionswissenschaften.[55] Solche volksreligiösen Semantiken prägten auch die innerjüdischen Debatten um «jüdische Identität» und wurden insbesondere von den Zionisten in Anspruch genommen, um ihre – im einzelnen durchaus unterschiedlichen – Konzepte einer neuen Einheit von Land, Volk und Religion zu begründen.[56] In den Strategien der nationsbezogenen Aktualisierung alter religiöser Vorstellungen unterschieden sich die zionistischen Nationsentwürfe nicht von den vielen christlich bestimmten Nationaltheologien der Zeit. Hier wie dort war die Idee vom Land oder nationalen Territorium leitend, das Gott selbst seinem Volk einst für immer gegeben habe; hier wie dort wurde eine unmittelbare Beziehung zwischen dem eigenen Volk und Gott in Bildern von Bundestreue und Auserwählung fixiert; hier wie dort bekannte sich das gottesfürchtige Volk zum Mandat, endlich Gottes Willen erfüllen und das Land der Väter verteidigen oder wiedergewinnen zu müssen.

Manche Historiker suchen die nationalistische Transformation alter religiöser Symbolbestände und die Popularisierung völkischer Religionen im späten 19. Jahrhundert in Deutungsmustern zu erfassen, die eine Tendenz zur moralisierenden Distanznahme spiegeln. An die Stelle einer analytisch-kritischen begrifflichen Bestimmung der spezifischen Faszinations- und Leistungskraft nationalreligiöser Symbolik und rassistischer Denkformen treten die politisch derzeit «korrekten» Pathosformeln des «wie furchtbar». Demgegenüber empfiehlt es sich, die in den siebziger Jahren des 19. Jahrhunderts etwa von Paul de Lagarde und anderen entwickelten Konzepte einer «deutschen Nationalreligion» oder die diversen Programme einer «Germanisierung des Christentums» mit nüchterner Weberianischer Distanz zu analysieren. Völkische Religionsentwürfe werden dann als ein spezifischer Modus religionssemantischer Konstruktion der Einheit der Nation und ihrer Innen-Außen-Grenzen erkennbar. Nation wurde hier so konstruiert, daß ihr Konstruktcharakter verschwand: Nicht mehr weiche Elemente wie die gemeinsame Geschichte, das kollektive Gedächtnis, geteilte Erinnerungen, uralte Mythen und andere identitätsverbürgende Narrative sollten die Einheit der Nation stiften, sondern eine sehr viel elementarer wirkende Verbindung war zu erschließen, die als solche gar nicht mehr zur Disposition gestellt werden konnte: das Blut oder die Rasse. Im späten 18. und frühen 19. Jahrhundert waren die Nationskonzepte ausnahmslos in Geistsemantiken entwickelt worden, die stark von den Begriffsarsenalen der theologischen Pneumatologie lebten. Die Meisterdenker des deutschen Idealismus ließen ebenso wie die Staatsdenker der Romantik und der Restauration den Heiligen Geist Gottes gern im Volksgeist sich inkarnieren, so daß sie den Nationalstaat zum sendungsbewußten Agenten einer innergeschichtlich zu realisierenden Kulturmission erheben konnten. Die Symbolbastler der völkischen Religionen des späten 19. Jahrhunderts suchten demgegenüber eine Dimension überindividueller Seinsverbundenheit zu identifizieren, die gerade jenseits des Geistes lag und fester, stärker als bloß Geistiges zu binden versprach. Mit biologistischen Metaphern und rassistischen Exklusionsbegriffen wollten sie eine präreflexive, vor aller historischen Erfahrung und sprachlichen Vermittlung immer schon gegebene Substanz namhaft machen, kraft derer jeder einzelne gar nicht vereinzelt ist, da er ohnehin nur dank der Gemeinschaft des Volkes existiert.[57] Je bedrängender, verstörender die eigene Nation als fragmentiert und religiös, politisch, sozial und kulturell desintegriert erfahren wurde, desto heftiger richtete sich die Suche auf eine Integrationssubstanz, die jeder Relativierbarkeit entzogen sein sollte. Die Anziehungskraft völkischer Religionsentwürfe lag gerade in den harten Sprachen von Blut, Boden und Rasse: Nur sie konnten die trennscharfen Innen-Außen-Grenzen markieren, die man um der starken Identität der eigenen Nation willen benötigte.[58]

Im *zweiten* Fall religiös vermittelter «Erfindung» der Nation wurden jüdische oder christliche Überlieferungsbestände in Anspruch genommen, um die Nation als eine besondere Gemeinschaft von Frommen zu imaginieren. Jüdische und christliche Symbole dienten hier zur Sakralisierung der Nation, alte kirchliche Liturgien unterstützten die Bildung eines nationalen Gedächtnisses, und mit überkommenen christlichen Theologumena wurde eine nationale Theodizee formuliert. Solche impliziten Theologien des Nationalismus dienten in vielen europäischen Gesellschaften den politischen Eliten und intellektuellen «Erfindern» der Nation seit dem 17. Jahrhundert dazu, die eigene Nation zu stärken, indem ihr eine intime oder gar exklusive Nähe zu Gott zugeschrieben wurde. Als Mandatar Gottes sollte die Nation seinen Geschichtswillen durchsetzen, ihre gottgewollte Kulturmission erfüllen, die ursprüngliche Schöpfungsordnung wiederherstellen oder bei der Errichtung des endgeschichtlichen Reiches Gottes eine Führungsrolle einnehmen. Das Arsenal biblischer Topoi und theologischer Vorstellungen, das zur

Konstruktion einer besonderen geschichtlichen Sendung der Nation aktiviert wurde, erweist sich bis heute als nahezu unerschöpflich. Die spezifische Unbestimmtheit und Mehrdeutigkeit religiöser Symbole erlaubt es, ganz unterschiedliche geschichtliche Erfahrungszusammenhänge religiös sinnhaft zu strukturieren. Immer geht es in diesen Nationstheologien darum, die Nation im Sinne einer innerlichen Gemeinschaft zu deuten, welche die Bürger über bloß äußerliche, politisch-rechtliche Vergesellschaftung hinaus auch im Innersten ihrer Seele miteinander verbindet.

Durch Theologisierung kann die Nation in den Rang eines normativen «Wertes» mit unbedingtem Verpflichtungsgehalt erhoben werden. So erklärt sich auch die starke Tendenz, gerade in Krisenzeiten oder unter den Bedingungen des Krieges religiöse Symbole und theologische Deutungsmuster auf die Nation zu beziehen und alte christliche Opfer- und Liebessemantik mit nationalpolitischen Imperativen synkretistisch zu verknüpfen. In diesen außergewöhnlichen Situationen klagt «die Nation» beim Einzelnen die Bereitschaft ein, sein Leben für die anderen und zur Sicherung des Fortbestandes des Nationalstaats hinzugeben. Unbedingte Opferbereitschaft aber kann letztlich nur in religiösen Sprachmustern motiviert und begründet werden.[59] Wer sich der Einordnung in die kriegführende Nation verweigert, gilt als ein Sünder, der sich in seiner *amor sui*, in der Fixierung auf sein partikulares Ich, als unfähig zur Nächstenliebe und Hingabe an die Nation erweist.

Nahezu alle religiösen Sprachen und Symbole sind konstitutiv auf das Absolute, Unbedingte, Göttliche – im Judentum und Christentum auf den persönlichen Gott – bezogen. Sie stellen deshalb einzigartige Potentiale zur Deutung außeralltäglicher Erfahrungen bereit und gewinnen für den Einzelnen besondere Relevanz in Zeiten dramatisch forcierter Umformungsprozesse und politischer Krisenerfahrung. Jedenfalls läßt sich in vielen europäischen Kriegen seit dem 18. Jahrhundert beobachten, daß sich Menschen in den kriegführenden Nationen mit Beginn des Krieges verstärkt den überkommenen religiösen Institutionen zuwenden. Dazu fehlen bisher synchron vergleichende Untersuchungen verschiedener Kriegsgesellschaften ebenso wie diachrone Studien zur Frage, ob sich die komplexen, widersprüchlichen Prozesse von Dechristianisierung und momentaner Rechristianisierung auch mit Blick auf

Kriege und sonstige politische Krisenzeiten plausibel strukturieren lassen.[60]

Ein weiterer Sachverhalt dürfte besondere Aufmerksamkeit verdienen. Kriegerische Auseinandersetzungen führten in aller Regel dazu, daß in kurzer Zeit eine außerordentlich große Zahl relativ junger Männer eines unnatürlichen, gewaltsamen Todes starb. Im modernen Massenkrieg wurden unendlich viele Leichen produziert, die auf kulturell geordneten Wegen entsorgt werden mußten. Der Krieg steigerte bei allen Beteiligten die elementaren Kontingenzrisiken und produzierte existentiell äußerst bedrohliche Krisenerfahrungen, die teils in Zynismus und Rhetorik der Sinnlosigkeit, teils in der Beschwörung einer überweltlichen Schicksalsmacht verarbeitet wurden. Im Krieg gewannen die alten Religionsformen schon deshalb neues Gewicht, weil die Kirchen und Synagogengemeinden weithin ihr überkommenes Ritenmonopol zu wahren vermochten, also de facto konkurrenzlos für die Beerdigung von Kriegsopfern zuständig waren. An offenen Gräbern sahen sich Pfarrer und Rabbiner gezwungen, den Tod des gefallenen Helden sinnhaft zu deuten. Unausweichlich mußten sie zum Krieg und zur Opferbereitschaft der Soldaten Stellung beziehen. Dies verstärkte Tendenzen, christliche Sprachmuster zugunsten der Rechtfertigung des Krieges zu reformulieren oder – in den Wahrnehmungsperspektiven vieler Prediger – gegenwartsrelevant zu konkretisieren und beispielsweise das Opfer des Gefallenen nach Analogie des Opfertodes Jesu von Nazareth in Erlösungsmetaphern zu deuten. Solche semantischen Transformationen lassen sich bereits an Kriegspredigten aus den Befreiungskriegen verdeutlichen. Auch die Grabreden, die bei der Beerdigung von Gefallenen im Deutsch-Französischen Krieg und im Ersten Weltkrieg gehalten wurden, weisen eine bemerkenswerte Konstanz der rhetorischen Muster und Pathosformeln auf. Die Geistlichen aller Konfessionen waren immer darum bemüht, den Tod fürs Vaterland als letzten, höchsten Ausdruck gelebter Moralität zu deuten und ihm einen religiösen Sinn abzugewinnen. Durch religiöse Liturgie und politische Erinnerungskultur erkannten die Kirchen und die Nation den Gefallenen Unsterblichkeit zu. Auch in der Memorialkultur für die Kriegstoten, in den Kriegerdenkmälern und «Altären des Vaterlandes», sowie im Gefallenenkult der Kriegervereine erwiesen alte christliche Symbole eine starke Beharrungskraft. Sie sollten den Tod fürs Vaterland als Durchgang in ein himmlisches Reich der Herrlichkeit transparent machen.[61] Trotz ihrer ikonographischen Offenheit und synkretistischen Mehrdeutigkeit – antike Motive konnten unschwer mit christlichen Symbolen verknüpft werden – blieben eschatologische Überschußelemente der christlichen Überlieferung prägend.[62] Der von Historikern gern gebrauchte Topos, im modernen politischen Totenkult sei der alte Unsterblichkeitsglaube «säkularisiert» worden, wird dieser *bricolage* von ganz unterschiedlichen Motiven und Symbolbeständen kaum gerecht.

In der Literatur über die Kriegspredigt und theologische Kriegspublizistik im Ersten Weltkrieg[63] ist auf die massive Nationalisierung überkommener biblischer Symbole und Begriffe hingewiesen worden. Tatsächlich gibt es zahlreiche Belege dafür, daß viele Pfarrer von der Kanzel herab zum Kampf gegen die Feinde riefen und, häufig äußerst aggressiv, die jeweiligen Kriegsziele mit Mustern der alten Lehre vom «gerechten Krieg» oder als «heiligen Krieg»[64] rechtfertigten. In allen kriegführenden Ländern hatten die Geistlichen 1914 bis 1918 aber auch das Problem zu bewältigen, daß die Feinde selbst Christen waren. Mit nur sehr wenigen Ausnahmen suchten sie der elementaren Tatsache gerecht zu werden, daß sich das Christliche nicht zum exklusiven Besitz der eigenen Nation erklären ließ und man, trotz aller Inanspruchnahme christlicher Symbole für die Integration der Nation und die Legitimation ihres Krieges, zugleich auch der Universalität des christlichen Brüderlichkeitsethos gerecht werden mußte. In dieser Lage gewannen eschatologische Sprachmuster besonderes Gewicht: Die Differenz von Welt und Überwelt, Diesseits und Jenseits, Zeit und Ewigkeit sollte nun dazu verhelfen, eine letzte Einheit aller Christen zu symbolisieren, die hier, unter den Bedingungen «dieser Welt», immer nur gebrochen realisiert werden könne. Auch spielten Motive und Deutungsmuster der überkommenen Sündenlehre und der Lehren vom *ordo salutis* eine wichtige Rolle: Der Krieg konnte, ganz traditionell, als ein Ausdruck von Gottes Zorn und Gericht gedeutet werden, um die in allen Völkern lebenden Sünder zu Buße und Umkehr zu bewegen.

Durchgängig wird in der neueren Nationalismusforschung betont, daß die Nation als ein Letztwert «erfunden» wurde, dem unbedingte Loyalität gelten sollte. In diesem Sinne gewann die Nation dann selbst einen religiösen Verpflichtungscharakter. Doch wie verhält sich die religiös begründete Loyalität gegenüber der Nation zum transnationalen Charakter von Christentum und Kirchen? Seit dem Beginn der modernen Religionswissenschaften im späten 17. Jahrhundert hatten Theologen und Kulturwissenschaftler anderer Disziplinen evolutionistische Deutungsmuster für die Stellung des Christentums innerhalb der Religionsgeschichte entwickelt, denen zufolge das Christentum im Unterschied zu bloßen «Nationalreligionen» auf die Menschheit insgesamt bezogen sei. Dank dieses universalistischen Charakters ließ sich das christliche Brüderlichkeitsethos nur äußerst schwer auf die eigene Nation oder irgendein anderes partikulares Kollektivsubjekt eingrenzen. Jedenfalls konnte die Nation nur dann als eine unbedingt bindende Gemeinschaft «erfunden» werden, wenn der christliche Universalismus gebrochen oder relativiert wurde.

Religionsgeschichtlichen Fragestellungen dürfte für die Nationalismusforschung deshalb ein sehr viel größeres Gewicht zukommen, als viele Historiker bisher sehen. Religion bildete nicht nur eine starke Quelle von Integration und Vergemeinschaftung – dies war schon in den frühneuzeitlichen Deutungen der christlichen Religion als *vinculum societatis* der Fall –, sondern stellte in der Perspektive vieler «Erfinder» der Nation auch eine potentielle Kraft bleibender Dissoziation und immer neuer Spannungen, etwa zwischen den Angehörigen unterschiedlicher religiöser Gemeinschaften oder Konfessionen, dar. Mit Blick auf die Durchsetzung moderner Nationsideen läßt sich deshalb fragen, inwieweit es den «Erfindern» der Nation jeweils gelang, die Gefühlsgemeinschaft von Volk und Nation mit der alten Glaubensgemeinschaft Kirche in Übereinstimmung zu bringen.[65] In monokonfessionellen Gesellschaften dürfte dies sehr viel leichter gewesen sein als in bi- oder trikonfessionell geprägten. Hier stellten die konfessionellen Antagonismen und die daraus entstehenden Kulturkämpfe zwischen den konkurrierenden religiösen Milieus eine elementare Bedrohung der ersehnten Einheit der Nation dar: Alle beschworen dann zwar die Heiligkeit der Nation, doch folgte jeder dabei nur seinem Credo. Um gelungener nationaler Integration willen mußten die «Erfinder» der Nation deshalb die konfessionellen Gegensätze zu neutralisieren versuchen; dies erklärt ihr großes Interesse an Konzeptionen einer «Nationalreligion», «Nationalkirche» oder «Volkskirche».[66] Analog zur Vielfalt der Nationskonzepte läßt sich auch für die Visionen ökumenischer Harmonie aller Christen ein breites Spektrum unterschiedlicher institutioneller Ordnungsvorstellungen nachweisen. Immer ging es den theologischen «Erfindern» von «deutscher Kirche», «germanischem Christentum» oder «deutscher Religion» aber darum, im Medium des Religiösen die innerlichste Einheit der «Volksgenossen» zu stiften. Entsprechendes gilt auch für die vielfach bekundeten Hoffnungen, deutsche Bürger jüdischer Herkunft könnten zum nationalen Christentum konvertieren, um so die religiöse Einheit der Nation zu vollenden.

Vor allem am grundlegenden Symbol der jüdischen wie christlichen Überlieferung, dem einen Gott, wird das Grundproblem der religiös vermittelten «Erfindung» der Nation deutlich: Wie kann der eine Gott, der Inbegriff unübersteigbarer Allgemeinheit, bergender Ordnung und letzter normativer Bindungskraft, so vorgestellt oder gedacht werden, daß er sich für die Stärkung nationaler Emotionsgemeinschaft in Anspruch nehmen – oder: instrumentalisieren – läßt? Diese Frage kann geradezu als Kriterium für die innere Homogenität und Durchsetzungskraft religiös geprägter Nationalismen dienen: Die Erhebung der Nation zum höchsten Wert ist vollkommen gelungen, wenn Gott erfolgreich als *exklusiver* Herr der eigenen Nation inthronisiert worden ist. Analog gilt: Erst wenn die «Erfinder» der Nation die kirchlichen Institutionen zu intermediären Organisationen des Nationalstaates umwandeln oder differenzlos der «Volksgemeinschaft» gleichschalten, können sie die Nation zur urwüchsigen, immer schon gegebenen Gemeinschaft und letztgültigen, bindungsstärksten Sinn- und Orientierungsinstanz erklären.

Warum bedienen sich die «Erfinder» der Nation bis heute der reich gefüllten Symbolspeicher der alten Religionen? Es ist vor allem die Suggestion eines prinzipiellen ontischen Eigensinns religiöser Vorstellungsgehalte, die ihnen religiöse Symbolsprachen als attraktiv erscheinen läßt. Wer über Gott verfügt, macht sich ein Allgemeines zu eigen, über das hinaus nichts Höheres soll gedacht werden können. Gott wird in den Nationaltheologien gleichsam zum «Hausgott» des neuen Nationsgebäudes. Diese Enteignung des allgemeinmenschlichen Symbols «Gott», die Überführung Gottes in das

Privateigentum einer Nation oder ethnischen Gruppe erlaubt es dieser, sich selbst als gottgleich-allgemein, zu universeller Herrschaft bestimmt, zu imaginieren. Unter den Bedingungen faktischer Partikularität der eigenen Nation ist im Gebrauch religiöser Sprachmuster deshalb von vornherein die für alle modernen Nationalismen konstitutive hohe Gewaltbereitschaft angelegt.[67] Sie benötigen den transzendenten, allmächtigen Gott, um ihre kulturelle Definition der vorgestellten Ordnung «Nation» mit der Aura einer tatsächlich immer schon gegebenen Substanz auszustatten. Mit Gottes Hilfe verwandeln die «Erfinder» ihre «Erfindung» in eine Schöpfungsordnung. Sie beten zu Gott, um ihre Nation als von ihm erwählt konstruieren zu können. Nichts zeigt dies so deutlich wie die bei vielen protestantischen Nationstheoretikern beliebte Metapher von den Nationen als «Gedanken Gottes»; sie wurde im 19. Jahrhundert auch von zahlreichen deutschen Historikern verwendet.

In der Verknüpfung von Gottesgedanke und – eigener – Nation ist immer schon die Selbstermächtigung zur kriegerischen Expansion impliziert. Die Okkupation des monotheistischen Gottesbegriffs durch partikulare Kollektivsubjekte – dies gilt analog zur Nation auch für überindividuelle Handlungssubjekte wie die Kirche, die Klasse, die Partei – stellt den Beginn potentiellen Terrors dar. Der Vorschlag, Nationsentwürfe auf den jeweiligen Gebrauch religiöser Semantik und insbesondere die Art der Verwendung des Gottesbegriffs sowie die nähere Bestimmung Gottes hin zu untersuchen, sollte denn auch nicht als abstraktes intellektuelles Räsonnement verstanden werden. Es geht bei der Rekonstruktion der impliziten Theologien von Nationsentwürfen gerade um eines der beiden konstitutiven Elemente des modernen Nationalismus, die als moralisch legitim erachtete Gewaltbereitschaft.

d) Konfessionalität als Deutungskultur

Unter den Gelehrten und Vertretern der «gebildeten Stände», die in Deutschland die Durchsetzung des modernen Nationalismus vorantrieben, nahmen protestantische Theologen und Pfarrer eine prominente Rolle ein. Dieser protestantische Theologennationalismus ist noch nicht im Zusammenhang erforscht.[68] Doch läßt sich bereits er-

kennen, daß die protestantischen Theologen alte religiöse Sinnressourcen zur Stärkung der Nation neu zu erschließen versuchten.
Gerade an den Ethiken von Universitätstheologen sowie an den Predigten der Pastoren, etwa aus den Befreiungskriegen,[69] zeigt sich,
daß alte Vorstellungen vom Heilshandeln Gottes in der Geschichte
nun auf die Nation bezogen werden konnten. Auch wurden die
Symbole und semantischen Potentiale der dogmatischen Prädesti-
nations- und Erwählungslehre reformuliert, um das Differenz-
bewußtsein der eigenen Nation gegenüber anderen Nationen zu
markieren. Im Medium theologischer Reflexion und kirchlicher
Verkündigung wurde die Nation damit als ein Handlungssubjekt
sui generis konstituiert, mit dessen Durchsetzung sich religiöse Er-
lösungshoffnungen und Heilserwartungen verbinden ließen. Gerade
mit Hilfe der religiösen Symbolsprache konnte «Nation» zu einem
Erwartungsbegriff werden, dessen kommunitäre Zukunftsgehalte
jede empirisch gegebene Ordnung des Politischen zu transzendieren
erlaubten.

In Deutschland konzipierten protestantische Theologen die erhoffte Einheit der Nation häufig als Vollendung der Reformation.
So dürfte es eine zentrale Aufgabe der weiteren Erforschung moderner Nationskonzepte sein, mögliche konfessionsspezifische Elemente zu identifizieren. Denn obwohl die von Dieter Langewiesche
kritisierte «Konfessionsblindheit der deutschen Nationalismusforschung» allmählich schwindet,[70] wissen wir noch zu wenig darüber,
wie in den unterschiedlichen konfessionellen Milieus die deutsche
Nation jeweils gedacht wurde,[71] wie sich alte religiöse Symbolsprachen mit neuen nationalistischen Hoffnungen verknüpften und wie
sich – in regionaler und konfessioneller Differenzierung – seit dem
späten 18. Jahrhundert die Prozesse der Nationalisierung religiöser
Sprache, kirchlicher Verkündigung und konfessioneller Selbstdeutung vollzogen.[72]

Nur wenig ist bisher über die konfessionskulturellen «Feindbegriffe»[73] und das breite terminologische Spektrum bekannt, mit dessen Hilfe Theologen und andere intellektuelle Religionsdeuter die
Einheit der Nation unter den Bedingungen des Konfessionsgegen-
satzes zwischen Protestanten und Katholiken zu imaginieren versuchten. Entsprechendes gilt auch für die im deutschen Protestantismus zwischen sozialkonservativen Lutheranern und liberalen

Theologen geführten Auseinandersetzungen um «die deutsche Nation», die seit dem späten 18. Jahrhundert entwickelten Konzepte einer «Nationalreligion», «Volksreligion» und «Nationalkirche».[74] Hier zeigen sich die religionshistorischen und theologischen Wahrnehmungsblockaden in der deutschen Geschichtswissenschaft besonders deutlich: Nahezu alle Grundbegriffe der modernen religiös-politischen Sprache sind bisher nicht begriffs- oder diskursgeschichtlich erforscht.[75] Dieser Mangel an begriffshistorischen Studien über die politisch-religiöse Sprache der Neuzeit hat für die kulturhistorische Nationalismusforschung problematische Folgen. Viele «neue Kulturhistoriker» verwenden religiöse Begriffe eigentümlich unhistorisch und häufig ohne Reflexion auf die mögliche konfessionskulturelle Bestimmtheit religiöser oder theologischer Neologismen. Gerade mit Blick auf mögliche Zusammenhänge von Religion und Nation und die elementaren Spannungen zwischen der gedachten Einheit der Nation und dem innerchristlichen Konfessionspluralismus sowie der religiösen, religionsrechtlichen und politisch-rechtlichen Sonderstellung der jüdischen Minderheit sind begriffsgeschichtliche Studien über religiös-politische Grundbegriffe von hoher Relevanz.[76]

Das Desinteresse an solchen Studien hat dazu beigetragen, daß vielen Historikern die Begriffs- und Vorstellungswelten der Religion als äußerst stabil erscheinen, obwohl es hier nicht weniger Wandel, Traditionsabbrüche, Neologismenproduktion, Bedeutungsverschiebungen und Auseinandersetzungen um die Deutungshoheit gibt als in anderen Sprachsphären auch. Die Defizite an begriffshistorischer Reflexivität in Sachen Religion haben zudem die religionsdogmatische Blindheit vieler Historiker gegenüber ihrer eigenen Konfessionalität verstärkt. Konfessionelle Prägungen bestimmen keineswegs nur die modernen Bilder der Nation, die seit dem 18. Jahrhundert entworfen wurden. Konfessionsspezifische Mentalität beeinflußt auch die Forschungsstrategien, mit denen ältere Sozial- und jüngere Kulturhistoriker die Konstruktionen der Nation zu dekonstruieren versuchen. Dieter Langewiesche hat angesichts der noch immer dominanten «protestantischen Einfärbung» der deutschen Geschichtswissenschaft festgestellt: «Die deutsche Nation galt ihr so selbstverständlich als protestantisch geprägt, daß man darüber nicht eigentlich sprechen mußte.»[77]

Wenn diese Behauptung zutrifft, ist sie für eine religions- und konfessionshistorisch sensibilisierte Nationalismusforschung von grundlegender Bedeutung: In der wünschenswerten «interdisziplinären» oder «transdisziplinären» oder «multidisziplinären» Kooperation von Historikern, Theologen und Kulturwissenschaftlern anderer Disziplinen kann der allemal berechtigte Dogmatismusverdacht nicht exklusiv an die Theologen adressiert werden. Theologie, in deutschen Universitäten unter den Bedingungen der christentumsgeschichtlichen *longue durée* nun einmal konfessionell institutionalisiert, hat gegenüber einer «konfessionsblinden» Geschichtswissenschaft zumindest den Vorzug, subjektive religiöse Wertprämissen in Forschungsprogramm, Begriffsbildung und analytischem Rahmen intellektuell redlich offenzulegen. Gesellschafts- oder Kulturhistoriker, die für sich als erkennende Subjekte demgegenüber den Schein prinzipieller Wertfreiheit erzeugen, aber in aller Regel massiv mit moralischen Kategorien operieren, ihre individuellen politischen Werthaltungen zum Kriterium des Umgangs mit Fachkollegen machen und immer neu alte, vermeintlich überwundene Konfessionsgrenzen markieren, sind demgegenüber in der schwierigen Lage, die ihre Forschung und normativen Wertungen mitprägenden konfessionellen oder – zumindest intentional – postreligiös «säkularen» Bindungen nicht explizit zu machen. Der Theologie bedarf die historische Nationalismusforschung nicht nur wegen der religiös-theologischen, und das heißt nun einmal: immer auch konfessionsspezifischen Prägung ihrer Erkenntnisgegenstände. Auf theologische Aufklärung ist sie auch mit Blick auf sich selbst angewiesen. Denn nicht nur die historischen Architekten der Nation entwarfen ihre Konstruktionen jeweils analog zu den Vergemeinschaftungskonzepten, die ihnen aufgrund ihrer religiösen, konfessionellen oder religionskritischen Selbst- und Weltdeutung nahelagen. Auch die nachgeborenen Nationalismusforscher sind bis heute von solchen religionskontextuellen Prägungen nicht frei.

3. Alter Geist und neuer Mensch

a) Religiöse Zukunftserwartungen um 1900

Um 1900 war Religion ein zentrales Thema öffentlicher kulturpolitischer Diskurse und akademischer Debatten. Die seit dem späten 18. Jahrhundert vielfältig gestellten Fragen nach dem Schicksal von Religion und Christentum in der Moderne gewannen in allen europäischen Gesellschaften hohe Relevanz. An ihnen schieden sich im späten 19. Jahrhundert verstärkt die Geister und polarisierten sich politisch-kulturelle Milieus. Denn im Streit über die Zukunft der Religion ging es keineswegs nur um eine bestimmte «Potenz» der Kultur neben anderen oder um eine eindeutig abgrenzbare Kultursphäre in ihrer Selbständigkeit etwa gegenüber Politik, Ökonomie oder Kunst. Im Medium der Frage nach der Zukunft der Religion wurden die normativen Grundlagen der Kultur insgesamt und damit zugleich die tragenden Fundamente des Gemeinwesens thematisiert. So unterschiedlich die Fragen nach der Tradierungsfähigkeit der überlieferten christlichen Glaubensformen und dem zukünftigen Schicksal der jüdischen Religion im einzelnen beantwortet wurden, in einem Punkte herrschte unter den vielen akademischen Religionsdiagnostikern und populären Kulturdeutern um 1900 Einigkeit: Die Frage nach der Zukunft der Religion war nur ein anderer Ausdruck der Frage nach der Zukunft humaner Kultur insgesamt. In allen europäischen Ländern und in den USA waren Religionsdiskurse um die Jahrhundertwende sehr eng verknüpft mit den öffentlichen Auseinandersetzungen über eine Grundlagenkrise der modernen Kultur. Religionsdiskurse reflektierten das breite Spektrum der Kulturkritik des Fin de siècle[1] und bildeten ein Zentrum der seit den neunziger Jahren des 19. Jahrhunderts verstärkt geführten Debatten um die normativen Strukturen des Kulturbegriffs, etwa die komplizierten Beziehungen zwischen überkommener Moral, partikularen Ethosformen einzelner Gruppen, individueller Autonomie und rechtlicher Institutionalisierung von Kulturwerten.

Zahlreiche Kulturwissenschaftler sahen die «Kulturbedeutung der Religion» um 1900 primär darin, bindende Gemeinschaftswerte zu begründen und die innere normative Einheit des Gemeinwesens oder einer sozialen Gruppe zu sichern. Für andere Kulturdiagnostiker und sehr viele protestantische Theologen lag die kulturelle Relevanz der Religion demgegenüber darin, die Bildung autonomer «Persönlichkeit» zu befördern und die Selbständigkeit des allein in Gott gebundenen, prinzipiell vereinzelten Individuums gegenüber der Gesellschaft und ihren dehumanisierenden Zwangsmechanismen zu stärken.

Die vielfältigen Vernetzungen zwischen den allgemeinen Debatten über eine Grundlagenkrise der modernen Kultur und den speziell auf die Religionsthematik fokussierten Diskursen prägten auch die seit 1890 von akademischen Experten, populären Sinndeutern und «neuen Intellektuellen» intensiv geführten Kontroversen über Kultur und Lebensreform. In allen europäischen Gesellschaften erhoben die Vertreter lebensreformerischer Bewegungen um 1900 den Anspruch, gegen eine bloß reduktionistische, weil einseitig «materialistische», ökonomisch zweckrationale oder sozialstrukturell funktionalistische Sicht des Menschen wieder dem «ganzen Menschen»[2] Geltung verschaffen zu können. Für ihre alternativen Sichtweisen mußten sie unumgänglich auf die symbolischen Potentiale der überlieferten Religionen, etwa auf religiöse Grundunterscheidungen wie Verderben und Heil, Sünde und Erlösung, alter und neuer Mensch, Diesseits und Jenseits, rekurrieren. Lebensreform war um 1900 stets mit «Selbstreform» verbunden.[3] Die führenden Propagandisten oder «Künder» von Kultur- und Lebensreform nahmen für diese Selbstreform des Einzelnen immer spirituelle oder religiöse Kräfte in Anspruch, um eine wirklich innerliche, seelisch elementare «Umkehr» des bisher noch entfremdet und daher falsch lebenden Menschen erreichen zu können. In ihren Debatten[4] spielte deshalb die Frage eine zentrale Rolle, ob die alten, kirchlich institutionalisierten christlichen Religionen und der überkommene jüdische Glaube oder aber neu zu schaffende Religionen, etwa Religionsimporte aus dem Osten oder synkretistische Gemeinschaften wie die Anthroposophen, besser dazu imstande seien, den modernen Menschen aus seiner Entfremdung und Verfallenheit an eine hohle, sinnleere Gegenwartskultur zu befreien. Wie auch immer die einzelnen Lebensreformer hier optierten, die Religion(en) und deren Zukunftspotenzen standen um 1900 im Zentrum aller zivilisationskritischen und kulturreformerischen Debatten.[5]

Diskurse über Religion, Christentum, Judentum und neureligiöse Visionen eines anderen, «neuen Menschen»,[6] über «Weiterentwikkelung der christlichen Religion»,[7] religiöse Konversion[8] und die Renaissance des Konfessionalismus[9] wurden um 1900 auf vielen unterschiedlichen Ebenen und in sehr heterogenen religiösen wie kulturellen Lebenswelten geführt. Die Verbindung mit der Religionsthematik erfaßte alle nur denkbaren kulturellen Phänomene oder menschlichen Lebensvollzüge: Vom zweckrationalen Handeln um kapitalistischer Profitmaximierung willen über die Irrationalität der Liebe bis hin zu neurasthenischer Unruhe und neurotischen Sexualpathologien ließ sich um 1900 alles mit religiösem Glauben und seiner habitusprägenden Kraft assoziieren: Erlösungssehnsüchte von Intellektuellen ebenso wie der magische Wunderglaube einfacher Leute. Immer aber stand dahinter die Überzeugung, daß der Mensch konstitutiv – oder unheilbar – religiös sei. Alle Kultur- und Religionsdiagnostiker jener Jahre spitzten die Frage nach der Zukunft der Religion deshalb darauf zu, welche religiösen Angebote sich auf Dauer als besonders attraktiv erweisen werden.

Im Rückblick stellen sich andere Fragen. Sie gewinnen Gestalt vor dem Hintergrund einer «Renaissance der Religion», deren Indizien sich seit den siebziger Jahren des 20. Jahrhunderts vor allem außerhalb Europas beobachten lassen, und speisen sich nicht zuletzt aus dem auch in den Sozialwissenschaften wiedererwachten Interesse an religiösen Deutungskulturen und der Prägekraft religiöser Mentalitäten in krisenhaften Modernisierungsprozessen: Wie wurden um 1900 die Lage des Christentums und die Situation anderer religiöser Gemeinschaften wahrgenommen? Welche Leitbegriffe und analytischen Konzepte bestimmten jeweils die Religionsdiagnostik? Wie wurde das Schicksal der Religion im bürgerlichen 19. Jahrhundert gedeutet, und wie wurde über die Zukunft von Religion, Christentum, Kirchen, jüdischen Gemeinschaften und frommer Mentalität überhaupt gedacht? Rechnete man eher mit Kontinuitäten oder mit Brüchen und kommender Diskontinuität? Lassen sich signifikante Differenzen zwischen den Lageanalysen akademischer Religionsexperten und den Krisenszenarien wie den Religionsutopien von religiösen Intellektuellen außerhalb der Universitäten wahrnehmen? Welche nationalen und konfessionskulturellen Unterschiede lassen sich beobachten? Dachten religiös Liberale wie deutsche Kulturprotestanten, amerikanische Reformjuden und französische Modernisten über die «gegenwärtige Lage» der Religion oder ihrer Konfession ganz anders als die Vertreter konservativer Milieus und Strömungen? Wie wurde von akademischen Religionsdeutern, «frei schwebenden» Intellektuellen oder Repräsentanten religiöser Organisationen jeweils das Verhältnis von Religion und Kultur bestimmt? Wie wurde über die Bedeutung der Religion für das Individuum und für die Gesellschaft insgesamt nachgedacht? Nahm man zwischen den USA und Europa eher parallele oder aber gegenläufige Entwicklungstendenzen wahr? Und vor allem: Wie waren in den Zukunftsentwürfen jeweils Gegenwartsbeschreibung, Zukunftsvision und zukunftssicherndes religiöses Handeln aufeinander bezogen?

All diese um 1900 geführten Diskurse über das Verhältnis von «Religion und Moderne» sowie viele religiöse Lebenswelten sind trotz des neuen Interesses vieler Historiker an Religion, Konfession und religiös vermittelter Generierung von «Sozialkapital», moralischem Konsens und Verantwortung bislang bloß in Ansätzen erkundet. Das neue Interesse an der Genese der vergleichenden Religionswissenschaft als akademischer Disziplin[10] und der Entstehung der Religionssoziologie[11] hat bisher noch nicht dazu geführt, die in den verschiedenen konfessionellen Milieus geführten Religionsdiskurse in systematischen Perspektiven, also mit analytischen Konzepten, die präzise Vergleiche ermöglichen, zu untersuchen. Auch liegen nur sehr wenige Studien über religiösen Wandel um 1900 vor, in denen nationale Grenzen überschritten werden. Elementare Defizite gibt es zudem in der begriffsgeschichtlichen oder diskursanalytischen Erschließung religiöser Grundbegriffe. So sind zur Beantwortung der genannten Fragen noch vielfältige Forschungsaktivitäten notwendig. Hier soll nur versucht werden, ein vorläufiges systematisches Gerüst zu erstellen.

b) Die öffentliche Inszenierung der Religionsdiskurse

Religionsdiskurse wurden in allen europäischen Gesellschaften und in den USA um die Jahrhundertwende auf verschiedenen Ebenen geführt: Religion und Konfession waren umstrittene Themen akademischer Expertendiskurse und zugleich emotional stark besetzte symbolische Objekte öffentlicher, häufig hochpolitisierter Auseinandersetzungen. Darüber hinaus wurden innerhalb der einzelnen Konfessionskirchen, religiösen Gruppen und weltanschaulichen Gemeinschaften permanent – und im letzten Drittel des 19. Jahrhunderts mit hoher Intensität – Selbstverständigungsdebatten inszeniert, in denen durch dogmatische Lehre und die ethischen Entwürfe eines konfessions- oder gruppenspezifischen sozialmoralischen Habitus die Identität der eigenen Glaubensgemeinschaft gesichert und durch klare Distinktionen Grenzlinien zwischen Innen und Außen gezogen werden sollten.

Zu nennen sind zunächst *akademische Religionsdiskurse.* In allen Historischen Kulturwissenschaften läßt sich seit den siebziger Jahren des 19. Jahrhunderts eine schnelle Professionalisierung religionswissenschaftlicher Forschung beobachten. Neben die alteuropäischen Leitwissenschaften Theologie und Philosophie, die traditionell die Deutungsmacht über alle religiösen Glaubensphänomene reklamiert hatten, traten nun neue Disziplinen mit dem Anspruch, das Religiöse jenseits christlich konfessioneller oder kulturspezifischer, etwa eurozentrischer Bindungen im universalgeschichtlichen Vergleich oder in seiner sozialen Relevanz und kulturellen Prägekraft erforschen zu können. Die überkommenen konfessionell gebundenen Religionsexperten bekamen Konkurrenz durch akademische Religionsdeuter, die sehr häufig den Anspruch erhoben, religiöse Phänomene unabhängig von irgendwelchen normativen, durch je besondere religiöse oder nationalkulturelle «Werte» bestimmten Voraussetzungen zu erforschen. Dabei ging es ihnen primär um die soziale Funktion oder kulturelle Relevanz religiöser Weltdeutung und konfessionell begründeter Gruppenbildung. So konzentrierte sich die frühe Soziologie sowohl im deutschen Sprachraum als auch in Frankreich und Großbritannien vorrangig auf die Erforschung der «elementaren Formen religiösen Lebens»

(E. Durkheim). Dieser soziologisch distanzierte Blick auf religiöse Gemeinschaftsbildung und Identitätskonstruktion trug entscheidend dazu bei, daß sich die Soziologie seit den achtziger Jahren des 19. Jahrhunderts als eigenständige Disziplin mit einem spezifischen Erkenntnisanspruch zu institutionalisieren versuchte. Klassische Texte einer Religionssoziologie entstanden, die in ihren methodischen Instrumentarien und systematischen Fragestellungen frei sein wollte von konfessionsspezifischen Bindungen, nach der «Kulturbedeutung» von konfessionellen Mentalitäten und religiösen Habitusformen fragte[12] und immer auch eine teils explizite, teils implizite Gegenwartsdiagnose und Zukunftsprognose enthielt.

Neben diese religionssoziologischen Deutungsmodelle und die sogenannte «Allgemeine Religionswissenschaft», die mit neuen, ethnologischen oder archäologischen Methoden die Vielfalt von Erscheinungsformen des Religiösen vergleichend klassifizieren wollte, trat seit 1880 eine eigenständige Religionspsychologie, die teils experimentell beobachtend, teils systematisch klassifizierend vorging[13] und sich vor allem im Falle von Edwin Diller Starbucks *Psychology of Religion. An Empirical Study of the Growth of Religious Consciousness*[14] oder William James' Gifford Lectures über *The Varieties of Religious Experience*[15] primär auf exaltierte und ekstatische, früher häufig als pathologisch verurteilte Frömmigkeitsformen konzentrierte. In der seit einigen Jahren boomenden wissenschaftshistorischen Forschung über die Anfänge der Soziologie und die um 1900 wirkenden «Helden» der Disziplin ist allerdings gezeigt worden, daß die mehr oder weniger pathetisch erhobenen Ansprüche auf «Werturteilsfreiheit» und Unabhängigkeit von konfessionellen Bindungen häufig nur zur Abgrenzung von den alten religiösen Deutungsexperten, den Theologen, dienten und die soziologischen Religionsdiskurse de facto sehr stark von konfessionsspezifischen Perspektiven und Fragestellungen geprägt blieben.[16] Es ist auch immer deutlicher geworden, daß die Grenzen zwischen der protestantischen Theologie und den neuen Religionswissenschaften sehr viel durchlässiger waren als früher vermutet. Emile Durkheim rezipierte intensiv die normative Ritualtheorie des schottischen reformierten Exegeten William Robertson Smith,[17] Georg Simmel publizierte auch in der von Schülern Albrecht Ritschls herausgegebenen *Zeitschrift für Theologie und Kirche* und bemühte für seine lebensphilosophische

Religionstheorie intensiv die Mystik Meister Eckharts,[18] und Max Weber suchte immer wieder das Gespräch mit kulturprotestantischen Universitätstheologen – auch mit der Folge, daß er in seinen vergleichenden Studien zur *Wirtschaftsethik der Weltreligionen* implizit viele theologische Werturteile affirmierte.[19]

Parallel zur disziplinären Verselbständigung nichttheologischer Religionswissenschaften wurden auch in den überkommenen konfessionellen Theologien, vor allem in der deutschsprachigen protestantischen Universitätstheologie, ein Wechsel von der dogmatischen zur historischen Methode der Theologie[20] sowie eine kulturwissenschaftlich untermauerte Wende zur sozialkulturellen Lebenswelt christlicher Religion[21] inszeniert. Selbst in solchen akademischen Religionsdiskursen, die sich prima facie nur mit dem historisch fernen *Glauben an ein höchstes gutes Wesen bei den Ariern (Indogermanen)* oder mit den *Religiöse(n) Zeremonien beim Häuserbau der Bahau-Dajak am obern Mahakam in Borneo*[22] beschäftigten, standen um 1900 die Fragen nach der «Selbständigkeit der Religion»[23] gegenüber anderen Kulturphänomenen, der besonderen Leistungskraft religiöser Symbolsprachen und Riten, der gesellschaftlichen Funktion des Religiösen und der möglichen Unverzichtbarkeit religiösen Glaubens für den Menschen im Vordergrund des Interesses. Den vermeintlich rein historischen Beschreibungen der Glaubenssysteme und Kultpraktiken irgendwelcher Urvölker lag immer ein gegenwartsbezogener Subtext zugrunde, etwa durch den impliziten Kontrast zwischen der unmittelbaren Einheit von Religion, Kultur und Sozialität in archaischen Gesellschaften einerseits und den vielfältigen Fragmentierungen der modernen, innerer Einheit entbehrenden Gesellschaften andererseits.

Stärker als andere Kulturwissenschaftler kommunizierten die akademischen Religionsexperten um 1900 grenzüberschreitend. Zwar bewahrten die nationalen akademischen Traditionen eine starke Prägekraft. Auch war Religionsforschung in den USA und in den europäischen Gesellschaften sehr unterschiedlich institutionalisiert; das Spektrum reichte von konfessionell geprägten Seminaren und Instituten über konfessionell gebundene Theologische Fakultäten an staatlichen Universitäten bis hin zu konfessionsneutralen *Religious Departments* oder Religionswissenschaftlichen Fakultäten, vor allem in den USA und in den Niederlanden. In Großbri-

tannien, in den Niederlanden und in den USA waren zudem ehren-
volle und lukrative *Lectures* an großen Universitäten ausdrücklich
der Behandlung von Religionsfragen gewidmet – zu nennen sind
insbesondere die Gifford Lectures in Aberdeen und Edinburgh,
Glasgow und St. Andrews –, und reiche Stiftungen oder akademische Einrichtungen stellten jährlich relativ hoch dotierte Preisauf-
gaben für religiöse Fragen, so etwa die «Haager Gesellschaft zur
Verteidigung der christlichen Religion».

Trotz nationalkultureller Besonderheiten ist insgesamt aber ein
bemerkenswert hoher Grad an Internationalisierung der theologischen und religionswissenschaftlichen Debatten um 1900 zu beobachten. Vier Aspekte seien hervorgehoben: Seit 1880 etablierten
sich in den USA ebenso wie in vielen europäischen Gesellschaften
theologische und religionswissenschaftliche Fachzeitschriften, in
denen ausländische Literatur mit großer Genauigkeit und hoher Intensität rezensiert und kommentiert wurde. Für viele Autoren von
Zeitschriftenaufsätzen und Beiträgen zu Enzyklopädien und großen
Sammelwerken läßt sich eine bemerkenswert intime Kenntnis der
internationalen Fachliteratur nachweisen.[24] Die Monographien und
Lehrbücher der Theologen und Religionswissenschaftler wurden
zudem oftmals sehr viel schneller in andere «Kultursprachen» übersetzt als etwa die Werke von Historikern, die, auch aufgrund der legitimatorischen Funktion nationaler Geschichtsbilder, häufig nur
an eine nationale Öffentlichkeit adressiert waren. Nicht ohne kulturprotestantischen Stolz erklärte Adolf von Harnack 1919, also
mit Blick auf die kritischen Folgen des soeben verlorenen Weltkrie-
ges für die deutsche Wissenschaft:

Was endlich die Geltung und das Ansehen der deutschen Theologie im Auslan-
de betrifft, so darf man ohne Übertreibung sagen, daß die *internationale Bedeutung* keiner anderen Fakultät so groß ist wie die der evangelischen Theologie.
Schlechthin jedes hervorragende deutsche theologische Werk wird ins Eng-
lische, nicht selten auch ins Französische, Dänische, Schwedische usw. übersetzt
und findet im Ausland so viele Leser wie bei uns. Die deutsche evangelische
Theologie ist in bedeutend größerem Sinn und Umfang international als es die
deutsche Philosophie und Geschichtsschreibung ist».[25]

Internationaler Austausch wurde schließlich auch durch vielbeach-
tete Großkongresse befördert, bei denen Religionswissenschaftler
und christliche Theologen aller Konfessionen, jüdische Gelehrte

und zunehmend auch Repräsentanten anderer Religionsgemeinschaften zusammenkamen. Zu nennen sind zunächst strikt akademische Kongresse, wie insbesondere der «Internationale Kongreß für Allgemeine Religionsgeschichte», der erstmals 1900 in Paris tagte und weit über die Grenzen der akademischen Milieus hinaus eine große mediale Resonanz in der Tagespresse und den Kulturzeitschriften fand. Bei einem früheren, noch nicht offiziell als «international» geltenden religionswissenschaftlichen Kongreß in Stockholm hatten vor allem die Fragen nach der Stellung der Religion in der modernen Kultur sowie die Zukunft der Religion im Zentrum der Verhandlungen gestanden.[26] Auf dem internationalen «Congress of Arts and Sciences» kam es während der Weltausstellung 1904 in St. Louis zu einer intensiven Begegnung von europäischen und amerikanischen Religionswissenschaftlern und Theologen. In sieben Arbeitsgruppen über «Buddhism and Brahmanism, Judaism, Mohammedism, Old Testament, New Testament, History of the Christian Church, Systematic Theology» wurden in der «Division B. Historical Science» der «Theoretical Sciences» alle möglichen Fragen von Theologie und Kirche diskutiert. Der Anwendung der Religion in Unterricht und Erziehung war eine eigene Abteilung «Practical Religion» in der «Division G. Social Culture» gewidmet. Deutsche Theologen und religionswissenschaftlich arbeitende Historiker wie Karl Budde, Adolf Harnack, Hermann Oldenberg, Otto Pfleiderer und Ernst Troeltsch konnten hier Kontakte zu amerikanischen Fachkollegen wie Thomas C. Hall oder William James knüpfen.

Primär der Popularisierung religionswissenschaftlicher Forschung und der repräsentativen Inszenierung einer friedlichen religiösen Weltgemeinschaft dienten die Religionskongresse, die in Verbindung mit den großen Weltausstellungen stattfanden. Das dafür klassische Beispiel ist das berühmte «World's Parliament of Religions», das 1893 in Verbindung mit der Chicagoer Weltausstellung Theologen und Religionswissenschaftler aus aller Welt mit Repräsentanten der Weltreligionen und vieler kleiner religiöser Gemeinschaften zusammenführte.[27] Der friedliche Austausch von Gläubigen aus allen Religionsgemeinschaften und die Verhandlungen über eine «universal religion» galten den Beteiligten und der amerikanischen Öffentlichkeit als Markstein einer neuen Entwicklung der

Menschheit und als Beginn einer epochalen Wende hin zu «better understanding» und einer Zukunft im Zeichen von «universal human harmony and good will».[28] Die Grenzen zwischen rein akademischen Religionsdiskursen und der breiteren Öffentlichkeit wurden auch bei den großen Religionskongressen überschritten, die diverse religiös-liberale Vereine und Verbände seit 1901 abhielten. Zur Jahrhundertwende ergriffen wohlhabende Unitarier aus den Neuenglandstaaten die Initiative zur Gründung eines «International Council of Unitarian and Other Liberal Religious Thinkers and Workers», das bald die Grenzen des Christentums überschritt und Kontakte zwischen liberalen Protestanten, römisch-katholischen Modernisten und Reformjuden zu knüpfen half. Während der erste Kongreß im Mai 1901 in London noch allein von christlichen Theologen aus Europa und der anglo-amerikanischen Welt besucht wurde,[29] stand der Amsterdamer Kongreß vom September 1903 bereits im Zeichen eines religiösen Pluralismus: Der Inder Vithal Ramji Shinde referierte über «Liberal Religion in India», Zennosuke Toyosaki aus Tokyo über «The Progress of Liberal Religious Thought in Japan».[30] In Deutschland fand dann vor allem der «Fünfte Weltkongreß für freies Christentum und religiösen Fortschritt», der vom 5. bis 10. August 1910 in Berlin tagte, großes öffentliches Interesse.[31]

Beim Berliner Weltkongreß behandelten zahlreiche Referenten in grenzüberschreitenden Perspektiven die spannungsreichen Beziehungen zwischen Orthodoxen und Liberalen in den christlichen Kirchen, das Verhältnis von Juden und Christen, die Stellung zu den Freidenkern und vor allem auch die Beziehungen zwischen den nichtchristlichen Völkern und den imperialistischen christlichen Nationen. Hier kamen führende Modernisten aus den katholischen Ländern Südeuropas wie Romolo Murri mit nordamerikanischen Reformjuden, deutsche liberalprotestantische Meisterdenker wie Ernst Troeltsch, Adolf Harnack, Wilhelm Bousset, Otto Baumgarten und Georg Wobbermin mit indischen Reform-Brahmanen wie Thanwardas Lilaram Vaswani zusammen.[32] Zum Schluß reisten die Teilnehmer in Sonderzügen nach Wittenberg, Weimar und zur Wartburg, um sich an den heiligen Erinnerungsstätten der deutschen Protestanten einer höheren, idealen Geisteskraft des Menschen zu versichern und von Rudolf Eucken, dem neoidealistischen

Propheten eines neuen Geisteslebens, die hoffnungsvolle Botschaft entgegenzunehmen: «Der Gedanke, daß wir Menschen nur Produkte einer unvernünftigen Natur sind, wird dahinsterben, und der neue Strom des Idealismus, der heute durch die Welt zu rauschen beginnt, wird steigen und siegen, wenn – tiefe, freie Religiosität erst wieder wächst und steigt!»[33]

Die Zukunft der Religion war um 1900 keineswegs nur ein Thema akademischer Religions- und Kulturdeuter. Der großen öffentlichen Inszenierung der Religionswissenschaften und neuer, kulturwissenschaftlich orientierter Theologien korrespondierte eine breite, noch kaum erforschte Diskussion über religiöse Themen in den Feuilletons der Tagespresse, in den zahllosen Kulturzeitschriften für das gebildete bürgerliche Publikum und in der Kirchenpresse. Seit den neunziger Jahren des 19. Jahrhunderts läßt sich ein signifikanter Wandel in der publizistischen Vermittlung religiöser Themen und Fragestellungen beobachten. Je mehr sich die bildungsbürgerlichen Eliten als Opfer «kultureller Enteignung»[34] erfuhren und ihre überkommene Diskurshegemonie durch immer neue, betont antibürgerliche Avantgarde-Schriftsteller und -Künstler bedroht sahen, desto intensiver suchten sie in religiösen Symbolsprachen Orientierungswissen oder tragende Gewißheiten zu erschließen. Trotz des elementaren Plausibilitätsverlusts des überkommenen kirchlichen Christentums, den viele Intellektuelle um 1900 konstatierten, wollten sie die von ihnen erlittene Grundlagenkrise der modernen Kultur durch eine umfassende religiöse Erneuerung, eine Wiederbelebung des christlichen Sinnes oder die Verkündigung einer nachchristlichen oder synkretistischen Religion der Zukunft bewältigen. Neben die konfessionelle Kirchenpresse und die Zeitschriften kirchlicher und konfessioneller Vereine und Verbände traten in vielen europäischen Gesellschaften und in den USA deshalb die Journale der diversen neureligiösen Bewegungen, Gruppen und «Sekten», von den Theosophen über die Freikörperkulturfetischisten bis zu den europäischen Neubuddhisten oder neogermanischen Wotans-Jüngern.[35] Doch auch die interne Differenzierung der kirchlichen Milieus und ihrer Kommunikationsmittel wuchs: Einzelne Gruppen in den großen Kirchen schufen sich in neuen religiösen Kulturzeitschriften Foren zur innerkirchlichen Durchsetzung und öffentlichen Propagierung ihrer Konzepte gelungener Religion. Schon im Titel markierten diese Organe innerkirchlicher Gruppen häufig den Anspruch, das wahrhaft zukunftsfähige Christentum, das Christentum des neuen Jahrhunderts zu repräsentieren. So gaben die deutschen Reformkatholiken und wenigen deutschen Modernisten ihrer Zeitschrift den programmatischen Titel: *Das zwanzigste Jahrhundert*.[36]

Die Pluralisierung des religiösen Spektrums sowohl innerhalb als auch außerhalb der christlichen Kirchen spiegelte sich zudem in den Feuilletons der großen Zeitungen und im Verlagswesen. Analog zur bildungsbürgerlichen Begeisterung für archäologische Funde und historische Sensationen fanden auch die religionsgeschichtlichen Kontroversen und die vielfältigen Bemühungen, aus archaischen religiösen Kulten oder den Botschaften von vergessenen Kündern wahren Glaubens neuen Lebenssinn zu gewinnen, in der Tagespresse große Resonanz. So wie die Religionsgeschichte der Menschheit auf den großen Weltausstellungen inszeniert zu werden vermochte, konnten religionsgeschichtlich relevante archäologische Entdeckungen auch zum Gegenstand von öffentlichen Auseinandersetzungen werden, in denen, so läßt jedenfalls die medial verstärkte Intensität dieser Kontroversen vermuten, immer auch die Frage nach der bleibenden Geltung und möglichen zukünftigen religiös-kulturellen Prägekraft der überlieferten kirchlichen Religion mitdiskutiert wurde. Für Deutschland ist exemplarisch auf den «Bibel-Babel-Streit» zu verweisen, den der Assyriologe Friedrich Delitzsch mit einem 1902 in Anwesenheit von Wilhelm II. gehaltenen Vortrag provozierte. Seine durch religionsgeschichtliche Vergleiche zwischen babylonischen und alttestamentlichen Quellen erhärtete Behauptung, daß die babylonische Religion der israelitischen partiell überlegen (gewesen) sei, rief «eine gewaltige Erregung unter jüdischen und christlichen Gelehrten, Geistlichen und ‹Laien› und eine Flut von Gegen- und Verständigungsschriften»[37] hervor. Selbst politische Autoritäten, allen voran der Kaiser selbst, griffen in die Debatte ein, und auch in England und Frankreich kam es zu erregten Kontroversen über die Frage, ob eine «heidnische» Religion wie die babylonische nicht in ethischen Perspektiven kulturell «höherwertig» einzustufen sei als die israelitische «Gesetzesreligion» mit ihren anachronistischen Reinheits- und Speisegeboten.[38]

Die öffentlichen Religionsdiskurse wurden um 1900 sehr stark auch durch einen neuen Typus des *religiösen Intellektuellen* geprägt. Schon im Reichsgründungsjahrzehnt fanden freie Schriftsteller und einige akademische Experten mit religionskritischen Traktaten und Pamphleten in den öffentlichen Religionsdebatten immer größere Beachtung. Sie hielten sich nicht mehr an überkommene akademische Rollenmuster, sondern wollten um der von ihnen erhofften tiefgreifenden Religionsreform willen gezielt provozieren und alte religiöse Autoritäten und Institutionen polemisch angreifen. Als ein Repräsentant dieses neuen Typs freier religiöser Schriftstellerei kann in den ersten Jahren nach der Reichsgründung David Friedrich Strauß gelten, der mit seinem Buch *Der alte und der neue Glaube* 1872 den bis weit in das 20. Jahrhundert hinein immer wieder in hohen Auflagen verbreiteten Klassiker einer Abkehr vom Christentum publizierte und eine harmonistische – insofern von Friedrich Nietzsche nicht ohne Recht als «Philisterglaube» verspottete – Religion des Kunstgenusses verkündete. Ein typischer akademischer Religionsexperte, der Religion nicht bloß deuten, sondern aktiv eine religiöse Umkehr herbeiführen wollte und sich als Prophet religiöser Erneuerung, wenn nicht als Stifter einer neuen Religion inszenierte, war in den siebziger und achtziger Jahren des 19. Jahrhunderts in Deutschland vor allem der Göttinger Orientalist Paul de Lagarde – ein brillanter Kulturkritiker des Bismarckreiches, der alle Entfremdungsphänomene der modernen bürgerlich-kapitalistischen Gesellschaft durch eine neoromantische Wiederverzauberung der Welt in Gestalt einer nachkirchlichen deutschen «Nationalreligion» überwinden wollte und seine mythische Verklärung des Germanentums wie auch die tiefe Sehnsucht nach dem «Evangelium» in «einer deutschen Ausgabe, die kein Buch ist»,[39] mit einem radikalen Antisemitismus verschmolz. Im deutschen Bildungsbürgertum machte der wahrnehmungssensible Intellektuelle[40] mit seinem «Kulturpessimismus» Sensation,[41] und auch in den Religionsdiskursen der Jahrhundertwende blieb Lagarde für zahlreiche jüngere Intellektuelle und neureligiöse Sinnsucher eine wichtige Autorität. Eugen Diederichs gab in seinem 1896 gegründeten Verlag, dem in Deutschland führenden Verlagsunternehmen zur Durchsetzung aller nur denkbaren Reformbewegungen und neoromantischen, neoidealistischen religiösen Erneuerungsbestrebungen, dem «Lagarde-Kult» seit 1913 großen Raum. Als er seine «Verlagsreligion» bei der

«Internationalen Ausstellung für Buchgewerbe und Graphik» 1914
in Leipzig inszenierte, bildete der Kult des kulturleidenden Göttinger Nationalheiligen das thematische Zentrum.

Viele Verkünder visionärer Katechismen neuer Religion oder
Weltanschauung verband eine gemeinsame Herkunft und Sozialisa-
tionserfahrung: Die Religionsintellektuellen im Kaiserreich, die in
der neueren Intellektuellenforschung bisher nur am Rande Beachtung gefunden haben,[42] kamen häufig aus den alten religiösen Institutionen, die sie frustriert verließen, weil sie die inneren Spannungen
und Konflikte zwischen ihren religiösen Glaubensüberzeugungen
und dem kirchlichen Alltag nicht mehr zu ertragen vermochten. Sie
hatten sich aus moralischen, sozialreformerischen und tiefreligiösen
Motiven für ein Theologiestudium entschieden, mußten sich im
Pfarrberuf dann aber als Funktionäre einer staatsnahen kirchlichen
Bürokratie erleben, die eher tote Religion verwalten als lebendigen,
persönlichkeitsstärkenden und kulturkräftigen Glauben mit schaffen halfen. Angesichts ihrer Dauerkonflikte mit kirchlichen wie
staatlichen Obrigkeiten oder sich verschärfender innerer Krisen legten sie ihr Pfarramt nieder und betätigten sich als religiöse Schriftsteller, die durch populäre Bücher, mit journalistischer Tätigkeit, als
Vortragsreisende – eine moderne Form des Wanderpredigers! – oder
durch sonntägliche Privatgottesdienste eine Personalgemeinde um
sich scharten.

Solche religiösen Intellektuellen erreichten um 1900 mit ihren
Schriften sehr hohe Auflagen. Exemplarisch genannt sei zunächst Arthur Bonus, der mit Büchern wie *Religion als Schöpfung* (Jena 1909),
Religion als Wille (Jena 1915) und der These von der «Germanisierung des Christentums»[43] großen Einfluß auszuüben vermochte; er
wurde nicht nur zu einem Vordenker völkischer Gruppen, sondern
fand mit seiner von Nietzsche inspirierten «Geheimreligion der Gebildeten» vielfältige Resonanz auch jenseits germanengläubiger Zirkel. Diese neomystische Gefühlsreligion läßt sich beschreiben als
«eine von der Kirchenlehre erheblich abweichende, im wesentlichen
in den Bahnen der Diesseitsreligion gehende, oft pantheistisch ge-
färbte, in manchem auch rationalistisch urteilende religiöse Auffas-
sung, wie sie sicher vielen modernen Gebildeten eigen ist».[44] Bonus
war nicht ihr einziger Vorkämpfer: Eine neue «Diesseitsreligion»,[45] in
der sich «protestantische Bestände mit neuer mystischer Erfahrung»

und «innerem Erleben» verbanden – «Erfahrung», «Selbsterfahrung» und vor allem «Erlebnis» waren zentrale Begriffe der Religionsdiskurse um 1900! –, verkündeten auch an der Amtskirche leidende religiöse Intellektuelle wie Friedrich Wilhelm Foerster, Carl Jatho und Christoph Schrempf.[46] Neue religiöse Formen boten einem aufnahmewilligen Publikum der vom liberalen Kulturprotestantismus zur Anthroposophie Rudolf Steiners übergegangene Friedrich Rittelmeyer oder Johannes Müller, der auf Schloß Elmau in Oberbayern eine «Freistätte persönlichen Lebens für Menschen von heute» unterhielt, die nach einem ihrem Wesen entsprechenden Leben im Sinne der Ethik Jesu suchten. Müller konnte regelmäßig Adolf von Harnack als Gast begrüßen, Rittelmeyer fand in Berlin Ernst Troeltsch unter seinen Hörern. Arthur Drews vermochte als Künder eines «konkreten Monismus» in öffentlichen Veranstaltungen große Menschenmengen zu mobilisieren, die seiner *Christusmythe*, der Leugnung der Existenz Jesu, lauschten.[47]

Eugen Diederichs bemühte sich seit 1900 zudem darum, religiöse Intellektuelle aus anderen europäischen Gesellschaften und den USA in Deutschland populär zu machen. Er brachte französische Neoidealisten wie Henri Bergson oder den flämischen Dichter Maurice Maeterlinck nach Deutschland und veröffentlichte mit Christoph Schrempf als Übersetzer die erste große deutsche Kierkegaard-Ausgabe. Amerikanische Naturdichter wie Henry David Thoreau oder Ralph Waldo Emerson fanden in Diederichs einen erfolgreichen Propagandisten ihrer Erbauungsliteratur. So besaß seine «Verlagsreligion» trotz aller Sympathien mit nationalreligiösen Konzepten auch einen entschieden gemeineuropäischen Grundzug.[48]

Als ein anderes signifikantes Beispiel für einen neuen Typus des religiösen Intellektuellen muß der Jenaer Philosophieprofessor Rudolf Eucken genannt werden. Eucken verstand sich zunächst als akademischer Philosoph. Seit der Jahrhundertwende publizierte er in schneller Folge religionsphilosophische Programmschriften und konfessorische Vorträge zur Erneuerung des Idealismus und – allgemeiner noch – des «höheren Geisteslebens», dank derer er rasch ein großes internationales Publikum gewinnen konnte. Den Gipfelpunkt erreichte seine Popularität 1908, als dem Vorkämpfer des Idealismus der Nobelpreis für Literatur verliehen wurde. Auch bei

Eucken, der zahlreichen kulturprotestantischen Vereinen und Verbänden angehörte, war die religiöse Botschaft von hoher Eindeutigkeit: Die Zukunft humaner Kultur sei an eine innere Reform und Erneuerung gebunden, die nur durch einen spirituell vertieften, aus den elementarsten Schichten der Seele schöpfenden idealen Glauben gewonnen werden könne.

Religionsintellektuelle spielten auch in Frankreich, Großbritannien, Belgien und den USA eine wichtige Rolle bei der Popularisierung neuer religiöser Gemeinschaftswerte. Für Frankreich kann exemplarisch auf den prominenten Religionswissenschaftler Ernest Renan verwiesen werden, der im Krieg von 1870/71 gegen David Friedrich Strauß schrieb[49] und nach der französischen Niederlage die Kritik des alten Kirchenglaubens vorantrieb, um durch eine erneuerte nationale Religion Potentiale eines Wiederaufstiegs Frankreichs zur führenden Kulturnation Europas zu erschließen.[50] In den belgischen Religionsdiskursen spielten neuromantische Literaten wie Maurice Maeterlinck eine große Rolle. Auch in den englischen Auseinandersetzungen um die «evolution of religious thought» traten um die Jahrhundertwende neben den akademischen Religionsexperten Schriftsteller, Journalisten und religiöse Intellektuelle auf, um sich vom «Victorian self»[51] zu emanzipieren, Sozialreform religiös zu begründen oder alle modernitätsinduzierten Leidenserfahrungen durch die Flucht in religiös konstruierte heile Gegenwelten zu kompensieren. In den USA entzündeten sich die strukturell gleichartigen Kontroversen primär an prominenten ökopietistischen Schriftstellern wie Thoreau oder Emerson,[52] die in ursprünglicher Natur durch freie Liebe den «neuen Menschen» finden wollten.

Neben den Religionsdebatten der einschlägigen akademischen Disziplinen und den populären Diskursen über Religion ist auf die vielfältigen Formen literarischer Selbstpräsentation religiöser Gemeinschaften – von Andachts- und Gebetbüchern über apologetische Traktate bis hin zu Missionsschriften und Werbebroschüren – zu verweisen. Alle großen religiösen Gemeinschaften waren um die Jahrhundertwende darum bemüht, durch populäre Geschichtswerke ihre konfessionelle Identität zu demonstrieren. Kennzeichnend für diesen Typ von religiöser Zeitanalyse und Zukunftsdeutung sind zwei umfangreiche Bände *Christendom Anno Domini 1901*, die William Daniel Grant 1902 in New York herausgab. Autoren aus verschiedenen Ländern beschrieben hier die Situation ihrer Konfessionskirche oder religiösen Gemeinschaft, entwarfen Strategien für weitere, erfolgreichere Mission und wagten Prognosen über den Stand der Expansion des Christentums nach hundert Jahren. Die religiösen Landschaften der USA galten dabei als Exempel für die gelungene Verbindung von intensiver Frömmigkeit und traditionsbewußter Konfessionalität mit religiöser Toleranz und Akzeptanz von Pluralität.[53] Vergleichbare europäische Sammelbände waren demgegenüber auf die eigene Konfession oder Konfessionsfamilie beschränkt und erschlossen häufig nur eine national begrenzte Perspektive der jeweiligen Konfessionsgeschichten. Für Deutschland ist die von dem Berliner Pfarrer Carl Werckshagen in zwei prächtig ausgestatteten Bänden von über 1200 Seiten veranstaltete Heerschau des *Protestantismus am Ende des XIX. Jahrhunderts in Wort und Bild* zu nennen, die in den Jahren 1900 und 1901 erschien. Über den engeren kirchlich-theologischen Themenkreis hinaus enthielten beide Bände, die sich an ein wohlhabendes Bildungsbürgertum richteten, auch Beiträge über protestantisches «Kunstschaffen» in Literatur, Malerei und Musik.[54]

Doch nicht allein die konfessionsinternen Religionsdiskurse, sondern auch die *politischen Religionskontroversen* spielten um 1900 in allen europäischen Gesellschaften, kaum aber in den USA, eine wichtige öffentliche Rolle. Überall in Europa wurden in den Parlamenten wie in den politischen Öffentlichkeiten sehr heftig und aggressiv ausgetragene Kulturkämpfe über die institutionelle Ordnung der Beziehungen des Staates zu Kirchen und sonstigen Religionsgemeinschaften geführt. Vor allem in den gemischt-konfessionellen Staaten Europas provozierten die Fragen der Abgrenzung und Vermittlung von staatlichen Hoheitsrechten, Korporationsrechten der Kirchen und anderen religiösen Gemeinschaften sowie der Grundrechte der Bürger auf Religions- und Gewissensfreiheit Dauerdebatten, in denen keineswegs nur über die zukünftige religionsrechtliche Rahmenordnung oder – in spezifisch deutscher Terminologie – das Staatskirchenrecht, sondern immer auch über die Bedeutung öffentlicher Religion für das Gemeinwesen insgesamt gestritten wurde. Schon die Tatsache, daß in vielen gemischtkonfessionellen europäischen Gesellschaften das politische Parteiensystem bis heute die Grenzlinien zwischen den einzelnen religiösen Milieus widerspiegelt oder, wie vor allem in den Niederlanden, religiöse Versäulung und politische Fraktionierung einander korrespondieren,[55] läßt die hohe allgemeinpolitische Relevanz des Religiösen erkennen. Die Fragen nach der Zukunft des Christentums oder dem Schicksal der Religion in der Moderne wurden um 1900 immer auch in politischen Semantiken diskutiert. Unter den Bedingungen monarchischer Herrschaftsordnungen, in denen die politische Autorität des Monarchen religiös über alte – entweder revitalisierte oder «erfundene» – Topoi des Gottesgnadentums legitimiert wurde, besaß die Frage nach der Tradierungsfähigkeit des kirchlichen Christentums notwendig eine fundamentalpolitische Dimension. Wo Staatskirchen existierten oder eine bestimmte christliche Konfession durch Tradition oder Verfassungsrecht staatlich privilegiert wurde, waren zudem permanente Auseinandersetzungen um die Rechte von Angehörigen anderer christlicher Konfessionen und der Juden unvermeidbar. Die um 1900 zu beobachtende Entstehung kleiner neuer christlicher Gemeinschaften wie der Heilsarmee und der Methodisten, der Apostoliker und der frühen Pfingstbewegung,[56] die sich häufig in der klassisch bürgerlichen Assoziationsform des Vereins organisierten, oder der diversen neureligiösen Gruppen und Bünde trug ihrerseits zur Politisierung von Religionsdebatten bei. Mehr noch gilt das vom Kampf gegen die «bürgerliche Religion» und die christlichen Kirchen, wie ihn in Deutschland die Parteien und Milieuorganisationen der marxistischen Sozialdemokratie sowie diverse Freidenker- und Dissidentenorganisationen des «Weimarer Kartells» führten.[57] Aufgrund der protestantischen Selbstinszenierung der Hohenzollern und der engen Verknüpfung von kleindeutscher Nationalstaatsbildung und spezifisch protestantischen Nationskonzepten wurde dieser Weltanschauungskampf gegen das Christentum, der auch in vereinsmäßig organisierten Kampagnen zugunsten eines Kirchenaustritts Gestalt gewann, primär als ein Angriff auf die normativen Fundamente der gegebenen Ordnung wahrgenommen.

In europäischen Gesellschaften, die durch permanente Kulturkämpfe zwischen kirchennahen römisch-katholischen Milieus einerseits und laizistischen Lagern andererseits bestimmt waren, trugen vor allem die Dauerdebatten über die Trennung von Staat und Kirche und die damit eng verknüpften «Schulkämpfe», also die Kontroversen über die Stellung der Kirche im Bildungswesen, die Erteilung von Religionsunterricht an öffentlichen Schulen, die korporativen Rechte der Kirche oder kirchlichen Orden zur Gründung von Privatschulen und die Ausbildung des Klerus in theologischen Fakultäten an staatlichen Universitäten, zur Politisierung der Religionsdiskurse bei. In nahezu allen europäischen Gesellschaften wurden die um 1900 sehr intensiv geführten Debatten um die Bildungsinstitutionen und die in Schulen und Universitäten zu vermittelnden Normen oder Kulturwerte auch als Auseinandersetzungen um die Frage geführt, ob Religion ein notwendiges Integral idealer Persönlichkeitsbildung sei und der Staat in seinem eigenen Interesse an einer starken Präsenz religiöser Institutionen, vor allem der Kirchen, im Bildungswesen interessiert sein müsse. In den dominant protestantischen europäischen Gesellschaften waren es keineswegs nur die politisch und kulturell Konservativen, die gelungene Bildung an gelebte Christlichkeit zurückbanden und in der Frömmigkeit den wichtigsten Garanten für eine sittlich verantwortete Lebensführung sahen. Vielmehr verkündeten hier auch viele protestantische Liberale, daß sich ein moralischer Habitus letztlich nur auf der Basis religiösen Glaubens bilden und stärken lasse. In den Dauerdebatten über «Religion und Moral», die neben akademischen Experten wie Philosophen, Theologen und Pädagogen auch Bildungsfunktionäre – Beamte der Kultusbürokratien, Vertreter und Vertreterinnen von Lehrer- und Lehrerinnenverbänden – breitenwirksam führten, sind insoweit die kulturelle Prägekraft der religiösen, vor allem christlichen Überlieferungen und deren Zukunftsfähigkeit das zentrale Thema. In den protestantisch geprägten Gesellschaften Europas und in den USA enthielten die pädagogischen Reformprogramme der Jahrhundertwende zumeist einen impliziten kulturprotestantischen Wertekanon, so daß sie sich auch als Versuche lesen lassen, die Zukunft des protestantischen Christentums durch die schulische Erziehung zu sichern. Die interne Pluralisierung der großen Kirchen trug dazu bei, daß sich in den Bildungsdebatten nicht nur die Konfessionsgegensätze zwischen Protestanten und Katholiken oder, vor allem im Falle Frankreichs, die tiefe Spaltung der Gesellschaft in «Laizisten» und «Klerikale» spiegelten, sondern zunehmend auch der Streit um den Bildungskanon oder den Auftrag der Schule durch die konkurrierenden Auffassungen vom «Wesen» des Protestantismus oder des «wahrhaft Katholischen» bestimmt wurde. Allerdings sind die häufig sehr engen Zusammenhänge zwischen religiösen Fraktionierungs- oder Pluralisierungsprozessen und pädagogischen Diskursen kaum erforscht. Sowohl für Großbritannien und Deutschland als auch für die USA läßt sich aber zeigen, daß die Programme liberaler Reformpädagogen einem Bild des Menschen oder der «gebildeten Persönlichkeit» verpflichtet sind, das zunächst auf den Kanzeln kulturprotestantischer und reformjüdischer Theologen verkündet worden ist.

c) Die Geltungskrise der christlichen Kirchen

Amerikanische und europäische Religionsdiagnostiker sahen in der Jahrhundertwende kein Datum, das zu Analysen der religiösen Lage und Prognosen über die zukünftige Entwicklung der Religionen nötigte. Mit Blick auf den zumeist als dramatisch und krisenhaft empfundenen schnellen ökonomischen und sozialen Wandel spielte in den religiösen Selbstverständigungsdebatten seit etwa 1890 aber die Frage nach der gegenwärtigen Lage der christlichen Kirchen eine wichtige Rolle. In Deutschland nahmen prominente protestantische Universitätstheologen die Jahrhundertwende zum Anlaß, in neuer Weise die christliche Tiefendimension der europäischen Kultur zu thematisieren und mit der Bestimmung des «Wesens des Christentums» verbindliche Normen für eine humane Gestaltung der modernen Kultur zu gewinnen. Auch viele Repräsentanten der katholischen Universitätstheologie schrieben mit Blick auf das neue Jahrhundert über die unvergleichliche kulturelle Prägekraft der römisch-katholischen Kirche. Die Zwänge und Chancen des modernen literarischen Marktes führten zudem dazu, daß viele Vertreter der akademischen Theologenelite Bilanzen des gerade vergangenen 19. Jahrhunderts publizierten. Auch diese kulturhistorischen Gesamtdarstellungen des Schicksals der christlichen Kirchen im Jahrhundert bürgerlicher Modernisierung dienten einem dezidierten Gegenwartsinteresse. Durch historische Erinnerung sollte eine präzisere Erfassung der gegenwärtigen Lage des Christentums ermöglicht und zugleich prognostische Analysekompetenz gewonnen werden. Für diesen Typus von gegenwartsdiagnostischer Kulturgeschichtsschreibung ist beispielsweise die auf dem Buchmarkt sehr erfolgreiche Gesamtdarstellung *Die Kirche Deutschlands im neunzehnten Jahrhundert* des sozialkonservativen Berliner Systematischen Theologen und Dogmenhistorikers Reinhold Seeberg repräsentativ. *An der Schwelle des zwanzigsten Jahrhunderts* blickte Seeberg auf das vergangene Jahrhundert zurück, um ein differenzierteres Verständnis der «religiösen, theologischen und kirchlichen Fragen der Gegenwart» zu ermöglichen.[58]

Texte zur interdisziplinären Debatte über die Zukunft der Religion erschienen darüber hinaus in den neuen religiösen Kulturzeitschriften und den theologischen Fachorganen. Zugleich diskutierten die akademischen Deutungsexperten der Religion intensiv über die Methoden und analytischen Instrumente, um religiöses Bewußtsein oder die religiösen Prägekräfte in einer Kultur bestimmen zu können. Die Erträge dieser Methodendebatten finden sich vor allem in den neuen großen religionskundlichen und theologischen Lexika wie *Die Religion in Geschichte und Gegenwart. Handwörterbuch in gemeinverständlichen Darstellungen*, das in fünf Bänden von 1909 bis 1913 bei J. C. B. Mohr (Paul Siebeck) in Tübingen erschien, oder in der von dem schottischen Pfarrer James Hastings herausgegebenen *Encyclopædia of Religion and Ethics*, zu der auch zahlreiche deutsche Wissenschaftler Artikel beisteuerten.[59] Die neue Sicht jüdischer Religion und Kultur spiegelte die *Jewish Encyclopaedia* wider, die seit 1901 in zwölf Bänden erschien.[60] Auch hier arbeiteten angesehene deutsche protestantische Theologen wie Hermann Gunkel, Wilhelm Nowack, Emil Schürer und der berühmte Berliner Althistoriker Eduard Meyer mit.

Eine sehr wichtige Quelle für eine kulturwissenschaftlich reflektierte Selbstthematisierung der christlichen Theologien und der Erfassung der religiösen Kräfte der Gegenwart stellen zudem die großen Enzyklopädien dar, die um die Jahrhundertwende konzipiert wurden. Das im deutschen Sprachraum erfolgreichste Unternehmen dieser Art war die von dem Publizisten Paul Hinneberg, einem ehemaligen Mitarbeiter Leopold von Rankes, seit 1906 in mehr als 20 Teilbänden herausgegebene Reihe *Die Kultur der Gegenwart. Ihre Entwicklung und ihre Ziele.* Neben umfangreichen kulturhistorischen Analysen bot der Band über die *Systematische christliche Religion* auch einen Ausblick auf «Die Zukunftsaufgaben der Religion und der Religionswissenschaft». Der Autor Heinrich Julius Holtzmann, ein einflußreicher liberalprotestantischer Neutestamentler an der Reichsuniversität Straßburg, organisierte die Darstellung nach dem klassischen Schema: Dem «Umblick in der Gegenwart» folgte der «Ausblick in die Zukunft». Zukunftsfroh und selbstbewußt hob Holtzmann die kulturpraktische Überlegenheit des Christentums gegenüber anderen Religionen hervor:

Dem buddhistischen Pessimismus gegenüber lebt der christliche Optimismus vom Glauben an die Möglichkeit einer fortschreitenden sozialen Gesundung der Menschheit. Darum allein konnte die eschatologische, auf das, was demnächst werden sollte, in ekstatischer Erregung gespannte Weltuntergangsstimmung des Urchristentums jene große Metamorphose erleben, daraus im Verlaufe von bald zwei Jahrtausenden die zukunftsfrohe Richtung einer modern denkenden und handelnden, aber auch an Daseinswert und Lebenszweck gläubigen und insofern echt religiös empfindenden Menschheit erwachsen ist, und, wie sich auch das zurzeit in Frage stehende Verhältnis von Staat und Kirche gestalten mag, sicherlich noch weiterhin ausreifen wird.[61]

Aussagen über die religiöse Lage der Gegenwart enthalten unumgänglich implizite Axiome oder normative Annahmen über die moderne Kultur. Trotz aller Versuche, das methodische Instrumentarium zur Analyse religionskultureller Wandlungsprozesse oder zur religiösen Zeitdiagnostik zu verfeinern, waren die Wahrnehmungen der Lage des Christentums oder anderer religiöser Gemeinschaften um 1900 deshalb stark von den je besonderen Perspektiven geprägt, in denen die theologischen Beobachter auf die Gegenwart blickten. Neben der lebensweltlichen Einbindung in die nationalen Kulturen spielten die jeweilige Konfession und akademische Sozialisation, also die individuellen theologischen Positionen, eine entscheidende Rolle. Konservative Theologen aus dem engen Umkreis der vatikanischen Hierarchie urteilten über die Lage des Katholizismus signifikant anders als italienische Modernisten.[62] Trotz des sehr dichten transnationalen Kommunikationsnetzes, welches die führenden modernistischen Theologen und «Laien» seit der Jahrhundertwende knüpften, unterschieden sich britische Modernisten[63] oder Theologen des französischen «nouveau catholicisme»[64] in ihrem Blick auf die Zukunft der katholischen Kirche deutlich von ihren nordamerikanischen Diskurspartnern, die unter dem Leitmotiv «americanism» einen demokratisch-liberalen, fortschrittlichen Katholizismus propagierten, dem alle Töne kulturpessimistischer Resignation ebenso fremd waren wie die von prominenten europäischen Theologen kultivierte depressive Stimmung einer fortschreitenden Erosion von Religion und Christlichkeit.[65] Heftige innerkonfessionelle Kulturkämpfe um die Beziehungen zwischen katholischer Religion und moderner Kultur prägten um die Jahrhundertwende auch die zunehmend pluraleren Diskurse im deutschen Katholizismus.[66] Die häufig vertretene, in jüngster Zeit vor allem von Otto Weiß propagierte Identifikation des «Modernismus» mit einer fortschrittlich liberalen, spezifisch bürgerlichen Kulturwerten verpflichteten Frömmigkeitshaltung ist allerdings unzutreffend.[67] Denn prominente Modernisten artikulierten ein tiefes Leiden an der modernen Kultur und entwickelten strukturell intolerante Homogenitätsvisionen. Sie träumten um 1900 häufig von einer neuen religiösen, dominant katholischen Integration der Kultur, in der sie durch einen gemeinsamen Glauben und intensivierte Kirchlichkeit wieder umfassend vergemeinschaftet sein wollten. Umgekehrt bekundeten manche Neoscholastiker in ihren dogmatischen Sprachspielen die Bereitschaft, Prozesse kultureller Differenzierung zumindest insoweit zu akzeptieren, als die innere Homogenität der katholischen Lebenswelt nicht tangiert wurde. Ihre konservativen Theologien waren darin strukturell modern, daß über die Formulierung scharfer Innen-Außen-Distinktionen katholische Identität im Gegenüber zu einer als bedrohlich erfahrenen «modernen Kultur» gestärkt wurde.

Höchst divergent waren auch die Wahrnehmungsperspektiven, die protestantische Theologen um 1900 auf die diversen Protestantismen und das Christentum insgesamt entwarfen. Angesichts der vergleichsweise hohen Stabilität tradierter Christlichkeit, welche die Gesellschaft des Kaiserreichs bis in die akademischen Institutionen hinein prägte, entwickelten führende evangelische Theologen Gegenwartsdiagnosen, die in ihren prognostischen Elementen weithin nur eine Fortschreibung des Status quo boten. Wenn deutsche Theologen die religiöse Gegenwartslage beschrieben, kontrastierten sie deshalb sehr häufig die ungebrochene Vitalität des amerikanischen freikirchlich-plural organisierten Christentums und die staatskirchlich tradierte Christlichkeit Großbritanniens mit den schwierigen Verhältnissen in Deutschland, die sie durch eine tiefe Religionskrise geprägt sahen. Diese Krisendiagnosen fielen im einzelnen sehr unterschiedlich aus. Theologen eines sozialkonservativen Luthertums boten alle klassischen Topoi eines konservativen Leidens an der Moderne und führten alle Krisenphänomene der wilhelminischen Gesellschaft mit bemerkenswerter argumentativer Konsequenz auf die Erosion der religiösen Fundamente der Kultur sowie den Abfall der Gebildeten und der proletarischen Massen vom Glauben zurück. Auch viele altliberale Theologen aus dem Umkreis des «Deutschen Protestantenvereins», die in den sechziger Jahren des 19. Jahrhunderts und im Jahrzehnt nach der Reichsgründung eine neue Versöhnung protestantischer Überlieferung und moderner Kultur eingeklagt und harmonistische, fortschrittsoptimistische Kulturstaatsutopien entworfen hatten,[68] machten sich unter dem Eindruck krisenhafter Beschleunigung gesellschaftlicher Modernisierung nun Argumente konservativer theologischer Kulturkritik[69] zu eigen und sahen die Lage der Kulturnation zunehmend durch Werteverfall, grassierende Unsittlichkeit und Materialismus geprägt.[70] Krisendiagnosen entwickelten schließlich auch die führenden liberalen Theologen. Ernst Troeltsch sprach 1912 vom «Zustand [...] einer schweren Religionskrisis» in Deutschland,[71] und deren «Wahrnehmung, Diagnose und Therapie» durchzog – so Hartmut Ruddies – «sein Werk von Anfang bis Ende».[72] Diese «Religionskrisis» führte Troeltsch nicht nur auf die «wissenschaftliche Legitimitätskrise der Theologie» zurück. Vielmehr versuchte er in zahlreichen Studien zur «religiösen Lage der Gegenwart»[73] den Nachweis zu erbringen, daß Religion in der zerklüfteten wilhelminischen Gesellschaft nicht mehr integrierend wirkte, sondern durch neuen Konfessionalismus und interne Pluralisierung die Tendenzen sozialer und kultureller Fragmentierung fortwährend verschärfte.[74]

In Deutschland waren die Debatten um die Zukunft von Christentum und Kirchen sehr stark durch die tiefen Gräben zwischen den beiden großen Konfessionen geprägt. Die Beschreibungen der aktuellen Beziehungen zwischen Protestanten und Katholiken spiegeln auf beiden Seiten eine große Meinungsvielfalt. Auch die Prognosen über die zukünftige Entwicklung des Verhältnisses zwischen protestantischer Mehrheit und römisch-katholischer Minorität lassen ein breites Spektrum unterschiedlicher Konzeptionen des Gemeinchristlichen sowie der Lehrunterschiede und der religionspraktischen, etwa kultischen und ethischen Habitusdifferenzen

erkennen. Zwar stimmten viele römisch-katholische Universitätstheologen mit ihren protestantischen Kollegen darin überein, daß
der Konfessionsgegensatz noch immer «die tiefste Spaltung der Nation» – Rankes berühmte Formel wurde um 1900 viel zitiert – be-
wirke. Vor allem die «Reformer» unter ihnen waren demonstrativ
darum bemüht, durch theologische Distanznahme vom «romani-
schen Katholizismus» ihr Deutschtum unter Beweis zu stellen; die
seit den neunziger Jahren des 19. Jahrhunderts gebräuchlichen, entscheidend von Arthur Bonus geprägten Formeln vom «germanischen Christentum» wurden auch von reformkatholischen Kirchen-
historikern und Dogmatikern aufgegriffen, um die Eigenart des
Mittelalters und der «deutschen Mystik» zu bestimmen. Aber insgesamt blieben in der deutschsprachigen katholischen Theologie die
Traumata «kultureller Inferiorität» so prägend, daß man das Verhältnis der Konfessionen primär in Mustern scharfer Abgrenzung
bestimmte. Für die Zukunft erwartete man teils neue, verschärfte
Kulturkämpfe mit einer siegreichen Selbstbehauptung des Katholizismus, teils eine allmählich fortschreitende Auszehrung des Protestantismus und die damit verbundene Konversion konservativer
Lutheraner zur katholischen *ecclesia militans*. Konservative katholische Theologen warfen den Protestanten, vor allem den liberalen
Kulturprotestanten, eine dogmatisch illegitime Preisgabe der christlichen Wahrheit zugunsten einer seichten Anpassung an den liberalen Individualismus vor. Alle Übel der Moderne, also Skeptizismus,
Relativismus, individualistische Auflösung bergender sittlicher Gemeinschaft, politische Unruhe, wurden auf den Ungeist des Protestantismus zurückgeführt. In diesem Denkhorizont ließen sich keine
Modelle einer Annäherung der Konfessionen entwickeln. Für die
Zukunft erwarteten diese konservativen Katholiken deshalb einen
stetig wachsenden gesamtkulturellen Einfluß ihrer Kirche, die als
starke, hierarchisch strukturierte Institution den in sich so zerstrit-
tenen protestantischen Glaubensgemeinschaften – der Kirchensta-
tus wurde den evangelischen Landeskirchen mit dem ekklesiologischen Argument verweigert, daß nur die Autorität von Papst und
Bischöfen Kirche konstituiere – an politischer Macht und gesellschaftlicher Prägekraft strukturell überlegen sei. Auf der Folie eines
schwachen Protestantismus, der seiner inneren Pluralität wegen zu
keinem einheitlichen kollektiven Handeln imstande sei, wurde der

Katholizismus als die wahrhaft zukunftsfähige Gestalt des Christentums dargestellt und der alte, schon von den Aufklärern und den Klassikern des «deutschen Idealismus» formulierte Anspruch der Protestanten destruiert, aufgrund der reformatorischen «Freiheit eines Christenmenschen» die bleibend modernere Form der Christlichkeit zu repräsentieren. Trotz der scharfen innerkatholischen Kontroversen mit den Vertretern der Neoscholastik reklamierten auch die führenden akademischen Repräsentanten des Reformkatholizismus für ihre Konfession eine im Vergleich zum Protestantismus höhere Modernitätsfähigkeit. Ihre Zukunftsvisionen vom «Katholicismus als Prinzip des Fortschritts» waren deshalb auf den Grundton katholischer Siegesgewißheit gestimmt.[75]

Innerhalb der deutschsprachigen protestantischen Universitätstheologie wurden die konfessionellen Verhältnisse sehr unterschiedlich wahrgenommen und deshalb höchst gegensätzliche Zukunftsvisionen formuliert. Viele Universitätstheologen, die kirchenpolitisch Gruppierungen der Mitte nahestanden und politisch mit den Nationalliberalen sympathisierten, gehörten dem 1886 gegründeten «Evangelischen Bund zur Wahrung der deutsch-protestantischen Interessen» an, dem mit über 500 000 Mitgliedern größten protestantischen Interessenverband im Kaiserreich, der, zugespitzt formuliert, die Fortführung des Kulturkampfes gegen die «Ultramontanen» forderte und um der Festigung der «deutschen Kulturnation» willen eine protestantische Kulturhegemonie politisch festschreiben wollte.[76] Diese Theologen sahen im Katholizismus eine religiös obsolete, weil noch mittelalterliche oder superstitiöse Gestalt des Christentums, lehnten die vielfältigen Eingriffe des Vatikans in die deutschen katholisch-kirchlichen Verhältnisse als Beeinträchtigung der nationalen Souveränität des Reiches ab und propagierten Konzepte einer protestantisch fundierten Zivilreligion, wenn nicht eines «deutschen Christentums», das dem konfessionell gespaltenen, weltanschaulich zerklüfteten und politisch fragmentierten Reich zu innerer Homogenität und einer verbindlichen, stabilen Wertgrundlage verhelfen sollte. Es lag in der inneren Logik dieser nationalprotestantischen Integrationstheologien, von den deutschen Katholiken eine stetig wachsende Offenheit für diese Religion aller Deutschen zu verlangen und sie mit der Erwartung zu konfrontieren, der Loyalität gegenüber der eigenen Nation einen unbedingten Vorrang gegenüber allen «ultramontanen» Hegemonieansprüchen einzuräumen.

Neben konfessionalistischen und kulturkämpferischen Engführungen gab es jedoch auch frühe Visionen einer ökumenischen Annäherung der Kirchen. Beispielsweise trat Adolf Harnack 1907 in seiner Kaisergeburtstagsrede für ein besseres Verständnis zwischen Protestanten und Katholiken ein.[77] Das Bild der Zukunft des Christentums wurde hier von der Hoffnung bestimmt, daß in genau dem Maße, in dem sich die Christen in den verschiedenen Konfessionskirchen auf das «Wesen des Christentums» konzentrierten, überkommene kirchendogmatische Unterscheidungslehren an Gewicht verlören. Durch Besinnung auf «das Wesentliche», das Harnack und andere liberale Kulturprotestanten betont undogmatisch, durch Ethisierung des Glaubensverständnisses und entschlossene Reduktion auf das einfache Evangelium Jesu faßten,[78] sollten eine ökumenische Annäherung zwischen den Kirchen und schließlich ein konfessioneller Frieden erreicht werden. Prominente Kulturprotestanten wie Harnack, Troeltsch oder Eucken setzten deshalb sehr große Hoffnungen auf die katholischen Modernisten, in denen sie Wegbereiter einer internen Pluralisierung und Protestantisierung der katholischen Theologie und Kirche sahen. Intensiv pflegten sie Kontakte zu modernistischen Theologen in Frankreich, Großbritannien, Polen, Italien, Spanien und den USA.[79] Die Aussichten, die vatikanische Hierarchie und die große Mehrheit der römisch-katholischen Theologen von ihrem aggressiv antiprotestantischen Kurs abbringen zu können, beurteilten sie allerdings sehr unterschiedlich.

Liberalprotestantische Theologen in den USA sahen das neue Jahrhundert gleichfalls durch eine zunehmende ökumenische Verständigungsbereitschaft bestimmt und verkündeten um 1900 harmonistische Religionsutopien von einer «global brotherhood of man», die zunächst in einer die konfessionellen Grenzen transzendierenden geschwisterlichen Gesinnung zwischen allen Christen und dann auch in einer die Unterschiede der Religionen relativierenden universalreligiösen Versöhnung aller Menschen guten Willens begründet sein sollte. Der Andere sollte nicht als Fremder, Gegner oder gar als Feind, sondern als ein gleichberechtigtes, gerade in seinem Anderssein die je anderen bereicherndes Geschöpf des einen

Gottes «angenommen» werden. Die utopischen Visionen einer «universellen Religion» oder «Menschheitsreligion», welche die Grundlage eines neuen Völkerfrühlings bilden und gegen die vielen aggressiven Imperialismen der Epoche als Vorschein eines alle Völker und Staaten umfassenden «ewigen Friedens» wirken sollte, wurden von liberalen christlichen Theologen ebenso wie von Repräsentanten anderer Religionen, etwa von Reformjuden, artikuliert – und dies nicht nur im Rahmen des Chicagoer «Parliament of Religions» oder auf den religiös-liberalen Weltkongressen, sondern auch bei rein akademischen Versammlungen wie den internationalen Kongressen für «Allgemeine Religionsgeschichte». Religiöser Glaube, zumal der trotz aller materialer Differenzen Verbindung und Gemeinsamkeit stiftende ethische Monotheismus, und ein lebenspraktisch bestimmender Bezug auf den einen Gott sollten zur wichtigsten Quelle der Überbrückung von kulturellen Verschiedenheiten, ethnischen Antagonismen, Geschlechterdifferenzen, Klassengegensätzen und Staatsgrenzen werden. Die Theologen führender *Divinity Schools*, allen voran die Vertreter der sogenannten *Chicago School* um Shailer Mathews, betonten dabei eine Wesensverwandtschaft zwischen christlichem Persönlichkeitsglauben und moderner – sprich: amerikanischer – Demokratie.[80] Das alte religiöse Symbol vom «Kingdom of God» sollte den Versuch unterstützen, Sozialreform theologisch zu fundieren. Mit «social gospel» wollten sie eine neue umfassend christianisierte Gesellschaft herbeipredigen. Ihre Konzepte einer neuen Einheit von amerikanischer Nation, Demokratie und (protestantischem) Christentum politisierten sie nach 1914 dann in Kriegstheologien, die primär der Legitimation des Kampfes gegen das preußisch-autoritäre «Reich» dienten.[81]

d) Die «Renaissance des Judentums»

«Mit wenigen Ausnahmen gehen sämtliche Judengemeinden einer traurigen Zukunft, einem Verfall entgegen». Diese pessimistische Zukunftsprognose stellte 1911 der Berliner Arzt Felix A. Theilhaber den deutschen Juden in seiner volkswirtschaftlichen Studie *Der Untergang der deutschen Juden*.[82] Seine resignative Analyse stützte er auf ein reiches religionskundliches und kultursoziologisches, ökonomisches und bevölkerungsstatistisches Datenmaterial. Statistiken über die Geburtsziffern deutscher Juden, die wachsende Zahl der Mischehen, den «mit der Berufstätigkeit der Frauen verbundenen Verfall gesunder Fruchtbarkeit»,[83] die aus der Land-Stadt-Migration sowie der Urbanisierung der Lebensführung resultierende «Entfremdung» von den jüdischen Kultusgemeinschaften und die zunehmend verbreitete Praxis vieler bildungsbürgerlicher Juden, ihre die christlich geprägten Gymnasien besuchenden Kinder am protestantischen Religionsunterricht teilnehmen zu lassen, dienten Theilhaber dazu, ein depressiv stimmendes Bild von Verfall und Niedergang jüdischer Frömmigkeit und Religionskultur in Deutschland zu zeichnen. Zwar könne in einigen deutschen Territorien das kontinuierliche Sinken der jüdischen Geburtsziffern durch die verstärkte Zuwanderung zeugungsfreudiger orthodoxer Ostjuden kompensiert werden. Doch lasse sich gleichzeitig eine verstärkte Migration in die urbanen Zentren, vor allem nach Berlin und Frankfurt am Main, beobachten, die primär durch kommerzielle Interessen, den Wunsch nach sozialem Aufstieg und die Hoffnung auf größere Chancen zu kultureller Bereicherung und geselligem Austausch motiviert sei. Die Analyse des «Auflösungsprozesses» und «Selbstzersetzungsprozesses» der deutschen Juden, zu der Theilhaber auch die damals in den Religionswissenschaften populären Rassesemantiken in Anspruch nahm,[84] verband er deshalb mit gängigen kulturkonservativen Topoi der Großstadtkritik. Alle Erosionstendenzen in den alten jüdischen Gemeinden führte er auf habituelle und mentale Assimilationsprozesse an die christliche Umwelt zurück, die in erster Linie durch großstädtische Lebensverhältnisse begünstigt und aktiv befördert würden. In den Städten fördere die Assimilation die Emanzipation des einzelnen Juden von seiner Gemeinde, hier werde durch den verstärkten sozialen Anpassungsdruck der christlichen Mehrheit die innere Bindung an die jüdische Überlieferung zunehmend gelockert und fortwährend die Bereitschaft zur Assimilation verstärkt, und die urbane Medienkultur und Geselligkeit führe dazu, daß sich viele jüngere, karriereorientierte Juden ein Vorbild an jenen prominenten Juden nähmen, die den Aufstieg in hohe gesellschaftliche Positionen durch die Taufe oder die Konversion zum Christentum erkauft hätten – «das Weihbecken eröffnet den Weg in die sogenannte Gesellschaft.»[85] Intellektuellen Wortführern unbedingter Assimilation, die wie Samuel Lublinski um der vollen Teilhabe an deutscher Kultur willen die Taufe empfahlen, galt deshalb ebenso Theilhabers Verachtung wie Walther Rathenau, der in *Höre, Israel!* 1897 den vier Evangelien eine höhere Ethik als den dominanten Überlieferungen der Hebräischen Bibel zuerkannt hatte, in seinem konsequenten Anti-Institutionalismus trotz zeitweilig vorhandener Austrittsneigung aus der jüdischen Gemeinde eine Konversion zum Protestantismus aber ablehnte.[86] Theilhaber kritisierte zudem die jüdischen Reformer, welche die Substanz des alten Glaubens einer seichten neologischen Moralreligion preisgäben.

Seine polemischen Argumente gegen die großstädtischen Reformjuden waren in hohem Maße strukturell identisch mit den Einwänden, die im letzten Drittel des 19. und frühen 20. Jahrhunderts neoscholastische Katholiken gegen modernistische Reformer oder sozialkonservative, «positive» Kulturlutheraner gegen liberale Bildungs- und Kulturprotestanten vortrugen. In allen drei Konfessionen ging es den religiös traditionalistisch oder orthodox Eingestellten darum, daß die konfessionelle Identität geschwächt – und auf lange Sicht zerstört –, die Tradierungsfähigkeit des eigenen Glaubens unterminiert werde, halte man sich in Lehre und Lebensführung nicht strikt an die autoritativen heiligen Texte, die überlieferten Riten, die althergebrachten sozialen Normen und den religiösen Habitus «der Väter».[87] Liberale Religion oder moderne Frömmigkeit höhlten die gewachsene religiöse Gemeinschaft aus, lieferten die tradierten symbolischen Bestände der Willkür subjektivistischer Deutung aus und leisteten der fortschreitenden Ablösung des Individuums von seinen religiösen Wurzeln Vorschub.

In denselben Begriffen und rhetorischen Formeln, mit denen konservative Lutheraner die Kulturprotestanten für die Schwächung des «kirchlichen Sinnes» oder die wachsende «Unkirchlichkeit der Gebildeten» verantwortlich machten, artikulierten Theilhaber und neo-orthodoxe jüdische Rabbiner ihr tiefes Leiden daran, daß «Strenggläubigkeit» unter den Juden zunehmend schwand und damit «die Naturwüchsigkeit und Bodenständigkeit einem Phantom gewichen ist, das nicht einen Hauch einer gesunden Volks- und Religionsanschauung an sich hat».[88] So wie konservative Kulturlutheraner oder römisch-katholische Neuscholastiker den Reformern

und «Modernen» in ihren Kirchen jeweils vorwarfen, identitätsverbürgende dogmatische Gehalte und Unterscheidungssymbole einer
bourgeoisen, moralisch laxen und kognitiv diffusen Allerweltsreli-
giosität preiszugeben, die sich kaum noch von den vielen halbchrist-
lichen oder nachchristlichen neureligiösen Synkretismen abgrenzen
lasse, machten die neo-orthodoxen Verteidiger «jüdischer Werte»
die Reformjuden für eine aufklärerische Dejudaisierung oder innere
Protestantisierung der jüdischen Gemeinden verantwortlich. Gegen
den liberalen «Indifferentismus» und die skeptizistische Vergleichgültigung aller Bestimmtheit setzten sie auf neues Differenzbewußt-
sein und wollten scharfe, klare Grenzen zwischen innen und außen
markieren. Mit Blick auf einen reformjüdischen Meisterdenker wie
den Marburger Neukantianer Hermann Cohen, der den «reinen
Monotheismus» zum spezifisch Jüdischen erklärte und auf dieser
Grundlage Synthesen zwischen jüdischer Konfessionsbindung und
nationaler deutscher Identität formulierte,[89] erklärte Theilhaber:
«Der reine Monotheismus verpflichtet zu nichts mehr (abgesehen
von einigen recht allgemeinen ethischen Geboten) und unterscheidet sich deshalb nur wenig von dem sog. Bekenntnis der freien
Richtung der Protestanten, des ethischen Kultus usw.»[90] Und der
Karlsbader Anthropologe Ignaz Zollschan stellte zur selben Zeit
pointiert fest: «Der moderne Jude weiß nicht mehr, warum er Jude
bleiben soll.»[91] Aus dieser Situationsanalyse ergab sich für führende
Repräsentanten der jüdischen Orthodoxie ein klares religionspoliti-
sches Programm: Um der Zukunftsfähigkeit des Judentums willen
mußte seine Rückbindung an die Tradition intensiviert und gegen
die Assimilationsjuden sowie die reformjüdischen «Renegaten»[92]
und Entjudaisierer des wahren Judentums «jüdische Identität» gestärkt werden. Mit kritischem Blick auf die vielfältigen, zum Teil
sehr engen Austauschprozesse zwischen prominenten liberalprotestantischen Exegeten und Vertretern der «Wissenschaft des Judentums»[93] entwickelten sie deshalb Identitätskonzepte, in denen das
spezifisch Jüdische durch starke Negationen des Christentums fixiert werden sollte. Angesichts der in vielen europäischen Gesellschaften zunehmend einflußreichen antisemitischen Bewegungen
entwarfen sie zudem Theorien einer religiösen Totalvergemein-
schaftung der Juden, die im Kern auf neue Ghettobildung hinausliefen.

«Jüdische Identität» war und ist ein äußerst kompliziertes, bis heute kontrovers diskutiertes religionssemantisches Konstrukt.[94] Wo um 1900 die Zukunftsfähigkeit des Judentums von der Stärkung oder Wiedergewinnung «jüdischer Identität» abhängig gemacht wurde, kam es unter jüdischen Intellektuellen deshalb sehr schnell zum Streit darüber, welche Elemente der religiösen Herkunftsgeschichte als konstitutive Momente des Jüdischen zu gelten hatten und welche anderen Traditionselemente als historisch partikular oder obsolet gelten konnten. Diese Auseinandersetzungen[95] wurden in den einzelnen europäischen Gesellschaften mit unterschiedlicher Intensität und in Frontstellungen geführt, welche die besonderen religionskulturellen Verhältnisse des entsprechenden Landes spiegelten. Wo antisemitische Propaganda stark war, gab es einen signifikant stärkeren Selbstthematisierungsbedarf jüdischer Intellektueller oder Gemeinderepräsentanten als in Ländern wie England und Italien, in denen Antisemitismen in den politischen Öffentlichkeiten keine größere Rolle spielten, so daß die jüdischen Gemeinden hier die Zukunft des Judentums weithin als Fortschreibung des relativ friedlichen Status quo imaginieren konnten. Zur nationalkulturellen Differenzierung der europäischen Debatten über «jüdische Identität» und die Zukunft des jüdischen Glaubens trugen zudem die heterogenen politischen Machtstrukturen, insbesondere die sehr unterschiedlich entwickelte imperialistische Machtentfaltung der europäischen Staaten bei. Die britischen Regierungen dachten aus naheliegenden Gründen über das zionistische Projekt der Errichtung eines Judenstaates in Palästina ganz anders als etwa Wilhelm II. und Teile der deutschen Öffentlichkeit. Auch war die Sensibilität für die große Vielfalt von Ausdrucksgestalten des Jüdischen in den einzelnen europäischen Gesellschaften sehr unterschiedlich entwickelt.

Die heftigen Kontroversen um «jüdische Identität» wurden um 1900 in ganz unterschiedlichen diskursiven Kontexten ausgetragen. Von den innerjüdischen Debatten um die religiöse Plausibilität der verschiedenen zionistischen Programme zur Neuerrichtung eines jüdischen Staates oder zur Besiedlung Palästinas sind akademische Diskurse über das «Wesen des Judentums» sowie die von jungen jüdischen Intellektuellen vorangetriebenen Versuche zu unterscheiden, Identität durch Rekonstruktion oder aktive Erzeugung elementarster seelischer Ursprungsgewißheit, durch neue Erinnerungsstrategien wie die Freilegung vergessener, verschütteter genuin jüdischer Traditionen oder auch ein *inventing of traditions* zu konstruieren. Einige fromme Repräsentanten orthodoxer jüdischer Gemeinden meinten dabei nichts anderes als die Substanz der Tradition zu repristinieren, wohingegen bei manchen jungen jüdischen Intellektuellen ein Bewußtsein dafür vorhanden war, daß eine rein negativ, durch bloße Abgrenzung von der christlichen Mehrheit gewonnene Identität auf Dauer zu schwach sei und auch die im Interesse der Selbstvergewisserung betriebene Wiederaneignung jüdischer Tradition nicht von der Aufgabe entlaste, das «Wesen des Judentums» neu, in gegenwartsbezogenen Sprachmustern zu bestimmen. Mit Blick auf die Zukunft des Judentums gab es trotz allen Streites um das spezifisch Jüdische in einer Hinsicht jedoch einen relativ breiten Konsens: Eine religiöse Minderheit könne auf Dauer nur dann dem Schicksal der fortschreitenden Anpassung an die kulturhegemoniale Mehrheitsreligion entgehen, wenn sie ihren Mitgliedern starke Identitätsvorgaben mache. Zwar gerieten in Deutschland und zunehmend auch in den USA intellektuelle Repräsentanten der verschiedenen reformjüdischen Strömungen und Gemeinden in den innerjüdischen Selbstverständigungsdebatten unter den Verdacht, durch ihre historisch-kritische Relativierung jüdischer Traditionen nur eine schwache Identität des Jüdischen formulieren zu können.[96] Aber trotz solcher Konflikte hielten konservative wie liberale jüdische Intellektuelle daran fest, im Medium der Traditionsaneignung «jüdische Identität» formulieren zu können. Auf allen Seiten wurde dabei betont, daß den Juden eine Zukunft verheißen sei, die jenseits aller bloß innerweltlichen Zukunftserwartungen liege.

Neben christlichen Theologen hatten seit dem 18. Jahrhundert auch zahlreiche Philosophen religionsphilosophische Typologien und religionsgeschichtliche Evolutionsschemata entworfen, die von einer strukturellen Überlegenheit des Christentums gegenüber dem Judentum ausgingen.[97] Trotz der deutlich differenzierteren methodologischen Instrumentarien religionswissenschaftlicher Forschung hielten auch viele, vermeintlich wertfrei argumentierende akademische Religionsexperten um die Jahrhundertwende an evolutionistischen Deutungsmustern fest, deren implizite Normativität eine Abwertung vor allem der orthodoxen Gestalten des Judentums, zuweilen aber auch des Judentums in allen seinen Erscheinungsweisen einschloß.[98] Trotz der Kritik der alten dogmatischen Absolutheitsansprüche, die um 1900 ein unter den Bedingungen der modernen historistischen Denkrevolution argumentierender Theologe der «Religionsgeschichtlichen Schule» wie Ernst Troeltsch vortrug,[99] und der damit verbundenen Programme einer historismuskompatiblen Selbstbegrenzung der Geltungsansprüche des Christlichen hielten keineswegs nur viele konservative protestantische Theologen und nahezu alle römisch-katholischen Theologen an einem exklusiven Wahrheitsanspruch des Christentums gegenüber den Juden fest. Vielmehr gingen auch viele prominente liberalprotestantische Theologen davon aus, daß ein recht verstandenes, im ethischen Monotheismus fundiertes Judentum sich aus inneren Gründen einer kulturprotestantisch gefaßten, auf Normen wie moralische Autonomie und das Ideal der Persönlichkeit zentrierten Christlichkeit annähern und, auch aus nationalpolitischen Gründen, letztlich in dieser höchstentwickelten Gestalt des Christentums aufgehen müsse. Als Adolf Harnack 1900 seine schon erwähnten Vorlesungen über *Das Wesen des Christentums* hielt, reagierten jüngere jüdische Intellektuelle wie Leo Baeck deshalb mit kritischen Gegenschriften, in denen sie *Das Wesen des Judentums* über die Negation von Harnacks Wesenskonstruktion zu entfalten suchten.[100]

Jenseits der überkommenen Alternative zwischen einer jüdischen Orthodoxie, die sie aufgrund ihres zwanghaften Ritualismus und ihrer halbverstandenen Rituale als erstarrt und lebensfeindlich erfuhren, und einem Reform- und Assimilationsjudentum, das sie als innerlich hohl, entleert und kulturpromiskuitiv erlitten, suchten diese Intellektuellen nach einem neuen authentischen Judentum, das die Unterscheidbarkeit innerhalb der christlichen Mehrheitsgesellschaft garantieren und den Juden als Juden ihre unverwechselbar eigene Zukunft sichern sollte. Sowohl die Orthodoxen als auch die Reformjuden verstellten den Weg zu den «wahren Kräften des Judentums», erklärte 1901 Martin Buber. Wahre jüdische Identität könne nur durch eine «jüdische Renaissance» wiedergewonnen werden.[101] Unter dem Einfluß christentumskritischer Philosophen, vor allem Nietzsches, der religionswissenschaftlichen Debatten der Zeit, etwa der Diskussionen um William James' *Varieties of Religious Experience*, und vor allem der von den katholischen Moderni-

sten und manchen liberalprotestantischen Theologen behaupteten
religiösen Modernität der Mystik als Religion des inneren Erlebens
wollte Buber die religionsgeschichtliche Besonderheit des Judentums nicht über den Transzendenzgedanken oder den ethischen Rigorismus, sondern über ein Konzept der innerlichen Einswerdung
der Seele mit Gott, über eine «jüdische Diesseitsmystik» sichern.
Seinem Verleger Eugen Diederichs, dem genialischen Vermarkter aller antibürgerlichen neuen religiösen Sinnsucher und -stifter, bot Buber 1902 ein Quellenwerk über die europäische Mystik an, wobei
die jüdische Mystik nach Abschnitten über die deutsche und die sla-
wische Mystik den dritten Teil bilden sollte. Am 20. Juni 1907
schrieb er an Diederichs, der nicht so recht an die Existenz einer
wirklich gehaltvollen jüdischen Mystik glauben mochte: «Die
‹Konfessionen› haben mit Katholizismus ebensowenig wie mit
Protestantismus zu schaffen, und mit Lebensbejahung und positi-
ver Genialität sehr viel mehr als mit Askese und Weltflucht. Es sind
Mitteilungen visionärer, traumbegnadeter Menschen über ihr inner-
lichstes Leben».[102]

Das innere Erlebnis einer Unmittelbarkeit zu Gott wurde hier –
im pointierten Gegensatz zu den diversen christlichen Mystik-
Konzepten der Zeit – als eine präreflexive Erfahrung des Judeseins
konzipiert, welche die Grundlage neuer jüdischer Vergemeinschaftung bilden sollte. Die religionspolitische Forderung, jenseits von
aufgeklärtem, weithin an kulturprotestantischen oder bürgerlichen
Kulturwerten orientiertem Reformjudentum und («östlicher») Orthodoxie das Judentum zu erneuern und neue jüdische Gemeinschaft zu stiften, gewann deshalb im Programm Gestalt, Traditionsbestände zu sichern, die jenseits der modernen historistischen
Relativitätserfahrungen das mystische Erlebnis prärationaler
Selbstvergegenwärtigung als Jude und die Selbstverortung in bergender jüdischer Gemeinschaft ermöglichten. Die Erforschung ver-
drängter oder vergessener jüdischer Traditionen diente insoweit
dem Interesse, einen geistigen Zionismus zu begründen und den in
der Diaspora Entwurzelten ein innerliches, seelisches Vaterland
unbedingter Gottesnähe zu schaffen. Durch die Erforschung der
Kabbala sollten gegenwartsrelevante Texte erschlossen werden, in
denen genuin jüdische Mystik literarischen Ausdruck gefunden
hatte, und durch die Erkundung des Chassidismus Modelle jüdi-

scher Volksgemeinschaft, in der vor allem der mystische Einklang der Seelen – jede Einzelseele ist unmittelbar zu Gott und darin allen anderen innerlich nahe – einen starken kollektiven Willen, eine «Volksseele» schuf, der dann von einem charismatischen Führer nach innen wie außen hin durchgesetzt werden sollte. Auch die neue Aneignung des Talmuds diente dem Interesse der Stiftung starker religiöser Gemeinschaft im Gegenüber zur nichtjüdischen Umwelt. Trotz vieler Differenzen im einzelnen folgten bedeutende jüdische Intellektuelle wie Gershom Scholem, Max Brod, Hugo Bergmann, Walter Benjamin und auch Franz Kafka Martin Bubers Programm, die Zukunft des Judentums durch Rückkehr zu den authentischen Wurzeln und verschütteten Quellen zu sichern.[103] Um der Stärkung jüdischer Identität willen mußten sie eine Hermeneutik der Traditionsaneignung entwickeln, die eine radikale Kritik an historistischen Denkformen – mit ihrer distanzierenden, relativierenden Vergleichgültigung von religiösen Vergangenheitsbeständen – einschloß und auf eine existentiell unmittelbare Vergegenwärtigung des nur prima facie Vergangenen hinauslief.[104] Deshalb lasen sie begeistert Nietzsche und konnten in ihre Visionen eines kulturkräftigen starken Judentums der Zukunft auch nietzscheanische Topoi integrieren. Mit innerer Folgerichtigkeit radikalisierten sie deshalb auch ihre Christentumskritik und gingen zunehmend polemischer zu den kulturprotestantischen Meisterdenkern auf Distanz, von denen sie genaugenommen viel gelernt hatten. Indem sie auf subjektive Evidenz und Erlebnisse mystischer Gottunmittelbarkeit setzten, konnten sie für ihr Judesein eine Gewißheit geltend machen, die immer auch lebenspraktische Superioritätsansprüche gegenüber der christlichen Umwelt implizierte. So gewannen ihre Zukunftsvisionen bisweilen einen triumphalistischen Zug. Je stärker sie ihre jüdische Identität durch mystische Erlebnisse oder existentialistische Traditionsaneignung imaginierten, desto grandioser erschien ihnen die Zukunft des Judentums.

Ganz andere Visionen des Judentums im 20. Jahrhundert wurden um 1900 von den intellektuellen Repräsentanten reformjüdischer Integration in die bürgerliche Gesellschaft und von den führenden Vertretern eines Assimilationsjudentums verkündet.[105] Den Hintergrund ihrer Zukunftsentwürfe bildete die entweder erfahrungsmäßig begründete oder irreale Hoffnung auf eine universalreligiöse

Harmonie zwischen aufgeklärt-liberalen Juden und toleranten, weil letztlich durch dieselben freiheitlichen Traditionen geprägten Christen. Für die im einzelnen sehr unterschiedlich akzentuierten Modelle von Ausgleich und Versöhnung war immer die Vorstellung leitend, zwischen der historischen Partikularität der eigenen Überlieferung und ihrem wahrhaft religiösen Gehalt so unterscheiden zu können, daß der «Kern» oder das «Wesen» als das eigentlich Humane und damit zukunftsfähige Prinzip zu gelten habe.[106]

Diese Botschaft verkündeten Repräsentanten reformjüdischer Gemeinden in den USA und deutsche «Kulturjuden» um 1900 gern auch vor den Foren protestantischer Liberaler, etwa auf den «Weltkongressen für freies Christentum und religiösen Fortschritt». Für ihre Hoffnung auf reziproke Erschließung des Gemeinsamen, Verbindenden und auf konfessionsübergreifende gemeinschaftliche Verteidigung spezifisch liberaler Kulturwerte konnten sie sich auch auf die Erfahrung praktischer Zusammenarbeit mit prominenten Kulturprotestanten stützen, wie sie etwa den «Verein zur Bekämpfung des Antisemitismus» prägte.[107] Liberalprotestantische Theologen wie Harnack, Troeltsch, Otto Baumgarten und Martin Rade arbeiteten hier sehr eng in der Bekämpfung der Antisemiten zusammen, trotz ihrer zum Teil scharfen theologischen Kritik am Judentum oder an bestimmten Formen desselben.[108] In den Beschreibungen der Zukunft der Religion und der Tradierungsfähigkeit der je eigenen konfessionellen Überlieferung gab es zwischen den führenden Vertretern des deutschen «Kulturjudentums» – eine begriffsgeschichtliche Analyse des spätestens seit den neunziger Jahren des 19. Jahrhunderts gebräuchlichen Begriffs ist Desiderat! – und den theologischen Vordenkern des Kulturprotestantismus aber einen bleibenden elementaren Unterschied: Trotz aller intendierten Liberalität und Toleranz gingen viele liberalprotestantische Theologen um die Jahrhundertwende davon aus, daß die wahre Zukunft des deutschen Judentums in seiner progressiven Protestantisierung liege. In ihren Kulturkonzepten wurde für spezifisch protestantische Werte ein Hegemonieanspruch reklamiert und mehr oder weniger deutlich die weitere Assimilierung der Juden bis hin zur Konversion zur evangelischen Kirche eingeklagt. Theorien einer prinzipiellen Gleichrangigkeit von Christen und Juden wurden nicht entwickelt. Dies darf aber nicht nur als struktureller Antijudaismus oder gar als

Antisemitismus gedeutet werden. Denn die liberalprotestantischen Theologen erkannten auch der römisch-katholischen Minderheit in Deutschland weithin keine prinzipielle Gleichrangigkeit zu und erwarteten – wie ihre Beiträge zu den innerkatholischen Modernismus-Kontroversen zeigen – von den Katholiken, protestantischer zu werden und sich um der inneren Einheit der Nation willen zunehmend von Rom zu lösen. Erst nach 1914 propagierten sowohl protestantische Universitätstheologen als auch ihre katholischen Fachkollegen Ökumene-Visionen, in denen ein kirchlicher Burgfrieden beschworen wurde: Die überkommenen konfessionellen Differenzbestimmungen sollten um der Idee der kämpfenden Nation willen hinter Konstrukte des Gemeinchristlichen zurücktreten. Die Geschichte der Entstehung der deutschen «Ökumene» aus den «Ideen von 1914» ist weithin noch ungeschrieben.

e) *Die avantgardistische Religiosität des «neuen Menschen»*

Obwohl die Differenzierung und Pluralisierung religiöser Diskurslandschaften der Jahrhundertwende nur in ersten Annäherungen erkundet ist,[109] lassen sich bei aller gebotenen Behutsamkeit des Urteils hypothetisch drei Grundtendenzen bestimmen. Beachtung verdient erstens *ein begriffsgeschichtlicher Befund*. Sowohl im Englischen als auch im Deutschen unterlagen religiöse Semantiken seit den späten achtziger Jahren des 19. Jahrhunderts einem schnellen Wandel. Die Rezeption biologistischer Terminologien, insbesondere der Leitbegriffe Darwins und ihrer sozialdarwinistischen Transformation in gesellschafts- und kulturtheoretische Diskussionszusammenhänge, wie auch die schnelle Popularisierung der neuen philosophischen Begriffswelten vor allem Arthur Schopenhauers und Friedrich Nietzsches verstärkten die schon im Vormärz zu beobachtenden religionssemantischen Innovationstrends. Überkommene religiöse Begriffe wurden mit Neologismen, die ursprünglich anderen Diskurskontexten entstammten, verknüpft und alte Glaubensbegriffe mit neuen Erfahrungsgehalten gefüllt. Der Wandel religiöser Sprachen und die Begriffsgeschichten der akademischen Theologien sind bisher kaum erforscht. Auch fehlen diskursanalytische Untersuchungen zur Frage, welche Themen in den internen

Selbstverständigungsdebatten von Kirchen und anderen Glaubensgemeinschaften oder in den medialen Religionsdiskursen jeweils im
Vordergrund standen. Gleichwohl läßt sich für die Jahrhundertwende die These wagen, daß religiöse Sprache zunehmend subjektiviert wurde. Die «Selbsterfahrung» des Individuums galt jetzt als
entscheidender Ort der Explikation religiöser Gehalte und Gewißheiten. Selbst in den Lehrbüchern modernitätskritisch konservativer Theologen, die in den «Weltanschauungskämpfen» der Zeit den
«alten Glauben» oder die «Lehre der Kirche» verteidigen wollten
und auf «Apologetik» setzten, traten überkommene Ordnungssemantiken hinter innovative Begriffe der Subjektivität zurück. Wie
bei den theologisch Liberalen rückten Begriffe wie «Erfahrung»,
«Erlebnis», «Gefühl», «Leben» und «Selbstgewißheit» in den Vordergrund. Zwar lassen sich in den akademisch-theologischen Diskursen weiterhin elementare konfessionelle Differenzen beobachten: Wo protestantische Theologen von Glauben und Frömmigkeit
redeten, sprachen ihre katholischen Kollegen und Gegner von Spiritualität. Auch gaben sie alten theologischen Grundbegriffen wie
Naturrecht, Schöpfungsordnung, Gottes Gesetz, Kirche, Geist und
Rechtfertigung weiterhin einen signifikant unterschiedlichen Gehalt.
Aber die alten konfessionellen Sprachgrenzen wurden seit 1890 zunehmend von religionssemantischen Neologismen überlagert, die in
allen Konfessionen, auch in den innerjüdischen Diskursen, eine intensivierte Auseinandersetzung mit beschleunigter sozialer wie kultureller Modernisierung reflektierten. Viele Indizien legen es nahe,
die Zeit zwischen 1890 und den dreißiger Jahren des 20. Jahrhunderts in religionssemantischer Perspektive als eine *zweite Sattelzeit*
zu deuten. Zahlreiche überkommene theologische und religiöse Begriffe fanden keine Verwendung mehr, weil sie ihren «Sinn» verloren zu haben schienen. Andere wechselten aus genuin religiösen
Diskurskontexten in politische und ästhetische Sprachwelten über.
Umgekehrt konnten Begriffe, die ursprünglich in ganz anderen
Kontexten geprägt und benutzt wurden, in religiöse Diskurse einwandern und mit neuen Gehalten aufgeladen werden. Durch Verschmelzung alter religiöser Begriffe mit Neologismen aus anderen
Diskursen entstanden neue religiöse Leitbegriffe.[110]
   Die religionssemantische *zweite Sattelzeit* läßt sich als eine
pluralistische Sprachrevolution charakterisieren. In den religiösen

Diskursen der Jahrhundertwende wurde von den Sprachen der ästhetischen Avantgarden ebenso Gebrauch gemacht wie von den biologistischen Rasse- und Volkssemantiken und dem Vokabular der politischen Nationalismen. Eine große Rolle spielten zudem neue Vergemeinschaftungssemantiken, etwa «Sozial»- oder «Kultur»-Neologismen. Sprachprägend wirkte zudem die grenz- und konfessionsüberschreitende Rezeption und Popularisierung religiöser Avantgardedenker wie Thomas Carlyle, Søren Kierkegaard, Dostojewski und Leo Tolstoi.[111] Angesichts der internen Differenzierung der religiösen Lebenswelten und der Pluralisierung des Religiösen durch viele neue kleine «weltanschauliche» Bewegungen, Gemeinschaften und Vereine sahen sich Theologen aller Konfessionen und Religionsintellektuelle dazu gezwungen, für die eigene Kirche oder religiöse Gruppe neue identitätsverbürgende Begriffe zu prägen. Seit dem «Kulturkampf» wuchs in Deutschland nicht bloß der Bedarf, Distinktionen zwischen den beiden großen christlichen Konfessionen mit Blick auf die «moderne Kultur» zu formulieren; neben überkommene dogmatische Lehrmuster der Unterscheidung von römisch-katholischer und evangelischer Kirche traten nun auch kulturtheoretische Abgrenzungen, etwa Beschreibungen der von den protestantischen Nationalliberalen behaupteten «kulturellen Inferiorität» der Katholiken oder der von konservativen Katholiken perhorreszierten Auflösung des Protestantismus zum «philiströsen Kulturglauben». Vielmehr läßt sich in allen Konfessionen auch eine Konjunktur von Neologismen zur Beschreibung der internen Gruppenbildungen beobachten. Dies zeigen im deutschen Sprachraum die neuen Differenzierungen der Begriffe, in denen sich die Konfessionen seit dem späten 17. Jahrhundert gegeneinander profiliert hatten: Katholizismus, Protestantismus und Judentum. Sie wurden seit den achtziger Jahren des 19. Jahrhunderts vielfältig aufgefächert, um einzelne Gruppen zu kennzeichnen. Begriffe wie «Kulturprotestanten», «Bildungsprotestanten», «Reformprotestanten», «Moralprotestanten», «Kirchenprotestanten», «Staatsprotestanten», «Kulturkatholiken», «Reformkatholiken», «Margarinekatholiken», «Reformjuden», «Kulturjuden» und «Staatsjuden» lassen erkennen, daß gegenüber alten, schon in der ersten Sattelzeit geprägten Unterscheidungen wie «liberal» und «konservativ» neue Differenzbegriffe benötigt wurden. Diese neuen Kultursemantiken konnten mit den biologistischen Sprachen oder sozialwissenschaftlichen Gemeinschafts-, Gesellschafts- und Nationsbegriffen kombiniert und rekombiniert werden. Auch wanderten die Leitbegriffe der vielen kleinen völkischen Gruppen seit der Jahrhundertwende bemerkenswert schnell in die akademisch-theologischen Diskurse ein. Entsprechendes gilt für die Sprachen von Natur- und Sozialwissenschaften, die mit hohem Innovationsanspruch auftraten. Begriffe aus eugenischen und rassehygienischen Diskursen wurden von führenden sozialkonservativen theologischen Ethikern schon bald nach der Jahrhundertwende rezipiert, um ihre Visionen einer neuen christlichen Gestaltung des Gemeinwesens wissenschaftlich zu fundieren.

Die religiösen Diskurse um 1900 lassen sich *zweitens* als Streit um die Frage nach den Vermittlungszusammenhängen zwischen der christlichen Herkunftsgeschichte Europas – in der konfessionsspezifischen Sprache der Katholiken: des «(christlichen) Abendlandes» – und der USA einerseits und der modernen Gegenwartskultur andererseits rekonstruieren. In den akademischen Theologien aller Konfessionen wurde ein Dauerdiskurs um die christliche oder jüdische Legitimität der «modernen Kultur» geführt. In den Topoi der Kulturkritik oder der theologischen Legitimation der kulturellen Moderne gab es über die Grenzen von Nation und Konfession hinweg große Übereinstimmung. Die theologischen Deutungseliten erklärten die Bewahrung des Christlichen zum unverzichtbaren Garanten dafür, daß die moderne Kultur nicht in Chaos und Barbarei versinke. Sie entwickelten deshalb – im einzelnen höchst unterschiedliche – Strategien zur Sicherung und Stärkung der Tradierungsfähigkeit christlicher Glaubensgehalte. Nur Franz Overbeck, der große, intellektuell faszinierende Außenseiter der deutschsprachigen protestantischen Theologie, verkündete die These vom «finis christianismi» und erklärte, daß jede Form der Vermittlung des ursprünglichen Christusglaubens mit der modernen Kultur auf die Preisgabe des eigentlich Christlichen, der radikalen Eschatologie, hinauslaufe.[112] Aber er blieb damit ohne Resonanz und war, trotz seiner faszinierenden intellektuellen Konsequenz, für die theologische und kulturwissenschaftliche Gesprächslage der Zeit nicht repräsentativ. Denn nur wenige Intellektuelle, in Frankreich mehr als in Deutschland und in Großbritannien, setzten auf Säkularisierung und erwarteten von der Zukunft den vollständigen Niedergang der religiösen Großinstitutionen und ein generelles Absterben der Religion. Die meisten europäischen Gebildeten waren in der einen oder anderen Weise noch christlich sozialisiert und geprägt, was ihre individuelle Wahrnehmungsperspektive in der Frage nach der Zukunft des Christentums und der Religion nicht unerheblich beeinflußte. Zwar konstatierten viele von ihnen eine Erosion der alten Kirchen oder ein Auswandern «echter Frömmigkeit» aus den überkommenen religiösen Institutionen. Auch schrieben viele Gebildete über die innere Pluralisierung der christlichen Religion, die sie um der neuen Subjektivierungschancen des Religiösen willen begrüßten. In ihren Konzepten der erwarteten oder erwünschten Transformation von Kultur und Gesellschaft nahmen sie jedoch in aller Regel Religion als ein entscheidendes Medium erhofften Wandels in Anspruch. Gerade die vielen großen Utopien, deren Trägerschichten de facto nur relativ kleine bildungsbürgerliche Gruppen oder religiöse Gemeinschaften waren, blieben in hohem Maße religiös aufgeladen. Wo es um die moralische «Umkehr» des Menschen oder gar den Entwurf ganz anderen Menschseins ging, mußte unausweichlich Religionssemantik refomuliert werden.

Für die Religionsdiskurse der Jahrhundertwende sind *drittens* spannungsreiche Verknüpfungen von Zeitsemantiken und Bindungssprachen kennzeichnend. Zahllose autobiographische Quellen lassen erkennen, daß viele Menschen um 1900 subjektiv eine rasante Beschleunigung der Zeit und eine damit verbundene Verflüssigung traditionaler Gewißheiten erlebten und erlitten. Immer wieder wurden kulturkritische Topoi der Entwurzelung, Heimatlosigkeit, Sinnleere, Anonymität, Entfremdung und transzendenten Unbehaustheit beschworen. In Verbindung mit den Erfahrungen einer «Parzellierung der Seele» (G. Simmel) und gesellschaftlichen Fragmentierung setzten die subjektiven Repräsentationen von Zeitbeschleunigung und «modernem Gehetztsein» starke Bedürfnisse nach etwas Bleibendem im permanenten Wechsel, nach unbedingtem Sinn und metaphysischer Geborgenheit frei. Genau dafür wurden um 1900 alte religiöse Sprachen reformuliert oder, durch synkretistische Verschmelzung alter Zeichen mit modernen Symbolen, neue religiöse Symbolwelten konstruiert. Religion sollte den Einzelnen aus dem gewißheitsverzehrenden Wandel herausheben und ihm einen ganzheitlichen und letztgültigen Sinn erschließen. Sie sollte zugleich Gruppen – bis hin zur «Nation» – eine stabile kollektive Identität erschließen und den Einzelnen so in eine überindividuelle Gemeinschaft integrieren, daß er sich in aller prinzipiellen religiösen Vereinzelung – dafür stand um 1900 vor allem die neue Aktualität der Mystik – als sozial geborgen zu erfahren vermochte.

Je größer die subjektiven Krisenerfahrungen, desto höher der kompensatorische Bedarf an religiöser Selbstvergewisserung. Die Jahrhundertwende war eine äußerst religionsproduktive Zeit. Auf den expandierenden Weltanschauungsmärkten konnten Sinnproduzenten welcher Art auch immer mit ihren Produkten hohe Wachstumsraten erzielen. Trotz der wachsenden Sensibilität der Historiker für die vielen kleinen religiösen Gruppierungen und weltanschaulichen Gemeinschaften lassen sich jedoch die Konjunkturschwankungen auf den Religionsmärkten bislang nur vage nachzeichnen. Diese Märkte waren hoch differenziert: Ästhetische Bildungsreligion und Kunstreligionen standen neben körperbezogenen Fitness-Kulten, Vegetarismus, Naturheilkunde und Nacktkörperkultur, politische und wissenschaftliche Neureligionen neben asiatischen Religionsimporten wie dem Buddhismus.[113] Die vermeintliche Rückbesinnung oder, genaugenommen, historisierende Neukonstruktion vorchristlich-archaischer oder völkischer Religion konkurrierte mit Entwürfen einer nachchristlichen Zukunftsreligion, und in den einzelnen sozialmoralischen Milieus konnten politische Ordnungsutopien jeweils mit religiös formulierten Erlösungsvisionen und Heilserwartungen verknüpft werden. Einige Indizien sprechen für die Annahme, daß die überkommenen Deutungsmuster für eine Religionsgeschichte der Moderne nur eingeschränkt dazu taugen, den neuen religiösen Pluralismus der Jahrhundertwende wahrzunehmen. Denn Religionshistoriker gehen in aller Regel davon aus, daß sich die vielen kleinen religiösen Gruppenbildungen jenseits der großen Kirchen ereigneten. Phänomene des Synkretismus und der paradoxen Bindung der Individuen an – jedenfalls in dogmatischer Hinsicht – konkurrierende religiöse Symbolsysteme kommen zumeist nicht in den Blick. Anhand von autobiographischen Zeugnissen läßt sich aber zeigen, daß viele Menschen um 1900 auf der verzweifelten Suche nach Lebenssinn Elemente ganz heterogener Symbolwelten miteinander verknüpften. Je mehr sie sich als entwurzelt erlebten und unter Entfremdungserfahrungen litten, desto mehr suchten sie nach neuen tragenden Fundamenten und einem festen Halt. Dies erklärt die wachsende Attraktivität von religiösen Symbolwelten, die mit den biologistischen Semantiken von Volk, Rasse und Blut entworfen wurden: Hier wurden Substanzen beschworen, die den Einzelnen tiefer als alle bloß geistigen Elemente wieder in umfassende, bergende Seinszusammenhänge einbanden. Wegen dieser elementaren Bindungswirkung, die mit Begriffen wie dem – biologistisch konzipierten – Volk und der Rasse beschworen wurde, waren auch christliche Theologen bereit, die alten kirchlichen Glaubenssprachen mit neuen völkischen Religionsbegriffen zu verknüpfen.[114]

Je größer das Leiden an der Gegenwart, desto höher der Utopiebedarf. Für die Religionsdiskurse um 1900 ist die schnelle Durchsetzung von Begriffen und Metaphern kennzeichnend, die ursprünglich in christentumskritischen Kontexten geprägt worden waren. Neben der Faszinationskraft östlicher Religiosität,[115] die durch Schopenhauer theoretisch legitimiert wurde,[116] ist exemplarisch auf die rasante Popularisierung von Leitbegriffen der Philosophie Friedrich Nietzsches zu verweisen. In Deutschland gab es um 1900 kein sozialmoralisches oder religiöses Milieu, in dem prominente Vordenker nicht mit Nietzsche argumentierten. Protestantische Theologen konnten ihn als «Erzieher zum Christentum» deuten[117] und die These vertreten, daß die von ihm verkündeten heroischen Werte von Virilität und Kriegertum das Zentrum wahren, authentischen Christseins bildeten. Nietzsche wurde für die Kritik der empirischen Kirche ausgedeutet und sein Übermensch zum neuen Leitbild für jene *mortificatio* des alten, sündhaften Menschen stilisiert, die dem Gläubigen abzuverlangen sei. Die Adaption von Nietzsches Sprache zum Zwecke einer erfahrungsorientierten Reform der eigenen Glaubensgemeinschaft läßt sich auch bei katholischen Modernisten und jungen jüdischen Intellektuellen wie Martin Buber beobachten. Immer dienten die synkretistischen Verknüpfungen von überkommener konfessionsspezifischer Sprache und nietzscheanischen Begriffen dem Interesse, die eigene Konfession oder religiöse Gruppe unter Erneuerungsdruck zu setzen und zugleich einen neuen starken kulturellen Handlungswillen zu begründen.[118]

Nietzsche stellte zahlreiche Sprachmuster bereit, um die Visionen eines starken «neuen Menschen» zu begründen. Diese Konzepte eines religiösen «Übermenschen» fielen je nach der konfessionellen Herkunftsgeschichte des individuellen Religionsdeuters unterschiedlich aus. Vor allem bei protestantischen Religionsintellektuellen wie Arthur Bonus oder Albert Kalthoff, die mit Nietzsche die satten Philister oder seichten Bourgeois aus den Kirchen hinaustreiben wollten und den alten Kirchengott für einen müden Pantoffelgott hielten, wurde dieser «neue Mensch» als ein «ganzer Mensch» konzipiert, der alle modernitätsspezifischen Entfremdungserfahrungen durch einen unbedingten Tatwillen oder «absoluten Sprung» hinter sich gelassen habe. In Albert Kalthoffs *Religion der Modernen* – das Buch erschien 1905 bei Eugen Diederichs[119] – sollte der Übermensch «ein neues religiöses Bewußtsein verkörpern [...], um den Zusammenhang der Welt zu sichern und die Fragmentierung des Lebens in der bürgerlich kommerziellen Gesellschaft zu überwinden. Der neue Mensch würde eine Integrität erreichen, die hinausging über die üblichen individualistischen oder sozialistischen Kategorien».[120] Bei Religionsintellektuellen und Schriftstellern wie den Gebrüdern Heinrich und Julius Hart diente dieselbe Metaphorik dazu, um definitiv mit dem leidenden Schwächling aus Nazareth zu brechen und den «neuen Menschen» als «nordischen Menschen» zu bestimmen, der in unmittelbarer Einheit mit dem Ganzen der Natur lebt. Mit Nietzsches Begriffen wurden dem starken endlichen Individuum hier die Prädikate des alten Gottes verliehen und «der neue Mensch» als «neuer Gott» inthronisiert: «Durch und durch Thaten- und Willensmensch, kampf- und arbeitsfroh, bejaht er das Leben und die Erde. [...] Er empfindet ihre Tragik, aber er überwindet sie auch.»[121] Auf vielen protestantischen Kanzeln und den Kathedern katholischer Modernisten klang es um 1900 nicht anders, keineswegs nur in Deutschland.

Bilder der Zukunft sind positionsabhängig. Von den professionellen Religionsdeutern wurde die Zukunft der Religion um 1900 deshalb nach dem je eigenen Bild der Vergangenheit und Gegenwart vorgestellt. Immer spiegelten die Erwartungen für den großen Lauf der Geschichte die jeweilige religiöse Gegenwartsoption der Akteure. Die für die Jahrhundertwende kennzeichnende extreme Vielfalt der Optionen und Bilder für die Zukunft von Religion und Kultur entsprach nur der Subjektivierung des religiösen «Erlebens» und der Pluralisierung religiöser Deutungskulturen seit den achtziger Jahren des 19. Jahrhunderts.

Aus der Perspektive einer reflektierten Christlichkeit spricht manches für die Vermutung, daß der um 1900 imaginierte «neue Mensch» nur eine andere Selbstinszenierung des «alten Sünders» darstellte. Neben den großen Utopien gab es deshalb auch Versuche einer realistischen Religionsdeutung und pragmatischen Religionsgestaltung. Bei vielen prominenten akademischen Religionsdeutern war der Glaube verbreitet, daß der weitere Gang der Religionsgeschichte von einem innerlich erneuerten kirchlichen Christentum bestimmt sein werde, das sich aus allzu engen Bindungen an den Staat und obsoleter doktrinaler Homogenität befreit habe. Die Kirchen müßten sich nur den modernitätsspezifischen Individualisierungsprozessen öffnen, um neue religiöse Gestaltungskraft gewinnen zu können, lautete etwa der Grundtenor von Ernst Troeltschs Theorie der «elastisch gemachten Volkskirche».[122] In einem Vortrag *Religiöser Individualismus und Kirche* formulierte Troeltsch seine Vision einer neuen höheren Einheit von subjektiver Frömmigkeit und institutioneller Repräsentation nicht ohne Pathos:

Die Jünger Christi stehen vor großen Aufgaben, vor kommenden schweren Krisen. Es sind vielleicht solche für die soziale Verfassung der Völker überhaupt, jedenfalls solche für die Kirchen. Da wollen wir für unseren Teil zusammenhalten, was möglich ist. Wir wollen uns ausrüsten mit beidem: mit dem religiösen Bekenntnis einer persönlich wahrhaftigen, aus eigenem inneren Lebenstrieb heraus schaffenden Persönlichkeit, und auf der anderen Seite mit einem wirklichen Willen, die Gemeinschaft des corpus mysticum Christi zu pflegen, an das wir uns aus Liebe gebunden fühlen.[123]

Diese Aussage ist für die Religionsdiskurse um 1900 in hohem Maße repräsentativ. Auch viele andere Theologen bewahrten sich in ihren Diagnosen des neuen religiösen Pluralismus einen realistischen Blick für das Eigengewicht des Institutionellen. Religiöser Glaube werde nur dann tradierungsfähig sein, wenn er sich institutionalisiere. Doch wer damals von der Krise der Religion schrieb, thematisierte immer auch eine Grundlagenkrise der modernen Kultur und sah am Horizont des neuen Jahrhunderts schon Zeichen dafür, daß die «soziale Verfassung der Völker» potentiell katastrophalen Belastungen ausgesetzt sein könnte.

4. Gottes Stimme auf globalen Märkten

a) Wirtschaftshandeln und Weltwahrnehmung

Seit den achtziger Jahren des 20. Jahrhunderts haben sich auch die ökonomischen Wissenschaften kulturtheoretischen Fragestellungen geöffnet.[1] Im Zuge dieser «kulturalistischen Wende» sind alte Fragen nach den mentalen oder kognitiven Voraussetzungen ökonomischen Handelns neu diskutiert worden. *Cognitive maps* und *belief systems* steuern die Strukturen der Wahrnehmung von Individuen und kollektiven Akteuren und prägen ihre Repräsentationen der Wirklichkeit. Je nach den subjektiven Bildern von Realität entwickkeln die Akteure Vorstellungen ihrer Handlungsoptionen und treffen Entscheidungen darüber, welche Handlung sie im gegebenen Fall als rational und effizient beurteilen. Ökonomen wie Viktor Vanberg, James M. Buchanan und Hansjörg Siegenthaler haben in den späten achtziger und frühen neunziger Jahren die hohe Bedeutung solcher Alltagstheorien für die Prozesse der Entscheidungsfindung wirtschaftlicher Akteure betont und die Grenzen der klassischen *rational choice*-Modelle aufgewiesen. Kein Mensch, auch keine Gruppe von Menschen, handelt in einem allgemeinen Sinne ökonomisch rational, etwa mit Blick auf die Befolgung seines Eigeninteresses. Denn die aktive Verfolgung von Interessen ist abhängig von dem Verständnis, das ein individuelles oder kollektives Handlungssubjekt von seiner Interessenlage und von den Chancen zur möglichen Verwirklichung seiner Interessen besitzt.[2] Durch kulturspezifische Vorverständnisse geprägt sind zudem die Erwartungen ökonomischer Akteure: die Vorstellungen, die sie sich vom Handeln ihrer Konkurrenten machen, ebenso wie die Bilder der Marktprozesse. In allem ökonomischen Geschehen sind sehr viel mehr kulturelle Voraussetzungen im Spiel, als in klassischen Konzepten des *homo oeconomicus* wahrgenommen wurde.

Die neue Sensibilität für die kulturellen und sprachlichen Grundlagen ökonomischer Prozesse hat vor allem in der sogenannten evolutorischen Ökonomie die Einsicht befördert, daß der Wettbewerb auf den Finanz- und Gütermärkten einen elementaren Wettbewerb, eine *internal selection* von Ideen, Wirklichkeitsbildern, Anpassungsfähigkeiten, Flexibilitätskompetenzen und Zukunftsvisionen zur Voraussetzung hat. Die Selektoren, die auf Märkten ihre Wirkung entfalten, bestrafen all jene, die nicht oder nur unzureichend imstande sind, ihre subjektiven Realitätsbilder erfahrungsorientiert zu überprüfen und gegebenenfalls zu korrigieren. Zugleich belohnen sie die Akteure, die zu präziseren Erwartungen, also Deutungen des möglichen Handelns der Konkurrenten, und revisionsfähigen Einschätzungen ihrer eigenen Handlungsoptionen und -chancen gelangen. Je lernfähiger ein Akteur ist, desto eher wird er sich unter Wettbewerbsbedingungen durchsetzen können. Lernbereitschaft und Lernfähigkeit aber hängen entscheidend davon ab, wie die subjektiven *cognitive maps*, Alltagstheorien und Realitätsbilder konstruiert sind. Inwieweit erlauben kognitive Muster die konstruktive Aufnahme und Verarbeitung von Erfahrungen, die den ursprünglichen Annahmen über «die Wirklichkeit» widerstreiten? Bieten sie einem Akteur die Chance, bestimmte mentale Konstrukte preiszugeben oder Elemente seiner Alltagstheorien zu revidieren, ohne gleich sich selbst und seine Weltwahrnehmung insgesamt in Frage stellen zu müssen? Enthalten sie Korrekturpotentiale? Fördern sie die Bereitschaft eines Akteurs, in Kommunikationsprozessen die Weltsichten anderer Akteure wahrzunehmen und gegebenenfalls Elemente dieser fremden Realitätsbilder in seine eigene Wirklichkeitskonstruktion zu integrieren? Erleichtern sie Prozesse sprachlicher Verständigung oder befördern sie bleibende Fremdheit gegenüber dem Anderen und Unfähigkeit, den Aussagen und Selbstdeutungen Anderer irgendeinen Sinn beizulegen?

Die «kulturalistische Wende» in der Ökonomie erlaubt es, die Wirtschaftsethiken von Religionen auch nach dem Maße der in ihnen jeweils inhärenten Revisions- und Lernchancen zu rekonstruieren. Als umfassende, überkomplexe Kontingenz reduzierende Deutungssysteme lassen sich religiöse Weltbilder auch im Sinne von *cognitive maps* rekonstruieren, die die Wirklichkeitswahrnehmungen von Individuen steuern und über ihre jeweilige Repräsentation von Handlungschancen mitentscheiden. Sofern es Religion mit Heilsgewißheit oder, in soziologischer Sprache, mit letztgültiger

Überführung von Kontingenz in sinnhafte Bestimmtheit zu tun hat, stellt sie in ihren symbolischen Sprachen allgemeine Muster der Selbstdeutung und Realitätsrepräsentation bereit, die es individuellen oder kollektiven Akteuren im gelungenen Fall ermöglichen, auf neue krisenhafte Herausforderungen zu reagieren, ohne das überkommene Selbstbild und die alten Repräsentationen insgesamt verwerfen zu müssen. In genau dem Maße, in dem religiöse Deutungssysteme symbolische Identität und verläßliche Ordnungsstrukturen repräsentieren, bieten sie Individuen oder Gruppen die Chance zu gesteigerter Lernfähigkeit. Religion stabilisiert Regelvertrauen und kann in Situationen elementarer Krisen, in denen die überkommenen Regeln des Denkens und Handelns zur Disposition gestellt sind, den Aufbau neuer Alltagstheorien befördern.[3] Religion kann in ihren symbolischen Sprachen aber auch dazu beitragen, daß sich Lernpathologien verfestigen und Individuen oder Gruppen dem Verlust an Erfahrung nicht durch erhöhte Lernbereitschaft, sondern durch Fixierung auf mentale Konstrukte begegnen, die Erfahrungsresistenz fördern. Ökonomisch relevant sind religiöse Deutungssysteme gerade mit Blick auf die Frage, ob sie die für Erfolge auf Märkten unumgängliche Lernbereitschaft fördern oder blockieren.

b) Wirtschaftsethik und Kapitalismusmodelle

Im Zuge der kolonialen Expansion des europäischen Christentums und angesichts der konfessionellen Vielfalt sind Fragen nach möglichen Zusammenhängen zwischen religiösem Glauben und wirtschaftlichem Handeln schon im späten 17. und 18. Jahrhundert intensiv diskutiert worden. Der größere Wohlstand vieler protestantischer Territorien führte im 18. Jahrhundert protestantische wie katholische Gelehrte zu Untersuchungen über religiöse Einflüsse auf die Wirtschaftsordnung eines Landes und den prägenden ökonomischen Habitus seiner Bürger. Die Aufmerksamkeit richtete sich insbesondere auf die Frage, inwieweit der unübersehbare Rückstand der katholischen Gebiete auf konfessionsspezifische mentale Ursachen zurückzuführen sei. Die unterschiedlichen Entwicklungspfade der großen europäischen Nationalstaaten, in denen die kapitalistische Industrialisierung zu verschiedenen Zeitpunkten begann und die überkommene dominant agrarische Produktionsweise auf höchst divergente, aber immer konfliktreiche Art zurückdrängte, sensibilisierten für die ideellen, mentalen Voraussetzungen und sonstigen soziokulturellen Faktoren ökonomischer Entwicklung. Zwar ist noch immer ungeklärt, wann der Begriff «Wirtschaftsethik» geprägt wurde und seit wann sich die Rede von der «religiösen Wirtschaftsethik» oder der «Wirtschaftsethik der Religionen» durchsetzte; begriffsgeschichtliche Untersuchungen liegen noch nicht vor. Vermutlich entstand der Begriff aber erst relativ spät, im ausgehenden 19. Jahrhundert, analog zu Begriffen wie «Wirtschaftspolitik», «Wirtschaftsstil», «Wirtschaftswissenschaften» und «Wirtschaftsleben».[4]

Das Thema «Wirtschaftsethik der Religionen» ist allerdings älter als der Begriff. Jedenfalls läßt sich seit den siebziger Jahren des 19. Jahrhunderts in allen von schneller kapitalistischer Industrialisierung erfaßten europäischen Gesellschaften ein verstärktes Interesse der Gelehrten an möglichen Zusammenhängen zwischen religiöser Mentalität und ökonomischem Habitus beobachten. Die von vielen katholischen und konservativ-lutherischen Autoren formulierte moralische Fundamentalkritik des modernen Konkurrenzkapitalismus, der angesichts seiner katastrophalen – bald unter der Suggestivformel «soziale Frage» subsumierten – gesellschaftlichen Folgewirkungen als ein System von Habgier, Egoismus, Wucherei und ungerechter Ausbeutung der Schwächsten abgelehnt wurde, und die mit den «Kulturkämpfen» seit 1850 verbundenen polemischen Auseinandersetzungen um die mögliche «kulturelle Inferiorität» des Milieu-Katholizismus[5] trugen dazu bei, daß die alte Frage nach den potentiellen religiösen Ursachen des ökonomischen Traditionalismus und der Entwicklungsdefizite katholischer Länder und Regionen erneut große Aufmerksamkeit fand. Angesichts des überkommenen kanonischen Zinsverbots und der schon im Mittelalter erzwungenen Vorherrschaft von Juden im Bankenwesen und in sonstigen geldnahen Geschäftszweigen wurde, häufig mit einer antisemitischen Zielrichtung, seit 1870 in Frankreich und Deutschland darüber diskutiert, ob der moderne Kapitalismus von Juden «erfunden» worden sei und das Streben nach immer größerer Kapitalakkumulation als ein genuiner Ausdruck «jüdischen Geistes» oder «des Judentums» zu gelten habe. In kritischer Auseinandersetzung mit diesem breiten, in Deutschland seit der Jahrhundertwende vor allem von Werner Sombart geprägten Diskurs über die Rolle der Juden bei der Entstehung und Durchsetzung moderner kapitalistischer Zweckrationalität[6] stritt man seit den neunziger Jahren des 19. Jahrhunderts dann auch über die möglichen protestantischen Wurzeln des «Geistes des Kapitalismus».[7] In Deutschland, dem Land der verspäteten, aber besonders schnellen und krisenhaften kapitalistischen Modernisierung, waren um 1900 nahezu alle prominenten Vertreter der Historischen Kulturwissenschaften an diesen Kontroversen um die Genese jenes modernen bürgerlich-asketischen «Fach»- oder «Berufsmenschentums» beteiligt, das den kapitalistischen *take off* inszeniert und dauerhaft getragen hatte. Der große zweiteilige, 1904 und 1905 im *Archiv für Sozialwissenschaft und Sozialpolitik* publizierte Essay Max Webers *Die protestantische Ethik und der Geist des Kapitalismus* provozierte eine erregte Diskussion, die bis heute anhält.[8]

Aufgrund dieser noch immer kontrovers geführten Debatten, an denen neben Historikern und Sozialwissenschaftlern auch prominente Sozialethiker beider Konfessionen teilnahmen, wurde die Frage nach den mentalen Voraussetzungen und kulturellen Grundlagen ökonomischer Rationalität zunehmend auch von Nationalökonomen und Volkswirtschaftlern aufgegriffen. Sie findet in den aktuellen Globalisierungsdebatten erneut große Aufmerksamkeit, weil sich gezeigt hat, daß sich kapitalistische Zweckrationalität in kulturell sehr unterschiedliche Institutionenordnungen eingravieren läßt. Sowohl in der von Samuel Huntington angestoßenen Debatte um den «clash of civilizations» als auch in der stark von Michel Albert geprägten Diskussion über den *Capitalisme contre capitalisme*[9] wird zwischen konkurrierenden Grundtypen des Kapitalismus unterschieden, deren Differenzen durch die je besondere Verbindung von kultureller und religiöser Mentalität, Institutionenordnung und Markt definiert sind. Drei – bei einigen Autoren auch vier – Haupttypen stehen derzeit im Vordergrund des Interesses:

(a) der angloamerikanische Kapitalismus, der durch minimalistische politische Regelsysteme, eine weitgehende Deregulierung der ökonomischen Prozesse geprägt ist und, rein ökonomisch gesehen, derzeit am effizientesten funktioniert;

(b) das «rheinische Modell» der «sozialen Marktwirtschaft» als

Konzept eines sozialstaatlichen Korporatismus, in dem ein dritter
Weg jenseits von liberalem Konkurrenzkapitalismus und sozialisti-
scher Planwirtschaft gesucht und die Vermittlung von Klassenkon-
flikten in Institutionen des systematischen Dialogs zwischen den
gesellschaftlichen Gruppen zur bestimmenden Integrationsidee erhoben worden ist – mit dem Resultat der fortschreitenden Erosion
alter Sozialstaatsinstitutionen, wachsender struktureller Arbeitslo-
sigkeit und vielen politischen Lähmungserscheinungen;

(c) schließlich der asiatische *crony capitalism*, der stark bestimmt
ist durch patriarchalische Familienstrukturen, persönliche Beziehungen, spezifische mentale Bindungen der Arbeitnehmer an die
Unternehmen und Strategien der Selbstlegitimation des politischen
Apparates durch konfuzianische Werte.[10] Angesichts der großen internen Vielfalt der asiatischen Kulturräume treten einige westeuro-
päische und amerikanische Autoren dafür ein, den strapazierten Begriff des auf «Asian values» beruhenden Kapitalismus noch einmal
zu differenzieren und auf der Negativfolie der verschiedenen horizontalen Konkurrenzkapitalismen westlicher Prägung zwischen
dem vertikalen Ichiban-Kapitalismus in Japan und dem Guanxi-
oder Beziehungskapitalismus im chinesischen Kulturraum zu unterscheiden.[11] Dabei spielen neben den religiös-mentalen Differenzen
zwischen Japan und dem sinischen Kulturraum auch die erheblich
divergierenden Wirtschaftsstrukturen und Wirtschaftspolitiken sowie die unterschiedlichen Gestaltungen der Arbeitgeber- und Ar-
beitnehmerbeziehungen eine wichtige Rolle. Für den japanischen
Ichiban-Kapitalismus und den chinesischen Guanxi-Kapitalismus
ist jedoch die Abgrenzung von den horizontalen westlichen Markt-
kapitalismen entscheidend, auf deren freien Märkten formell gleiche Akteure miteinander in Tauschbeziehungen treten und sich je
nach Angebot und Nachfrage durchsetzen.[12] Insoweit gilt: Die drei
– oder vier – Kapitalismen sind geprägt durch konkurrierende Arrangements zwischen den Prozessen des Marktes und den sozialen
und politischen Institutionen, die freien Wettbewerb entweder be-
grenzen oder fördern sowie die am ökonomischen Prozeß beteiligten Akteure entweder belasten oder entlasten. Die unterschiedlichen Arrangements zwischen Markt und Institutionenordnung sind
ihrerseits stark beeinflußt durch die tiefgreifend verschiedenen religiösen und soziokulturellen Traditionen der kapitalistischen Welten.

c) Religion als bestimmende Kraft der Lebensführung

Die Wirtschaftsethik einer Religionsgemeinschaft wird entscheidend dadurch geprägt, wie in der religiösen Tradition die Heilsgüter definiert sind, die der Fromme um seiner Erlösung, seines Seelenheiles willen erlangen soll. Weiterhin sind die Heilsmittel und das Institutionengefüge der Religionsgemeinschaft, etwa die theologische Definition des Amtscharismas des Priesters oder die Rolle anderer religiöser Funktionsträger und Virtuosen, von wirtschaftsethischer Relevanz. So gilt es zu fragen: Was wird in einer Religionsgemeinschaft unter Erlösung verstanden? Wie wird Heilsgewißheit zu vermitteln versucht? Wie wird das Verhältnis der Frommen zur Welt bestimmt? Welche psychischen Antriebe zu welchem Handeln werden mit Blick auf das zu erlangende Heil vermittelt? Welche Handlungen gelten als Gott wohlgefällig, so daß sie religiös prämiert werden, und welche Handlungen werden als Gott widersprechend und damit als sündhaft tabuisiert? Wie beeinflußt die institutionelle Ordnung der Religionsgemeinschaft das Verhalten der in ihr vergemeinschafteten Menschen?

Angesichts der funktionalen Differenzierung moderner Gesellschaften, in denen die verschiedenen Subsysteme ihrer je besonderen Eigenlogik, spezifischen Normen und Handlungsmustern folgen, und der schnell wachsenden funktionalen Autonomisierung kapitalistischer Zweckrationalität stellt sich eine weitere Frage: Inwieweit vermag eine religiöse Ethik die Entwicklungslogik moderner Gesellschaften, die mit zunehmender funktionaler Differenzierung verbundene Verselbständigung eigenlogisch gesteuerter Subsysteme und die daraus resultierende permanente Steigerung sozialer Komplexität zu verarbeiten? In vormodernen Gesellschaften diente Religion entscheidend dazu, die einzelnen Lebensvollzüge zu verklammern und über allgemein verbindliche Bilder des Ganzen der Wirklichkeit soziale Einheit zu stiften. Der für gesellschaftliche Modernisierung grundlegenden Differenzierungslogik entspricht es, daß sich auch die Religion, einst der ideelle Einheitsgarant des Gemeinwesens, zu einem partikularen Subsystem neben anderen wandelt.[13] Ihre Angebote an Sinn und umfassender Lebensdeutung werden in sich modernisierenden Gesellschaften zum Gegenstand freier Wertentscheidung; der Einzelne kann sich auf den reich differenzierten Märkten der Weltanschauungen seine «Privatreligion» zusammenstellen. Die in den letzten zwanzig Jahren von Wirtschaftswissenschaftlern und Historischen Kulturwissenschaftlern unternommenen Versuche, die vielen Religionsgeschichten der Moderne in ökonomischen Modellen zu deuten und neuere religiöse Entwicklungen wie die Zunahme von Konversionen, die interne Pluralisierung der großen Konfessionskirchen, die Bildung von Sekten, den wachsenden Synkretismus, die schnelle Durchsetzung charismatischer Gruppen sowie die Erfolge der «fundamentalistischen» Bewegungen in wirtschaftswissenschaftlichen Begriffen zu analysieren, haben langfristige Trends der Differenzierung «religiöser Märkte» erkennen lassen.[14] In den widersprüchlichen, zumeist krisenhaften Prozessen gesellschaftlicher Modernisierung nimmt Religion keineswegs ab. Je deutlicher die mit der Expansion okzidentaler Zweckrationalität verbundenen hohen kulturellen und sozialen Folgeprobleme bewußt und Modernisierungspathologien sichtbar geworden sind, desto mehr sind auch alte religiöse Traditionen revitalisiert und neue, häufig «fundamentalistisch» aggressive Formen religiöser Selbst- und Weltdeutung mit Sinnstiftungsanspruch propagiert worden. Vor allem in den beiden Amerikas, in Asien, im Vorderen Orient und in Afrika hat Religion vielfältig zugenommen, aber sich dabei auch in viele neue Gestalten differenziert. Der moderngesellschaftlichen Logik zunehmender funktionaler Differenzierung korrespondieren vielfältige innere Differenzierungsschübe, die eine interne Pluralisierung der Religionen vorantreiben. Gegenläufig zur klassischen westlichen These, daß Religion in der Moderne zunehmend privatisiert wird, haben insbesondere in vielen nichtwestlichen Gesellschaften Religionen und religiöse Institutionen an öffentlicher Relevanz gewonnen. Durch viele «fundamentalistische» Bewegungen sind religiöse Traditionen politisiert und für eine moralische Kritik an der «Überfremdung» durch westliche Kulturwerte und die wachsende Dominanz kapitalistischer Zweckrationalität reformuliert worden.[15]

In den Prozessen sozialer Differenzierung und durch die interne Pluralisierung der Religion ändern sich auch der systematische Ort und die Funktionsweisen religiöser Ethik. In genau dem Maße, in dem sich im Zuge der gesellschaftlichen Differenzierung die verschiedenen Teilsysteme gegeneinander verselbständigen und nurmehr ihrer subsystemspezifischen Rationalität folgen, bleiben ihnen religiöse Normierungen äußerlich. Unter den Bedingungen funktionaler Differenzierung setzt sich die Eigengesetzlichkeit eines Subsystems oder die Sachlogik einer Institution selbst über den stärksten moralischen Akteur hinweg, der neben der funktional effizienten Zweckrationalität noch andere, eben ethische Maßstäbe geltend zu machen versucht. Jede religiöse Ethik ist so angesichts wachsender sozialer Differenzierung mit der Frage konfrontiert, wie ethische Normativität innerhalb der eigengesetzlich verfaßten Subsysteme geltend gemacht werden soll. Inwieweit sind religiöse Ethiken überhaupt dazu imstande, sozialer Differenzierung gerecht zu werden? Inwieweit können sie die subsystemischen Eigengesetzlichkeiten anerkennen und, im Unterschied zu bloßen Appellen und Sollensforderungen an einen idealen besseren Menschen, ethische Normativität so geltend machen, daß sie der Eigenlogik der ökonomischen Prozesse kompatibel ist? Besondere Relevanz besitzen diese Fragen mit Blick auf die Institution des Marktes, der ein durch harten Interessenkampf und elementare Antagonismen geprägtes Gebilde ist. «Wo der Markt seiner Eigengesetzlichkeit überlassen ist, kennt er nur Ansehen der Sache, kein Ansehen der Person, keine Brüderlichkeits- und Pietätspflichten, keine der urwüchsigen von den persönlichen Gemeinschaften getragenen menschlichen Beziehungen», hatte Max Weber behauptet.[16] Jeder Versuch, auf dem Markt gegen die Marktprozesse noch ethische Verbindlichkeiten geltend zu machen, könne, so Weber, unter den Bedingungen kapitalistischer Zweckrationalität immer nur als dysfunktionale, weil die Prozesse von Tausch und Kapitalakkumulation beeinträchtigende Begrenzung der Marktfreiheit verstanden werden. Insoweit gelte es, die harte Einsicht zu akzeptieren: Der Markt repräsentiert «die unpersönlichste praktische Lebensbeziehung, in welche Menschen miteinander treten können».[17] Wie läßt sich unter diesen Bedingungen ethischen Normen Geltung verschaffen? Kann religiöse Ethik nur dann eine ökonomisch relevante Prägekraft entfalten, wenn sie durch fundamentalistische Politisierung der Tradition oder die neue Durchsetzung überkommener gesamtgesellschaftlicher Normierungs- und Interpretationsansprüche eine Gesellschaft gegen das – weitere – Vordringen kapitalistischer Zweckrationalität immunisiert?

d) *Okzidentaler Betriebskapitalismus und «innerweltliche Askese»*

Aufgrund ihrer tiefgreifenden religiösen Differenzen bildeten die großen Religionen und die verschiedenen christlichen Konfessionen auch sehr unterschiedliche Wirtschaftsethiken aus. Je nach der religiös entworfenen Stellung des Menschen im Kosmos und zur Welt entwickelten sie entweder Ethiken der Weltdistanz, Weltablehnung und Weltflucht oder aber Ethiken der aktiven Aneignung, Umgestaltung und Beherrschung der Welt. Viele religiöse Ethiken prämierten passive Selbstdefinitionen des Menschen, der sich in den vorgegebenen Kosmos einfügen oder um der harmonischen Einbindung in die wahre Ordnung des kosmischen Ganzen willen von der sündhaften Welt abwenden sollte. In anderen religiösen Ethiken wurden demgegenüber Leitbilder des tätigen, weltgestaltenden Menschen entworfen, in denen der Mensch als das Werkzeug Gottes gesehen wurde, das mithilft, eine schlechte Welt in eine dem Gotteswillen entsprechende Ordnung zu bringen. Entscheidend für die gegensätzlichen Konzeptionen der Stellung des Menschen gegenüber der Welt ist die Frage der Magie. Unter den Bedingungen eines magischen Weltbildes läßt sich keine konsequente Ethik aktiver Weltbeherrschung entwickeln, die eine hohe systematische Konsequenz und Geschlossenheit des Handelns zu bewirken vermag. Nur durch die Ausschaltung der Magie als eines Heilsmittels, also durch «Entzauberung der Welt» (Max Weber), kann ein Ethos rationaler Weltbemächtigung kultiviert werden. Selbst wer Max Webers «Idealtypen» religiöser Vergemeinschaftung für unzutreffend hält und einzelne Zuschreibungen in seiner Typenbildung, etwa die Darstellung des Konfuzianismus oder die Sicht des antiken Judentums, kritisiert,[18] wird die Plausibilität des zentralen Arguments nur schwer bestreiten können, daß religiöse Deutungssysteme mit stark magischen Elementen kein Ethos tätiger Beherrschung und Umgestaltung der Welt erzeugen können.

In nahezu allen religiösen Ethiken spielen die Fragen von Eigentum, Geldbesitz, Zinsnehmen, Wucher, Habgier, gerechtem Lohn, Luxus, Feiertagsruhe, Fleiß und Müßiggang traditionell eine wichtige Rolle.[19] Sehr viele Religionen prämieren in diesem Zusammenhang Haltungen von Askese, Verzicht und Bescheidenheit. Um trotz der religiösen Forderung nach radikaler Askese und Enthaltsamkeit den Frommen pragmatische Kompromisse mit den Erfordernissen des Lebens, etwa der Notwendigkeit der Erwerbsarbeit, zu ermöglichen, wurden in zahlreichen religiösen Deutungskulturen Stufen- oder Zweiklassenethiken entwickelt, denen zufolge für Propheten oder Amtsträger der kirchlichen Institution eine sehr viel strengere, unbedingtere Geltung des Gebotenen als für die Laien – das «Kirchenvolk» – eingeklagt wurde. Mit den Ordensgemeinschaften und ihren Klöstern wurden in nahezu allen großen Religionen zudem Institutionen geschaffen, in denen die Absonderung von der Welt gelebt und ein äußerst strenges religiöses Ethos kultiviert werden konnte. Auch wenn sie religiösen Virtuosen das Privileg einräumen, um der erstrebten Nähe zu Gott willen auf Erwerbstätigkeit zu verzichten, wird in zahlreichen religiösen Ethiken ein starker Erwerbstrieb durchaus positiv gesehen. Religiöse Impulse zu rastloser Berufsarbeit oder die religiös induzierte Stärkung eines aktiven Erwerbstriebes bedeuten aber noch keineswegs, daß solche Religion eine innere Affinität oder «historische Wahlverwandtschaft» mit dem modernen Kapitalismus aufweist. Der rationale Dauerhabitus, der ursprüngliche kapitalistische Akkumulation ermöglichte, war zunächst historisch singulär. Er bildete sich ausschließlich unter den Bedingungen des okzidentalen Christentums heraus und, folgt man Max Webers Argumentation, hier allein in einer bestimmten konfessionellen Gestalt des Protestantismus, dem reformierten «asketischen Protestantismus» insbesondere der Puritaner. Nur hier wurde aus internen religiösen Motiven, wegen der spezifischen Heilsungewißheit des calvinistischen Frommen angesichts der doppelten Prädestination, ein rationales Ethos innerweltlicher Askese systematisch gezüchtet und kultiviert, das die Genese und Durchsetzung des modernen okzidentalen Betriebskapitalismus ermöglicht hat.

Unbeschadet der umstrittenen Stimmigkeit von Webers kulturhistorischer Konstruktion ist festzuhalten: Die kapitalistische Produktionsweise ist in den Phasen der ursprünglichen Akkumulation an spezifische mentale Bedingungen gebunden. Sie setzt im Verhältnis zu überkommenen, traditionalistischen ökonomischen Habitus eine tiefgreifende Revolution der Haltung, inneren Einstellung oder Gesinnung des tätigen Menschen voraus, die sich nicht aus bloßen

Nutzenkalkülen erklären läßt. Der Kapitalismus bedarf in seinen Startphasen eines Typs von unternehmerischem Menschen, der durch spezifische Eigenschaften gekennzeichnet ist: hohe asketische Selbstdisziplinierung, Kontrolle der Emotionen, Stetigkeit der Lebensführung, Pathos der Sachlichkeit, Berechenbarkeit, rationale Chancenoptimierung, Kompetenz zur präzisen Kalkulation von Kosten und Gewinnmöglichkeiten, Fähigkeit zur Nutzenmaximierung und die Verbindung von Risikobereitschaft mit Verantwortungsbewußtsein. Es geht bei diesen kapitalismuskompatiblen Tugenden um mehr als nur um kaufmännisches Geschick oder die *money making mentality* eines Entrepreneurs. Entscheidend ist die Konsequenz, mit der die strikt rationale Haltung zur Welt habitualisiert und die Hingabe an den ökonomischen Zweck «Kapitalvermehrung» zum alles bestimmenden Regulativ der Lebensführung wird.

Erfolgreicher Kapitalismus benötigt nicht nur einen spezifischen Typus von «Unternehmerpersönlichkeit». Er setzt auch einen Typus von Arbeiter voraus, der die Zwecke des Unternehmens zu internalisieren, sich in die arbeitsteiligen Produktions- und Distributionsprozesse einzufügen und ein an Stetigkeit und Verläßlichkeit orientiertes Berufsethos zu leben vermag. Insoweit bedarf es nicht nur technischer Schulung und Erziehung, sondern auch einer moralischen Sozialisation, in der die besonderen ethischen Qualitäten des kapitalistischen Arbeiters gebildet werden. Seine Produktivität läßt sich nicht allein durch utilitaristisch rekonstruierbare ökonomische Anreize, etwa durch eine höhere Bezahlung oder durch ein System des Akkordlohns, steigern. Andere Impulse, vor allem die innere Einstellung zur Arbeit, sind sehr viel wichtiger. Gegenüber einer traditionellen Arbeitsmoral mit viel Müßiggang, Leerlauf und Gleichgültigkeit setzt der Kapitalismus insofern auch auf der Ebene des Arbeiters eine Gesinnungsrevolution oder zumindest eine radikale Veränderung der Mentalität voraus. Diese geforderte Revolution der Gesinnung und Lebensführung kann nur durch sehr tiefe psychische Antriebe bewirkt werden. Sofern Religion eine bestimmende Macht der Lebensführung ist, dürfte sie eine – wenn nicht *die* – entscheidende Kraftquelle für jene innere Disziplinierung des Menschen sein, die sich auch in einem leistungsorientierten Arbeitsethos niederschlägt. In Fortführung von Forschungen zum protestantischen Berufskonzept, die der kulturprotestantische Theologe Albrecht Ritschl in den siebziger und achtziger Jahren des 19. Jahrhunderts unternommen hatte, suchten Max Weber, Ernst Troeltsch, Adolf von Harnack und Karl Holl die hohen disziplinierenden Folgewirkungen der reformatorischen Lehre vom weltlichen Beruf des Christen am Beispiel pietistischer Arbeiter und Arbeiterinnen zu verdeutlichen. Deren spezifische Frömmigkeit beinhaltete nüchterne Selbstbeherrschung, große Leistungsbereitschaft, Ehrlichkeit, Solidarität gegenüber den Kollegen und das Gefühl einer absoluten Verpflichtung zu produktiver Arbeit im Dienst des Unternehmens. Arbeit war hier zu einem Eigenwert mit religiösem Verpflichtungsgehalt gesteigert worden. Durch ihre Frömmigkeit hatten diese pietistischen Arbeiter und Arbeiterinnen einen Grad der Einheitlichkeit der Lebensführung gewonnen, der im Verhältnis zu den *working mentalities* anderer Gruppen der Arbeiterschaft singulär war. Dies verschaffte ihnen auch eine starke, ja exzeptionelle Position auf den krisenhaften Arbeitsmärkten des Kaiserreichs.

In den klassischen kulturwissenschaftlichen Diskursen über die möglichen religiösen Ursprünge des «Geistes des Kapitalismus» ist bereits darauf hingewiesen worden, daß die großen Religionen sowie die christlichen Konfessionen auf den epochalen Prozeß der Durchsetzung einer umfassenden Rationalisierung aller ökonomischen Beziehungen sehr unterschiedlich reagierten. Den nichtchristlichen Religionen blieben der okzidentale Rationalismus und seine ökonomische Konkretion, kapitalistische Zweckrationalität, zunächst fremd. Sie mobilisierten seit dem 19. Jahrhundert und – unter dem Eindruck des westlichen Kolonialismus – verstärkt im 20. Jahrhundert sehr alte Topoi religiöser Kritik an Habgier, Geiz, Gewinnstreben, skrupelloser Profitorientierung und Ökonomisierung aller Lebensbeziehungen, um den Markt als eine unmoralische Institution zu erweisen. Häufig reformulierten sie altehrwürdige religiöse Gemeinschaftsvisionen, um Gegenkräfte gegen die drohende Überwältigung durch einen schnell expandierenden okzidentalen Konkurrenzkapitalismus zu mobilisieren. Viele bedeutende Repräsentanten der nichtchristlichen Religionen sehen bis heute ihre entscheidende religiöse Aufgabe darin, alternative, der kapitalistischen Zweckrationalität widerstreitende Entwürfe «ganzheitlichen» Lebens zu propagieren und gegen rein ökonomisch-funktionalistische

Definitionen des Menschen darauf zu beharren, daß sich der Sinn menschlichen Lebens niemals in wirtschaftlichem Handeln und Erfolg erschöpft.

Auch in den christlichen Konfessionskirchen und Sekten blieben bis in die Gegenwart antikapitalistische Mentalitäten und eine sehr tiefe moralische Skepsis gegen die kapitalistische Konkurrenzökonomie und ihre aggressive Tendenz zur drohenden Überformung aller Lebensbereiche bestimmend. Aufgrund des universalistischen *telos* der jüdischen und christlichen Überlieferung richtete sich in allen christlichen Kirchen aber ein besonderes Interesse darauf, Anwalt der Schwachen zu sein und für all jene Gruppen mit einzutreten, die in den krisenhaften Modernisierungsprozessen marginalisiert wurden. Gewichtigen sozialpolitischen Einfluß erlangten die großen Kirchen dabei insbesondere auf den «rheinischen Kapitalismus», dessen sozialstaatliche Institutionen der Begrenzung und Korrektur der Marktdynamik sehr stark von christlichen Ideen einer solidarischen, gemeinwohlorientierten Gesellschaft mitgeprägt wurden. Insgesamt gilt: Zwischen den religiösen Selbst- und Weltdeutungen des Menschen und der Eigenlogik kapitalistischer Zweckrationalität bestehen elementare, unaufhebbare Spannungen. Religionen werden sich niemals differenzlos in einen global gewordenen Kapitalismus einfügen können. Denn jede Religion vermittelt in ihren symbolischen Sprachen und Bildern je eigene Einsichten in eine prinzipielle Transzendenz des Individuums gegenüber der sozialen Welt, die jede ökonomische Zweck-Mittel-Relation relativiert.

e) Globalisierung und religiöser Wandel

Auf weltweiten Märkten für Güter und Dienstleistungen entsteht erhöhter Konkurrenzdruck. Unter den Bedingungen eines global agierenden Kapitalismus konkurrieren nicht mehr nur Unternehmen gegen Unternehmen, sondern auch nationale Volkswirtschaften gegen andere nationale Volkswirtschaften, aber auch verschiedene Kapitalismen gegeneinander. Dies bedeutet sowohl in den Außenbeziehungen der Systeme als auch intern für die einzelnen Gesellschaften: Interessengegensätze verschärfen sich, und der Abstand zwischen ökonomisch Schwächeren und Stärkeren wächst.

Alle ökonomischen Akteure aber stehen mit fortschreitender Globalisierung vor der harten Alternative, sich entweder der Rationalität weltweiter Märkte anzupassen oder eine zunehmend marginale Marktposition zu akzeptieren. So zwingen Globalisierungsprozesse die alten Industriegesellschaften zu tiefgreifendem Wandel und umfassender Reform ihrer überkommenen Institutionengefüge. Informations-, Bildungs- und Wissensgesellschaften entstehen, in denen sich Einkommen wie soziale Chancen entscheidend nach hochspezialisierten Fachkompetenzen bemessen. In diesen Gesellschaften wird vom Individuum extrem hohe Flexibilität verlangt: Die schnelle, aber kontinuierliche Veränderung von Anforderungsprofilen, die Bereitschaft zu hoher Mobilität, die Fähigkeit zum lebenslangen Lernen und der tiefgreifende Umbau von Verwaltungs- und Unternehmensstrukturen werden einen neuen Typus von «flexiblem Menschen» fordern,[20] der als «Selbstunternehmer» teils alter kapitalistischer Entrepreneur-Qualitäten, teils neuer Tugenden wie der permanenten Revisionsbereitschaft bedarf. Weil ihnen die für gesellschaftlichen Aufstieg unerläßlichen Bildungskompetenzen fehlen, einfache Arbeit in den alten Industrien und Dienstleistungsunternehmungen aber im globalen *out-sourcing* in Länder mit billigeren Arbeitskräften exportiert worden ist, werden in den Wissensgesellschaften zugleich sehr viele Menschen weiter ins gesellschaftliche Abseits geraten – oder um den Preis sehr viel niedrigerer Sozialstandards eine vergleichbar billige Entlohnung akzeptieren müssen.

Für die Kirchen und sonstigen religiösen Institutionen stellt diese Entwicklung eine große Herausforderung dar: Wenn sie im Sinne des christlichen Brüderlichkeitsethos und gemäß ihren sozialethischen Traditionen weiterhin Solidaritätspflichten der Stärkeren gegenüber den Schwächeren einklagen und sozialstaatliche Grundideen des «rheinischen Modells» verteidigen wollen, werden sie sich an der Suche nach einer neuen Institutionenordnung beteiligen müssen, die einerseits den Markt sehr viel weniger reguliert und begrenzt als der alte Sozialstaat – nur so kann der «rheinische Kapitalismus» global wieder konkurrenzfähig werden oder bleiben – und andererseits den tatsächlich marginalisierten Gruppen Schutz und Unterstützung bietet. Die Kirchen werden sich zudem sehr viel stärker als bisher auf die Aufgabe konzentrieren müssen, das überkommene «soziale Kapital» einer Gesellschaft zu bewahren und zu mehren. In der neueren Debatte um das *social capital* einer Gesellschaft ist immer wieder betont worden, daß eine Gesellschaft oder eine soziale Gruppe nur dann lernfähig bleibt und Reformprozesse organisieren und politisch gestalten kann, wenn die Mitglieder über einen Bestand an elementarem Vertrauen verfügen und bereit sind, ihren Interaktionspartnern einen Vertrauensvorschuß zu gewähren.[21] Religiöse Sprachen, die eine elementare Verläßlichkeit der Grundstrukturen des Lebens symbolisch repräsentieren, stellen ein wichtiges, wohl unverzichtbares Medium solcher Vertrauensbildung dar.

Die Diskussion über Zusammenhänge und Konflikte zwischen den Prozessen ökonomischer Globalisierung und religiösem Wandel hat sich in den letzten Jahren zunächst auf die Frage konzentriert, inwieweit die schnellen Erfolge des asiatischen *crony capitalism* entscheidend auch durch eine vom Konfuzianismus geprägte Wirtschaftsethik ermöglicht wurden. Theoretiker wie Gordon Redding sahen in konfuzianischen Traditionen den effizienzsichernden «spirit of chinese capitalism»[22], und Francis Fukuyama deutete das vom Konfuzianismus geprägte «soziale Kapital» Chinas als die entscheidende Bedingung für die schnelle kapitalistische Revolution in den Metropolen des chinesischen Südens. Die «Ausstattung eines Landes mit sozialem Kapital» sei «entscheidend für seine Wirtschaftsstruktur und damit auch für seine Stellung in der weltweiten kapitalistischen Arbeitsteilung»: «Das soziale Kapital beruht auf nichtrationalen Gewohnheiten und hat seinen Ursprung in ‹irrationalen› Phänomenen wie Religion und traditionellen Ethiken. Allem Anschein nach ist es eine notwendige Bedingung, damit moderne ökonomische und politische Institutionen funktionieren.»[23] Die Frage nach dem religiös fundierten «Geist des chinesischen Kapitalismus» kann dann präzisiert werden zur Frage nach den spezifischen Chancen des Konfuzianismus, Vertrauen zwischen ökonomischen Akteuren zu stiften oder zu fördern und so jene elementaren kulturellen Fundamente zu sichern, die in allen Interaktionen auf Märkten immer schon vorausgesetzt werden.

Dies gilt analog auch für andere religiöse Deutungskulturen. Mit Blick auf einen möglichen kapitalistischen *take off* Rußlands und anderer Staaten der ehemaligen UdSSR ist in den letzten Jahren intensiv nach einer orthodox-christlichen Variante des puritanischen

Berufsmenschen oder doch nach religiösen Anknüpfungspunkten für einen kapitalismuskompatiblen ökonomischen Habitus gesucht worden. Die Hoffnung, in den orthodox-christlichen Konzepten der Heilsgewißheit und den Vorstellungen von der realen Teilhabe des Frommen am göttlichen Leben Elemente finden zu können, die eine ökonomisch relevante innerweltliche Askese befördern, ist bisher allerdings enttäuscht worden. Die orthodoxe Frömmigkeitskultur trägt zudem kaum dazu bei, ein elementares soziales Vertrauen zu stärken und *social capital* zu mehren. Zumindest in der Perspektive westlich geprägter Analytiker stellt sich das orthodoxe Christentum als eine Gestaltweise christlicher Überlieferung dar, die eher ökonomischen Traditionalismus und quietistische Akzeptanz des Gegebenen als Innovationsbereitschaft und unternehmerische Rationalität fördert.

Schließlich haben der Streit über islamische Aufklärung, ökonomische Modernisierung und Verwestlichung islamischer Gesellschaften sowie die fundamentalistischen Re-Islamisierungsrevolutionen auch die Frage provoziert, ob sich durch Reformulierung der religiösen Traditionen eine spezifisch islamische Form eines kapitalismusadäquaten ökonomischen Habitus bilden läßt. Diese Debatte über die Rolle des Islams – genauer: der verschiedenen Ausprägungen islamischer Tradition – in den Prozessen ökonomischer Globalisierung wird seit den achtziger Jahren vielfach sehr differenziert geführt. Die Unterschiede der vom Islam (mit-)geprägten Kulturräume werden berücksichtigt, die Fixierung auf die fundamentalistischen Mobilisierungsbewegungen gegen westliche «Überfremdung» schwindet, und der gewichtige Anteil islamischer Minderheiten an den erfolgreichen kapitalistischen Transformationsprozessen in verschiedenen ostasiatischen «Tiger-Staaten» wird zunehmend analysiert und gewürdigt. Die von vielen westlichen Analytikern mit Blick auf die islamisch-fundamentalistischen Protestbewegungen des Vorderen Orients und Nordafrikas formulierte These, daß «*der* Islam» aufgrund des traditionellen Zinsverbotes und der Bindung an die Scharia notwendig modernisierungsfeindlich sei und an vorkapitalistisch-traditionale Formen des Wirtschaftens gebunden bleibe, hat sich als unzutreffend erwiesen. Zwar lassen sich die diversen islamischen Fundamentalismen theologisch wie politisch-kulturell als modern-antimoderne Reaktionen auf die kulturelle Verwestlichung und kapitalistische Transformation von dominant traditionalen Gesellschaften verstehen, die auf den von außen kommenden Modernisierungsschock primär traumatisch, durch scharfe Abgrenzung, Revitalisierung traditionaler Gewißheit und starre Formen religiöser Identitätsrepräsentation reagieren. Auch hat sich zeigen lassen, daß insbesondere in den islamischen Gemeinschaften asiatischer Länder die neuen religiösen Fundamentalismen primär von den Verlierern der Modernisierungsprozesse, etwa Basarhändlern, kleinen Ladenbesitzern und Handwerkern, getragen werden sowie von Migranten, die vom Land vertrieben wurden oder auf der Suche nach Arbeit in die urbanen Zentren flohen, wo sie zumeist aber nur in Slums vegetieren oder im informellen Sektor ein unzureichendes Einkommen erwerben konnten. Aber die neuere kulturwissenschaftliche Islam-Forschung hat vor allem mit Blick auf islamische Gemeinschaften in westeuropäischen Ländern sowie in verschiedenen Gesellschaften Ostasiens gezeigt, daß Gruppen eines neuen Mittelstandes islamische Tradition auch dafür in Anspruch nehmen, ein aktives Leistungsethos und einen «Geist des Kapitalismus» zu bilden. Sowohl in der Diskussion um ein spezifisch islamisches Bankenwesen[24] als auch in den Debatten über die schnell expandierenden neuen religiösen Bewegungen in Asien[25] und die fortschreitende religiöse Pluralisierung der südostasiatischen «plural societies»[26] sind neue Formen kapitalismuskompatibler islamischer Identität im ökonomisch leistungsstarken neuen Mittelstand sichtbar gemacht worden. Religion bietet diesen Menschen, die zumeist die erste Generation sozialer Aufsteiger und Migranten vom Lande in die Stadt darstellen, in der urbanen Lebenswelt und angesichts der vielfältigen Risiken ihrer neuen Existenz psychische Geborgenheit und sozialen Halt.

In all diesen Debatten über die möglichen Wechselwirkungen zwischen Religion und kapitalistischer Globalisierung ist deutlich geworden: Die mit der Globalisierung verbundene kapitalistische Transformation von Gesellschaften, die bis dahin nur am Rande vom Kapitalismus erfaßt waren, wirkt entscheidend auch auf ihre religiösen Gemeinschaften zurück. Zumeist spiegeln sich die Modernisierungskonflikte in internen Differenzierungen der religiösen Gemeinschaften und einer Pluralisierung der religiösen Lebenswelten. Das Spektrum reicht, typologisch gesehen, von Fundamentalismen, in denen religiöse Tradition zugunsten einer unbedingten Identitätsbehauptung und Abgrenzung gegenüber allem Westlichen reformuliert wird, über Reform und Erneuerung der religiösen Überlieferung, die neuen mittelständischen oder sich verbürgerlichenden Gruppen Chancen einer einheitlichen Lebensführung in ihren kapitalistisch transformierten Lebenswelten bieten, bis hin zu Synkretismen und Prozessen von Konversion und schnellem religiösen Wandel. Dabei gilt insgesamt: Religiösen Symbolsprachen eignet zumeist ein erstaunlich hohes Maß an Flexibilität. Trotz alter Konventionen in der Auslegung ihrer heiligen Texte enthalten sie intern sehr viel mehr an Modernisierungspotentialen, als in einer westlichen Intellektuellen-Perspektive häufig wahrgenommen wird. Die sogenannte Orientalismus-Debatte hat exemplarisch gezeigt, daß viele westliche Urteile über die vermeintlich konstitutive Rückständigkeit islamischer Deutungskulturen primär nur ein Reflex alter okzidentaler Wahrnehmungsmuster sind.[27] So wie es eine islamische Aufklärung gab, wird es neben fundamentalistisch revolutionierten islamischen Gemeinwesen auch Gesellschaften eines islamisch indigenisierten Kapitalismus geben. Die Erforschung von Mentalitäten und ökonomischen Habitus wirtschaftlich erfolgreicher islamischer Gruppen in ostasiatischen Gesellschaften, in denen sich seit den sechziger Jahren ein historisch singulärer, extrem schneller ökonomischer Wandel von dramatisch unterentwickelten Armutsgesellschaften[28] zu Wohlstandsgesellschaften mit einem relativ reichen Mittelstand vollzog, hat die Hintergründe dieses Wirtschaftswunders erkennen lassen:[29] Ihre Leistungskraft verdanken die neuen Mittelstandsgruppen primär einem strukturell puritanischen, durch Verzicht, Askese, Ausdauer und rationale Lebensführung bestimmten Leistungsethos, dessen Entstehung ohne die hohe Prägekraft religiöser Traditionen nicht zu erklären ist.[30] Nicht nur der Konfuzianismus und islamische Überlieferungen sind hier in den Blick zu nehmen, sondern auch neue charismatische Formationen des Christentums. In all diesen Fällen dürfte die spirituell reformierte religiöse Tradition vor allem dazu dienen, für sich verbürgerlichende oder mittelständische Sozialgruppen alte Tugenden wie Disziplin, Fleiß und Aufstiegsorientierung zu prämieren und zugleich Netze der Solidarität zu bewahren oder neu zu schaffen, um die mit ökonomischer Modernisierung unvermeidlich verbundenen hohen sozialen Kosten und Folgelasten zumindest partiell bewältigen zu können. Die neubelebte Tradition vermittelt Deutungsangebote, um Wandel zu verarbeiten und den häufig sehr intensiv praktizierten religiösen Glauben mit alten Gewißheiten verbinden zu können. Das «asiatische Wunder»[31] verdankt sich insoweit auch einer Erneuerung und Transformation überkommener Religion. Auch der sogenannte «protestantische Buddhismus»[32] repräsentiert exemplarisch die durch spirituelle Erneuerung und Kultursynthese der religiösen Überlieferung geleistete Entwicklung einer gleichsam bürgerlichen Leistungsethik. Durch synkretistische Adaption protestantischer Normen sind hier überkommene buddhistische Tendenzen von Weltflucht und Weltablehnung gebrochen worden. Dies stärkt all jene sozialen Gruppen in ihrer Identität, die auf die zunächst externen Zwänge der Anpassung an kapitalistische Marktrationalität konstruktiv zu reagieren und sich auf neuen Märkten zu behaupten versuchen.

f) Differenzbewußtsein oder Öffnungszwang?

Die aktuellen Debatten über die drei oder vier Kapitalismen drehen sich im Kern um die Frage, ob sich in den Prozessen weiterer Globalisierung schließlich ein Modell durchsetzen oder ob die Zukunft durch weitere Differenzierung kulturell unterschiedlicher Muster des Kapitalismus geprägt sein wird. Ökonomen geben dazu sehr kontroverse Antworten. Sie verweisen einerseits auf die technologisch bedingten Uniformierungszwänge, wie sie nicht zuletzt durch die globale Computerisierung und die damit ermöglichte Verdichtung weltweiter Informationsnetze bewirkt wird. Andererseits zeigen sie, daß Menschen und Systeme auf Probleme mit sehr unterschiedlichen Lösungsstrategien reagieren und sich gerade in Krisensituationen sehr stark von Hintergrundgewißheiten leiten lassen, die immer religionskulturspezifisch kodiert sind. Je schärfer Wirtschaftswissenschaftler die kulturellen Voraussetzungen ökonomischer Rationalität oder die impliziten normativen Axiome in vermeintlich rein zweckrational gesteuerten Marktprozessen betonen, desto eher neigen sie zu der Prognose, daß die weitere Entwicklung kapitalistischer Globalisierung durch neue Differenzierungsschübe und die verstärkte Ausprägung kulturell divergenter Formen des Kapitalismus bestimmt sein wird.[33] Mit Blick auf die Anpassungszwänge, die das ökonomisch jeweils effizienteste Modell unter den Bedingungen globaler Konkurrenz auf die anderen Typen ausübt, sagen die Kritiker des Verschiedenheitstheorems dagegen eine neue Homogenisierung voraus, wobei teils das anglo-amerikanische, teils auch das rheinische Modell als maßstabbildend gilt.[34]

Religionswissenschaftler und Wirtschaftsethiker können diesen Streit der Ökonomen nicht entscheiden. Aber sie können mit Blick auf die hochdifferenzierten religiösen Lebenswelten der Menschheit eine Hypothese wagen: In der Perspektive einer kulturwissenschaftlich informierten Religionskulturforschung sprechen viele Indizien für die Vermutung, daß Prozesse technologischer und ökonomischer Konvergenz immer auch von neuen Schüben kultureller Differenzierung begleitet sein werden. Verstärkte Durchsetzung ökonomischer Zweckrationalität wird immer mit religiös motivierten und artikulierten Gegenreaktionen gegen die befürchtete umfassende Funktionalisierung des Menschen verbunden sein. Im Maß der Expansion von Marktrationalität und harter Konkurrenz werden zunehmend die Grenzen des Marktes bewußt werden. Die wachsende Beschleunigung von Globalisierungsprozessen wird dazu führen, daß sich in allen religiösen Gemeinschaften Kräfte regen, die auf den Aufbau transnationaler Strukturen der Kanalisierung und Begrenzung der Marktdynamik drängen. Die Debatte um den *new institutionalism* in der Ökonomie läßt die Annahme plausibel erscheinen, daß sich solche Regeln und Ordnungsstrukturen nicht gleichsam von selbst, rein aus der Eigendynamik des Marktes erzeugen werden, sondern es mit Blick auf die Effizienz der ökonomischen Prozesse grenzüberschreitender politischer Konsensbildung bedarf, um Regeln zu schaffen, die das Funktionieren von Märkten und Institutionen des friedlichen Austrags von Konflikten sicherstellen.[35]

Prozesse technologischer wie ökonomischer Konvergenz und die mit kapitalistischer Modernisierung zumeist verbundenen hohen sozial-kulturellen Folgekosten werden bei Gruppen besonders frommer Menschen Fluchttendenzen begünstigen und dazu führen, daß alte Formen religiöser Weltdistanz revitalisiert werden. Je mehr in religiösen Symbolsprachen eine Sensibilität für die pathologischen

Nebenwirkungen von Modernisierung gepflegt oder erzeugt werden kann, desto attraktiver werden entsprechende religiöse Gemeinschaften mit einem einfachen, «schöpfungskonformen» Lebensstil und der Förderung von Entwicklungskonzepten, in denen – im Sinne der *community culture*-Traditionen – das *empowerment* marginalisierter Gruppen gefördert wird. Dabei werden alte religiöse Stufenethiken an Gewicht gewinnen, denen zufolge von den «religiösen Virtuosen» oder Amtsträgern eine strengere moralische Selbstbindung als von den zu vielfältigen Kompromissen mit der kapitalistischen Welt gezwungenen «Laien» zu erwarten ist. Je schneller die Zeit sich beschleunigt und der globale Kapitalismus alte kulturelle Traditionen und Institutionen unterminiert, desto größeres Gewicht gewinnen die Kulturen der Erinnerung an das Verlorene, die in Sprache und Ritus immer vom symbolischen Kapital der alten Religionen leben.

Gesellschaften unterscheiden sich voneinander nicht nur durch die Inhalte ihrer religiösen Traditionen und deren Heilsgüter, sondern auch durch den Grad der Frömmigkeit sozialer Gruppen. In Schwellenländern dürften die Wirtschaftsethiken der jeweiligen religiösen Überlieferungen eine sehr viel größere Rolle spielen als in den meisten Wissensgesellschaften hochentwickelter Industriestaaten. Religionen, die einen gleichsam puritanischen Habitus rationaler Selbstkontrolle kultivieren, werden in ihren Gesellschaften als Kräfte der Förderung eines kapitalistischen *take off* dienen können, wohingegen rein weltflüchtige religiöse Kräfte blockierend wirken werden. Die sehr unterschiedlichen Entwicklungspfade der europäischen Gesellschaften und die Religionsgeschichte der USA zeigen, daß religiöse Traditionen auch unter den Bedingungen des entwickelten Kapitalismus gewichtigen Einfluß auf die Gestaltung der Rahmenordnung behalten. Zwar mag mit der Pluralisierung der religiösen Deutungssysteme der Einfluß der Kirchen auf die öffentlichen Debatten über das Verhältnis von Markt und sozialen wie politischen Institutionen der Begrenzung freier Marktdynamik zurückgehen. Aber sie werden in ihrer Bindung an das überkommene christliche Brüderlichkeitsethos immer auf Sozialpflichten und Korrekturen der vom Markt erzeugten Verteilung von Einkommen und Chancen bestehen müssen. Angesichts des Wandels alter Industriegesellschaften zu Wissens- und Bildungsgesellschaften werden sie ihre religiösen Sinndeutungsangebote und ethischen Konzepte sehr viel stärker als bisher in Sprachspielen kommunizieren müssen, die den sehr weiten kognitiven Abstand zwischen religiöser Tradition und den vielen neuen Wissensbeständen zu überbrücken erlauben. Sie werden ebenso wie die Repräsentanten anderer Religionsgemeinschaften Ethiken entwickeln müssen, die es über die verständliche Erinnerung an die Sorge für die Schwachen hinaus stärker als bisher ermöglichen, die konstruktiven, wohlstandsfördernden Effekte der kapitalistischen Expansion wahrzunehmen.

Trotz der gebotenen Skepsis gegenüber den «großen Erzählungen» von der kommenden Weltgesellschaft wird sich bezüglich der komplexen Zusammenhänge zwischen christlichen Religionsgeschichten und weltweiter ökonomischer Modernisierung eine Hypothese wagen lassen: Christliche Gemeinschaften, die die Autonomie und Eigenverantwortung der Individuen stärken, ein Ethos der aktiven, leistungsorientierten kreativen Lebensführung vermitteln und zugleich Netzwerke wechselseitigen Vertrauens schaffen sowie kleine Inseln der Solidarität bauen helfen, dürften sich in einer Situation weiterer Pluralisierung der Religion besser behaupten können als Gruppen oder Kirchen, die sich auf eine bloße Abwehrhaltung zum globalen Kapitalismus versteifen. Gewiß hat ein Gestus prinzipieller Verweigerung darin sein Recht, daß er, ganz im Sinne der christlichen Überlieferung, an die engen Grenzen einer rein ökonomisch-funktionalen oder zweckrationalen Definition des Menschen erinnert und angesichts unübersehbarer Modernisierungspathologien auf jene umfassende Bestimmung des Menschen hinweist, die in der Sprache des Glaubens traditionell als «Heil» bestimmt wurde. Aber eine bloße Abwehrhaltung droht nur die markterzeugten Tendenzen ökonomischer Marginalisierung der jeweils Schwächeren zu verstärken. Sie erhöht dann nur die hohen sozialen Kosten einer Entwicklung, die vielen Menschen in Ländern der Dritten Welt und in Schwellenländern erstmals die Chance bietet, an den Produktivitätsfortschritten der kapitalistischen Ökonomie und an größerem Wohlstand teilzunehmen, andererseits aber schlecht ausgebildete, unterqualifizierte Menschen in den klassischen Industriegesellschaften dauerhaft vom Arbeitsmarkt auszuschließen scheint und in eine status- wie identitätsbedrohende Abhängigkeit von Sozialstaatsinstitutionen geraten läßt. Von den Kirchen ist deshalb mehr gefordert: die kritisch reflektierte Akzeptanz einer ökonomischen Entwicklung, die, je nach Perspektive, den einen als Fortschritt und den anderen als Krise erscheint, die Stärkung von funktionsfähigen transnationalen Institutionen der Stabilisierung und ordnenden Begrenzung globaler Märkte sowie eine neue Sensibilität dafür, daß Jesu Brüderlichkeitsethos in Institutionen gelebter Karität inkorporiert werden muß, soll es auch in Zeiten dramatisch beschleunigten kulturellen wie ökonomischen Wandels seine gesellschaftliche Prägekraft behalten.

Religion wird in den Prozessen der Globalisierung insgesamt nicht an Gewicht verlieren, sondern unter dem Druck der ökonomischen Verhältnisse ihre Gestalt wandeln. Denn auch die kreativen Innovationsagenten und «flexiblen Menschen» des globalen Kapitalismus werden Hintergrundgewißheiten benötigen und jenseits aller Zweckrationalität auf symbolische Sprachen angewiesen bleiben, in denen sie die steigenden Kontingenzen modernen Lebens, die vielen neuen Mobilitätsrisiken und die zeitlos elementaren Grunderfahrungen des Menschen, die Erfahrung von Schmerz und Liebe, Geburt und Tod, Freude und Trauer, deuten können. Insofern wird auch die eine Welt des globalen Kapitalismus eine Welt der vielen kleinen Lebenswelten sein, die in je besonderer Weise durch die unaufhebbaren Widersprüche zwischen ökonomischen Sachzwängen einerseits und religiösen Selbstdeutungen und Sehnsüchten des Menschen andererseits bestimmt sind. Keine Religion oder religiöse Ethik wird sich differenzlos der Herrschaft globaler kapitalistischer Zweckrationalität fügen. Religionen werden immer Mächte der Differenzwahrnehmung und Kritik bleiben. Aber sie werden ihrerseits von den zunehmend stärkeren, dynamischen Kräften der Ökonomie vielfältig beeinflußt werden und auf Dauer nur dann traditionsfähig sein, wenn sie sich in der prinzipiellen Distanz, die für alle religiösen Symbolsprachen konstitutiv ist, auch der modernen Marktrationalität zu öffnen vermögen.

5. Religiöse Letzthorizonte –
Risiko oder Chance für kulturelle Identitäten?

In dem Aufsatz *The Clash of Civilizations?*, den Samuel P. Huntington im Sommer 1993 in *Foreign Affairs* veröffentlichte,[1] spielt Religion die entscheidende Rolle. Die zentrale Behauptung des prominenten Harvard-Politologen lautet: Nach dem Ende der bipolaren,
vom ideologischen Ost-West-Gegensatz geprägten Welt seien die
elementaren kulturellen Gegensätze zwischen Zivilisationen die
Quelle aller relevanten politischen Konflikte. «Civilizations» bestimmt Huntington als «cultural entities», die sowohl durch gemeinsame objektive Elemente wie Sprache, Geschichte, Sitten, Ge-
bräuche, Institutionen und Religionen als auch durch kollektive
Selbstidentifikationen oder Selbstrepräsentationen der zugehörigen
Menschen konstituiert werden.[2] Huntington unterscheidet, besser:
konstruiert sieben, acht große Zivilisationen oder – um es in der
traditionellen Terminologie der deutschen universalhistorischen
Kulturgeschichtsschreibung zu sagen – Kulturkreise: einen abend-
ländisch-westlichen, einen islamischen, einen sinischen, also konfu-
zianisch geprägten chinesischen, einen japanischen, einen indischen, einen christlich-orthodoxen oder ostkirchlichen, einen
lateinamerikanischen und – mit Einschränkungen – schließlich auch
einen afrikanischen. Für die Unterscheidung dieser sieben oder acht
Zivilisationen erkennt Huntington religiösen Traditionen den größten Stellenwert zu.[3] Nach der Schwächung der identitätsstiftenden
Nationalismen des 19. und frühen 20. Jahrhunderts und nach dem
Ende des ideologischen Ost-West-Gegensatzes seien religiöse Überlieferungen in weiten Teilen der Welt wieder zur wichtigsten Quelle
oder Produktivkraft kollektiver Identität geworden. Huntington
verweist dazu auf die klassischen Identitätsfragen. Der weitaus
größte Teil der Menschheit antworte auf die Frage «Wer bist Du?»
oder «Was bist Du?» mit dem Hinweis auf den eigenen religiösen
Glauben oder mit einem weltanschaulichen Bekenntnis. In den unterschiedlichen religiösen Traditionen der Menschheit sieht Hun-

tington gleichsam den harten, substantiellen Kern des von ihm be-
schworenen Antagonismus der Zivilisationen. Zivilisationen sind
für ihn primär Religionskulturräume, in denen die jeweiligen religiösen Überlieferungen die verbindlichen kollektiven Werte definieren sowie Mentalität und Habitus der Menschen prägen. Nichts bestimme die Muster der Lebensführung und Selbstvergewisserung
der Menschen so nachhaltig wie religiöse Überlieferungen.

Huntingtons Buch über den *Clash of Civilizations* und seine diversen Essays faszinieren viele Leser durch die große Übersichtlichkeit, die der Autor mit seinen stark an Oswald Spenglers Kultur-
morphologie erinnernden klaren Distinktionen erzeugt. Der Vorzug
großer Übersichtlichkeit verbindet sich aber mit dem Nachteil mangelnder Differenziertheit. Läßt sich eine überaus komplexe und widersprüchliche globale politische Lage auf so eindeutige und relativ
einfache religionskulturelle Unterscheidungsmuster bringen? Wird
nicht allzu reduktionistisch argumentiert, wenn fundamentalen
Konflikten zwischen den Zivilisationen eine sehr viel größere politische Relevanz zuerkannt wird als den häufig gewalttätigen Auseinandersetzungen zwischen einzelnen Gesellschaften eines Kulturkrei-
ses oder innerhalb bestimmter Gruppen solcher Gesellschaften?
Wird das Gewicht religiöser und kultureller Differenzen nicht über-
schätzt, wenn sie als solche zum Kristallisationskern politischer Gegensätze und Konflikte erklärt werden? Sind religiöse Überlieferungen tatsächlich der normative Kern aller politisch-kulturellen
Differenzierungen? Wie prägt Religion kollektive Identitäten oder
den Zusammenhalt sozialer Gruppen bis hin zum zivilisatorischen
Gleichklang bestimmter Gesellschaften? Wer Antworten auf diese
Fragen formulieren will, muß über ein Konzept von «Religion» ver-
fügen und zu Aussagen über die Zusammenhänge von religiöser
Mentalität, kultureller Gestaltung und politischer Ordnung gelan-
gen. Er hat zudem darüber Rechenschaft abzulegen, wie religiöse
Identitäten sich bilden und die Differenzen religiöser Kulturen zum
Kern politischer Antagonismen werden können. So gilt es zunächst,
Religion als ein zentrales Medium der Bildung und Inszenierung
kollektiver Identität zu vergegenwärtigen, bevor sich Huntingtons
These exemplarisch an den weltweit geführten Auseinandersetzungen
über die konkurrierende Interpretation der Menschenrechte
erproben läßt. In diesen Deutungsdebatten spiegeln sich unterschied-

liche kulturelle Identitäten besonders prägnant. Die globalen Kontroversen um ethischen Gehalt und rechtliche Institutionalisierung von Menschenrechten verweisen zugleich auf die Unausweichlichkeit normativer Konflikte wie auch auf deren perspektivische Offenheit.

a) Die religiöse Tiefenprägung kultureller Selbstverständigungsprozesse

Huntingtons Aufsatz läßt sich nur mit Blick auf seinen spezifischen politisch-kulturellen Kontext angemessen verstehen. Der Text erschien in *Foreign Affairs*, der führenden nordamerikanischen Fachzeitschrift für außenpolitische Fragen. In einer Situation neuer Unübersichtlichkeit, die für die Vereinigten Staaten nach dem Zusammenbruch der UdSSR und ihrer Satellitenstaaten entstanden war, wollte ein amerikanischer Intellektueller der Öffentlichkeit wieder klare Orientierungen bieten. Mit dem Gestus eines visionären Zukunftsdeuters brachte er die «Weltlage» auf den Begriff und beschrieb neue globale Grundstrukturen, ohne sich dabei auf eine bestimmte Zivilisationsperspektive festzulegen. Wer Kulturvergleich betreibt, bleibt indes immer an die impliziten normativen Leitannahmen seiner Kultur gebunden. Die Vorstellung, es gebe kulturneutrale oder kulturtranszendente analytische Begriffe, um konkurrierende kulturelle Mentalitäten bestimmen und miteinander vergleichen zu können, ist nur eine dogmatische Fiktion. Es läßt sich auch keine analytische Perspektive auf mögliche Zusammenhänge von Religion und Kultur einnehmen, die nicht ihrerseits durch bestimmte religiöse Traditionen und religionshistorische Erfahrungen geprägt wäre. Bei allen religionstheoretischen Deutungsangeboten sind immer implizite Axiome der eigenen religiösen Überlieferung und vielfältige Gegenwartsinteressen im Spiel. Auch wer Max Webers Postulat der Werturteilsfreiheit ernst zu nehmen versucht und sich durch Methodenreflexion um rationale Distanz bemüht, wird beim Thema Religion bald mit der eigenen Herkunftsgeschichte, der Kontingenz religiöser Prägungen und der unausweichlichen Einbindung in konfessionsspezifische Traditionen konfrontiert. Diese Momente des Subjektiven lassen sich bei der

Deutung von Zusammenhängen zwischen Religion und Kultur nicht zum Verschwinden bringen. Selbst wer aus seiner Kirche ausgetreten ist und den christlichen Glauben für einen definitiv überwundenen Irrglauben unserer Großmütter oder Urgroßväter hält, bleibt jener Tiefengrammatik unserer westlichen kulturellen Verständigungsprozesse verpflichtet, die entscheidend durch jüdische und christliche Traditionen gebildet und in der Aufklärung transformiert worden ist.

Hinzu kommt ein – spätestens seit Max Webers Reflexionen zum Thema nicht mehr zu ignorierendes – qualitatives Problem für jeden Kulturanalytiker: Inwieweit sind wir überhaupt dazu fähig, uns die Deutungswelten und Symbolsprachen fremder Religionssysteme, die Glaubensdimensionen von Gläubigen aus anderen religiösen Traditionen zu erschließen?

Huntington sieht in religiösen Mentalitäten die wichtigste Quelle kultureller Konflikte. Gleichwohl lassen seine Darstellungen außerchristlicher religiöser Traditionen nur wenig hermeneutische Sensibilität für «fremde Religion» erkennen. In der Wahrnehmung des Konfuzianismus oder des Islam bleibt er weithin Stereotypen verhaftet. Sein dramatisches Szenario des globalen Konflikts spiegelt auch die klassische Angst des westlichen Intellektuellen vor Menschen, die noch über klare, sie bindende Unterscheidungen von heilig und profan verfügen und ihre gesamte Lebensführung streng an den Normen ihres religiösen Glaubens orientieren. Immer wieder äußert Huntington eine elementare Furcht vor Menschen, die mit ihrem Glauben ernst machen. Wo Huntington Religion zu beschreiben versucht, liegt seinen Texten ein signifikanter Subtext zugrunde: Die totalitäre Versuchung wird bei ihm in aller Regel mit anderen, nichtchristlichen Gestalten von Religion in Verbindung gebracht. Von den totalitären Versuchungen, die es auch im Kern des christlichen Glaubens gegeben hat und noch gibt, etwa im Absolutheitsanspruch oder im Konzept der allein seligmachenden Kirche, ist nicht die Rede. Huntington steht permanent in der Gefahr, dem Westen aufgrund des Christentums – über die Juden redet er nicht – alles Gute wie Liberalität, Toleranz und Offenheit zuzuschreiben, den anderen Religionen, insbesondere dem Islam und dem Konfuzianismus, aber alles Böse und Bedrohliche. Insofern gleichen seine Szenarien möglicher religiöser Konflikte den Religionsphänomenologien oder Religionstypologien des 19. Jahrhunderts, die von einem starken westlichen Kulturbewußtsein geprägt waren, aber wenig analytische Erschließungskraft für fremde Religionen hatten. Religionswissenschaftlich sind viele Passagen seines Buches vom naiven Anspruch gekennzeichnet, durch starke Kontraste zwischen den großen Religionen endlich wieder überschaubare, klare Verhältnisse in einer Welt zu schaffen, die keine eindeutigen Verhältnisse mehr kennt.

b) Zur kulturellen Deutungsfunktion von Religion

In allen Kulturwissenschaften läßt sich seit den späten achtziger Jahren des 20. Jahrhunderts eine neue Sensibilität für die alte Frage nach den Zusammenhängen von Religion und Kultur beobachten. Religion ist als eine eigene Produktivkraft menschlicher Kulturgestaltung neu entdeckt worden. Der Religionsbegriff ist freilich extrem vieldeutig.[4] Theologen und Religionswissenschaftler führen seit dem 19. Jahrhundert Dauerdebatten, inwieweit es überhaupt sinnvoll ist, von «dem Religiösen» oder «der Religion» zu sprechen. In allem Streit um Recht und Grenzen eines allgemeinen Religionsbegriffs gibt es aber einen breiten Konsens darüber, daß Religion ein zentrales Medium der Integration von Gesellschaften ist.[5] Religion stellt in ihren symbolischen Sprachen Mittel dazu bereit, die innere Einheit sozialer Gruppen zu befördern. In der Sprache der modernen Informationstechnologie formuliert: Religiöse Deutungskulturen sind eine Art Software, eine Programmsprache, ohne die soziale Systeme auf Dauer nicht erfolgreich zu funktionieren vermögen. Religion fungiert als tiefgreifend prägendes Element in Sozialisationsprozessen, ihre Symbole dienen immer auch dazu, das Leben des Einzelnen in einen letzten Deutungshorizont zu stellen, und sie bietet weithin konkurrenzlos symbolische Bestände und Sprachmuster zu individueller Identitätsbildung, Sinndeutung und kohärenter Präsentation der Lebensgeschichte. Anders formuliert: Religion repräsentiert jene Deutungskultur, in der die riskanten Erfahrungen der Kontingenz individuellen Lebens sinnhaft gedeutet und in Notwendigkeit überführt werden können.

Religiöse Symbolsprachen als Kommunikationsträger der integrativen Funktion von Religion sind durch ein hohes Maß an Offenheit und Vieldeutigkeit bestimmt. Deshalb sind sie hervorragend dazu geeignet, fragmentarischen Erfahrungen eine definitive Perspektive auf den Gesamtzusammenhang des Lebens hin zu geben und «das Ganze» oder «die letzten Dinge» zu thematisieren. Mit dieser spezifischen Integrationsleistung sind aber zugleich auch die hohen Gefährdungspotentiale des Religiösen verbunden: Weil Religion es mit Letzthorizonten zu tun hat, liegt aller religiösen Wirklichkeitsdeutung immer die Tendenz zum Selbstabschluß, zur Verabsolutierung, zur Totalsetzung zugrunde.

Huntington analysiert nun aber Konfliktpotential und Prägekraft konkurrierender religiöser Identitäten ausschließlich auf der Ebene der Zivilisationen und großen religiösen Traditionen. Der Wille zum starken Kontrast verleitet ihn dazu, mögliche religiöse Konflikte primär als Auseinandersetzungen zwischen den Weltreligionen zu thematisieren. Sehr viel spannender dürfte es jedoch sein, die hohe interne religionskulturelle Vielfalt der großen Religionen in den Blick zu nehmen. *Das* Judentum gibt es ebensowenig wie *den* Islam oder *das* Christentum. Sie alle sind jeweils durch ein breites, differenziertes Spektrum höchst unterschiedlicher religiöser Lebenswelten geprägt. Der Allgemeinbegriff «Christentum», ein semantisches Konstrukt protestantischer Aufklärungstheologen des 18. Jahrhunderts, umfaßt eine Vielzahl von Konfessionen, die ihrerseits noch einmal durch heterogene Strömungen und vielfältige Differenzierungsprozesse geprägt sind. Gerade aus diesen internen Differenzierungen resultieren zahlreiche religiös-kulturelle Konflikte. Dies läßt sich exemplarisch verdeutlichen an konfessionsspezifischen Mustern der Lebensführung und dem bleibenden Gewicht konfessioneller Unterschiede in der vermeintlich so säkularen Gesellschaft der Bundesrepublik.

Auch am Beginn des 21. Jahrhunderts sind die meisten Deutschen durch ihre je besonderen konfessionskulturellen Herkunftsgeschichten geprägt. Muster konfessioneller Abgrenzung und Unterscheidung sind schon im späten 17. und 18. Jahrhundert formuliert worden und haben die Fremd- und Selbstbilder der Konfessionen seitdem vielfältig bestimmt: Konfessionalität war in Deutschland traditionell der wichtigste Faktor kultureller Vergesellschaftung. Kollektive *images* wirken tief in die alltägliche Lebensführung der

Menschen hinein, konfessionsspezifische symbolische Ordnungen und Deutungsmuster prägen die *cognitive maps* der Individuen und bestimmen ihre moralische Ökonomie. Die Protestanten seien asketischer und die Katholiken sinnenfreudiger, oder: Protestanten seien kritischer und fortschrittsorientierter als die Römischen, die mit ihrer Kirche eine starke Institution und bindende Autorität hätten. Zum Vorurteil geronnene Wahrnehmungsmuster dieser Art stellen Codes der Selbstrepräsentation und lebensgeschichtlichen Selbstdeutung bereit. Wie solche konfessionskulturellen Sozialisationsprozesse jedoch wirken und in welcher Weise sie als Hintergrundidentität habitualisiert werden, ist in allen Sozial- und Kulturwissenschaften bisher wenig erforscht. Auch die klassischen sozialpsychologischen Identitätstheorien bieten nur wenig überzeugende Deutungen, weil die Interaktionszusammenhänge in religiösen Gemeinschaften immer durch hochgradig virtuelle, artifizielle oder möglicherweise gar fiktive symbolische Kommunikation geprägt sind.

Kein Zweifel allerdings: Religion fördert Gemeinschaftsbildung. Wenn Zivilisationen auf «kollektive Identität» angewiesen sind, bedürfen sie – so zeigt die Geschichte der Menschheit bisher jedenfalls – um ihres inneren Zusammenhaltes willen auch der religiösen Überlieferung und religiös inspirierten Inszenierung von Gemeinschaft. In religiösen Ritualen werden normative Gewißheiten immer neu vergegenwärtigt, religiöse Gruppen oder Gemeinden bilden Erinnerungsgemeinschaften, in denen sich die Frommen gemeinsam auf heilige Texte beziehen. Kollektive Erinnerungen werden so institutionalisiert, und durch immer neue Auslegung und Tradierung dieser normativen Texte formen sich Erzählgemeinschaften. Dies alles wirkt integrierend, gemeinschaftsbildend. So haben auch die modernen Integrationsideologien in starkem Maße noch vom «symbolischen Kapital» (P. Bourdieu) der alten Religionen gezehrt. Die modernen Nationalismen, die wichtigsten Integrationsideologien in den Gesellschaften des 19. und 20. Jahrhunderts, sind insoweit als Äquivalente oder Formen der Religion zu deuten.

Wer dies versucht, steht damit in der Nachfolge klassischer Interpretationsmodelle der modernen Religionssoziologie. Max Webers *Protestantische Ethik*, Emile Durkheims *Les formes élémentaires de la vie religieuse* und Ernst Troeltschs *Soziallehren der christlichen Kirchen und Gruppen* sind in methodischer Hinsicht gerade darin interessant, daß sie die Bedeutung religiöser Wertorientierungen, die Prägekraft religiöser Maximen der Lebensführung in Sphären der Kultur aufgewiesen haben, die von allem Religiösen weit entfernt zu liegen scheinen: auf dem Gebiet des ökonomischen Handelns, in der Sphäre der gedachten politischen Ordnungen, im Staatsverständnis, in der Erfindung von Gemeinschaft oder in der Konstruktion von Geschlechterverhältnissen. Wenn Huntington der Religion einen zentralen Stellenwert für den behaupteten «clash of civilizations» zugesteht, schließt er sich insoweit einer ehrwürdigen Tradition religionssoziologischer Theoriebildung an. In ihr ging es immer darum, deutlich zu machen, daß Religion sehr viel mehr als nur ein Teilgebiet der Kultur ist: Weil in religiöser Sprache symbolisch «das Ganze» zum Thema gemacht wird, strukturiert sie implizit auch die soziale Ordnung insgesamt und das Verhältnis der verschiedenen Teilbereiche der Kultur.

c) Der Streit um die Universalität der Menschenrechte

Gültigkeit und analytische Reichweite von Huntingtons Thesen lassen sich nur mit Blick auf Themenfelder untersuchen, auf denen ein «Kampf zwischen Kulturen» und Konflikte zwischen Gesellschaften mit unterschiedlichen kulturellen Identitäten oder Wertorientierungen besonders deutlich sichtbar werden. Huntington selbst verweist mehrfach auf die aktuellen Menschenrechtsdebatten. So liegt es nahe, seine Aussagen über den kommenden «clash of civilizations» am Streit um Deutung und mögliche universalistische Geltung der Menschenrechte zu prüfen.

Unter dem unmittelbaren Eindruck der nationalsozialistischen Diktatur und des Zweiten Weltkriegs war es den Mitgliedsstaaten der Vereinten Nationen 1948 relativ leicht gefallen, sich auf einen Katalog allgemeiner Menschenrechte zu verständigen. In der Spannungssituation des «Kalten Krieges» wurde aber schnell deutlich, daß sich die von der Aufklärung des 18. Jahrhunderts geprägten westlichen Vorstellungen von Würde, Recht, Toleranz und Freiheit tiefgreifend von Menschenrechtstraditionen der kommunistisch geprägten Staaten unterschieden. Als geistige Erben der europäisch-amerikanischen Aufklärung und des politischen Liberalismus sahen die westlichen Theoretiker Menschenrechte primär als vorstaatliche Rechte des Einzelnen, die der Sicherung seiner unverfügbaren Würde dienen. Diese vorstaatlichen Rechte sollten einen Schutzraum individueller Freiheit gegenüber staatlichen Eingriffen sichern. Für diese aufgeklärt-liberale Tradition des modernen Menschenrechtsdenkens war ein emphatisches Verständnis der Würde des Menschen, die Betonung der unveräußerlichen Freiheit des Individuums und die Konzentration auf Religionsfreiheit, Gewissensfreiheit und Glaubensfreiheit grundlegend. Immer ging es um den Schutz der Freiheitssphäre des Individuums vor Interventionen des Staates.

Die Menschenrechtstheorien der kommunistisch geprägten Staaten leitete demgegenüber eine Freiheitsvorstellung, die vorrangig von der Fixierung auf soziale Teilhaberechte gegenüber Staat und Gesellschaft sowie daraus resultierende Pflichten des Individuums gegenüber der Gemeinschaft geprägt war. Faktisch galt hier nicht das Individuum, sondern die soziale Gemeinschaft als Träger der Menschenrechte, und diese wurden nicht als Sicherung einer Freiheitssphäre gegen den Staat, sondern als Freiheit zur Teilhabe oder Teilnahme an der Verwirklichung des gemeinen Wohls aller verstanden. In den Menschenrechtsdiskussionen der Vereinten Nationen ist es niemals gelungen, diese Grundspannung zwischen westlicher Konzentration auf individuelle Schutzrechte und östlicher Betonung überindividueller sozialer Werte in irgendeiner Weise sinnvoll auszugleichen. Zur Verschärfung der in diversen Institutionen der Vereinten Nationen ausgetragenen Konflikte trug bei, daß nach dem Zusammenbruch des Kolonialsystems viele selbständig gewordene Staaten der Dritten Welt ihre legitimen politischen Forderungen nach Souveränität und wirtschaftlicher wie kultureller Autonomie nun ebenfalls unter dem Leitbegriff der Menschenrechte einklagten. Analog zur marxistischen Theorie verschob sich auch hier das Gewicht vom Individuum hin zu überindividuellen Partizipationsrechten und vermeintlich objektiven Werten und Sozialpflichten. Primärer Träger der Menschenrechte waren dann «das Volk», «die Nation» oder «die Gemeinschaft».

Strukturell Vergleichbares gilt für die diversen Konzeptionen islamischer Menschenrechte, die seit den späten sechziger Jahren entwickelt wurden.[6] Auch in der islamischen Diskussion wurde versucht, aus der eigenen religiösen Tradition, also aus dem Koran, ein gegenüber dem westlichen Menschenrechtsindividualismus selbständiges Konzept von Menschenrechten zu entwickeln, um Menschenrechte primär in der Bindung an die Gemeinschaft oder als Sozialpflichten zu konkretisieren. Ähnliche Argumentationsmuster bestimmten schließlich die Menschenrechtsdiskussion in der Volksrepublik China, die stark durch die Traditionen eines autoritären Staatskonfuzianismus geprägt wurde. Da hier das Recht niemals als Mittel des Schutzes des Einzelnen, sondern als Medium zur Durchsetzung des allgemeinen Volkswohls oder als Instrument zur Herrschaftssicherung der Obrigkeit verstanden wurde, konnte die Vorstellung überpositiver, angeborener Rechte des Einzelnen nur abgelehnt werden.[7]

Mit Blick auf die aktuellen Menschenrechtsdebatten scheint Huntingtons These vom «clash of civilizations» demnach ein hohes Maß an Plausibilität zu besitzen. Denn diese Debatten sind durch elementare Antagonismen in der Sicht des Menschen und seiner Würde wie Rechte bestimmt, die sich weithin auf gegensätzliche religiöse Traditionen zurückführen lassen.

Die Mütter und Väter der UN-Charta hatten allerdings ausdrücklich von «allgemeinen Menschenrechten» gesprochen. «Allgemein» hieß und heißt noch immer: Menschenrechte eignen ohne irgendeine Einschränkung jedem menschlichen Lebewesen. Sie gelten immer und überall, weil jedem Menschen eine unbedingte Würde zukommt. Geschlecht, Rasse, Religion, Weltanschauung, sexuelle Identitätskonstruktion und der Grad möglicher physischer oder mentaler Behinderung sind gegenüber dieser unbedingten Menschenwürde jedes Menschen nachrangig. Zwar konstituieren all diese partikularen kulturellen und biophysischen Prägungen tiefgreifende Unterschiede zwischen Menschen, doch sie begründen keinerlei unterschiedliche Teilhabe an der Würde des Menschen. Diese Würde soll absolut gelten, im Sinne der Kantischen Formulierung vom Menschen «als Zweck an sich selbst». Wer den Anspruch auf ihre universale Geltung preisgibt, hebt den Begriff der Menschenwürde auf. Der Anspruch auf Universalität ist damit aber auch für Idee und Begriff der Menschenrechte konstitutiv. Nur schwer nachvollziehbar erscheint es daher, wenn Huntington für die Rücknahme oder zumindest Begrenzung dieses Universalitätsanspruches plädiert, um dem Westen wieder eine starke und spezifische, durch Abgrenzung und Differenzprofilierung gewonnene Identität zu geben. Ein elementarer Selbstwiderspruch: Denn ist es nicht für westliche Identität konstitutiv, bestimmte Universalitätsansprüche erheben zu müssen?

Jedoch verfügt kein Mensch und keine Gruppe von Menschen über eine allgemeine, von allen akzeptierte Begründung dieser Universalität der allgemeinen Menschenrechte. Darin liegt der entscheidende Unterschied zur Situation des 18. Jahrhunderts. Die Theoretiker der europäischen und amerikanischen Aufklärung sowie viele christlich geprägte liberale Rechtstheoretiker des 19. und frühen 20. Jahrhunderts waren gleichsam selbstverständlich davon ausgegangen, daß ihre Sicht von Würde und Recht des Menschen schlechterdings vernünftig, das heißt allgemeingültig und für jeden Einsichtigen verständlich sei. Schon im späten 18. und 19. Jahrhundert begannen Theoretiker der verschiedenen europäischen Konservativismen demgegenüber nachzuweisen, daß in der Vernunft der Aufklärer sehr viel Unvernünftiges stecke und ihr vermeintlich Allgemeines bloß partikular, nämlich nur Ausdruck des Freiheitsstrebens der neuen sozialen Gruppe «Bürgertum» sei. Die meisten Argumente, die heute in den interkulturellen Diskussionen über die Menschenrechte formuliert werden, wurden bereits in den Auseinandersetzungen zwischen (Früh-)Liberalen und (Früh-)Konservativen im Europa des späten 18. und 19. Jahrhunderts entwickelt. So lassen sich auch die nicht zu umgehenden Konflikte zwischen universalistischen und relativistischen Deutungen der Menschenrechte einerseits an älteren christlichen Debatten, andererseits an der aktuellen islamischen Auseinandersetzung verdeutlichen.

In der gegenwärtigen Menschenrechtsdiskussion wird gern auf die christliche Genese des liberalen Menschenrechtsindividualismus hingewiesen. Mit Theoretikern von Klassikerrang – wie insbesondere Georg Jellinek[8] – werden die Menschenrechte als eine aufklärerische Transformation des christlichen Persönlichkeitskonzepts gedeutet. In der Tat läßt sich die emphatische Hochschätzung der Würde des Einzelnen teils auf jüdische, teils auf christliche Wurzeln zurückführen.[9] Doch war die Durchsetzung des modernen Menschenrechtsdenkens ein äußerst vielschichtiger, widersprüchlicher Prozeß, in dem die christlichen Kirchen eher blockierend als fördernd wirkten. Die führenden Theologen beider Kirchen lehnten bis weit ins 20. Jahrhundert hinein den liberalen Menschenrechtsindividualismus als Ausdruck eines titanisch-sündhaften Autonomiewillens des Menschen ab. Theologische Rationalisten und andere durch Kant beeinflußte Anhänger natur- oder vernunftrechtlicher Menschenrechtskonzeptionen waren schon in den zwanziger Jahren des 19. Jahrhunderts in beiden Großkirchen in der Minderheit. Als Mehrheitsposition setzte sich sowohl im deutschen kirchlichen Protestantismus als auch im Katholizismus eine scharfe theologische Kritik des Menschenrechtskonzepts durch, und in sehr enger ökumenischer Übereinstimmung zwischen den konservativen Theologenlagern in beiden Großkirchen wurde die liberale Konzeption einer vorstaatlichen Würde des Einzelnen theologisch verworfen. Das klassische Argument dieser theologischen Kritiker des Menschenrechtsindividualismus lautete: Das freie Individuum sei eine wirklichkeitsfremde Abstraktion, weil jeder Mensch nur in Gemeinschaft mit anderen Menschen, vor allem der Gemeinschaft der Familie, überhaupt lebensfähig sei. Das liberale Freiheitsverständnis, das an Selbstbestimmung, Selbstmächtigkeit und Autonomie orientiert sei, widerspreche zudem der tiefen Erfahrung der Sündhaftigkeit des Menschen, der keineswegs frei, sondern von der Macht des Bösen gefangen und von egozentrischen Trieben beherrscht sei. Deshalb dürfe eine christliche Ethik nicht von einer illusionären Autonomie des Menschen ausgehen. Vielmehr müsse sie den Menschen von seiner durch die Sünde zwar gestörten, aber nicht völlig aufgehobenen Gottesbeziehung her erfassen und seine Freiheit im Konzept der «Theonomie» als eine von Gott gewährte Freiheit zur Gemeinschaft deuten. Nicht Menschenrechte des freien Individuums, sondern Gemeinschaftsbindungen des Sünders und die Pflichten des Einzelnen gegenüber Staat und bergenden Gemeinschaften standen im Zentrum des Hauptstroms christlicher Ethik im 19. und frühen 20. Jahrhundert.

Die theologische und kirchliche Distanz gegenüber der Menschenrechtsidee wurde durch einen dogmatischen Denkstil verstärkt, der auf metaphysische Supersubjekte wie «der Schöpfergott», «die geschaffene Welt», «der Kosmos» und «der Mensch» fixiert war und darin das Eigenrecht der Individuen, den Menschen in seiner prinzipiellen Selbständigkeit immer nur verfehlen konnte. Theologische Denkmuster waren noch Mitte des 20. Jahrhunderts zumeist kosmologisch orientiert, geprägt vom Anspruch, «von Gott her» das Ganze der Welt und ihrer Geschichte, im Weltzusammenhang dann aber auch den Menschen erfassen zu können. Dogmatische Lehren, zumal diejenigen von der göttlichen Schöpfung der Welt und des Menschen, legten es nahe, den Menschen primär von «Seinsbindungen» her zu deuten und die ontologischen Kategorien – wie Geschöpflichkeit, Geschaffensein, kreatürliche Abhängigkeit – dann in Begriffen sozialer oder politischer Gemeinschaft zu konkretisieren.

Selbst jene Theologen, die seit dem späten 18. Jahrhundert die neuzeitliche Wende hin zur freien Subjektivität des Menschen mitzuvollziehen beanspruchten, hatten erhebliche Schwierigkeiten, die für das Menschenrechtsdenken grundlegende unbedingte Selbständigkeit des Individuums zu akzeptieren. Der Hamburger Systematische Theologe Traugott Koch hat in einer Analyse des Begriffs der «Menschenwürde» gezeigt, welch große Anstrengungen den Theologen abverlangt wurden – und immer noch werden! –, wenn sie sich die neuzeitliche Idee der Menschenrechte zu eigen machen wollten.[10] Denn die spezifisch moderne Idee einer unbedingten Würde des Einzelnen bedeutet für die Theologie, auch den Gedanken eines prinzipiellen Eigenwertes des Menschen gegenüber Gott zu denken. Der Begriff der Menschenwürde verlangt es, jedem Individuum eine absolute, göttliche Qualität zuzuerkennen und es nicht bloß – wie in allen konventionalistischen Theologien – in einem hierarchischen Modell, als das endlich geschaffene Wesen eines unendlich-absoluten Schöpfergottes, zu denken:

Nur wenn der Mensch begriffen wird als das Wesen, das in den endlichen, vergehenden Verhältnissen nicht aufgeht, sondern sie zu gestalten hat, und das also (!) fähig ist, Gott gleich oder Gott widrig und gott-los zu sein; nur wenn der Mensch begriffen wird als *selbst* etwas Göttliches, Unbedingtes – freilich als *das* Wesen, das sein Göttlichsein als sein Sein-können zum total Widergöttlichen verkehren kann –, nur dann ist dem Menschen eine unbedingte und unantastbare Würde zuerkannt. Und diese *kann* dann auch durch keinen «monotheistischen Gottesgedanken» eingeschränkt oder einschränkbar sein. […] Menschenwürde besagt, daß der Mensch, als seiner selbst bewußtes Wesen nicht aufgeht in den Bestimmtheiten seines Lebens, in seinem aktiven Sichzeigen und seinem von anderen Erkanntwerden. In diesem Sich-distanzieren-können ist er hinaus über das Endliche: ist er als endliches Wesen *un*endlich und besitzt er darin eine eigene Absolutheit, ist er Gott gleich. Diese Freiheit des Menschen als Subjekt *ist* seine Würde.[11]

Daß viele Theologen vor solcher gedanklichen Konsequenz zurück-
schreckten und noch immer zurückschrecken, läßt sich unschwer
nachvollziehen.

Selbst als die Vereinten Nationen 1948 die «Allgemeine Erklärung der Menschenrechte» verabschiedet und die Mitgliedsstaaten
des Europarates 1950 Menschenrechte einklagbar gemacht hatten,
waren die Diskussionen in Theologie und Kirchen noch von den
Stimmen kritischer Distanz und Ablehnung geprägt. In Katholizismus wie Protestantismus lehnten prominente Theologen in den
fünfziger Jahren «Menschenrechte» unter Hinweis auf die unbedingte Geltung von «Gottes Gesetz» ab. Erst seit den späten sechziger Jahren läßt sich ein schneller Wandel der theologischen Diskussionslage beobachten. Innerhalb weniger Jahre kam es – mit
Blick auf konkrete politische Herausforderungen durch Unrechts-
regime und unter dem Einfluß zumal von Diskussionen in der
Ökumene – in beiden Konfessionen zu einer «großen Wendung
von der Ablehnung zur Anerkennung der Menschenrechte».[12]

Auch nach der theologischen Rezeption des Menschenrechts-
gedankens lassen sich in allen christlichen Konfessionen aber erhebliche Widerstände gegen die klassisch liberale Fassung von Menschenrechten als Schutz- und Abwehrrechten des Individuums
beobachten. Im Vergleich weist dabei der reformierte Protestantismus Westeuropas und der USA von seinen religiös-ethischen Traditionen her eine sehr viel stärkere innere Affinität zu dem Grundrecht
auf Glaubens- und Gewissensfreiheit auf als die aus der Wittenberger
Reformation hervorgegangenen lutherischen Kirchen. Der römische
Katholizismus tut sich bis heute sehr schwer, die Rezeption aufkläre-
rischer Menschenrechtstraditionen mit der korporatistischen Grund-
orientierung seiner «Soziallehre» widerspruchsfrei zu verbinden. Den
orthodoxen Kirchen des Ostens schließlich sind die Traditionen der
westeuropäischen Aufklärung weithin fremd geblieben. Sie verstehen
sich ihrer theologischen Selbstdeutung nach zumeist als Staatskirchen und sehen in der Entkoppelung von Recht und Religion einen
säkularistischen, atheistischen Irrweg. Die überpositiven Schutzrechte des Einzelnen gelten ihnen als Ausdruck einer sündhaften Verselbständigung des Individuums gegenüber der Gemeinschaft von Volk
und Kirche. So bleibt für die Kirchen der orthodoxen Christenheit
bis heute und bis in das Zentrum der religiösen Symbolsprache hin-

ein eine stark autoritäre, paternalistische Orientierung grundlegend. Unzulässig ist es daher, dem Christentum insgesamt eine besondere historisch-genetische oder ideenpolitische Nähe zum modernen Menschenrechtsindividualismus zuzuschreiben.

Für die aktuellen Menschenrechtskontroversen ist dieser theologiegeschichtliche Befund von hohem Interesse. Denn er zeigt die Unhaltbarkeit des Versuchs, die konfliktträchtige internationale Diskussion über die Menschenrechte als einen «Streit zwischen den Kulturen» zu beschreiben, in dem ein jüdisch und christlich geprägter Westen als Verteidiger der individuellen Freiheitsrechte agiert, der von islamischen, konfuzianischen oder anderen nichtchristlichen religiösen Traditionen geprägte Osten und Süden aber nur als Kritiker des modernen Menschenrechtsindividualismus gilt. Korporatistische Denkmuster, mit denen individuelle Freiheitsansprüche negiert oder relativiert werden, prägen eben keineswegs nur die nichtwestlichen Menschenrechtsdiskurse, sondern auch die Auslegung der Menschenrechte durch viele christliche Theologen. Alle Argumente über den immer schon gegebenen, substantiellen Zusammenhang von Individuum und Gemeinschaft, die konservative christliche Ethiker seit dem späten 18. Jahrhundert entwickelten, lassen sich der Struktur nach wiederum auch in ganz anderen religiösen Traditionszusammenhängen – etwa in bestimmten Spielarten des Konfuzianismus oder in den wichtigsten Theologien des Islam – finden. Hier wie dort wird ein geoffenbartes Recht Gottes dem natürlichen Recht des Menschen vorgeordnet, ein Vorrang der Gemeinschaft vor dem Einzelnen behauptet, die funktionale Unterscheidung von Religion und Politik abgelehnt und der moderne Individualismus als sündhaft bekämpft. Samuel Huntington aber kann diese die Differenzen der Religionen relativierende strukturelle Gleichartigkeit ethisch relevanter theologischer Deutungsmuster überhaupt nicht wahrnehmen. Fixiert auf die Sorge, daß es zum großen *clash* kommen werde, muß er immer neu die ethischen Differenzen und normativen Antagonismen zwischen den Religionen dramatisieren. Dadurch vermag er nur ein äußerst reduktionistisches Bild religiös induzierter oder verstärkter kultureller Konflikte zu zeichnen. Gegenüber seinen allzu großflächigen und pauschalen Bildern vom Gegensatz der großen Weltreligionen dürfte es für eine Hermeneutik von Kulturkonflikten sehr viel sinnvoller sein, genauer zu untersuchen, wie ethische Diskurse oder bestimmte Kulturdebatten in einzelnen konfessionellen und religiösen Gemeinschaften geführt worden sind. Dabei ließe sich erkennen, daß es intrakulturell – oder in Huntingtons Sprache: innerhalb der einzelnen Zivilisationen – strukturell vergleichbare Auseinandersetzungen über Modernisierungsprozesse und die Freisetzung des Individuums aus traditionalen sozialen Bindungen gab. Im Kern ging es dabei immer um die Frage, inwieweit die prinzipielle Selbständigkeit des Einzelnen als legitim gedacht werden konnte.[13]

Dies läßt sich auch für die aktuelle islamische Diskussion zeigen. Huntington vertritt eine äußerst undifferenzierte, einseitig polemische Sicht des Islam. Die mehr als eine Milliarde Menschen, die sich als gläubige Muslime verstehen, verbinden mit ihren religiösen Heilsvorstellungen sehr unterschiedliche Weltdeutungen und Maximen der Lebensführung. Huntington nimmt demgegenüber den Islam nur von jenen neuen antiwestlichen fundamentalistischen Gruppen her wahr, die in verschiedenen islamischen Gesellschaften – vor allem des Nahen Ostens – die Macht ergriffen haben und eine neue Islamisierung der politischen Institutionen betreiben. Hier zeigt sich: Huntingtons Sicht nichtchristlicher religiöser Traditionen ist von einem polemischen Willen zur Eindeutigkeit bestimmt. Sein politisch-pädagogisches Interesse, «der Westen» möge sich wieder auf seine eigene Herkunftsgeschichte besinnen und so eine neue starke Identität gewinnen, begrenzt seine Fähigkeit zur Wahrnehmung der inneren ethischen Pluralität anderer Religionen.

Die neueren Forschungen zur islamischen Menschenrechtsdebatte haben die hohe innere Differenziertheit der entsprechenden Diskurse erkennen lassen. In idealtypischer Vereinfachung lassen sich drei Positionen unterscheiden: erstens eine religiös begründete, prinzipielle Ablehnung der Menschenrechtsidee überhaupt – dafür stehen die fundamentalistischen Gruppen etwa im Iran –, zweitens Menschenrechtskonzeptionen der islamischen Orthodoxie und drittens Versuche liberaler Reformmuslime, Kultursynthesen zwischen westlichem Menschenrechtsindividualismus und islamischer Tradition zu formulieren.

Da die Menschenrechte zunehmend als grundlegende Prinzipien des Völkerrechts anerkannt wurden, war es für islamisch geprägte Staaten auf Dauer unmöglich, auf einer prinzipiellen religiösen

Ablehnung der Menschenrechte zu verharren. Vertreter der islamischen Orthodoxie versuchten seit den sechziger Jahren, die internationale Diskussion durch eigene, spezifisch islamische Menschenrechtsentwürfe zu beeinflussen. 1970 veröffentlichte Sultanhussein Tabandeh, der religiöse Führer eines schiitischen Ordens, *A Muslim Commentary on the Universal Declaration of Human Rights*.[14] Mehrere islamische Organisationen legten seitdem eigene Menschenrechtsentwürfe vor: 1981 gab der Islamrat für Europa eine «Allgemeine Erklärung der Menschenrechte im Islam» heraus, und 1990 verabschiedete die in Kairo residierende Islamische Konferenz eine «Kairoer Erklärung der Menschenrechte im Islam».[15] In all diesen Texten versuchen orthodoxe Muslime, sich die Menschenrechte anzueignen. Nicht das Christentum oder die europäisch-amerikanische Aufklärung hätten Würde und elementare Rechte des Menschen entdeckt oder erfunden, sondern in erster Linie der Islam, erklärte Sultanhussein Tabandeh. In der Scharia seien die Würde und Rechte des Menschen ungleich vollkommener erfaßt worden als in den Deklarationen der Vereinten Nationen. Dieser Versuch, die universalen Menschenrechte durch die eigene, islamische Tradition – zumal in deren orthodoxer Auslegung – zu begründen, spiegelt das Interesse, die Rechte des Menschen signifikant anders als in der Tradition des okzidentalen aufgeklärten Rationalismus zu fassen. Zentrale Elemente der Menschenrechtstradition der westlichen Aufklärung werden ausdrücklich preisgegeben und Normen des internationalen Rechts mit Blick auf Vorschriften der Scharia teils aufgeweicht, teils programmatisch verworfen. Der reformislamische Jurist Abdullahi Ahmed An-Na'im,[16] die amerikanische Politologin Ann E. Mayer[17] und der Islamwissenschaftler Christoph Bürgel[18] haben gezeigt, daß in den islamischen Entwürfen gerade jene Würde *des Einzelnen* zerstört werde, die in der Tradition der westlichen Aufklärung «unantastbar» sei. Tatsächlich wird hier nirgends eine prinzipielle Eigenständigkeit des Einzelnen gegenüber dem politischen Gemeinwesen anerkannt oder die Funktion der kodifizierten Menschenrechte darin gesehen, die vorstaatliche Würde und Freiheit des Individuums zu sichern. Zumal die Ablehnung einer grundsätzlichen Glaubens- und Gewissensfreiheit des Einzelnen läßt die faktische Preisgabe des zentralen Prinzips der aufgeklärt-westlichen Menschenrechtstradition erkennen.

Eine Kritik an den orthodox-islamischen Menschenrechtskonzeptionen mit ihren vielfältigen Relativierungen des in den UN-Kodifikationen rechtsverbindlich formulierten Menschenrechtsverständnisses artikulierten Vertreter des Reform-Islam häufig schärfer als europäische oder amerikanische Intellektuelle. Gegen die Versuche, die Menschenrechte von der Scharia her einzuschränken, setzen sie das Programm, die Scharia von den als gültig akzeptierten «westlichen» Individualrechten her zu deuten und zu reformieren. Die Intellektuellen des Reform-Islam ähneln in vielem den christlichen «liberalen Theologen» des 18. und 19. Jahrhunderts, die sich um eine Rechtfertigung der Aufklärung aus dem Geist eines humanitär verstandenen Christentums bemühten. Durch eine freie, kritische Aneignung ihrer religiösen Traditionen wollen sie den Menschenrechtsindividualismus als eine legitime Verwirklichung der ursprünglichen Intentionen des Islam deuten. Die offenbarte Heilsbotschaft gelte immer dem Einzelnen, so daß die prinzipielle Selbständigkeit des Individuums gegenüber aller Gemeinschaft das wahre Wesen des Islam ausmache. Auch sei in den zentralen Texten des Koran keine Rede von einer theokratischen Überformung des Politischen oder von einer in Gottes Schöpfungswillen selbst begründeten Zweitrangigkeit der Frauen. Die Reform-Muslime, deren Position in der Bundesrepublik Deutschland etwa von dem in Göttingen und Harvard lehrenden Politikwissenschaftler Bassam Tibi medienwirksam popularisiert wird,[19] treten deshalb für tiefgreifende religionskulturelle Reformen ein, die wieder den ursprünglichen, freiheitlichen Impulsen des Islam zur Geltung verhelfen und ihn vom dogmatisch-juridischen Ballast des Sekundären befreien sollen. Diese religionskulturellen Reformen begründen sie mit Argumentationsstrategien, die sie von protestantischen Aufklärern und christlichen liberalen Theologen übernehmen: So wie diese liberalen Theologen, insbesondere im Protestantismus, zwischen dem ursprünglichen Evangelium Jesu von Nazareth und der späteren Lehre der kirchlichen Institution unterschieden, so erklären die islamischen Reformtheologen «den Propheten» zum idealen Repräsentanten einer gelebten Gottunmittelbarkeit, die sie als religiös symbolischen Ausdruck individueller Freiheit deuten.

Das emanzipatorische Pathos, mit dem die Reform-Muslime den Islam als eine «Religion der Freiheit» preisen, kann allerdings nicht darüber hinwegtäuschen, daß sie in den islamischen Menschenrechtsdiskursen derzeit nur eine Minderheitenposition vertreten. In den meisten islamischen Gesellschaften bleibt die Wirksamkeit der reformerischen Ideen auf bildungsbürgerliche Eliten beschränkt, auf Vertreter der westlich geprägten technischen Intelligenz und auf jüngere, emanzipationsorientierte Frauen aus Familien der alten Oberschicht. Angesichts des wachsenden Drucks fundamentalistischer Gruppen sind viele Reform-Muslime in ihren Heimatländern überdies von staatlicher Verfolgung und einer Vielzahl von Repressionsmaßnahmen bedroht. Trotz dieser bedrängten Minderheitensituation aber stellen sie im interkulturellen und interreligiösen Gespräch über Menschenrechte die wichtigsten Diskussionspartner für all jene dar, die im Streit der unterschiedlichen Auslegungen den normativen Kern der europäischen Menschenrechtstradition, die überpositiven Freiheitsrechte des Einzelnen, bewahren wollen.

Dieses Ziel gewinnt für denjenigen an Erreichbarkeit, der sich das hohe Maß an struktureller Affinität vergegenwärtigt, das in zentralen Fragen und Argumentationsmustern innerislamische Debatten mit konfliktreichen Diskussionen in vielen christlichen Gesellschaften zwischen dem 18. und dem 20. Jahrhundert verbindet. Strukturanalogien lassen sich nicht zuletzt in der Frage beobachten, ob die religiöse Überlieferung zur Kritik eines rein formalen individualistischen Freiheitsbegriffs und zur Entfaltung eines substantiellen Konzepts von Freiheit und aus ihr resultierender Sozialpflichten zwingt. Entsprechendes gilt für die in allen religiösen Traditionen grundlegende Frage nach dem Verhältnis von religiöser Ethik und politischer Ordnung und den Mustern der Zuordnung von religiösen und politischen Institutionen. Doch der Nachweis von Analogien und die Rekonstruktion komplizierter Überlieferungsprozesse und vielfältig gebrochener Traditionslinien betrifft immer nur das Historische. Menschenrechte aber gelten nicht deshalb, weil etwa der Begriff der Menschenwürde durch die Verschmelzung von stoisch-antiken und christlichen Traditionselementen geprägt ist. Für die Geltung der Menschenrechte kann die historische Entstehung keine konstitutive Funktion haben. Sie gelten immer und überall.

d) Von der Unverzichtbarkeit einer universalistischen Position

In den politischen Debatten der vergangenen Jahre ist auf UN-Ebene ein relativ breiter Konsens darüber erreicht worden, daß Menschenrechte begründungsoffen sind.[20] Es wäre falsch, sie nur mit den Argumentationsmustern einer christlich geprägten europäischen Naturrechts-Tradition oder mit jenen klassischen Unterscheidungen von Recht und Ethik, Legalität und Moralität zu rechtfertigen, die insbesondere durch Kant und seine Schüler entfaltet worden sind. Bilder der Würde des Menschen werden nicht nur im Christentum oder in aufklärerisch transformierten christlichen Theorien, sondern auch in anderen religiösen Überlieferungen tradiert. Deshalb bilden Ideen der Würde und Rechte des Menschen «eine Art ‹kommunikatives Interface›, eine ‹Schnittstelle› [...], die den Dialog eines christlich orientierten Ethikkonzeptes mit anderen Ansätzen außerhalb dieser Tradition erleichtert».[21]

Demgegenüber kann Huntington die Debatten um die Menschenrechte ausschließlich als einen Ausdruck der wachsenden religiöskulturellen Gegensätze zwischen den Zivilisationen wahrnehmen. Der Frage, wie Menschen mit sehr unterschiedlichen religiösen und kulturellen Prägungen sich um der Begrenzung oder Vermeidung dramatischer politischer Konflikte willen pragmatisch zu verständigen vermögen, schenkt er kaum Beachtung. Er operiert mit einer substantialistischen Vorstellung vom Gegensatz der Zivilisationen und vermag nicht zu erklären, wie aus religiösen Differenzen und kulturellen Gegensätzen gewalttätig ausgetragene politische Konflikte werden. Panajotis Kondylis hat dieses Defizit deutlich markiert: «Wer [...] kulturelle Unterschiede für die tieferen Ursachen [scil.: von politischen Konflikten] hält, muß zeigen, welche Elemente der betreffenden Kulturen zum Konflikt treiben und warum sie diese Wirkung heute entfalten. Andernfalls muß die Konflikturfache nicht einmal dann kulturell sein, wenn die Konfliktparteien unterschiedliche Kulturen vertreten. Doch so stringent ist Huntington nicht verfahren. Er redet so, als seien Kulturen grundsätzlich stabile Substanzen, konfliktträchtig wegen ihrer Irreduzierbarkeit.»[22] Religiöse und kulturelle Differenzen erklärt Huntington als solche schon zur Quelle politischen Konflikts und vertritt so ein sehr unpolitisches Verständnis des Politischen.

Huntington zeichnet zudem auch ein irritierend statisches, unhistorisches Bild der großen Religionen und ihrer ethischen Differenzen. Die einzelnen Religionen behandelt er wie relativ feste Entitäten, in denen ein harter weltanschaulicher Kern gegenüber historischem Wandel relativ immun ist. Diese Sicht der gegenwärtigen religiösen Lage wird aber den vielfältigen, zum Teil dramatischen religionskulturellen Wandlungsprozessen nicht gerecht, die sich seit den sechziger und siebziger Jahren in nahezu allen Teilen der Welt beschleunigt haben. Zwar nimmt Huntington, vor allem mit Blick auf den Islam, die Konjunktur antiwestlicher «fundamentalistischer» religiöser Gruppen zur Kenntnis. Aber er übersieht beispielsweise die schnelle Durchsetzung protestantischer charismatischer Gruppen und asketischer Sekten im einstmals katholisch dominierten Lateinamerika[23] oder den christentumsgeschichtlich erstaunlich schnellen Aufschwung der sogenannten «Pentecostals» und anderer charismatischer christlicher Gruppen.[24] Für religionskulturellen Wandel innerhalb der großen Religionen hat Huntington kein Konzept. Interner schneller Wandel religiöser Mentalitäten ist häufig aber sehr viel konfliktträchtiger als der große Gegensatz zu anderen Religionen.

Nimmt man die innere Vielfalt in allen großen Religionen in den Blick und versucht, ohne statisches oder hartes Identitätskonzept den weichen, variablen Elementen religiöser Identität gerecht zu werden, legt sich für die Menschenrechtsdebatten die Position eines «relativen Universalismus» (J. Donnelly) nahe. Was für alle gelten soll, kann jeder durchaus auf seine besondere Weise rechtfertigen und so innerhalb seiner eigenen Gruppe zustimmungsfähig machen. Angesichts der Partikularität der eigenen religiösen oder ethischen Tradition können Begründungen anderer durchaus auch als Bereicherung und möglicherweise auch als Vertiefung von Menschenrechtskonzeptionen gedeutet werden. Kein bestimmter Begriff der «Würde des Menschen» ist mit der damit intendierten prinzipiellen Freiheit jedes Individuums unmittelbar kongruent. Der Begriff der «Würde des Individuums» impliziert es, eine Pluralität unterschiedlicher religiös-metaphorischer Bilder dieser Würde anzuerkennen. Allerdings ist die Offenheit für die Vielfalt unterschiedlicher Begründungen der Menschenrechte nicht unbegrenzt. Sie findet ihre Grenze am normativen Kern des zu Begründenden, nämlich der Idee überpositiver Rechte jedes einzelnen Menschen. Wer diesen normativen Kern bewahren will, der wird Menschenrechtskonzeptionen widersprechen müssen, in denen die Freiheitsrechte des Individuums Vorstellungen des allgemeinen Guten oder Gemeinwohls aller nachgeordnet werden. Deshalb ist im Namen der Menschenrechte gegen Tendenzen zur Entrechtlichung des Menschenrechtsdenkens Protest anzumelden. Folglich ist auf der Ebene solcher normativen Diskurse auch der argumentative «clash of civilizations» in Kauf zu nehmen und gegen die relativistischen Konfliktvermeidungsstrategien darauf zu insistieren, daß es um der Menschenrechte willen bestimmte normative Elemente und universalistische Ansprüche zu verteidigen gilt. Auf einer argumentativen Ebene den «clash of civilizations» auszutragen und in der faktischen, nicht zu neutralisierenden Konkurrenz unterschiedlicher Deutungsmuster die Überlegenheit des «westlichen» aufgeklärt-liberalen Menschenrechtsindividualismus zu verteidigen, ist keineswegs gleichbedeutend mit dem Ruf zum «heiligen Krieg» für die individuellen Freiheitsrechte oder gar mit dem Marschbefehl für einen militärisch geführten Krieg der Zivilisationen. Einerseits zwingt intellektuelle Aufrichtigkeit dazu, von allzu harmonistischen Bildern der Weltgesellschaft Abschied zu nehmen; darin liegt ein Wahrheitselement von Huntingtons Sicht der gegenwärtigen Weltlage. Gegenüber den Konstrukteuren eines «Weltethos»[25] hat Huntington recht, wenn er die Verschiedenheit der Kulturen betont.

Problematisch ist an Huntingtons Modell des «clash of civilizations» jedoch andererseits, daß er mit klaren, starren Identitäten operiert. Er kennt *good guys and bad guys* und weiß relativ genau, daß die Guten vor allem in Nordamerika zu Hause sein sollten. Die gefährlichen Potentiale religiöser Symbolsprachen reduziert er einseitig auf bestimmte religiöse Traditionen hin. Es dürfte aber sehr viel produktiver sein, sich der hohen Ambivalenz aller religiösen Weltbemächtigung bewußt zu werden und nach Antworten auf die bisher kaum gestellte Frage zu suchen, wie aus religiös geprägten Wertkonflikten gewalttätige politische Konflikte werden; dafür dürften nichtreligiöse Faktoren immer eine entscheidende Rolle spielen.

Religion ist ein faszinierendes Medium der Weltdeutung und Weltgestaltung. Sie vermag Konkurrenten in Brüder zu verwandeln, Solidarität mit den Schwächeren zu stiften und immer neu zur Akkumulierung des «sozialen Kapitals» beizutragen. Sie kann aber auch aus Gegnern Todfeinde machen und selbst die Entfaltung der zerstörerischen, dämonischen Kräfte des Menschen als Gehorsam gegenüber Gottes Willen verklären. Religion kann den Menschen gleichermaßen zivilisieren wie barbarisieren. Darin liegt die hohe Ambivalenz religiöser Symbolsprachen. Diese Ambivalenz prägt alle Religionen. Latente Spannungen zwischen unterschiedlichen religiösen Lebenswelten werden immer dann verschärft, wenn die elementare Vieldeutigkeit des Religiösen nur noch einseitig «analysiert» und unterstellt wird, daß allein die Gläubigen der einen religiösen Gemeinschaft die Toleranz gepachtet haben, während die Mitglieder einer anderen aufgrund ihrer spezifischen Tradition nur Agenten religiösen Terrors sein können. Huntingtons Welterklärung lebt von genau dieser Einseitigkeit. Sie ist Programm: Die Analyse dient primär dazu, dem Westen zu neuer starker Identität zu verhelfen. Vielleicht liegt in dieser politpädagogischen praktischen Absicht auch der Schlüssel zum Verständnis des schnellen Erfolges seines Buches. Nichts schafft so viel Übersichtlichkeit wie klare Vorurteile und Feindbilder.

1. Was leistet postmoderne Religionswissenschaft?

Im Frühjahr des Jahres 1904 hielt sich Ernst Troeltsch in der Reichshauptstadt Berlin auf. In der Berlitz School besuchte er einen Englisch-Sprachkurs, um sich auf die Reise zum «World Congress of Arts and Sciences» in St. Louis vorzubereiten.[1] Intensiv beschäftigte er sich mit den damals führenden Vertretern der nordamerikanischen Religionswissenschaften. Neben Autoren wie James Henry Leuba, George Albert Coe und Edwin Diller Starbuck las Troeltsch vor allem William James, dessen *Varieties of Religious Experience* er für die *Deutsche Literaturzeitung* rezensierte.[2] James' empiristische Psychologie der Religion interessierte ihn primär mit Blick auf normative philosophische Probleme. Bekanntlich lehnte James jeden Allgemeinbegriff der Religion und alle philosophische Spekulation über den Wahrheitsgehalt religiöser Äußerungen ab. Durch psychologische Analyse wollte er allein die seelische Eigenart von Religiosität, ihre *differentia specifica* gegenüber anderen Bewußtseinsphänomenen bestimmen. Troeltsch sah diesen Psychologismus als defizitär an. In seinem Vortrag über *Psychologie und Erkenntnistheorie in der Religionswissenschaft*, den er am 21. September 1904 in St. Louis hielt, bekundete er vor zahlreichen Gelehrten aus aller Welt zwar seinen großen Respekt vor den wirklichkeitsnahen phänomenologischen Beschreibungen des Harvard-Professors. Aber er formulierte zugleich eine grundlegende Kritik. Die moderne «Religionswissenschaft» dürfe der Frage nach dem «Wahrheits- oder Realitätsgehalt» religiöser Vorstellungen nicht aus dem Wege gehen:

Es ist unmöglich, bei einer bloß empirischen Psychologie stehen zu bleiben; es handelt sich nicht bloß um gegebene Tatsachen, sondern um den Erkenntnisgehalt dieser Tatsachen. Diese Frage aber wird nicht mehr der reine Empirismus beantworten können; die Frage nach dem Wahrheitsgehalt ist überall eine Frage nach dem Geltenden. Die Frage nach dem Geltenden aber kann nur entschieden werden durch logische und allgemein-begriffliche Untersuchungen.[3]

Troeltschs nordamerikanische Zuhörer nahmen diese Botschaft irritiert und skeptisch zur Kenntnis. Im Anschluß an seinen Vortrag kam es zwischen den deutschen Theologen und ihren Kollegen aus amerikanischen Universitäten und Colleges zu erregten Debatten über Troeltschs Suche nach einer Theorie der Geltung religiösen Bewußtseins. Die Kritik wiederum ließ Troeltsch keine Ruhe. Selbst in seiner Berliner Zeit berichtete er den Teilnehmern seiner Vorlesungen über «Religionsphilosophie» noch davon, «daß ihn die Amerikaner damals etwas verwundert angeguckt hätten»: «Schließlich habe einer ihm gesagt, er wisse wohl, das wären die hohen Stiefel, mit denen man in Europa gehen müßte.» Troeltsch antwortete diesem amerikanischen Kollegen daraufhin, «wir» Europäer «könnten doch nicht ebenso barfuß gehen wie die Empiristen jenseits des Ozeans».[4]

Es bedarf keiner aufwendigen Begründung, daß die schon vor hundert Jahren peinliche Metapher von den metaphysischen Stiefeln der Europäer und den nackten Füßen amerikanischer Religionswissenschaftler der aktuellen religionstheoretischen Diskussionslage nicht gerecht wird. Religionswissenschaftler in den USA führen Methodendebatten derzeit sehr viel intensiver und differenzierter als ihre deutschen Kollegen.[5] Auch spielen für die postmodernen Diskurse um «orientalism» und «occidentalism», «new historicism» und «metahistory», «Konstruktivismus» und «Dekonstruktionismus», «writing culture» und «new comparatism» alte Vorstellungen unterschiedlicher nationaler Traditionen des Denkens nur noch eine nachrangige Rolle. Doch bleiben auch die gegenwärtigen Debatten geprägt von der unaufhebbaren Partikularität der Teilnehmerperspektiven. Trotz allen Bemühens um methodische Distanz und begriffliche Klarheit sind die akademischen Deutungsexperten der Religion bei ihren Analysen immer auch durch ihre individuelle religiöse Sozialisation geprägt. Elemente des Subjektiven lassen sich beim Thema Religion nicht zum Verschwinden bringen. Wer dies betont, kann sich auf die kritizistisch geschulten Vordenker der Historischen Kulturwissenschaften um 1900 berufen, auf Autoren wie Georg Simmel, Max Weber, Ernst Cassirer und Aby Warburg. Mit Hilfe ihrer fächerübergreifenden, in faszinierenden Denkbewegungen und oftmals suggestiven Sprachspielen entfalteten Kulturtheorien gelang es nicht zuletzt, religiöse Weltbilder, religiösen Glauben als Sinnstruktur von ganz eigener, unvermittelter Dignität und menschliches Handeln umfassend bestimmender Kraft wissenschaftlich wahrzunehmen und kritisch reflektiert zu deuten. Normativen Konflikten zwischen religiösem Glauben und modernem okzidentalen Rationalismus galt ebenso das Interesse der großen Kulturwissenschaftler wie möglichen genetischen Zusammenhängen zwischen bestimmten religiösen Traditionen und gesellschaftlicher Modernisierung oder, anders formuliert, der Religion als eigener Quelle von Modernität. Postsäkulare Reflexionen über die erstaunliche Beharrungskraft der Religion können hier anknüpfen.

a) Radikaler Historismus, oder:
Die Moderne war immer schon postmodern

Die Religionswissenschaften sind ein Produkt der europäischen Aufklärung. Zwar läßt sich der Begriff *historia religionis* schon im 16. Jahrhundert nachweisen. Doch erst im 17. Jahrhundert begannen akademische Theologen der verschiedenen christlichen Konfessionen damit, eigene *historiae religionum* zu schreiben, in denen sie zumeist die drei monotheistischen Religionen vergleichend darstellten.[6] Im 18. Jahrhundert veröffentlichten Theologen, Kulturhistoriker und Philosophen dann «Geschichten der Religionspartheyen», «Philosophien der Religion» und Bücher zur «science of religion» oder über «religious studies». Im 19. Jahrhundert wurden schließlich Begriffe wie Religionswissenschaft, Religionssoziologie, Religionspsychologie, Religionsphänomenologie und Religionstheologie geprägt. Die noch kaum erforschte Geschichte dieser akademischen Nomenklaturen läßt erkennen: Die wissenschaftliche Deutung der Religion wurde seit dem 18. Jahrhundert durch Konkurrenzkämpfe, Tendenzen disziplinärer Differenzierung und forcierte methodische Pluralisierung bestimmt. Schon um 1770 begann der bis in das frühe 20. Jahrhundert fortdauernde «Streit der Fakultäten» (I. Kant) über die Frage, welchem akade-

mischen Fach die primäre Deutungskompetenz in Religionsfragen
zukommt. Die in konfessionell gebundenen Fakultäten lehrenden
Theologen wollten in diesen Auseinandersetzungen in aller Regel
ihre alten Monopol- oder zumindest Dominanzansprüche wahren,
und die vermeintlich voraussetzungslos forschenden nichttheologischen Religionswissenschaftler suchten ihr zunächst knappes
kulturelles Kapital zu mehren, indem sie sich als Befreier von allen
theologischen Dogmatismen empfahlen. Die Spannungen zwischen Theologen und Religionswissenschaftlern wurden dadurch
noch verstärkt, daß die Vertreter der neuen, im frühen 19. Jahrhundert entstandenen «Wissenschaft des Judentums» analog zu
den christlichen Theologen den Anspruch erhoben, allein sie
könnten dank ihrer Binnenperspektive ein wirklich authentisches
Verständnis der Heiligen Schriften des Judentums gewinnen. Die
faszinierenden Geschichten dieser Kulturkämpfe im akademischen
Feld wurden früher gern in Fortschrittsnarrativen oder mit der
Handlungsdynamik einer *whig history* erzählt, etwa im Sinne des
Aufstiegs aus theologischem Dunkel zu religionswissenschaft-
lichem Licht. Aber diese Erfolgsgeschichten dienten nur der Selbstlegitimation im akademischen Machtkampf. Andere Interpretationsmodelle sind stimmiger.

Innerhalb wie außerhalb der christlichen Theologien und der
«Wissenschaft des Judentums» war die wissenschaftliche Deutung
der Religion sehr stark beeinflußt von normativen Begriffen, mis-
sionarischen Impulsen, kulturkritischem Leiden an der Moderne
und (neo-)romantischen Hoffnungen auf eine Wiederverzauberung
der vom okzidentalen Rationalismus entzauberten Welt.[7] Trotz
ihrer harten Auseinandersetzungen um Deutungsmacht und akademisches Prestige gab es im modernitätspessimistischen Weltbild und
den Hoffnungen auf eine religiöse Erneuerung der Kultur zwischen
Theologen und Religionswissenschaftlern vielfältige Übereinstim-
mungen. Die Geschichte der akademischen Religionsdeutungen seit
1800 läßt sich als Geschichte der Machtphantasien von Intellektuellen schreiben, die Unterdrückte befreien, ihre Nation zum auserwählten Volk Gottes stilisieren, die Gesellschaft reformieren oder
wen auch immer von was auch immer erlösen wollten. Zumeist
ging es in der akademischen Beschäftigung mit dem Thema Religion darum, gegenläufig zu den Erfahrungen der Fragmentierung

der Gesellschaft, der Anonymisierung des Individuums und der Pluralisierung der «Werte» neuen verbindlichen Sinn und bergende Gemeinschaft zu stiften. Nahezu alle politischen Ideologien der Moderne fanden in akademischen Religionsexperten prominente Fürsprecher. Überall in Europa propagierten Fachvertreter der jungen «Religionswissenschaft» seit 1890 «neue Religionen» und setzten sich als prophetische Künder religiöser Erneuerung in Szene. Immer waren die Religionswissenschaften extrem ideologieanfällig und in ihren Methodendebatten stark geprägt vom jeweils modischen akademischen Tagesjargon. Skepsis gegenüber sich selbst und kritische Distanz zum eigenen Tun blieben selten. Dies gilt noch für die Gegenwart. Auch die postmodernen Kritiker der großen «Meistererzählungen» und totalisierenden Begriffe formulieren ihre Kritik gern mit ganz großem Pathos.

In den letzten zwanzig Jahren haben viele Religionswissenschaftler über die mangelnde Einheit des Faches, die heftigen internen Kontroversen und die zum Teil sehr aggressive Kritik postmoderner «Partisanen» geklagt. Aber man muß diese Klage historisieren. Das «religiöse Feld» ist seit jeher durch vielfältige Positionskämpfe zwischen konkurrierenden Anbietern religiöser Leistungen geprägt.[8] Schamanen, Priester, Wunderheiler, Propheten und religiöse Virtuosen aller Art streiten um die Anteile an den Sinn- und Weltanschauungsmärkten. Diese harten Verteilungskämpfe im religiösen Feld verstärken die akademischen Deutungskontroversen. Unter den Bedingungen des modernen religiösen Pluralismus wäre es daher naiv, gerade in den akademischen Diskursen stabile Homogenität zu erwarten. Die extreme Fragmentierung der Forschungsinteressen korrespondiert nur der Individualisierung der religiösen Lebensstile, und der in vielen neueren religionswissenschaftlichen Arbeiten zu beobachtende Eklektizismus ähnelt den Techniken der *bricolage*, mit denen viele moderne Fromme sich ihren privaten Sinnkosmos aus ganz unterschiedlichen religiösen Traditionen zusammenbasteln. Die von manchen Religionswissenschaftlern wieder gehegte Hoffnung, ein neues einheitliches Paradigma und verbindliche Begriffe durchsetzen zu können, dürfte nur die akademische Ausdrucksform eines autoritären Dogmatismus sein, den viele kritische Religionswissenschaftler gern mit altem Kirchenglauben oder mit religiösem «Fundamentalismus» assoziieren. Der Pluralismus der Theorien,

Schulen, Verfahren und Begriffe ist jedoch irreversibel – nicht zuletzt angesichts der vielen Randzonen, in denen sich die Religionswissenschaften mit anderen Fächern berühren und austauschen. Sehr viel stärker noch als andere Kulturwissenschaften leben die Religionswissenschaften vom Begriffsimport aus ganz unterschiedlichen Disziplinen. Ihr prekärer disziplinärer Status zeigt sich nicht zuletzt auch darin, daß sie in die Klassikergalerien des Faches häufig Bilder von Gelehrten hängen, die niemals Religionswissenschaften studiert oder einen Lehrstuhl für Religionsgeschichte bzw. Allgemeine Religionswissenschaft innehatten. Viele der von Religionswissenschaftlern heute als Klassiker der eigenen Disziplin verehrten Gelehrten waren ursprünglich Theologen, und die ersten Lehrstühle des Faches wurden zumeist in Theologischen Fakultäten errichtet. So spiegeln die disziplinären Diskurse stark auch die tiefen konfessionellen Gräben zwischen Katholiken und Protestanten. Der fachinterne hohe Pluralismus der Denkstile, Methoden und Begrifflichkeiten hängt auch damit zusammen, daß die Religionswissenschaftler selbst dann noch von konfessionsspezifischen Perspektiven geprägt bleiben, wenn sie diese im Gestus post-theologischer wissenschaftlicher Objektivität weit hinter sich gelassen zu haben wähnen.

Seit dem späten 17. Jahrhundert traten Gelehrte aller Konfessionen mit dem Anspruch auf, die Geschichten der Religion «rein historisch» beschreiben zu wollen. Durch historisch-kritische Methoden sollten überkommene dogmatische Geschichtsbilder zerstört werden. Religionsgeschichtsschreibung wurde zumeist als eine Emanzipationswissenschaft konzipiert, die durch historische Relativierung aller positiven Religionen das wechselseitige Verständnis fördern und eine neue Toleranz ermöglichen sollte. In England und Frankreich kam der Versuch hinzu, mit den Mitteln der Wissenschaft eine nachchristliche, wahrhaft humane Sozialreligion, etwa im Sinne Comtes, zu begründen.[9] Die Unterschiede zwischen vernünftigen Kritikern und aufgeklärten Verteidigern der Religion oder zwischen theologischen und nichttheologischen Religionsdeutern waren – trotz der Härte ihrer Kulturkämpfe – genau besehen aber marginal. Im Entscheidenden stimmten die Religionsdeuter in den Theologischen Fakultäten mit den gelehrten Experten auf religionswissenschaftlichen Lehrstühlen überein. Vom späten 18. bis zum frühen 20. Jahrhundert verfügten alle Seiten über einen einheitlichen Begriff der Religion, teleologische Konzepte der Religionsgeschichte, normative Semantiken zur Unterscheidung von guter, wahrer – in aller Regel: eigener – und falscher Religion sowie ein holistisches Konzept der Vernunft, das die eigene Position unbeschadet ihrer faktischen historisch-kulturellen, etwa: eurozentrischen oder liberalprotestantischen, katholischen oder jüdisch-orthodoxen Partikularität als schlechterdings universal und allgemeingültig zu deuten erlaubte. Alle akademischen Analytiker der Religion verstanden sich deshalb als vernünftige Diskurspolizisten: Sie wollten dumpfen Aberglauben zugunsten einer Vernunftreligion überwinden, den Mythos durch den Logos ablösen oder den dogmatischen Kirchenglauben in eine moralische Humanitätsreligion überführen.[10] Daß Wissenschaft dazu diene, falsche Religion unter Kontrolle zu halten und wahre Religion zu befördern, war zwischen Theologen und nicht-theologischen Religionswissenschaftlern niemals strittig. Streit gab es in allen religionsbezogenen Disziplinen allein darum, welcher Glaube der wahre und welcher der falsche sei und welche Disziplin die kontrollierende und reglementierende, diskurspolizeiliche Aufgabe der Religionswissenschaften mit der größten Aussicht auf Erfolg wahrnehmen könne.

Selbst in der historisch-kritischen Beschreibung archaisch einfacher Religionen oder ferner, fremder religiöser Lebenswelten ging es den Religionswissenschaftlern primär um die eigene Religionskultur, die im Sinne einer Rationalisierung des Volksglaubens reformiert werden sollte. Die neuen, vermeintlich strikt historischen Bilder der Religionsgeschichte oder die «rein vernünftigen Konzepte» des «Wesens der Religion» waren deshalb nicht weniger dogmatisch normativ als die alten konfessionellen Religionsbilder. Die als rationale Aufklärung geführten Diskurse über Religion blieben im Kern von gelehrten Fabeln und mythischen Annahmen bestimmt, auch, wie Maurice Olender gezeigt hat, von rassentheoretischen Sprachmustern und von geschlechterbezogenen Exklusionen.[11]

Seit dem späten 18. Jahrhundert öffneten sich die Religionswissenschaftler und auch viele, zumal protestantische Theologen für die neuen geschichtlichen Denkstile: Sie inszenierten die moderne Denkrevolution des Historismus mit,[12] arbeiteten also an der Historisierung der Formen von Geschichtsschreibung wie der Prozesse des Erkennens selbst, diskutierten aber auch – besonders eindrucksvoll Ernst Troeltsch – die möglichen relativistischen Folgeprobleme. Konsequentes historisches Denken droht Geltungsansprüche auszuhöhlen und überlieferte kulturelle Verbindlichkeiten zu unterminieren. Dies bedeutet auch: Wenn alle Handlungen, sprachlichen Äußerungen, religiösen Repräsentationen, kulturellen Objektivationen und Denkleistungen des Menschen historisch partikular und kulturspezifisch sind, dann muß sich nicht zuletzt das Historisieren selbst historisieren lassen.

Im Zeichen des *linguistic turn* oder der diversen *cultural turns* ließ sich lernen, den Konstruktionscharakter unseres Denkens und die kulturelle Relativität unserer Selbst- und Fremddeutungen ernst zu nehmen. In der Aufklärung der *hidden agendas*, impliziten Axiome und heimlichen kulturellen Bedeutungen vieler Geschichtsbilder oder Religionsdeutungen sind inzwischen vielfach innovative Perspektiven eröffnet worden. Doch wenig spricht dafür, daß die kritischen Analysen von Foucault oder Derrida, Edward Said oder Hayden White den Religionswissenschaftlern Einsichten in eine prinzipiell neue Problemlage erschlossen hätten. Zwar kennen Kulturwissenschaftler aller Disziplinen jetzt für ganz unterschiedliche Themenfelder die sprachlichen Techniken und begrifflichen Strategien sehr viel genauer, mit denen sie die Bilder des Anderen oder Fremden entwerfen. Auch haben sie nun präzisere Vorstellungen von den reflexiven Mechanismen eines Repräsentierens, mit dem sie in diesen Bildern immer auch sich selbst porträtieren. Aber wer irgendwann einmal die *Kritik der reinen Vernunft* gelesen hat, sieht sich durch die neuere linguistische Kritik am *essentialism* oder durch die Dekonstruktion alter Geschichtsbilder nicht wirklich überrascht. Gewiß, in postmodernen Sprachspielen wird das alte autonome Subjekt konsequent verabschiedet und eine radikale Kritik der ersten Aufklärung formuliert, zumeist mit Argumenten der zweiten radikalen Aufklärung eines Nietzsche, Kierkegaard oder Freud. Doch indem diese dritte, postmoderne Aufklärung die der ersten Aufklärung eigene Idee des Fortschritts, ihr vergegenständlichendes Denken, ihren rationalen Reduktionismus, ihre Maskeraden historisch kontingenter Rationalitätstypen als «Vernunft überhaupt» sowie diverse andere Monomythen dekonstruiert, bleibt sie, strukturell gesehen, selbst jenen Aporien kritischer Reflexivität verhaftet, die sie für die Meisterdenker des 18. Jahrhunderts geltend macht. Die dekonstruktionistische Botschaft lautet: Nichts ist, was sich nicht dekonstruieren läßt. Dies muß dann aber auch für die Dekonstruktionsspezialisten des späten 20. Jahrhunderts selbst gelten. An genau diesem Punkte bleibt die Rezeption postmoderner Denkstile durch Religionswissenschaftler, Ethnologen, Anthropologen und sonstige Kulturwissenschaftler durch Elemente dogmatischer Reflexivitätsverweigerung geprägt. Man ist stark in der Dekonstruktion überkommener Deutungsmuster und berauscht sich gern am «Koks des gefährlichen Denkens» (U. Raulff).[13] Aber die neue Qualität kritischer Analyse der Traditionen des Faches oder älterer Religionsdiskurse überhaupt beinhaltet als solche noch keine Steigerung der Fähigkeit zur Selbstreflexivität. Die vielen neuen Entzauberer erweisen sich schnell als akademische Schamanen, wenn es um sie selbst geht.

Besonders beliebt ist es unter Religionswissenschaftlern derzeit, die alten normativen Begriffe von Religion und Religionen zu analysieren. Im postmodernen Kampf gegen überkommene Monomythen werden übergreifende Typologien als abstrakt und generelle Begriffe als Terrorismus gegen das Einzelne verworfen. Die akademischen Religionsdeuter geben sich neuerdings gern besonders reflektiert: Vor ihren Feldforschungen führen sie Insider-Outsider-Debatten und betonen die «poetics and politics of ethnography».[14] In ihren historischen Texten wollen sie politisch korrekt darum bemüht sein, nicht mehr jene Stereotypen zu verwenden, mit denen sie sich irgendeiner Form des Orientalismus, Rassismus, Sexismus oder anderer Ismen schuldig machen würden. Für diese Anstrengungen zahlen die Religionsexperten des frühen 21. Jahrhunderts allerdings einen hohen Preis. Ihre berechtigte Kritik der vielfältigen Dogmatismen in der Geschichte akademischer Religionsforschung fördert den autosuggestiven Glauben, nicht mit jenen Aporien selbst konfrontiert zu sein, in die sie die Klassiker des Faches verstrickt sehen. Immer neu zeugen sie sich Väter, die sie morden, um sich als frei von deren Problemen imaginieren zu können. Aber genau besehen verfügen sie über keine Lösung für die mit der Historisierung oder dekonstruktionistischen Relativierung all ihres Wissens verbundenen Folgeprobleme. Gewiß, sie sind stolz darauf, nicht mehr von «edlen Wilden», «orientalischen Lüstlingen», «primitiven Völkern» oder philosophisch barfüßigen amerikanischen Empiristen zu reden. Auch wissen sie, daß kollektive Identitäten durch «Erfindung» von Traditionen konstruiert und nationale Charakterunterschiede niemals etwas essentiell «Gegebenes» sind. Aber selbst wer sich um höchste methodische Sensibilität bemüht, verfügt niemals über analytische Instrumente oder Begriffe, durch die sichergestellt ist, daß seine Beschreibungen als externer Beobachter den Innenperspektiven der Beobachteten kongruent sind. Jeder oder jede hat nur seinen oder ihren spezifischen Standort mit je eigenen Blickwinkeln, und niemand kann gelebte Religion analysieren oder Religionsgeschichte schreiben ohne Begriffe, die immer auch einen mehr oder minder bewußten normativen Gehalt haben oder Exklusionen implizieren.

Viele der neuen vermeintlich wertneutralen Begriffe, die Anthropologen, Ethnologen oder andere religionswissenschaftlich arbeitende Sozialwissenschaftler derzeit empfehlen, spiegeln nur den naiven Glauben, die systematischen Probleme der Begriffsbildung durch moralisch motivierte Parteinahme für Opfer, Marginalisierte und Ausgeschlossene welcher Art auch immer lösen zu können. In den neueren Debatten über Religion und kapitalistische Globalisierung wird etwa gefordert, der «Authentizität» der fremden anderen Kulturen gerecht zu werden und sie «from ground level» wahrzunehmen. Für den neuen ethnologischen Modebegriff «local peoples» hat Talal Asad zu Recht darauf hingewiesen, daß hier nur die alten, aber als illegitim geltenden Begriffe wie «primitive», «tribal», «simple» oder «preliterate» fortgeschrieben würden.[15] Man kann Asads Kritik noch zuspitzen: Wer verwaltet die Definitionsmacht über Unterscheidungen wie «global» und «lokal», «oben» und «unten», «Zentrum» und «Peripherie», «Identität» und «Differenz»? Wenn alle Begriffsbildung standortbedingt ist, muß auch das Denken über die perspektivische Relativität unserer Begriffe selbst positionell, standortbedingt sein. Dann gibt es keine allgemein gültigen Gründe dafür, eine bestimmte, als solche immer partikulare Perspektive zu privilegieren.

Unter Religionswissenschaftlern ist es im Zeichen des postmodernen Protests Mode geworden, auf alle Allgemeinbegriffe von Religion verzichten zu wollen. Wir haben gelernt: Religion, die Religionen, Religiosität und ihre Komposita sind nur europäische, im

Kontext der Christentumsgeschichte entstandene Konstrukte, die mehr über die Geschichte akademischer Bewältigung des Fremden als über irgendein «Objekt» der sozialen Welt aussagen. In der Tat hat die nähere Erkundung der okzidentalen Geschichte des Religionsbegriffs die Einsicht befördert, daß sich in anderen, außereuropäischen Kulturen keinerlei semantische Äquivalente zu einem Allgemeinbegriff von Religion finden lassen.[16] Schon 1982 hatte Jonathan Z. Smith deshalb behauptet: «There is no data for religion. Religion is solely the creation of the scholar's study.»[17] Andere Religionswissenschaftler, beispielsweise Fritz Stolz, bescheinigten der eigenen Disziplin deshalb den «Verlust ihres Gegenstandes».[18] William E. Arnal leitete aus dem Wissen um die kulturelle, europäische Partikularität aller vermeintlich universellen Religionsbegriffe die Forderung ab, daß sich die Religionswissenschaften auf die kritische Dekonstruktion des Religionsbegriffes und die Analyse seiner heterogenen Verwendungsweisen im alltäglichen, nichtwissenschaftlichen Sprachgebrauch beschränken sollten: «deconstructing the category and analyzing its function within popular discourse, rather than assuming that the category has content and seeking to specify what that content is».[19] In all diesen Debatten um die okzidentale Genese des Religionsbegriffs ist verstärkt deutlich geworden: Alle Begriffsbildung hat nur hypothetischen Charakter. Dennoch ist im Sinne der neukantianischen Unterscheidung von Genesis und Geltung darauf zu insistieren, daß die Einsicht in die spezifisch europäische Herkunftsgeschichte des Religionsbegriffs kein zureichender Grund dafür ist, ihm jede hermeneutische Relevanz und mögliche Erschließungskraft abzusprechen. Wir brauchen allgemeine Begriffe, um das religiöse Feld strukturieren und von anderen Feldern abgrenzen zu können. Man kann nicht auf Dauer Religionsforschung betreiben, ohne irgendwelche Konzepte von Religion zu entwickeln. Dies bedeutet keine Affirmation der alten normativen Begriffe und substantialistischen Klassifikationsmuster. Es geht auch nicht um einen funktionalistischen, ubiquitär verwendbaren Begriff der Religion. Doch ist das kulturell Besondere oder Individuelle nur dann zu beschreiben, wenn uns allgemeinere Begriffe zur Verfügung stehen, mit denen sich die spezifische Differenz dieses Besonderen erfassen läßt. Solche Begriffe müssen für kulturelle Unterschiede offen und relational strukturiert sein, um die nach Dichte und Trennschärfe hochgradig variablen Grenzen zwischen religiösem Feld und anderen Feldern bestimmen zu können. Dabei gilt es jedoch, diese Begriffe nicht zu ontologisieren, sie nicht – im Sinne eines essentialistischen Dogmatismus – zu vergegenständlichen, sondern vielmehr das Wissen um die besondere Fragilität solcher relationalen Konzepte präsent zu halten.

Bei dem Versuch, die Reifizierung von Allgemeinbegriffen zu vermeiden, scheinen insbesondere neue Strategien der Historisierung unseres Tuns hilfreich zu sein.[20] Sowohl die konfessionellen Theologien und die aus der «Wissenschaft des Judentums» hervorgegangenen *Jewish Studies* als auch die Religionswissenschaften sind noch immer durch massive Historisierungsdefizite geprägt. Die Bereitschaft, die Geschichte des eigenen Faches, die es prägenden akademischen Institutionen, die machtbestimmten Diskurse und die leitenden Erkenntnisansprüche historisch differenziert zu erkunden, ist in den mit Religion befaßten Disziplinen deutlich geringer als in anderen Geistes- und Kulturwissenschaften. Nur durch Selbsthistorisierung lassen sich jedoch die unausweichliche Perspektivität der eigenen «Sehepunkte» und die den disziplinären Diskurs bestimmenden Dogmatismen wahrnehmen. So bedarf es einer Intensivierung von «Begriffsgeschichte» gerade auch in Hinblick auf die Begriffe, mit denen im akademischen Feld versucht wurde, Religion zu kritisieren, zu verteidigen, zu klassifizieren oder zu reinigen. Karl-Heinz Kohl und Astrid Reuter haben auf die Variabilität von Leitmotiven hingewiesen, die die Geschichte ethnologischer Religionsforschung prägten, und deshalb eine «Motivgeschichte» vorgeschlagen.[21] Insgesamt gilt: Nur durch intensivierte Historisierung können wir die Einsicht in die Relativität und Vorläufigkeit unserer Begriffsbildung wahren und uns immer neu bewußt machen, daß wir weder über einen gottgleichen universellen Blick noch irgendeine Perspektive verfügen, die uns die Differenzen von Insider und Outsider, Beobachtetem und Beobachtendem zu überbrücken erlaubt.

b) Die neue Beschränktheit, oder: Vom Beobachten der Beobachter

1966 veröffentlichten Peter L. Berger und Thomas Luckmann ihren Klassiker *The Social Construction of Reality*. Doch werden Bücher bekanntlich nicht nur von Autoren, sondern auch von den Lesern geschrieben. So erklären sich die besonderen Nachwirkungen dieses akademischen Bucherfolges. Denn vor allem in den USA hat *The Social Construction of Reality* die Konjunktur einer Sprache gefördert, die inzwischen alle religionswissenschaftlichen Zeitschriften bestimmt: die Sprache eines mehr oder minder radikalen Konstruktivismus. In Verbindung mit Eric Hobsbawms Formel vom «inventing of tradition» und Hayden Whites *Metahistory* hat die Rede von der «sozialen Konstruktion der Wirklichkeit» dem Glauben Vorschub geleistet, als könnten sich kollektive Akteure – etwa religiöse Gemeinschaften – oder Individuen ihre Sinnwelten gleichsam vom Nullpunkt aus, in einer Art symbolischer *creatio ex nihilo* erzeugen. Die Grundbegriffe dieser neuen Religionswissenschaft heißen: *construction, imagination, invention*. Nimmt man diese Begriffe ernst, dann liegt ihnen im Kern die These zugrunde, daß Sprache nicht nur die zentrale Konstitutionsbedingung «sozialer Realität» bilde, sondern das Soziale oder die Geschichte als solche nichts als Sprache oder Text seien. Diese Deutung ist aber in ihrem Kern eine reduktionistische Behauptung, die nur neue Dogmatismen provoziert.

Am Beispiel Hayden Whites und seines Einflusses auf die Debatten um eine Neuorientierung der *religious studies* läßt sich dies deutlich machen. Bekanntlich wollte White alle Geschichte in *plots* aufgehen lassen, die von rhetorischen Mustern und Erzählformen geprägt werden. Der Historiker sei in der Wahl der Narrative völlig frei, und jede Geschichte lasse sich immer auch ganz anders erzählen. Das Konzept «Geschichte» wird radikal subjektiviert, in plurale Repräsentationen aufgelöst, ästhetisiert zu einer Kunst des Erzählens. Die Preisgabe einer regulativen Idee von wissenschaftlicher Objektivität läßt sich aber nicht durchhalten. Viele von Whites «Rekonstruktionen» der Erzählmuster in klassischen historischen Texten lassen sich mit traditionellen Techniken kritischer Philologie als widersprüchlich und falsch erweisen. Zwei Jahrzehnte nach Erscheinen von *Metahistory* hat White in einem Essay über *Historical Emplotment and the Problem of Truth* mit Blick auf die Shoah den schnellen Rückzug antreten müssen: Die Vernichtung des europäischen Judentums ließe sich nicht in *plots* darstellen, die grundlegend voneinander differierten.[22] Roger Chartier hat zu Recht darauf hingewiesen, daß White damit alle Grundannahmen seines Konstruktivismus stillschweigend revidiert. Die Annahme von Fakten in der Vergangenheit impliziert die Annahme einer subjektunabhängigen, insoweit objektiven historischen Realität; also kann White die Position von Roland Barthes, daß Fakten immer nur linguistisch existieren, nicht mehr teilen. Wenn es geschichtliche Fakten gibt, muß der Historiker Kriterien dafür angeben können, wie er zu wissen vermag, ob ein bestimmter historischer Diskurs den vergangenen – vielfach durch sprachlich vermittelte Zeugnisse repräsentierten – Tatsachen eher gerecht wird als ein anderer.[23] Er muß sich um die Verbesserung der Zeichen bemühen, ohne je sicherstellen zu können, daß die Zeichen dem Bezeichneten kongruent sind. Strukturell vergleichbare Probleme ließen sich für Derridas Dekonstruktionismus benennen.

In den radikalsten Varianten des Dekonstruktionismus wird konsequent jeder Kontext zugunsten des reinen Textes aufgelöst. Alles mögliche Wissen über Umstände und Bedingungen eines Textes wird selbst als ein – anderer – Text gedeutet, so daß Geschichte zur Literaturwissenschaft und zum Spiel immer neuer Intertextualität mutiert. Die Auflösung des Kontextes dient dem Interesse, «reiner Konstruktion» Geltung zu verschaffen. Hinter dem Rücken der Dekonstruktionsagenten vollzieht sich jedoch das genaue Gegenteil, und dies läßt sich gerade an Produkten der neuen *religious studies* in den USA verdeutlichen. Wenn alles bloß Text und der Leser in der Deutung von Texten unendlich frei ist, wird Geschichte ubiquitär verfügbar. Die Kehrseite des radikalen Konstruktivismus ist, paradox genug, ein neuer Substantialismus, der es einzelnen Gruppen erlaubt, sich Geschichte auf ihre eigenen Identitätsbedürfnisse hin zu mediatisieren. Man kann dies als neuen *parochialism* oder schlicht als neue Beschränktheit beschreiben. Bestimmte kollektive Akteure oder soziale Gruppen entwerfen sich eine eigene Vergangenheit, um sich in der Gegenwart als ein homogenes Handlungssubjekt mit starker Identität zu imaginieren. So wie früher römisch-katholische Historiker Rom ins Zentrum der Religionsgeschichte rückten oder protestantische Gelehrte mit teleologischen Narrativen die Geschichte des Christentums im reformatorischen Protest Martin Luthers kulminieren ließen, so überführen nun beispielsweise feministische Historikerinnen Geschichtsschreibung in die *memoria* der Unterdrückung von Frauen. Ethnische Gruppen, sexuelle Minderheiten, Marginalisierte welcher Art auch immer lassen Geschichte neu schreiben oder umschreiben, um ihre je eigene Geschichte zu erhalten, die alle anderen immer schon ausschließt. Feministische Geschichtsschreibung von und für Frauen, *gay history* von und für Homosexuelle, Studien über bestimmte ethnische Gruppen von deren Repräsentanten im akademischen Feld – solche Instrumentalisierung des historischen Universums folgt nur den Mustern der alten Konfessionsgeschichten oder der Nationalgeschichtsschreibung im Europa des 19. Jahrhunderts. Indem die – etwa von Yosef Hayim Yerushalmi entwickelte[24] – Differenz von wissenschaftlicher historischer Forschung und «kulturellem Gedächtnis» oder «Memorialkultur» aufgehoben wird, können neue holistische Imaginationen der Vergangenheit erzeugt werden: Die Geschichte der Muslime gehört allein den Muslimen, die des orthodoxen Judentums exklusiv orthodoxen Juden. Nur sie können die Binnenperspektive einnehmen und, gegen alle intentional verallgemeinerungsfähigen Standards kulturwissenschaftlicher Forschung, durch *aggressive reading* den wahren Sinn der Zeichen entziffern.[25] Mit dieser Hermeneutik des Verdachts gegen alle anderen verbindet sich immer die Absicht, eine Identität zu stiften, die de facto zwar konstruiert, aber als immer schon gegeben, also essentialistisch imaginiert wird: *gay identity, black identity, protestant identity*. Es sind gerade viele Religionswissenschaftler und Religionswissenschaftlerinnen, die trotz des Gebrauchs konstruktivistischer Rhetorik den Konsumenten auf den pluralen religiösen Sinnmärkten essentialistische Ursprungsmythen und harte Identitätsvorgaben liefern. Sie reformulieren für ihre jeweilige Klientel immer neu Narrative der Unterdrückung, der Emanzipation aus alter Abhängigkeit, der Befreiung zum wahren Selbst und der so gewonnenen Stärke. Im Streit um «Identitätenpolitik» formulieren sie religiöse *life style clusters* für Gruppen, die sich als Opfer definieren müssen, weil sich die erinnerten Wunden der Geschichte in politisches Kapital transformieren lassen. Religionswissenschaftlerinnen und Religionswissenschaftler, die ihre Forschungen auf solche Identitätsvorgaben hin konzentrieren, verstehen sich zwar als Akteure im akademischen Feld, und die Selbstdefinition von den Opfern her hindert sie durchaus nicht daran, alle Privilegien ihres akademischen Status zu genießen. Doch will dieser neue Typus des Intellektuellen mehr, als Religion lediglich analytisch distanziert zu deuten. Daher agieren prominente Vordenker des neuen Diskurses, wie Edward Said und Cornel West, zugleich auch im religiösen und im politischen Feld und nehmen in den hier geführten Machtkämpfen eine klientelbezogene Expertenrolle ein.

In den letzten Jahren sind zahlreiche Studien über die religiösen Tiefenprägungen in der Theoriebildung von Klassikern der Religionswissenschaften erschienen. James Cowles Prichard, der Begründer der britischen Anthropologie, kritisierte die Rassentheorie mit dem religiösen Einwand, daß die Rede von Rassen der Abstammung aller Menschen von den biblischen Ureltern widerstreite.[26] Die von Erich Fromm 1949 in Princeton gehaltenen Vorlesungen über *Psychoanalyse und Religion* spiegelten auch seine eigene religiöse Neurose, als Enkel eines Rabbiners nicht selbst Rabbi geworden zu sein.[27] Mary Douglas und andere Vertreter der britischen Sozialanthropologie konzentrierten sich in ihren Forschungen auf Rituale, weil sie gegen den «libertinistischen Zeitgeist» der sechziger Jahre Autorität und Ordnung beschwören wollten.[28] So zeigt sich: Intellektuelle Deuter der Religion sind offenkundig in den Mustern ihrer Beschreibung vielfach stark durch ihre Frömmigkeit oder durch religiöse Hoffnungen und Wünsche, etwa die Sehnsucht nach neuer bergender Ordnung, geprägt. Auch in dieser Hinsicht gilt: Die modernen Religionswissenschaften sind selbst ein Teil der Religionsgeschichten der Moderne. In ihnen durchdringen sich akademisches und religiöses Feld.

c) Mitspieler im politischen Feld, oder:
Von der impliziten Parteinahme der Religionswissenschaftler

Im akademischen Feld läßt sich seit den achtziger Jahren des 20. Jahrhunderts weltweit ein verstärktes Interesse am Thema Religion beobachten. Nie zuvor waren so viele Intellektuelle damit beschäftigt, Religion zu deuten. Selbst viele Sozialwissenschaftler, die früher dogmatischen Modernisierungstheorien anhingen und das Ende der Religion prognostizierten, sehen sich nun dazu genötigt, Erklärungen für die vielen Renaissancen des Religiösen und die von Gesellschaft zu Gesellschaft ganz unterschiedliche Beharrungskraft und Präsenz der Religion anzubieten. So spiegelt das neue akademische Interesse an Religion die Expansion des religiösen Feldes, dessen Konturen mit der Ausdehnung zugleich an Schärfe verlieren: Die diffusen Randzonen und offenen Grenzen des Feldes aber können nur noch in Verhandlungen und Austauschprozessen markiert werden. Damit erweisen sich die von Max Weber einst dramatisierten Spannungen zwischen den konkurrierenden Wertsphären funktional differenzierter moderner Gesellschaften inzwischen häufig als obsolet. Alte Kulturkämpfe zwischen Glaube und Vernunft werden lediglich in einzelnen religiösen Milieus, etwa von den Kreationisten, fortgeführt, und im Zeichen eines global werdenden Kapitalismus kann sich harte ökonomische Rationalität mit weicher Frömmigkeit verbinden. Auch die Religionsgeschichten der Moderne erzählen demnach von Differenzierungsprozessen: Die vielen Glaubensformen, die man einst in teleologischen Narrativen chronologisch ordnete, um einer bestimmten Konfession eine Monopolstellung zu verschaffen, existieren heute weithin nebeneinander, so daß die synchronische Koexistenz des Differenten unsere Aufmerksamkeit verdient. Die verbreitete Rede von der De-Institutionalisierung des Religiösen ist gleichwohl unzutreffend, weil sich im religiösen Feld parallele Prozesse der Erosion alter Institutionen und des Aufbaus neuer Institutionen beobachten lassen.

Wie lassen sich vor diesem Hintergrund Modernisierungsschübe im religiösen Feld beschreiben? Zunächst: «Modernität» sollte nicht substantialistisch verstanden werden. «Modernität» läßt sich vielmehr beschreiben als Reflexionssteigerung, als reflexive Distanz zu einer ursprünglich unreflektierten Herkunft oder diskursiven Lage. Religiöse Modernisierung bedeutet: Religion wird in sich reflexiver.

Neben die Tendenzen der Individualisierung religiösen Glaubens durch *bricolage* und Privatsynkretismen ist auf die neuen professionellen Strategien in der Vermarktung der knappen Ressource «Sinn» zu verweisen. Zu den alten hauptberuflichen «Religionsdienern» – ein Begriff des 17. Jahrhunderts – treten neue religiöse Spezialisten in Konkurrenz: Fernsehpfarrer, die in Talkshows Personalgemeinden sammeln; alternative Mediziner, die ganzheitliche Heilung anbieten; Masseure, die mit Tantra-Massagen eine präreflexiv-unmittelbare Einheit von Geist, Leib und Seele zu erzeugen versprechen; Psychotherapeuten, die durch Inkarnationstherapie das entfremdete Selbst zu seinen Ursprüngen in einem früheren Leben zurückführen wollen; *change manager*, die neue Unternehmenskulturen herbeiführen sollen, indem sie die Mitarbeiter zu immer neuer Arbeit am eigenen Ich motivieren; die vielen Priester neuer Blut- und Bodenkulte, die in religiösen Symbolsprachen harte ethnische Identitäten propagieren; und die vielen anderen Experten einer «Erfahrungsindustrie», die uns das «kosmische Bewußtsein» oder das «wahre Selbst» anpreisen. Vor allem in den USA, aber zunehmend auch in europäischen Gesellschaften sind diese Verteilungskämpfe im religiösen Feld durch einen «utilitarian individualism» (R. Bellah) bestimmt, der, dem Interesse an individueller Nutzenmaximierung entsprechend, neue Kombinationen von explizit religiösen Angeboten mit allen möglichen anderen Dienstleistungen zur Stärkung des entfremdeten Ich erlaubt. Die Kabbala kann mit Sexualtherapie und das *working out* im Bodybuilding-Studio mit *emotional alchemy* kombiniert werden.

Gerade diese Pluralisierung religiöser Angebote, die damit verbundene Konkurrenz und der «heretical imperative», den Peter L. Berger analysiert hat,[29] tragen insgesamt zur Stärkung von Religion bei. Kein neues Phänomen, wie die Analogie zur konfliktreichen konfessionellen Pluralisierung des Christentums im frühneuzeitlichen Europa zeigt: Die offene Konkurrenz unterschiedlicher christlicher Heilswege führte damals zu einer Logik der Selbstüberbietung, die konfessionsintern vor allem in einem neuen ethischen Rigorismus und in starker «Sozialdisziplinierung» Gestalt gewann.

Die Konfessionen traten gleichsam in einen Wettstreit um ethische Leistungskraft. Sie wollten sich darin überbieten, die Lebensführung der Frommen tatsächlich bis ins Innere, bis in das Herz hinein zu prägen.

Die unscharfen Ränder des religiösen Feldes oder seine Hybridität lassen sich als ein Ausdruck der Stärke des Religiösen deuten. Nur zwei Beispiele: Wissenschaftliche Rationalität steht in den Selbstdeutungen vieler Gläubiger nicht mehr gegen Religion, sondern wird in neue religiöse Sinnkosmoi zu integrieren versucht. Die diversen *New Age*-Religionen gewinnen vor allem für Angehörige der technischen Intelligenz dadurch eine spezifische Attraktivität, daß in die esoterischen Spekulationen über das große Ganze des Weltenlaufes immer auch Elemente der Wissenschaft eingebaut werden. Das religiöse Feld greift hier in das einstmals oppositionelle Feld der modernen Naturwissenschaften aus. Umgekehrt wandern religiöse Semantiken zunehmend in die modernen Psycho-Wissenschaften ein. Der buddhistische «mittlere Weg der Erkenntnis» wird bei Francisco Varela zum Paradigma für eine neue «Kognitionstechnik», und die Rede vom «Baum der Erkenntnis» dient vielen Konstruktivisten dazu, die neue «Meistererzählung» von der Erschaffung der Welt im Prozeß des Erkennens fortzuschreiben.[30] Ein analoges Ausgreifen des religiösen Feldes läßt sich auch für den Medizinbetrieb, die Sportindustrie, das Erziehungswesen und die politische Welt beobachten. Die Expansion des Religiösen spiegelt sich schließlich auch darin, daß inzwischen der globale Kapitalismus und speziell eine seiner neuen Erscheinungsformen, der sogenannte *consumerism*, als Religion teils kritisiert, teils gefeiert werden.

Ernst Troeltsch hat bereits 1913 auf die vielfältigen «Verbindungen des Religiösen mit dem Nicht-Religiösen» hingewiesen: «Das ‹Rein-Religiöse› existiert nur für den Theoretiker und für wenige innerlich tief empfindende Seelen. Auf dem Markt des Lebens gibt es kein Interesse, das nicht durch Verkoppelung mit der Religion geschützt und gestärkt würde [...]».[31] So ist das religiöse Feld nach vielen Seiten hin offen. In zahlreichen Gesellschaften überlagert es zunehmend das politische Feld. Die vielen neuen Nationalismen, die politische Konflikte in der Dritten Welt, vor allem in Afrika und in der einstigen UdSSR, aggressiv verschärfen, stellen für die Religionswissenschaften gerade in Hinblick auf Methodenprobleme eine intellektuelle Herausforderung dar. Denn diese Nationalismen bedienen sich immer auch religiöser Semantiken und Ursprungsmythen, um die *imagined community* der Nation mit der Aura höherer Faktizität auszustatten. Religiöse Sprache dient hier dazu, die artifiziell konstruierten neuen Grenzen als immer schon gegeben zu behaupten und den starken Schein des Essentiellen zu erzeugen.

Nicht immer lassen sich derartige Phänomene trennscharf unterscheiden von jener genuin religiös motivierten Gewaltbereitschaft, die seit 1980 weltweit signifikant zugenommen hat. Lange vor dem 11. September 2001 hat Bruce Hoffman in *Inside Terrorism* auf die extrem hohe Gewaltbereitschaft religiös motivierter Terroristen hingewiesen.[32] Der Glaube, von Gott oder anderen himmlischen Mächten zum Kampf gegen eine nahezu grenzenlose Zahl von Feinden, nämlich gegen alle ganz anders Denkenden, beauftragt zu sein, stärkt bei den Tätern die Bereitschaft, das Opfer des eigenen Lebens zu bringen, verschafft ihnen die Aura des Märtyrers und stärkt so auch die Homogenität der jeweiligen Glaubensgemeinschaft. Yigal Amirs Rechtfertigung seines Attentats auf den israelischen Premierminister Rabin läßt sich als ein klassisches Glaubenszeugnis lesen: «Ich bereue nichts, ich habe allein und auf Befehl Gottes gehandelt».[33]

Die aus religiösen Quellen gespeiste Gewaltbereitschaft ist aber nur ein Beispiel für viele neue Konfliktlagen in jenem komplexen Spannungsfeld von Religion und politischer Ordnung, das sich zwischen einem universalistisch gedachten Recht auf Religionsfreiheit einerseits und der positiven Rechtsordnung des Staates andererseits aufbaut. Gewiß, das Recht auf Religionsfreiheit schließt ein Recht auf prinzipielles Anderssein ein. Aber darf man im Namen seines Glaubens auch staatlich verbotene Drogen konsumieren? Wo liegen die Grenzen religiöser Versammlungsfreiheit, wenn bei den entsprechenden Versammlungen aggressive Formen eines religiösen Nationalismus oder, zum Beispiel, antisemitische Ideologien propagiert werden? Immer neue gesellschaftliche Verhandlungsprozeduren müssen bewältigt, innovative juristische Regelungsmechanismen entwickelt werden, um die friedliche Koexistenz im öffentlichen Raum trotz der internen Pluralisierung und forcierten Expansion des religiösen Feldes zu bewahren. Erschwert wird diese Aufgabe noch dadurch, daß Konflikte zwischen Ansprüchen religiöser Gemeinschaften und normativen Erwartungen des Staates harte, stark bindende Formen des Religiösen zu stärken scheinen. Diese «harten Religionen» verlangen von ihren Anhängern viel, bieten ihnen aber auch starke Identitätschancen.[34] Sie profitieren von Konflikten mit anderen gesellschaftlichen Gruppen und politischen Institutionen, weil Konflikte mobilisierend wirken und symbolische Grenzen besonders deutlich hervortreten lassen.

Doch nicht nur religiöse Gemeinschaften agieren in diesem konfliktbeherrschten öffentlichen Raum, auch die Religionswissenschaftler sind Akteure auf dieser Bühne. Zwar können sie sich auch als Schriftsteller oder Textbau-Künstler eigener Art definieren und die Teilnahme an den gesellschaftlichen Verhandlungen über die Grenzen des religiösen Feldes verweigern. Aber mit dem ästhetisch inszenierten Gestus, gar nichts mehr zu den normativen Konflikten im Spannungsfeld von Religion und Recht sagen zu können, leisten sie nur einer dauerhaft gefährlichen Totalisierung des Religiösen Vorschub. Wenn nicht einmal die Religionswissenschaftler Vorschläge für die Differenzbestimmung von «religiös» und «nicht-religiös» zu formulieren vermögen – wie sollte dann verhindert werden können, daß religiöse Sprache ubiquitär für alle möglichen Ziele funktionalisiert wird?

Zum Schluß ist noch einmal an den USA-Reisenden Ernst Troeltsch zu erinnern. Troeltsch hatte in Boston und in Harvard nicht mehr die *metaphysical boots* aus St. Louis, sondern leichte Slippers der Ironie angezogen. Bei einem Abendessen mit den Kollegen der Harvard Divinity School schockierte er seine amerikanischen Kollegen zunächst durch «schroffe Urteile» darüber, wie sich viele europäische Kollegen in St. Louis und den USA überhaupt aufgeführt hätten. Den Wissenschaftskongreß bei der Weltausstellung charakterisierte er als akademischen Zirkus Barnum. Dafür mußte er sich bei Hugo Münsterberg, dem in Harvard lehrenden Organisator des Kongresses, später schriftlich entschuldigen.[35] Aber im Bild vom akademischen Zirkus steckt auch ein wenig proto-postmoderne Ironie. Denn ähnelt nicht auch heute das Feld der postmodernen Religionsdiskurse häufig einem akademischen Zirkus, in dem die unterschiedlichsten Theoriedompteure sich mit ihren Kunststücken der Dekonstruktion wechselseitig zu überbieten hoffen? Dem Theologen wird dabei häufig nur noch die Rolle des Pausenclowns zugestanden, der mit seinen «metaphysischen Stiefeln» durch die Manege stolpert. Ob er die Rolle annehmen soll? Manchmal darf der Clown ja Wahrheiten aussprechen, die andernorts den Ablauf der Show nur gefährden würden.

2. Wozu noch Theologie?

«Wenn es gegenwärtig ein Desiderat theologischer Forschung und Selbstbesinnung gibt, dann ist es die Aufklärung über die systematische Struktur der Tätigkeit der Theologie, die sich in jenem Streit vollzieht, in dem es um den systematischen Zusammenhang von Kritik und Konstruktion geht.» Mit diesem Satz hat Trutz Rendtorff 1972 das Grundproblem protestantischer Theologie im Horizont der Moderne bezeichnet.[1] Seit dem frühen 18. Jahrhundert formulierten protestantische Universitätstheologen eine zunehmend radikale Kritik der Heiligen Schriften und überlieferten kirchlichen Bekenntnisse. Gegen Buchstabenglauben und Dogmenzwang verschafften sie der Autonomie des mündigen christlichen Subjekts Geltung und führten alle kirchliche Positivität auf die produktive Tätigkeit des religiösen Bewußtseins zurück. Sie entgegenständlichten alle dogmatischen Gehalte und setzten mit faszinierender intellektueller Konsequenz nicht nur die Denkrevolutionen des modernen Historismus mit in Szene, sondern analysierten durch theologische Reflexion auch selbstkritisch und radikaler als Vertreter aller anderen konfessionellen Deutungskulturen ihre eigenen religiösen Voraussetzungen und geschichtlichen Entwicklungen.

Doch wollten sich protestantische Universitätstheologen keineswegs mit Überlieferungskritik bescheiden. Selbst in ihren exegetischen oder historischen Disziplinen erhob die evangelische Theologie konstruktive Ansprüche. Immer wollte sie eine bleibende Relevanz des christlichen Glaubens erweisen und im Medium theologischer Reflexion die Einsicht bekräftigen, daß sich dem Menschen seine wahre Humanität nur erschließt, wenn er sich *sub specie Dei*, als gerechtfertigter Sünder wahrzunehmen vermag. Kritik aber fällt Intellektuellen leichter als Konstruktion, gerade auch im harten Theologenstreit um eine modernitätskompatible Vergegenwärtigung des Evangeliums. Seit dem späten 18. Jahrhundert wurden in den Machtkämpfen positioneller Theologen auch die vielen neuen Entwürfe, Systemprogramme und «modernen Theologien» dekonstruiert und historisiert. Die konfliktreichen Prozesse der Ablösung von theologischen Lehrern oder prägenden Vätern und der konkurrenz-bedingte Überbietungsgestus führten dazu, daß sich die Geschichte der neueren evangelischen Theologie, zumal im deutschen Sprach-raum, auch als Abfolge immer neuer Fundamentalkritik der jeweils herrschenden Theologien schreiben läßt. Sofern sich die akademi-sche Theologie des Protestantismus nicht auf einen affirmativen Dogmatismus oder klerikalen Positivismus reduziert, droht sie des-halb zu einem selbstzerstörerischen Vorrang der Kritik vor der Kon-struktion zu tendieren.

Gerade auf ihr konstruktives Potential aber richteten sich unge-achtet aller modernitätsspezifischen Krisendiagnostik seit dem 18. Jahrhundert immer wieder hohe Außenerwartungen. Kulturelle Deutungs- und politische Funktionseliten erhoffen sich bis heute von Theologen klare Wegweisung gerade auch in den unübersicht-lichen Wissenschaftsgeschichten der Moderne. Dies zeigt sich der-zeit in den Ethikdiskursen der Bundesrepublik: Angesichts der pro-gressiven Beschleunigung wissenschaftlich-technischen Fortschritts sollen Theologen Orientierungswissen produzieren. Gern mutet man ihnen die Rolle von Hütern der Moral oder Stiftern tragender Werte zu. Priester altehrwürdiger Verbindlichkeiten oder Propheten zu erneuernder Gebote sollen sie sein. Soll die protestantische Uni-versitätstheologie dieses ethische Mandat antreten? Versteht sie sich zureichend, wenn sie sich über den schnell wachsenden gesellschaft-lichen Bedarf an angewandter Ethik legitimiert?

Wissenschaftliche Theologie steht in einem dreifachen Bezugsfeld. Als Teil der *universitas litterarum* ist sie auf die anderen Wissenschaf-ten bezogen. Als Reflexionsinstanz des christlichen Glaubens bezieht sie sich auf die Kirche und die pluralen Lebenswelten des gegenwärti-gen Christentums. Als Wissenschaft vom Christentum schließlich bietet sie in der modernen, funktional differenzierten und religiös pluralistischen Gesellschaft Deutungshilfen, die ethische Orientie-rung einschließen, sich darin aber nicht erschöpfen. In allen drei Be-ziehungen erfüllt sie niemals nur affirmative Funktionen. Im diskur-siven Feld der Wissenschaften, gegenüber der Kirche und innerhalb der Gesellschaft agiert sie kritisch *und* konstruktiv. Protestantische Theologie vollzieht sich, um eine Formel Paul Tillichs aufzugreifen, in der spannungsreichen Einheit von «Kritik und Gestaltung».[2]

a) Religiöse Vielfalt deuten können, oder: Theologie hat ihren Ort in der Universität

Seit 1770 wandelte sich die literarische Produktion deutscher protestantischer Universitätstheologen: Akademische Theologen begannen in innovativer Weise, sich selbst zu thematisieren und über die institutionellen Bedingungen, spezifischen Erkenntnisziele und epistemologischen Strategien ihrer Wissensproduktion nachzudenken. In kurzer Zeit veröffentlichten sie zahllose theologische «Enzyklopädien», Einleitungen in einzelne Disziplinen der Theologie sowie gelehrte Traktate zum «Streit der Fakultäten». Allein in den beiden letzten Jahrzehnten des 18. Jahrhunderts wurden im protestantischen Deutschland weit über hundert gelehrte Abhandlungen, Essays und Zeitschriftenaufsätze über Aufgabe, Begriff, interne Differenzierung und Erkenntnisweisen der Theologie publiziert. Seit diesen Anfängen expliziter Selbstthematisierung einer bewußt «modernen Theologie» – der Begriff begegnet schon im ausgehenden 18. Jahrhundert – vollzieht sich akademische Theologie immer auch als erkenntniskritische Selbstreflexion, als diskursive Vergegenwärtigung ihrer religionskulturellen Voraussetzungen, möglichen normativen Ansprüche und spezifischen Erkenntnisweisen. Von den frühen «Enzyklopädien» spannt sich über die permanenten Methodenkontroversen des 19. Jahrhunderts ein diskursiver Bogen bis hin zu Wolfhart Pannenbergs *Wissenschaftstheorie und Theologie*[3] oder Edward Farleys *Anatomy of Theological Method*.[4] Am Beginn dieser vom Eintritt in die «neue Zeit» erzwungenen Verstetigung forcierter Selbstreflexivität entwickelten protestantische Universitätstheologen drei Legitimationsmuster ihres Faches:

(a) Die Theologie ist wie Jurisprudenz und Medizin eine positive Wissenschaft, die ihre Einheit aus dem Bezug auf die Institution Kirche gewinnt; sie integriert und vermittelt all jene Kenntnisse, derer die «Religionsdiener» und Pfarrer für die öffentliche Verkündigung des Evangeliums und zur verantwortungsbewußten Wahrnehmung ihrer Leitungsfunktionen in der Kirche bedürfen; später kamen noch der Religionsunterricht in staatlichen Schulen und die Ausbildung von Religionspädagogen hinzu. Als Institution zur Bildung der kirchlichen Funktionselite ist akademische Theologie eine Funktion der Kirche.

(b) Die Theologie ist eine historisch-hermeneutische Kulturwissenschaft des Christentums, die der Deutung und Stärkung aktueller christlicher Kultur dient. Sie ist darin primär eine Funktion des individuell gelebten Christentums; sofern individuell gelebter Glaube immer die Tradierung des Evangeliums durch die kirchliche Institution voraussetzt, läßt sich die als historisch-hermeneutische Christentumswissenschaft konzipierte Theologie sekundär auch als eine Funktion der Kirche bestimmen.

(c) Die Theologie muß seit dem Eintritt des Christentums in sein «ethisches Zeitalter» (R. Rothe) dezidiert als «ethische Theologie» gestaltet werden. Sie begründet die sozialmoralischen Fundamente des Gemeinwesens; sie vermittelt dem Staat das religiöse Ethos, das die wechselseitige Pietät von Obrigkeit und Untertanen sichert oder, im republikanischen Modell, Tugend und Rechtsgehorsam freier Bürger stärkt. Ihr eignet somit eine ethische Funktion für Staat und bürgerliche Gesellschaft.

Die Funktion der Theologie für die Kirche, klassisch von Friedrich Daniel Ernst Schleiermacher in seiner *Kurzen Darstellung des theologischen Studiums zum Behuf einleitender Vorlesungen* formuliert, läßt sich in Begriffen der modernen Elitentheorie erläutern. Unter den Bedingungen funktionaler Differenzierung relativ autonomer Kultursphären – Staat, Ökonomie, Wissenschaft sowie Kunst und Religion – bedarf die Kirche als Institution religiöser Kommunikation einer gebildeten Funktionselite. Nach innen hin fallen ihr die Aufgaben des Kirchenregiments zu, nach außen soll sie die Kommunikationsfähigkeit der Kirche mit den Eliten anderer Institutionen des Gemeinwesens sicherstellen. Dieses Theologiekonzept läßt sich auch bildungstheoretisch reformulieren: Analog zur Entstehung der modernen bürgerlichen Öffentlichkeit soll die gebildete Kommunikation des Glaubens gefördert und der mündige Christ zu religiösem Selbstdenken ermutigt werden. Der zukünftige Pfarrer bedarf eines intensiven wissenschaftlichen Studiums, um als exemplarischer Repräsentant «vernünftiger Religion» agieren zu können. Hier haben Hegels Formeln vom Christentum als «denkender Religion» und vom Protestantismus als «Religion der Freiheit» ihren Ursprung.

Gegenüber gelebter Religion hat die akademische Theologie sowohl eine kritische als auch eine konstruktiv deutende Funktion. Zunächst zur kritischen Funktion: Das religiöse Bewußtsein tendiert zu einer Produktivität eigener Art. Es erzeugt gern Vorstellungen, lebt in Symbolwelten und erfreut sich am freien Spiel der Phantasie. In seiner assoziativen Kreativität droht es, die von ihm erzeugten Vorstellungsgehalte zu verdinglichen: Schutzengel beginnen zu fliegen und Seelen zu wandern. In Fortentwicklung jenes professionsspezifischen Habitus, mit dem die akademischen Theologen der altprotestantischen Orthodoxie durch klare Dogmatik und Vergegenwärtigung der Bekenntnisschriften den populären Glauben der einfachen Leute auf die verbindliche Kirchenlehre festzulegen versuchten, wollten viele aufgeklärte Theologen des späten 18. Jahrhunderts die sogenannte «Volksfrömmigkeit» in rein vernünftige oder natürliche Religion aufheben. Sie wollten den Wildwuchs der mythopoietischen Phantasie beschneiden und durch mehr oder minder behutsame Ablösung der mythischen Schalen den rationalen Kern gelebten Glaubens erschließen. Aus dem späten 18. und frühen 19. Jahrhundert sind zahlreiche Programmschriften von Universitätstheologen und einflußreichen Predigern überliefert, die den Anspruch erheben, daß der akademisch gebildete Pfarrer durch gelehrte, aber verständliche Predigt den «Volksglauben» reinigen könne. Damit folgten die Theologen nicht nur den Sozialdisziplinierungsstrategien der aufgeklärt-absolutistischen «Religionspolizei», sondern auch den neuen Definitionen der Berufsrolle, die in den neologischen Debatten über die «Nutzbarkeit des Predigtamtes» entwickelt worden waren.[5] Populäre Frömmigkeit sollte in Vernunftreligion oder zumindest vernünftigere Religion überführt werden.

Schon im 19. Jahrhundert wurden diese autonomiezentrierten Ideale bildungsbürgerlicher Religion heftig kritisiert. Spätestens 1817 entflammte im protestantischen Deutschland der Streit darüber, ob die bildungsprotestantische Utopie einer inneren Einheit von christlicher Religion und humaner Kultur nicht zur Preisgabe der wahren Substanz des christlichen Heilsglaubens führe. Pietistisch-erweckliche Fromme und neulutherische Konfessionalisten betonten in äußerst polemisch ausgetragenen Kontroversen um die historisch-kritische Verwissenschaftlichung der Theologie, daß es ganz anderer, spezifisch religiöser Kompetenzen bedürfe, um ein guter Diener der Kirche zu sein. Bereits im Vormärz beschworen führende theologisch Konservative nachdrücklich die Fähigkeit zu exemplarischer Spiritualität, bewegendem Zeugnis und auferbauender Segenspraxis. Seit der politischen und religiös-kirchlichen Restauration der 1850er Jahre traten Kirchenführer des konservativen Neuluthertums zunehmend dafür ein, die Theologenausbildung von der Universität in eigene kirchliche Hochschulen oder Seminare zu verlagern. Der Pfarrernachwuchs sollte vor dem destruktiven Ungeist der modernen Wissenschaft geschützt und *intra muros ecclesiae* in einer Glaubensgewißheit gestärkt werden, deren Identität sich aus dem prononcierten Gegensatz zu einer als feindlich empfundenen modernen Welt konstituierte. Eine allgemeinen historistischen Wissenschaftsidealen entsprechende «historisch-kritische» Deutung der biblischen Überlieferungen wurde hier als sündhaft falscher, die Autorität des Gotteswortes zerstörender intellektueller Habitus verworfen. Gegen die vielfältigen Tendenzen einer Verwissenschaftlichung der verschiedenen Disziplinen der akademischen Theologie, die in ihren Methoden und leitenden Begriffen nur den allgemeinen wissenschaftsinternen Denkbewegungen folgten, wurden neue Hermeneutiken biblizistischer Unmittelbarkeit eingeklagt, um statt artifizieller Philologie wieder den substantiellen Gehalt des biblischen Gotteswortes ernst zu nehmen. Theologiepolitisch entsprach dem teils die vielfältig variierte Forderung, daß bei der Berufung von Theologieprofessoren nicht Universität und staatliche Wissenschaftsbürokratie, sondern primär die Kirche die Entscheidungskompetenz haben müsse. Teils wurde auch die Emigration der Theologen aus den akademischen Institutionen proklamiert und in «Theologischen Schulen» oder kirchlichen «Ausbildungseinrichtungen» eine dezidiert klerikale Gegenwelt zur Universität institutionalisiert, in der liberale Ideale einer Freiheit von Forschung und Lehre zugunsten emotional dichter religiöser Vergemeinschaftung suspendiert wurden. Daß «Kirchliche Hochschulen» in der nationalsozialistischen Diktatur und im diktatorischen SED-Staat zu Orten exemplarisch wahrgenommener Freiheit von Forschung und herrschaftskritischer Reflexion wurden, sollte den prinzipiellen Charakter der von vielen theologisch Konservativen und biblizistisch Frommen aggressiv vertretenen Fundamentalkritik an der modernen theologischen Wissenschaftsfreiheit nicht vergessen machen. Mit der Forderung, die zukünftigen Diener der Kirche nicht in den Theologischen Fakultäten staatlicher Universitäten, sondern in kircheneigenen «Theologischen Schulen» auszubilden, machten sich Gruppen in der evangelischen Kirche ein römisch-katholisches Modell der Priesterausbildung in «Seminaren» und bischöflichen «Konvikten» zu eigen, in dem die Freiheit theologischen Denkens konsequent der Autorität des kirchlichen Lehramts, repräsentiert im Amt des Ortsbischofs, untergeordnet worden war. Insofern markierte der theologiepolitische Diskurs um kirchliche Theologenschulen auch einen prinzipiellen Bruch mit den neuprotestantischen Überlieferungen freiheitsdienlicher institutioneller Differenzierung von theologischer Forschung und Lehre einerseits und kirchlicher Verkündigung andererseits.

Tiefe Gegensätze zwischen diesen höchst unterschiedlichen Konzeptionen der Theologie prägen den deutschen Protestantismus bis heute. Die Wissenschaftsgeschichten der neueren protestantischen Theologie können auch als Geschichten immer neuer Konflikte im Spannungsfeld von wissenschaftlichen Rationalitätsstandards und kirchlichen Identitätsbehauptungsbedürfnissen gelesen werden: Vielfältige Tendenzen einer wachsenden Klerikalisierung des Theologiebetriebs sind im deutschsprachigen Protestantismus seit 1850 zu erkennen. Die in den 1920er Jahren geführten Debatten um den «kirchlichen Charakter» der Theologie und um größere Mitwirkungsrechte der Kirchenleitungen bei der Berufung von Theologieprofessoren an staatlichen Fakultäten haben jedenfalls dazu geführt, daß nach 1945 die traumatisierenden Erfahrungen der Zerstörung theologischer Wissenschaftsfreiheit im Nationalsozialismus auch im Sinne einer verstärkten Kirchenbindung verarbeitet wurden. Zugleich setzten sich in den fünfziger und sechziger Jahren Programme der Theologie durch, in denen die pathetische Distanz zu den Rationalitätsstandards der Geistes- oder Kulturwissenschaften zum Inbegriff einer wirklich theologischen Theologie stilisiert worden war. Alte protestantische Ideale theologischer Wissenschaftsfreiheit galten nun als Ausdruck einer illegitimen Emanzipation der Universitätstheologie aus der «Gemeinschaft» der Kirche.

Die Wandlungsprozesse im Verhältnis von protestantischer Universitätstheologie und verfaßter Kirche haben sich in den letzten

Jahren zunehmend beschleunigt. Der innerprotestantische Streit um die *Gemeinsame Erklärung zur Rechtfertigungslehre* zeigt exemplarisch, daß die kognitiven Dissonanzen zwischen protestantischem Kirchenmilieu und vielen akademischen Theologieproduzenten zugenommen haben.[6] Dies erklärt sich zunächst aus der sozialstrukturellen und religionskulturellen Verengung der protestantischen Kirchenmilieus. Thomas Nipperdey hat gezeigt, daß der deutsche Protestantismus im späten 18. und frühen 19. Jahrhundert in konkurrierende Protestantismen auseinanderfiel, die innerhalb der Landeskirchen nur schwer integrierbar waren.[7] Die hohe Pluralität protestantischer Frömmigkeit und die begrenzten Fähigkeiten der kirchlichen Institution, diese polyphone Vielfalt intern auszugleichen, bilden ein zentrales Strukturelement der neueren deutschen Christentumsgeschichte. Seit 1945 ist das religiöse Spektrum des Protestantischen noch breiter geworden; auf den expandierenden Religionsmärkten firmiert nun Vieles, auch höchst Gegensätzliches als protestantisch. Die herkömmlichen protestantischen Kirchenmilieus sind jedoch geschrumpft und repräsentieren nur noch einen kleinen Ausschnitt aus den protestantischen Lebenswelten: Die irritierend homogene Sozialstruktur von Synoden, die starke Mittelstandsprägung der protestantischen Pfarrerschaft und die unübersehbare Verfilzungstendenzen in den landeskirchlichen Bürokratien sind Zeichen dafür.

Im Kirchenmilieu bleibt man dank eigener Sprache gern unter sich. Das neue Kirchenidiom läßt sich als binnenkirchliche Gebrauchstheologie beschreiben. Die Produzenten dieser Theologie sind kirchliche Gremien und Verbände, vom Presbyterium bis hin zu den Synoden und zahllosen Ausschüssen, mit denen die permanent tagende Funktionärskirche gesellschaftlichen Einfluß und politische Machtchancen zu wahren sucht. Gern und oft fordern moralisch hochengagierte «kerngemeindliche» Christen und Christinnen von ihrer Kirche eine Stellungnahme zu allem und jedem. Der autosuggestiv erzeugte Zwang, sich einzumischen, kann intern aber nur gerechtfertigt und praktisch umgesetzt werden, wenn irgendwie an religiöse Überlieferungsbestände angeknüpft wird. Der ADAC nimmt nur zum Autobahnbau und zu den Benzinpreisen Stellung, und der Verband der Postbenutzer bloß zur Erhöhung des Briefportos. Die beiden großen Kirchen aber reklamieren gegenläufig zur funktionalen Differenzierung der Gesellschaft ein Wächteramt prophetischer Allzuständigkeit. Ob globaler Kapitalismus oder Rentenversicherung, gentechnisch veränderte Tomaten oder Öffnungszeiten der Frankfurter Börse – in nahezu jedem gesellschaftlichen Konflikt können Interessenten auf Unterstützung aus den Reihen der Kirchen rechnen. Als religiöse Institutionen zahlen die Kirchen dafür allerdings einen hohen, auf Dauer ruinösen Preis. Ihr moralischer Omnipotenzanspruch zwingt sie zum ubiquitären Verschleiß religiöser Sprache. Wer die Ökosteuer als einen Akt der «Bewahrung der Schöpfung» preist, marode Institutionen des deutschen Sozialkorporatismus mit der Bergpredigt retten will oder das Ladenschlußgesetz zur rechtlichen Garantie von Sabbatheiligung oder Sonntagsruhe stilisiert, fördert nur die inflationäre Entwertung von Religionssemantik. Gern jammern führende Vertreter der kirchlichen Funktionselite darüber, daß Werbeagenturen biblische Bilder zweckentfremden und Medienproduzenten sich christlicher Mythen bedienen. Aber es sind auch die Kirchen selbst, die altehrwürdige religiöse Symbole für vordergründige Zwecke funktionalisieren, religionsästhetische Tabus verletzen und christliche Theologumena banalisieren. Denn ihrer Verbandssprache eignet nur die politikspezifische Temporalstruktur des Immer-schon-Überholtseins. Ihr Glaubwürdigkeitsverlust ist weithin endogen erzeugt, weil sie die biblischen Sprachen einem extrem schnellen tagespolitischen Verschleiß aussetzen. Durch Trivialisierung religiöser Symbole behindern die Kirchen Traditionsbildungsprozesse und leisten der gedanklichen Auszehrung des Christlichen Vorschub. Falk Wagner hat in seinen resignativen Analysen der *Metamorphosen des modernen Protestantismus* für die protestantisch-theologischen Reflexionskulturen des 20. Jahrhunderts zu zeigen versucht, daß die evangelischen Kirchen weniger durch externe Kritik als vielmehr durch interne Entwicklungen ihre religionsdiagnostische Wahrnehmungsfähigkeit und ihr theologisches Profil zu verlieren drohen.[8] Die unumgänglich fragile, weil durch den Vorrang des Wortes vor den sichtbaren Zeichen geprägte Religionskultur des deutschen Protestantismus scheint zunehmend amorpher, gestaltloser zu werden. Dies ließe sich auch an der Sorglosigkeit vieler Pfarrer und «kerngemeindlicher» Christen im Umgang mit rituellen Beständen oder an den banalen Gottesbildern des neuen Kirchengesangs zeigen: «Kuschelgott, komm mir ganz nah» wird nun in Gottesdiensten gesungen, die von liturgischer Beliebigkeit, gedankenlosem Harmonietalk und religionskitschiger Distanzlosigkeit geprägt sind.

Wozu also noch protestantische Universitätstheologie, wenn die evangelische Kirche ihren Theologiebedarf zunehmend mit hausgemachten *light*-Produkten deckt? Zur Antwort sei auf Adolf von Harnacks Bestimmung der Universitätstheologie als des «intellektuelle[n] Gewissen[s] der evangelischen Kirchen»[9] verwiesen. Wird in der Kirche religiöse Sprache trivialisiert und für alle möglichen vordergründigen Zwecksetzungen mißbraucht, muß die akademische Theologie das Eigenrecht gelebter Religion gegenüber deren kirchenpolitischer Instrumentalisierung verteidigen. Diese ideologiekritische Aufgabe der Theologie läßt sich, in zeitgeistkonformer Ironie, auch in ökonomischen Begriffen ausdrücken: Die Universitätstheologie sucht die *corporate identity* der Kirche zu stärken, indem sie die bleibende Differenz zwischen empirischer Kirche und normativem ekklesiologischem Begriff präsent hält. Sie erinnert daran, daß seine Kernkompetenzen stärken muß, wer auf den konkurrenzgeprägten pluralen Religionsmärkten des frühen 21. Jahrhunderts erfolgreich zu agieren sucht. Sie will helfen, wissenschaftlich differenzierte Problemwahrnehmung, gerade in den vielen neuen Konfliktfeldern der angewandten Ethik, in die kirchlichen Öffentlichkeiten zu vermitteln. Kritik und Konstruktion sind hier eng verknüpft: Akademische Theologie will der Kirche als Institution zu einem realistischeren Bild ihrer selbst und in pluralen Umwelten zu einem klareren Profil verhelfen.

Die Kritik des neuen Kirchenidioms mag als Schelte arroganter Intellektueller wirken. Akademische Deutungsexperten leiden gern unter mangelnder Resonanz. Inhaber theologischer Lehrstühle sind deshalb gut beraten, sich in die kritische Analyse der neuen kirchlichen Gebrauchstheologien selbst einzubeziehen. Denn die wachsenden Kommunikationsstörungen zwischen Universitätstheologie und Kirche sind von akademischen Theologen mitverursacht worden. Die in der inneren Logik des Wissenschaftssystems implizierte Tendenz zur Spezialisierung vieler theologischer Disziplinen hat auch zu falschen Prioritäten ihrer Wahrnehmungsökonomie geführt. Zahlreiche Theologenintellektuelle sind zu Deutungsexperten für die eigene Unfähigkeit geworden, über thematisch eng begrenzte

Spezialistendebatten hinaus die innere Einheit der Theologie im Blick zu behalten, und haben den Kontakt zu Kirche, Diakonie und plural gelebter Religion verloren. Kulturhermeneutik aber ist stets auf externe Impulse, auf Anregungen aus der Lebenswelt angewiesen. Doch in den akademischen Theologien beider großer Konfessionen gibt es hier massive Aufmerksamkeitsblockaden.

Akademische Theologie dient der Kirche nur, wenn sie Funktion des individuell gelebten Christentums ist. Im Interesse der Tradierungsfähigkeit des Glaubens muß sie ungleich mehr in den Blick nehmen als nur die schrumpfenden kirchlichen Binnenmilieus. Diese Erweiterung des Wahrnehmungshorizonts folgt der theologischen Logik des protestantischen Kirchenverständnisses. Im prägnanten Gegensatz zur institutionenzentrierten römisch-katholischen Ekklesiologie ist eine Kirchentheorie, die den Grundeinsichten der Reformatoren des 16. Jahrhunderts gerecht zu werden versucht, konstitutiv auf die irreduzible Differenz von *ecclesia visibilis* und *ecclesia invisibilis* bezogen. Indem protestantische Theologie um die Rechtfertigung des Sünders allein aus Gnade weiß und gegen jede klerikalisierend selbstgerechte Verengung des ekklesiologischen Blickwinkels allein auf «kerngemeindlich» besonders Fromme das «Priestertum aller Gläubigen» ernst nimmt, muß sie der hohen Vielfalt individuell gelebter Religion gerecht zu werden versuchen.

Eine rasche Diagnose gegenwärtiger «protestantischer Lebenswelten» verbietet sich schon angesichts der Komplexität des Gegenstandes. Doch gilt es, ein entscheidendes Problem ins Auge zu fassen: Die überkommenen, klassisch von Max Weber und Ernst Troeltsch entfalteten religionssoziologischen Typenbegriffe Kirche, Sekte, Mystik oder die Unterscheidung von innerkirchlicher und außerkirchlicher Religiosität sind kaum noch geeignet, die komplexen und heterogenen religiösen Lebenswelten der Gegenwart angemessen zu beschreiben. Überkommene Innen-Außen-Grenzen haben sich weithin aufgelöst. Die früher an den unscharfen Rändern der evangelischen Kirche angesiedelte vagabundierende Religiosität findet sich nun auch in kirchlichen Binnenmilieus, und synkretistisch bunte «Cafeteria-Religion»[10] mit ganzheitlicher Körpererfahrung, importierter Reinkarnationshoffnung und narzißtischer Gefühligkeit wird inzwischen auch auf Kirchentagen gefeiert. Wolfgang Steck hat in den großen religionsdiagnostischen Passagen

seiner *Praktischen Theologie* gezeigt, daß sich das breite, bunte
Spektrum protestantischer Frömmigkeit fortwährend ausweitet und
die vielen Sinnwelten gelebten Glaubens zunehmend individua-
lisierter, differenzierter und synkretistisch spannungsreicher werden.[11] Protestantische Religiosität ist schillernder, farbenfroher
geworden, geprägt durch heterogene Religionsstile, die von charismatischer Ekstase und ritualistischer Abendmahlsfrömmigkeit bis
hin zu wild wabernden Psycho-Kulten reichen. Auch hier liegt die
Aufgabe der Theologie in Kritik und Konstruktion: präzise Analyse
der Strukturen synkretistischer Verknüpfung vermeintlich heterogener Symbolbestände; Untersuchung der religiösen Sprachmuster
und ihres Gebrauchs; Bestimmung der Funktion solcher Religiosität
für die Identitätskonstruktionen von Individuen oder sozialen Gruppen. Nicht durch dogmatische Abwehrreflexe, sondern nur durch
besseres Verstehen kann es – wenn überhaupt – gelingen, der neuen
diffusen Religiosität zu einem prägnanteren Bewußtsein ihrer selbst
zu verhelfen. Der klassische Anspruch akademischer Theologie, das
religiöse Bewußtsein, im Sinne der erwähnten «Reinigungsfunk-
tion», zu korrigieren und zu läutern, dürfte sich aber kaum noch
realisieren lassen. Was für die populären Religionskulturen der Vergangenheit und die sogenannte «Volksfrömmigkeit» galt, gilt verstärkt für die schillernde Religiosität des frühen 21. Jahrhunderts:
Sie läßt sich nur begrenzt rational transparent machen und entzieht
sich weithin den Umformungsstrategien einer Theologenelite, die
im Wunsch nach Kontrolle gelebter Religion immer auch alte Muster klerikaler Gesinnungssteuerung fortzuschreiben droht.

Je heterogener die religiösen Lebenswelten des Protestantismus
sind, desto mehr bedarf der Pfarrer theologischer Reflexionskompetenz. Nur im Medium theologischer Theorie läßt sich eine prinzipielle Distanz zur Unmittelbarkeit der eigenen Frömmigkeit bilden
und die Fähigkeit gewinnen, mit höchst unterschiedlichen Gestalten
gelebten Glaubens verständnisvoll umzugehen. Jüngere Bielefelder
Sozialhistoriker aus der Schule Hans-Ulrich Wehlers haben die
Pfarrer des 19. Jahrhunderts als «Milieumanager» bezeichnet.[12] Der
gute Sinn des wissenschaftlichen Studiums liegt darin, genau diesen
professionellen Habitus zu verhindern. Der Pfarrer soll nicht Agent
oder Repräsentant allein einer bestimmten, partikularen religiösen
Lebenswelt sein, sondern in seiner Amtsführung religiöser Vielfalt

gerecht werden. Solche Regelungskompetenz fürs Differente sowie die Bereitschaft, auch gegenüber subjektiv befremdlichen Formen der Religion *charity*[13] auszubilden, also ihnen einen Sinn beizulegen suchen, kann allein durch theologische Rationalität und Reflexionskompetenz gewonnen werden. Akademische Theologie dient der Bildung des Bewußtseins, daß das Christentum in der Vielzahl seiner konfessionellen Figurationen und in der unendlichen Fülle seiner individuellen Gestalten immer sehr viel mehr ist, als in einer einzigen, partikularen Frömmigkeitsgestalt zum Ausdruck kommt.

b) In den Wertehimmel der Kulturdeuter aufgenommen werden, oder: Theologie als Kulturwissenschaft des Christentums

Wer als deutschsprachiger Geisteswissenschaftler derzeit etwas auf sich hält, spricht von Kultur. Im Zeichen kulturalistischer Wenden, *linguistic* oder *iconic turns* und ritueller Beschwörungen deutscher Historischer Kulturwissenschaften um 1900 hat eine «Kultursprache» zu reden, wer akademisch diskursfähig sein will. Man muß sein kulturelles Gedächtnis pflegen, Erinnerungsleistungen erbringen und als Memorialkulturproduzent agieren. Wie ist die Hochkonjunktur der neuen Kultursemantiken zu erklären? Soll sich die protestantische Universitätstheologie nun als «Kulturwissenschaft des Christentums» begreifen? Kann sich eine «Theologie der Kultur» – so die programmatische Begriffsprägung Paul Tillichs[14] – als Kulturwissenschaft neben anderen verstehen? Oder gewinnt sie kulturelle Analysekraft und Gestaltungskompetenz erst dann, wenn sie auf eigene Weise konstruktive Ansprüche erhebt?

Zunächst zur modischen Ablösung des «Geistes» durch die «Kultur». In den achtziger Jahren des 20. Jahrhunderts diskutierten deutsche Geisteswissenschaftler über ihre Niederlagen in inneruniversitären Verteilungskämpfen und den perhorreszierten Verlust an gesellschaftlichem Einfluß. Sie empfahlen ihre Wissenschaften entweder als Unternehmen zur Kompensation modernitätsspezifischer Traditionsschwundtraumata oder als Werteagenturen, die postmodernen Orientierungswaisen ein ethisches *survival kit* in den Dschungeln der «neuen Unübersichtlichkeit» mitgeben.[15] Doch warum wollen Geisteswissenschaftler gern Kulturwissenschaftler werden? Mit den angelsächsischen *cultural studies* soll der Kulturbegriff weniger elitär und bildungsbürgerlich, stärker demokratisch und offen für alle möglichen Erzeugnisse menschlichen Handelns sein, von literarischer Hochkultur bis hin zu den kulturindustriellen Massenprodukten des neuen Medienzeitalters. Mit «Kultur» werden konstruktivistische Assoziationen verknüpft: daß Bilder und *representations* die wahren Wirklichkeiten sind, die Welt nur ein großes Arsenal von Texten darstellt und Zeichen, Symbole und *images* die selbstgewobenen Bedeutungsmuster konstituieren, aus denen wir dem irrationalen Gang der Dinge irgendeinen Sinn abzulesen versuchen. «Kultur» erlaubt es, wieder von feinen Unterschieden und groben Exklusionen zu reden, Geschlecht und Ethnie ernst zu nehmen und das schwere Gewicht der vielen weichen Faktoren anzuerkennen, die unsere Wahrnehmung von «Wirklichkeit» und unseren Weltumgang immer schon prägen. Geisteswissenschaftler empfehlen sich als akademisch trainierte Kulturdeuter, weil sie nach neuer gesellschaftlicher Relevanz suchen. Begriffe wie «Mentalitätenpolitik», «Ideenpolitik», «Sprachpolitik», «Gedächtnispolitik», «Geschichtspolitik» und «Erinnerungspolitik» zeigen: Die Selbstlegitimation durch das neue «Paradigma» – im Zeitalter der hurtigen Unbescheidenheit werden aktuelle Theoriemoden gern als «Paradigmenwechsel» gepriesen – dient dazu, Macht zu gewinnen. Indem Kulturwissenschaftler Definitionskompetenz für das kulturelle Gedächtnis reklamieren, wollen sie Kultur steuern und Verbindlichkeiten begründen. In der Neubestimmung der «Geisteswissenschaften» als «Kulturwissenschaften» steckt sehr viel mehr an intendierter Normativität, als viele akademische Kulturdeuter sehen oder sich einzugestehen bereit sind.

In begriffshistorischen Perspektiven ließe sich die deutschsprachige protestantische Universitätstheologie unschwer als Kulturwissenschaft anpreisen. Zwar leistet sie ihrem Kontaktverlust im akademischen Feld und der eigenen Marginalisierung in kulturwissenschaftlichen Diskursen zunehmend Vorschub, indem sie die Geheimnisse des Glaubens in dogmatischen Sprachspielen kommuniziert, denen selbst für professionelle Insider die Aura des Immer-schon-Unverständlichen eignet. Man kann darin aber auch, wie das Beispiel von Karl Barths trinitarischer Theologie der unbedingten

Souveränität Gottes zeigt, eine proto-postmoderne Strategie der Identitätswahrung und Selbstbehauptung in den diffusen, von vielen ideologischen Nebeln überschatteten modernen Wissenschaftslandschaften sehen. Dringen die Suchscheinwerfer der historischen Semantik tiefer, so zeigt sich: «Kultur» und «Kultur»-Komposita – vom «Kulturmenschen» über die «Kultursünde» bis hin zur «Kulturkirche» – verwendeten Theologen seit dem späten 18. Jahrhundert. Noch vor Heinrich Rickert sprachen sie von der «Kulturwissenschaft des Christentums».[16] Der naheliegende Weg, durch Erinnerung an diese kulturtheologischen Traditionen die «Anschlußfähigkeit» der Theologie an die aktuelle Diskussionslage zu sichern, soll hier gleichwohl nicht beschritten werden. Zu erinnern ist vielmehr an einen Vorschlag Ernst Troeltschs, der die Spannungen zwischen Wilhelm Diltheys «Geisteswissenschaften» und Heinrich Rickerts «Kulturwissenschaften» durch das Konzept «historisch-ethischer Wissenschaften» überwinden wollte.[17] Sein Begriff «historisch-ethische Wissenschaften» macht deutlich: Die Erinnerungsleistungen der Historischen Kulturwissenschaften geschehen in normativ-konstruktiver Absicht, soll ihnen irgendeine Relevanz über die positivistische Andacht zum vergangenen Detail hinaus eignen.

Die protestantische Universitätstheologie kann den Kulturwissenschaften zu einer präziseren historischen wie systematischen Wahrnehmung ihrer selbst verhelfen. Historische Kulturwissenschaften entsprechen ihrem Begriff erst dann, wenn sie zur Historisierung ihrer selbst imstande sind. Sie müssen sich als durch jenes Gedächtnis immer schon mitkonstituiert begreifen, das mitzukonstituieren sie beanspruchen. Sie sind von vornherein verstrickt in «die selbstgesponnenen Bedeutungsgewebe» (C. Geertz) und «symbolischen Ordnungen», deren Bedeutung sie zu erkunden suchen. Ohne die in solcher Zirkularität liegenden erkenntnistheoretischen Probleme näher zu erörtern, sei thetisch behauptet: Die Historischen Kulturwissenschaften bedürfen zu ihrer Selbsthistorisierung notwendig der Theologie, gerade in Deutschland. So wie die Theologie ihre wissenschaftlichen Methoden und leitenden Begriffe nur im engen Kontakt zur Philosophie und anderen Geistes-, Kultur- und Sozialwissenschaften fortentwickeln und schärfen kann, so sind umgekehrt diese Wissenschaften auf wissenschaftshistorische Erinnerungsleistungen der

Theologen angewiesen, um zu einem prägnanteren Verständnis ihrer Genese und Geltungsansprüche zu gelangen.

Die modernen Geistes- und Kulturwissenschaften entstanden im Deutschland des späten 18. und 19. Jahrhunderts häufig aus Teildisziplinen oder Hilfswissenschaften der protestantischen Theologie und einer stark protestantisch geprägten Philosophie. Sie formierten sich in diskursiven Milieus, die tief geprägt waren von konfessionskulturspezifischen Leitannahmen, den innerchristlichen Kulturkämpfen zwischen Protestanten und Katholiken sowie von der Marginalisierung oder Exklusion der Juden. So definierten sie Selbstverständnis, Begrifflichkeit und Wissenschaftsethos, kurz: ihre neue disziplinäre Matrix weithin auf dem Hintergrund protestantisch-theologischer Diskurse. Die intendierte Autonomie als selbständige Fächer mit eigenen Deutungsansprüchen konnten sie aber nur imaginieren, indem sie sich als religionskulturtranszendent und theologiefrei erfanden. Bis heute sind es oft genug die *master narratives* von Fortschritt und Befreiung, mit denen Disziplinenhistoriker ihre Fachgeschichten schreiben: als Emanzipation aus der Gefangenschaft theologischer Dogmatik oder als Aufstieg vom theologischen Dunkel zum kulturwissenschaftlichen Licht. Doch wenn *new historicism*, dann konsequent. So gilt: Auch die neuen Kulturdeutungsexperten, die alle Tradition als konstruiert, erfunden oder imaginiert erfinden, lassen sich als Erfinder erfinden und ihre Disziplinengeschichten als monomythische Geschichtsinterpretation dekonstruieren.

Der intellektuelle Unterhaltungswert der gelehrten Verhandlungen über das wissenschaftshistorische Gedächtnis läßt sich erheblich steigern, wird die institutionelle Autonomisierung der modernen Kulturwissenschaften gegenüber der protestantischen Theologie einmal spielerisch in ganz anderen Perspektiven wahrzunehmen versucht. Die Geschichten der Geistes- oder Kulturwissenschaften lassen sich auch als Geschichten modern-religiösen Intellektuellenwahns, als Geschichte konfessioneller Mentalitäten, als Theologiegeschichten außerhalb der Theologie oder als Geschichten impliziter Theologie schreiben. Dazu nur einige knappe Hinweise: Mit Ausnahme des Pfarrerssohnes Theodor Mommsen erhielten die großen deutschen historistischen Historiker des 19. Jahrhunderts die entscheidenden wissenschaftsmethodischen

Prägungen in den evangelisch-theologischen Fakultäten, in denen ihre Väter, allesamt Pfarrer, den zentralen Ort zur Begründung ethischer Kulturwerte sahen. Ihre Geschichtsentwürfe dienten zur Rechtfertigung einer protestantisch-nationalen «Geschichtsreligion» (W. Hardtwig).[18] Auch bei den Philosophen, den Philologen, den Archäologen und den Kunsthistorikern sah es zumeist nicht viel anders aus. Nur sehr wenig Kantianismus oder deutscher Idealismus ohne protestantischen Subtext, keine frühe Germanistik ohne implizite Konfessionsgrammatik und Konstruktion eines protestantischen Kanons der Nationalkultur, keine Erfindung des modernen Individualismus aus dem Geiste der Renaissance ohne die Basler Pfarrhaussozialisation und tiefe religiöse Krise des Theologiestudenten Jacob Burckhardt.[19] Auch wenn manche Gründungsheroen der Historischen Kulturwissenschaften in existentiell krisenreichen Befreiungskämpfen zur eigenen Pfarrhausherkunft Distanz gewannen, blieben sie an protestantische *cognitive maps*, etwa den akademisch habitualisierten Inferioritätsverdacht gegenüber katholischen Gelehrten, gebunden. Es geht also um die impliziten Dogmatismen in akademischen Deutungskulturen, deren Fachmenschen kritisch rational oder wertneutral zu verfahren behaupten und Universalitätsansprüche erheben, sich zu den Kontingenzen ihrer partikularen Genese aber nicht reflexiv zu verhalten vermögen.

Konfessionell betriebene Theologie steht in der modernen Universität immer schon unter Dogmatismusverdacht. Gerade dank ihrer expliziten konfessionskulturellen Bindungen kann sie indes für die konfessionellen Subtexte und ideenpolitischen *hidden agendas* anderer Kulturwissenschaften sensibilisieren. Die Geschichte der modernen Kulturwissenschaften ist auch eine Geschichte politischer Instrumentalisierung, säkularreligiöser Verweltanschaulichung und expansionistischer Kulturkampfphantasien. Dieser religiöse Subtext betrifft keineswegs nur die fernen Ursprünge der modernen Kulturwissenschaften oder ihre totalitären Vergangenheiten. Viel implizite Konfessionalität prägt auch die aktuellen Debatten um das kulturelle Gedächtnis. Wozu noch Theologie? Nur mit Hilfe der Theologie läßt sich die «implizite Theologie» kulturwissenschaftlicher Deutungsangebote erkennen und der dogmatische Schein ihrer Religionsneutralität oder Konfessionstranszendenz zerstören.

Religion bleibt unter den Bedingungen moderner funktionaler Differenzierung eine «Kulturpotenz» *sui generis*, die trotz der unaufhebbaren Spannungen zwischen den Kultursphären mit ihren je besonderen Eigengesetzlichkeiten die Lebensführung von Individuen und die kollektive Identität sozialer Gruppen tiefgreifend prägt. Religiöser Glaube formt Mentalitäten und den Habitus mit. So wirkt er sich auch in Dimensionen der Lebensführung aus, die prima facie von allem Religiösen weit entfernt zu liegen scheinen.[20] Religiöses Bewußtsein ist unbeschadet seiner mythopoietischen Kreativität immer durch «implizite Theologie» bestimmt. Ohne theologische Reflexionskompetenz lassen sich daher die vielen Religionsgeschichten der Moderne nur reduktionistisch erfassen.

Für eine neue transdisziplinäre kulturwissenschaftliche Religionsforschung sind drei Themenkomplexe von besonderem Interesse: Transformationsprozesse, Konfessionsethnologie und moderne politische Religionen. In der Transformationsforschung geht es um eine Kulturhermeneutik der Moderne in der Perspektive der Wirkungsgeschichte jüdischer und christlicher Ideen und Ethosformen jenseits von Synagoge und Kirche, also etwa um religiöse Wurzeln des Menschenrechtsethos. Die Konfessionsethnologie soll konfessionelle Identitätskonstruktionen, die theologische «Erfindung» von konfessionellen Habitus erforschen. Der neue Blick auf die modernen politischen Religionen schließlich wird besonders jenen oftmals verdeckten Symboltransfer beachten müssen, der seine Fundstücke aus kirchlichen oder spezifisch religiösen Kontexten in ganz andere, politisch konstruierte Sinnhorizonte überführt.

Ist es nur eine neue Selbstlegitimationsstrategie des Theologen, wenn er sein Fach als unverzichtbar für eine kulturwissenschaftliche Selbstreflexion moderner Gesellschaften empfiehlt? Oder läßt sich der konstitutive Theologiebedarf der Kulturwissenschaften primär aus deren Eigeninteresse begründen? Die Antwort müssen Kulturwissenschaftler außerhalb der Theologie geben. Gleichwohl ist die Behauptung zu wagen, daß Historische Kulturwissenschaftler im Maße ihrer Theologiedistanz kulturhermeneutische Deutungskompetenz einbüßen. Ohne theologische Reflexionselemente kann die Germanistik Theodor Fontanes Pfarrergestalten und die Musikwissenschaft der Matthäus-Passion keinen fundierten Sinn abgewinnen. Theologieignorante Kunsthistoriker werden zwar die

Schlangen in Aby Warburgs «Bilderatlas» bewundern, aber aufgrund ihrer Ferne zur christlichen Emblematik und Symbolik die
annunciamento-Lilien als Zeichen neurotisch sublimierter Phallus-
fixierung des Künstlers lesen. Es geht nicht um irgendeinen «Verlust
der Mitte» oder kulturkonservative Ängste vor der Erosion des jüdisch und christlich geprägten «Abendlandes». Zur Debatte müssen
vielmehr die Kriterien stehen, mit denen die Kulturwissenschaften
das kulturelle Gedächtnis strukturieren wollen. Die fälligen Unterscheidungen von Erinnernmüssen und Vergessendürfen wie auch
die Bestimmungen der als normativ postulierten Inhalte des Gedächtnisses bleiben in der aktuellen Diskussion oftmals unklar und
begrifflich unscharf. Dies gilt auch für das Problem der Bildung des
kulturellen Gedächtnisses. Handelt es sich um Dezisionen des individuellen Kulturwissenschaftlers oder der akademischen *community*? Spiegeln sich in der Strukturierung des Gedächtnisses normative
Verbindlichkeiten der Gesellschaft oder irgendein Mehrheits-
wunsch nach moralpolitischer Korrektheit? Aber: Soll nicht durch
den Gedächtnisaufbau solche Normativität und verbindliche Erinnerung erst erzeugt werden? Wie immer man antwortet – wer ein
kulturelles Gedächtnis postuliert, muß sich zur religiösen Gramma-
tik unserer Kultur verhalten. Ein zukunftsrelevantes kulturelles Gedächtnis ohne jüdische und christliche Inhalte dürfte bestenfalls
eine kulturwissenschaftlich getarnte Amnesie erkennen lassen.
Nicht ohne Ironie stellt der Theologe fest: In ihren Memorialkultur-
debatten haben sich die Kulturwissenschaftler in all jene Probleme
der möglichen überindividuellen Geltung religiöser Traditionsbestände verstrickt, deren Bearbeitung zu den spezifischen Erkennt-
nisaufgaben der Theologie gehört.

*c) Licht in den Weihrauch der politischen Sinnbildner
bringen, oder: Von der Funktion der Theologie für die
Gesellschaft*

So geht es erneut um die Frage: Wie lassen sich unter den Bedingungen der Einsicht in die geschichtliche Vermitteltheit unserer religiösen Symbole, kognitiven Bestände und ethischen Orientierungen
Geltungsansprüche begründen? In den Postmoderne-Diskursen des

späten 20. Jahrhunderts sind in zum Teil neuen Sprachspielen nur die alten Probleme reformuliert worden, die Philosophen und Theologen schon in den Historismusdebatten des späten 19. und frühen 20. Jahrhunderts bearbeiteten.

In diesen Auseinandersetzungen ist die protestantische Theologie in einer schwierigeren Lage als die römisch-katholische. Dies ist teils eine Folge ganz unterschiedlicher Pfade in die – späte – Moderne, teils auch Ausdruck der divergenten Relationen von Theologie und Kirche. Die protestantische Universitätstheologie ist seit der Spätaufklärung ungleich stärker als die römisch-katholische Theologie in die unabgeschlossenen Problemgeschichten des modernen Historismus verstrickt. In ihrer Offenheit für methodische Kritik hat sie eine Reflexionskultur hervorgebracht, in der fortwährend die Differenz zwischen dem göttlichen Grund des Glaubens einerseits und der kirchlichen Auslegung des Glaubens und dessen individuellem Vollzug andererseits festgehalten wird. Anders als die römisch-katholische Universitätstheologie kann die protestantische Theologie Geltungsprobleme nicht über eine starke Institutionentheorie zu lösen versuchen. Sie entbehrt nun einmal einer Ekklesiologie, in der die Kirche als *corpus mysticum Christi* mit Christus selbst identifiziert wird und die prädiskursive Autorität des Lehramtes dann notwendig als Garant unüberbietbarer, weil Christus selbst repräsentierender Universalität erscheint. Sie muß diesen römisch-katholischen Institutionalismus, in dem die Kirche ihre theologische Begründung weithin zirkulär, rein aus sich zu gewinnen sucht, in genau dem Maße als häretisch ablehnen, in dem die Jesus Christus eigene Autorität unmittelbar für die Herrschaftsansprüche der kirchlichen Institution reklamiert wird. Die protestantische Theologie kann nur auf Plausibilität setzen, die diskursiv gewonnen und zu vermitteln ist. Im Verhältnis zur Klarheit des römisch-katholischen Institutionalismus erscheinen ihre Lösungen deshalb immer als schwächer, als fragil und prekär.

Protestantische Universitätstheologie muß im Medium kritischer Reflexion die unaufhebbare Differenz zwischen dem göttlichen Grund des Glaubens und dessen aktualen Vollzügen präsent halten. Dies gibt sowohl ihrer ethischen Theoriebildung als auch ihrer Dogmatik eine spezifische Signatur. Die ethische Aufgabe protestantischer Theologie liegt zunächst darin, das partikulare Ethos der aus

dem reformatorischen Christentum hervorgegangenen Konfessionskulturen zu vergegenwärtigen. Sie muß die reichen ethischen Überlieferungsbestände der verschiedenen Protestantismen kritisch sich-
ten und problembezogen reformulieren. Sie hat sich der eigenen
Maßstäbe und Muster der Begründung intersubjektiver Geltung zu
vergewissern. Dabei zeigt sich: Auf den Feldern ethischer Theoriebildung unterscheiden sich die diversen Protestantismen und
römischer Katholizismus sehr viel stärker als in den sogenannten
dogmatischen Lehrfragen und Themenbeständen. Sowohl in den
leitenden Begriffen als auch in den Mustern der Begründung moralischer Verbindlichkeiten folgt die römisch-katholische Moraltheo-
logie und Sozialethik zumeist einem Verständnis des Ethischen, in
dem das kirchliche Lehramt dank seiner spezifischen Einsicht in das
der Kirche erschlossene Wissen um das göttliche Gesetz als wichtigste Institution ethischer Orientierung gilt; die Kirche nimmt, ge-
danklich nur konsequent, für sich deshalb auch eine unbedingte
ethische Weisungskompetenz gegenüber Staat und Gesellschaft in
Anspruch. Protestantische Theologie denkt «das Ethische» demgegenüber nicht von der Kirche her, sondern sucht durch prägnante
Unterscheidungen der theologischen Grundeinsicht Geltung zu verschaffen, daß sich der Mensch mißversteht, wenn er sich rein als
tätiges Subjekt bestimmt und über seine Handlungsvollzüge oder
sozialkulturelle Praxis abschließend definieren zu können glaubt.
«Freiheit eines Christenmenschen», Zweireichelehre, Gewissensre-
ligion, Gesinnungsethik und Autonomie waren und sind Leitbegriffe spezifisch protestantischer Ethikdiskurse, in denen immer auch
eine elementare Unterscheidung von Religion und Moral zu wahren
versucht wurde. Die Vergegenwärtigung solcher protestantisch geprägten Begriffe dient stets auch dem Ziel, innerhalb der protestantischen Kirchen und Konfessionskulturen interne Verständigung zu
stärken und Konsensbildung zu befördern. Schon diese Verständigungsprozesse sind eine sehr anspruchsvolle konstruktive Aufgabe.
Denn der religiösen Vielfalt des Protestantischen korrespondiert ein
breiter Pluralismus heterogener moralischer Optionen, den zu integrieren immer schwerer fällt. Analog zu anderen christlichen Konfessionskirchen gewinnen auch in vielen protestantischen Kirchen
ethische oder moralpolitische Konflikte ein zunehmend größeres
Gewicht. Kircheninterner Streit entzündet sich kaum noch an klas-

sischen Kontroversthemen der Glaubensüberlieferung wie der Deutung des Abendmahls, der Zweinaturenlehre, der Jungfrauengeburt oder den Wundern, sondern an Fragen der Lebensführung der Christen und der öffentlichen Positionsbildung der Kirche im krisenhaften sozialen Wandel und angesichts der schnellen Erkenntnisdynamik der modernen Wissenschaften. Sollen gleichgeschlechtliche Lebenspartner kirchlich getraut werden? Muß eine spezifisch kirchliche Haltung zur tiefgreifenden Reform der überkommenen Sozialstaatsinstitutionen entwickelt werden? Bedarf es einer einheitlichen kirchlichen Position zu den mit den modernen Biowissenschaften verbundenen Konflikten, etwa zur Präimplantationsdiagnostik, zur Forschung an embryonalen Stammzellen oder zum therapeutischen Klonen? Sind dissonante Töne als akustische Signale protestantisch polyphoner Freiheit zu preisen, oder markieren sie ein strukturelles Defizit der evangelischen Kirchen, die dank mangelnder ethischer Homogenität in den vielen Moralkonflikten moderner Gesellschaften kein klares, spezifisch protestantisches Profil zeigen können? Sofern der Protestantismus kein autoritatives ethisches Lehramt der Kirche kennt, kann er der eigenen Vielstimmigkeit nur reflexiv, durch Intensivierung theologischer Nachdenklichkeit gerecht werden. Die Vergegenwärtigung spezifisch protestantischer Ethos-Traditionen dient dazu, in legitimer Vielfalt Verständigung zwischen den unterschiedlichen Gruppen in den evangelischen Kirchen zu fördern.

Damit verbindet sich die Aufgabe, protestantischer Ethik in den moralischen Auseinandersetzungen der Gegenwart Geltung zu verschaffen. Angesichts der historistischen Relativitätserfahrungen und der Pluralisierung von Moral und Religion wird Theologen gern empfohlen, sich in postmoderner Bescheidenheit zu üben und mögliche Geltungsansprüche für ihre partikulare Überlieferung und ihre konfessionsspezifischen ethischen Gehalte auf den eigenen «Stamm» zurückzunehmen. In der Tat verfügt niemand über andere als historisch vermittelte Maßstäbe. Den Historismus ernst nehmen heißt: Jede Maßstab-Definition bleibt von Elementen historischer Partikularität geprägt. Aber dies gilt auch für die Einsicht in die Historizität ethischer Normenbildung. Wenn alle Geltungsansprüche historisch geprägt sind, dann ist auch diese historistische Grundeinsicht an einen spezifischen kulturellen Bezugsrahmen gebunden.

Theologische Ethik kann deshalb nicht darauf verzichten, für ihr partikulares Ethos Geltungsansprüche zu erheben, die dessen Partikularität transzendieren. Die Frage lautet nicht, ob und inwieweit man auf eine solche Universalisierungsintention verzichten kann. Zu fragen ist vielmehr: In welcher Weise wird sie unter pluralen Bedingungen so kommuniziert, daß sie Andersdenkenden potentiell verständlich werden kann? Wer die eigene Position auch jenseits ihrer unbestrittenen partikularen Genesis für vernünftig hält, kann gar nicht anders, als die relative Unvernunft anderer Positionen, etwa deren innere Widersprüchlichkeit und implizite Dogmatismen, zu benennen. Protestantische Theologie ist jedenfalls daran gebunden, für ihre spezifischen Gehalte einen Geltungsanspruch zu erheben, der eine bloß subjektive Dimension transzendiert. Wem es mit seinem religiösen Glauben oder mit seinen moralischen Überzeugungen ernst ist, der will sie anderen verständlich machen. Insofern impliziert auch eine kulturwissenschaftlich orientierte ethische Theologie notwendig eine Universalisierungsintention.

Dies gilt gerade dann, wenn in der politischen Arena oder in zivilgesellschaftlichen Öffentlichkeiten über *essentials* gestritten wird. Vor allem in der neueren Bioethik werden Konflikte verhandelt, die, trotz der Suggestion, es gehe nur um *applied ethics*, insoweit von prinzipieller Bedeutung sind, als sie die mögliche Deutungsvielfalt zentraler Begriffe der jüdisch und christlich geprägten alteuropäischen Überlieferung sichtbar machen. Im Streit um den sogenannten Speziezismus-Verdacht, die Auflösung überkommener Konzepte der Person, die Definition oder abschließende Definierbarkeit menschlichen Lebens, die Operationalisierbarkeit des Menschenwürde-Konzepts und die Anwendbarkeit klassisch utilitaristischer Denkformen auf Probleme der Bioethik ist erneut deutlich geworden, wie unterschiedlich die ethischen Überlieferungen der christlichen Konfessionen und die moralphilosophisch relevanten Klassikerhimmel der einzelnen europäischen Nationen sind. Römisch-katholische Moraltheologen erkennen dem Begriff «Natur» einen normativen Gehalt zu, den die Mehrzahl protestantischer Ethiker ihm dezidiert abspricht, und viele britische Philosophen fassen unter dem Eindruck des psychologistischen Personenkonzepts John Lockes den Begriff *dignity of the person* signifikant anders als jene deutschen Vordenker, die zur

Auslegung unbedingter Menschenwürde gern auf Kantische Bestimmungen zurückgreifen.

Die mühsame Konsenssuche ist aber nur dann sinnvoll, wenn zunächst die Streitpunkte und die gegensätzlichen Lösungsangebote identifiziert werden. Dies impliziert rationale Kritik anderer Positionen und vernunftgeleitete Darstellung des Eigenen. Mit Blick auf den emphatischen Individualismus der protestantischen Tradition und die Zentrierung der neuprotestantischen Ethik-Debatten auf den Autonomiebegriff steht vor allem die Frage an, inwieweit sich protestantische Ethik überhaupt utilitaristische Rationalitätskalküle zu eigen machen kann. Dank der Bindung an die *imago-Dei*-Überlieferung kann sie dem Speziesismus-Vorwurf, also dem Verdacht, dem Menschen eine biologisch nicht zu rechtfertigende exklusive Sonderstellung zuzuerkennen, nur mit einer prinzipiellen Kritik eines biologistischen Essentialismus begegnen. Gerade hier erhebt sie unumgänglich für alte jüdische und christliche Sichtweisen einen Anspruch auf allgemeine Geltung. Dabei gilt: Religiös partikulare Genese rechtfertigt keine Geltung. Aber im praktisch motivierten Streit um die Auslegung und mögliche bioethische Konkretion grundlegender Begriffe bedarf es notwendig auch der Erinnerung an partikulare religiöse Vermittlungszusammenhänge, um präziser zu erkennen, worüber genau gestritten wird. Wozu noch Theologie? – Um das Bewußtsein wach zu halten, daß die kritische Infragestellung oder konstruktive Neubestimmung alter Leitbegriffe mehr als nur einige Anwendungsprobleme betrifft und wir dank der neuen Handlungsmöglichkeiten der *life sciences* vor Entscheidungen stehen, die im Forschungsprozeß selbst zur Institutionalisierung von Reflexivität zwingen. Protestantische Theologie entbehrt jener autoritativen Sicherheit, die es erlaubte, im Gestus unbedingter Grenzziehung über mögliche Folgeprobleme bestimmter wissenschaftlicher Forschungsstrategien schon jetzt sehr viel mehr zu wissen als die betroffenen Fachwissenschaftler. Sie verfügt weder über Patentrezepte noch über allein ihr erschlossene Einsichten. Gebotene Reflexivität kann sie nur innerhalb des Forschungsprozesses fördern und bleibt insoweit ganz unmittelbar mit den elementaren Ambivalenzen intensivierter Selbsterforschung des Menschen und seiner Welt konfrontiert.

Die kritischen und möglichen konstruktiven Leistungen der Theologie in der pluralistischen Gesellschaft erschöpfen sich nicht in der konfliktbezogenen Akualisierung christlichen oder spezifisch protestantischen Orientierungswissens. Im Interesse der Freiheit des Einzelnen muß die protestantische Theologie auch ein Mandat zur Kritik des falschen öffentlichen Religionsgebrauchs beanspruchen. Es gilt, um individueller Freiheit willen der vielfältig zu beobachtenden religiösen Selbstüberhöhung des Politischen zu wehren.

Unter den Bedingungen des modernen freiheitlichen Rechtsstaates ist auch in Fragen der Religion an die strikte, freiheitsdienliche Unterscheidung von «privat» und «öffentlich» zu erinnern. Jeder darf seinen Privatglauben leben und, die gebotene Anerkennung anderer als Rechtspersonen vorausgesetzt, öffentlich vertreten. Er hat zugleich Anspruch darauf, vor den weltanschaulichen Zumutungen eines politischen Systems geschützt zu werden, das zunehmend die freiheitssichernden Grenzen von Legalität und Moralität zu verwischen droht.

Religiöser Wandel läßt sich mit Blick auf religionskulturelle und theologische Veränderungen in den Kirchen oder die vielen individuellen Frömmigkeitskosmoi beschreiben. Er kann aber zugleich für politische Öffentlichkeiten diagnostiziert werden. In der Bundesrepublik läßt sich eine wachsende Tendenz politischer Institutionen beobachten, ihren Legitimitätsbedarf durch den Rekurs auf vermeintlich zivilreligiöse Plausibilitäten zu decken. Um den Zusammenhalt einer multireligiösen und polyethnischen Gesellschaft zu stärken, wird jenseits der positiven Religionen und individuellen Glaubenswelten eine mehr oder minder christliche «öffentliche Religion» etabliert. In verschwommener religiöser Sprache werden ein Grundkonsens oder verbindliche Werte beschworen und religiöse Symbole politisch instrumentalisiert, um sich im Kampf um Machtchancen oder zur Durchsetzung von Interessen den Vorteil des moralisch Überlegenen zu verschaffen. Nicht nur die postmoderne Religion vieler Individuen, sondern auch diese neue öffentliche Religion ist diffus, synkretistisch und wabernd. Elemente der jüdischen Tradition werden vage mit christlichen Symbolbeständen verknüpft und die Ergebnisse der Bastelarbeit aus vordergründigen politischen Motiven dann in Kontexte eingeführt, in denen sie nichts zu suchen haben. Ein repräsentatives Beispiel nur: Das Bundesverfassungsgericht hat den von ihm behaupteten Anspruch von

Legehennen auf einen bestimmten Lebensraum damit begründet, sie seien unsere Mitgeschöpfe.[21] Wird die rechtsprechende Gewalt des intentional weltanschaulich neutralen Verfassungsstaates demnächst eine theistische Metaphysik des Schöpfergottes dogmatisieren? Von der «Kreaturwürde» der Tiere oder ihrer «Mitgeschöpflichkeit» läßt sich sinnvoll nur reden, wenn Gott als Schöpfer vorgestellt und prägnant zwischen der Würde des Menschen als des Ebenbildes Gottes und der Würde anderer Gottesgeschöpfe unterschieden wird. Wo theologische Reflexion auf die Rede von der Schöpfung unterbleibt, droht eine allzu unbestimmte Verwendung jüdischer und christlicher Schöpfungssemantik.

Religiöse Sprachen handeln von nichtempirischen, kulturwissenschaftlich gesprochen: fiktionalen Subjekten. Auch die jüdischen und christlichen Glaubenssprachen sind gekennzeichnet durch hohe Vieldeutigkeit und Interpretationsoffenheit. Gerade in der Unbestimmtheit der religiösen Sprache liegt ihre spezifische Leistungskraft, alles zweckrational fixierte Wissen und real existierende sozial-kulturelle Welten zu überschreiten. Religiöse Sprache erschließt in ihren konstitutiven Grundunterscheidungen von Diesseits und Jenseits Potentiale der Entgrenzung des Gegebenen. Ihr spezifischer Transzendenzüberschuß ist allerdings ein äußerst ambivalentes Phänomen. Religiöse Sprachen können einem Menschen dazu verhelfen, sich zur Kontingenz seines Lebens konstruktiv zu verhalten und das Wissen um die eigene Endlichkeit in die individuelle Lebensführung reflexiv einzuholen. Sie können zugleich aber auch Tendenzen der Selbstübersteigerung von Individuen und religiösen Kollektiven befördern, etwa indem der partikulare Wille dieser Gruppe mit dem allgemeinen Gotteswillen unmittelbar in eins gesetzt wird. Dieselben religiösen Symbole, Metaphern und Sprachmuster, die Möglichkeiten reflexiver Selbstbegrenzung erschließen und darin die Humanität des Menschen stärken, lassen sich auch für eine radikale menschliche Selbstüberhöhung und Versuche in Anspruch nehmen, die Stelle Gottes zu besetzen. Rationale Theologie gewann in der Alten Kirche gerade deshalb so großes Gewicht, weil Grenzen des Sagbaren markiert und leicht mögliche Fehldeutungen zentraler christlicher Symbole verhindert werden sollten. Dafür nur ein Beispiel: Zwar wird unter Patristikern noch immer über die Plausibilität von Erik Petersons These gestritten, daß mit der Ausbildung der

Trinitätslehre und der Fixierung des trinitarischen Dogmas eine «politische Theologie» delegitimiert werden sollte, in der die Autorität des einen Gottes für die Stärkung autokratischer Herrschaft des Monarchen funktionalisiert wurde.[22] Doch haben die vor allem in den zwanziger und dreißiger Jahren des 20. Jahrhunderts geführten Debatten über «Politische Theologie»[23] und die neue Aktualität des Themas die Einsicht verstärkt, daß religiöse Sprachwelten dank ihrer Transzendenzpotentiale auch in modernen Gesellschaften die gedachte politische Ordnung symbolisch strukturieren und starke Ressourcen von Legitimitätsproduktion darstellen.

Die hohe Ambivalenz religiöser Sprache hängt eng zusammen mit ihren semantischen Mustern von unüberbietbarer Allgemeinheit und existentieller Unbedingtheit. Über die metaempirischen Subjekte christlicher Glaubenssprache wie Gott, Jesus Christus oder Heiliger Geist hinaus soll Allgemeineres nicht mehr vorstellbar sein. Alle möglichen empirischen Akteure sind deshalb darum bemüht, sich auf die Allgemeinheit Gottes zu beziehen, um trotz ihrer faktischen innergeschichtlichen Partikularität als Statthalter Gottes gelten und seine Universalität ihren Zwecken nutzbar machen zu können.

Gott, Christus und Heiliger Geist – der politisch irrationale, theologisch ungeklärte Gebrauch dieser Begriffe kann unendlich viel Schaden anrichten. Himmel und Hölle, Heil und Verderben, Sünde und Erlösung, Diesseits und Jenseits, Natur und Gnade: Die leitenden Begriffe christlich-religiöser Sprache lassen sich immer auch für tendenziell totalitäre Programme einer umfassenden Integration oder Unterdrückung des Individuums instrumentalisieren. Politische Auslegung religiöser Vorstellungen, Zeichen und Begriffe ist dabei keineswegs ein bloß vormodernes Phänomen, zu finden allein in den Herrscherkulten der Antike oder des Mittelalters. Auch die Religionsgeschichten der Moderne lassen vielfältige Formen der Beharrungskraft politischer Religion und «politischer Theologie» erkennen, innerhalb wie außerhalb des Christentums. Die modernen Nationalismen oder die politischen Religionen des 20. Jahrhunderts zeigen, daß es nur vergleichsweise minimaler Bedeutungsverschiebungen oder semantischer Transfers bedarf, um mit christlichen Symbolen Sinnwelten zu entwerfen, die den Grundintentionen der biblischen Überlieferungen zutiefst entgegengesetzt sind. Kulturwissenschaftler innerhalb wie außerhalb der Theologie haben bisher nur wenig analytische Kompetenz zur Deutung der hohen Ideologisierbarkeit oder politischen Temporalisierung und Immanentisierung religiöser Begriffe und Zeichen entwickelt. Mit Blick auf die vielfältig zu beobachtenden Tendenzen neuer Politisierung des Religiösen bedarf es hier erhöhter wissenschaftlicher Sensibilität.

Wozu noch Theologie? Theologie will durch rationale Vergegenwärtigung des christlichen Glaubens auch das Bewußtsein seiner Ideologisierbarkeit präsent halten. Indem die protestantische Theologie die Vernunft dieses Glaubens sichtbar zu machen versucht, wahrt sie die Möglichkeit zur Kritik der vielen politischen Religionen der Moderne. Sie hält durch Auslegung der biblischen Überlieferung, durch historisch-kritische Christentumshistoriographie und durch systematische Explikation der christlichen Glaubensgehalte die Einsicht präsent, daß weder Gott noch Jesus Christus einen Ort des Denkens oder Vorstellens repräsentieren, den ein Mensch oder eine Gruppe von Menschen gegen andere oder exklusiv besetzen können. «Das Wort Gottes widersetzt sich der Möglichkeit, eine bestimmte einzelne Position im Zusammenleben der Menschen zu unterstützen gegenüber anderen.»[24]

Theologie wurde in den europäischen Universitäten traditionell «Gottesgelehrtheit» genannt. Dieser Begriff spiegelt den elementaren Sachverhalt, daß die akademische Theologie mit ihrer Fähigkeit steht und fällt, von Gott zu reden. Biblischer Überlieferung entspricht sie dabei nur insoweit, als sie prägnant zwischen Gott und Mensch unterscheiden lehrt. In Bildreden und häufig schwer entzifferbaren Zeichen ist in den Texten der Bibel die Erkenntnis verschlüsselt, daß der Mensch sich selbst verfehlt, folgt er seinem Drang, wie Gott sein zu wollen. Die Metaphern der Glaubenssprache bringen eine elementare Unterscheidung zwischen gelingendem und mißlingendem Leben zur Sprache: Der Mensch, der sich durch Stolz, Anmaßung oder Gottesgrößenwahn als unbedingter Herr seiner Lebenswelt zu inthronisieren sucht, entfremdet sich vom göttlichen Ursprung seines Lebens. Hier ist nicht der Ort, um eine Glaubenslehre zu entfalten. Aber es soll pointiert betont sein, daß die Universitätstheologie anderen Wissenschaften, der Kirche und der Gesellschaft nur in genau dem Maße dient, in dem sie mit höchstmöglicher theologischer Prägnanz von Gott redet. Sie kann dem vielfältig – auch in den Kirchen – drohenden Mißbrauch des Wortes «Gott» allein dadurch wehren, daß sie die Grundunterscheidungen der biblischen Überlieferung rational expliziert und dabei immer der Möglichkeit eingedenk bleibt, durch mangelnde theologische Reflexionskraft selbst die Mißbräuchlichkeit der Rede von Gott zu fördern. So wenig der einzelne Fromme sich selbst mit dem göttlichen Grund gleichschalten darf, will er dem Grundsinn der Rede von Gott entsprechen, so wenig darf dies auch eine Theologie, die gelehrtem Glauben zu rationaler Durchsichtigkeit verhelfen will. Akademische Theologie tut deshalb sehr viel stärker noch als andere Wissenschaften gut daran, in ihre Erkenntnisvollzüge das Wissen um ihre epistemologischen Grenzen «einzubauen» und Potentiale von kritischer Selbstdistanz zu entwickeln.

Hat «Gottesgelehrsamkeit» in den Institutionen der Wissenschaft «noch» einen legitimen Ort? Soll in Universitäten noch von Gott geredet werden? Man mag die akademische Theologie im Streit der Fakultäten aufgrund ihrer unumgänglichen Bezogenheit auf die biblischen Texte des Dogmatismus verdächtigen. Man mag im historisch kontingenten Faktum, daß akademische Theologie in Deutschland weithin in konfessionsgebundenen Fakultäten und nicht in allgemeinen religionswissenschaftlichen Fachbereichen gelehrt wird, ein Residuum der Bindung an überholte konfessionskulturelle Verhältnisse sehen. Aber alle Programme einer Aufhebung der Theologie in vermeintlich werturteilsfreie oder religionsneutrale Religionswissenschaft scheitern an einer komplexen Interessenkonstellation: Über die spezifischen Bedürfnisse der Kirchen hinaus bestehen auch generelle gesellschaftliche Erwartungen, daß christliche «Religionsdiener», also die zukünftigen Pfarrer und Religionspädagogen, in akademischen Institutionen eine theologische Bildung erhalten, für die Kritikfähigkeit und reflexiv erarbeitete Selbstdistanz entscheidend ist. Theologische Fakultäten sind als Institutionen des Wissenschaftssystems zugleich auch Akteure im «religiösen Feld» einer Gesellschaft; in ihnen spiegelt sich das Interesse an gebildeter und rational kommunikationsfähiger Religion. Die Zerstörung theologischer Fakultäten zugunsten rein kirchlicher Seminare einerseits und staatlicher religionswissenschaftlicher Lehr- und Forschungsstätten andererseits bedeutete auch den Verzicht darauf, die

Tradierungsfähigkeit gebildeter Religion zu pflegen und eine Religionskultur humaner Selbstbegrenzung des Menschen zu fördern.

Wozu noch Theologie? Protestantische Theologie will in Kritik und Konstruktion ein denkender Statthalter jenes «unendliche[n] Wert[es] der Menschenseele»[25] sein, der das «Wesen des Christentums» ausmacht. Allerdings weiß die akademische Theologie des Protestantismus seit gut hundert Jahren darum, daß es ein solches «Wesen des Christentums» nur in Gestalt konkurrierender, historisch kontingenter Wesenskonzepte gibt. Die rechtfertigungstheologische Einsicht, daß Gottes Wort als Zeugnis einer unverfügbaren Würde jedes menschlichen Individuums gehört werden soll, ist allein eine bestimmte Auslegung der biblischen Texte – allerdings die in meiner Sicht einzig wortgemäße. Gerade die Vielfalt konkurrierender Auslegungen des genuin Christlichen zwingt zum intellektuellen Streit. Der Anspruch, daß der Transzendenzcharakter des Wortes «Gott» symbolisch verdichtet eine prinzipielle innerweltliche Transzendenz des Individuums repräsentiert, bedarf nicht nur der differenzierten exegetischen Vergegenwärtigung der biblischen Texte, sondern zugleich einer systematisch-theologischen Explikation, die Kommunikationsfähigkeit des Glaubenswissens gegenüber anderen Wissensformen und -welten vermittelt. Unter den Bedingungen des modernen Pluralismus der vielen Götter hält die freie theologische Reflexion das Wissen um die Distinktionskraft des einen gnädigen Gottes der Christen präsent. Dieser eine Gott ist immer auch ein symbolischer Repräsentant der unbedingten Würde des Individuums. Von seiner Freiheit kann das Individuum allerdings sündhaft falschen Gebrauch machen: indem es sich mit seinem göttlichen Grund unmittelbar in eins zu setzen sucht und als absoluter Herr seiner Welt aufspielt. Wozu noch wissenschaftliche Theologie? Die Antwort kann in einer bündigen Formel gegeben werden: um in den Arenen von Wissenschaft, Zivilgesellschaft, Kirche und Politik der heilsamen Unterscheidung von Gott und Mensch Geltung zu verschaffen.

Postskriptum 2007

Die Dynamik modernitätsspezifischer religiöser Wandlungsprozesse ist weltweit ungebrochen, doch der öffentliche Religionsdiskurs bleibt immer noch vielfach befangen in europäisch-christlichen Wahrnehmungsperspektiven. Gerade in deutschsprachigen Debatten dominieren die auf Götterunterscheidungsverboten beharrende Korrektheitsattitüde und bornierte Empirieresistenz. Viele der eifrigen neuen Religionsdeuter und Meinungsmacher verzichten souverän darauf, harte religionsstatistische Daten zur Kenntnis zu nehmen – und wundern sich nicht einmal, daß sie so weder innereuropäische Entwicklungen angemessen erfassen können noch gar die religiösen Veränderungsschübe in außereuropäischen Gesellschaften. Die Erosion der traditionellen Kirchen und Konfessionsmilieus, die Emergenz neuer Formen des Christentums, harte Integrationskonflikte und religiös motivierte «culture wars» in vielen Teilen der Welt zwingen aber gerade auch alteuropäische Religionsdiagnostiker zum selbstkritischen Nachjustieren ihrer theoriegestützten Problemseismographen.

Eigene Beachtung verdient, daß selbst in einstmals religionsabstinenten Disziplinen inzwischen viel über religiöse Mentalitäten und die kulturelle Prägekraft religiös codierter *cognitive maps* nachgedacht wird. Zum oben entwickelten Theorieangebot der «religious economics» liegen inzwischen auch in deutscher Sprache einige spannende Studien vor. Zu nennen sind hier insbesondere die Arbeiten von Christian Eilinghoff,[1] Anne Koch[2] und Alexander K. Nagel[3] sowie ein von Martin Held herausgegebener Sammelband zum Thema «Ökonomie und Religion».[4] Die Vorschläge zur *shared history* haben bei jüngeren Historikern viel Aufmerksamkeit gefunden.[5] Professionelle Gottesspurenleser konzentrieren sich zudem derzeit besonders intensiv auf Deutungsvorschläge, die unter den Markennamen «Religionsgeographie», «Religionsästhetik» und «Religionspolitologie» vorgetragen werden. Nicht zuletzt die Gewaltbereitschaft mancher junger Muslime, die von vielfältigen

Kulturkonflikten immer neu angestoßene sogenannte «Integrationsdebatte» und die medial verstärkte Eloquenz interkulturell profilierter Religionsintellektueller wie Tariq Ramadan[6] haben dazu geführt, daß inzwischen zahlreiche ausgezeichnete Studien über die Lebenswelten, Identitätskonflikte und Glaubenssuche hier geborener Muslime der «zweiten» oder «dritten Generation» vorliegen. Damit geraten Menschen und Biographien in das Blickfeld der Forschung, die in transnationalen Sozialräumen zwischen dem Herkunftsland ihrer Eltern oder Großeltern und ihrem bleibend fremden Geburts- und Heimatland leben, dessen Mehrheitsbevölkerung ihnen nicht selten mit massiver Diskriminierung, etwa im Bildungssystem oder bei der Arbeitssuche, begegnet.[7] Verunsicherung, Orientierungsnot erfaßt allerdings keineswegs nur die Migranten. Auch für die Einwanderungsländer gilt es Abschied zu nehmen von altvertrauten Ordnungsmodellen. Nicht zuletzt in Deutschland lösen sich die so wohltuend friedlichen korporatistischen Arrangements zwischen Staat, Kirchen und jüdischen Gemeinden zunehmend auf. Die Islamkonferenz des Bundesinnenministers läßt jedoch erkennen, daß der deutsche Rechtsstaat weiterhin auf die pazifizierenden Wirkungen des überkommenen Staatskirchenrechts setzt:[8] Wenn der Staat nur endlich einen kompetenten, alle Muslime wirklich repräsentierenden Ansprechpartner habe, dann könne er diese muslimische Gesamtvertretung als eine Körperschaft öffentlichen Rechts anerkennen. Für die erhoffte Gegenleistung von Verfassungstreue und Grundwertebindung werden all jene Privilegien in Aussicht gestellt, die derzeit noch den christlichen Kirchen und jüdischen Synagogengemeinden vorbehalten sind. Aber bleibt staatliche Religionspolitik, die von einer Art Verkirchlichung der diversen Islame – Islam ist, wie insbesondere Aziz Al-Azmeh gezeigt hat,[9] ein Pluralwort – eine bessere Einbindung der Muslime in die nicht-muslimische Mehrheitsgesellschaft erwartet, nicht allzu stark alten etatistischen Visionen einer Integration der radikal pluralistischen Gesellschaft von oben verpflichtet?

Im deutschen religionspolitischen Diskurs werden immer wieder die vielfältigen internen Pluralisierungs- und Differenzierungstendenzen unterschätzt, die die Geschichte der modernen Islame im 20. Jahrhundert kennzeichnen. Die Vorstellung, man könne leiden-

schaftlich fromme junge Muslime durch gremienkluge Verbands-
vertreter – also mehr oder minder kompetente Klerikalfunktionäre
– in ihren Lebenswelten «abholen» und in die Mitte der Gesellschaft schieben, läßt nur wenig religionsdiagnostischen Realitäts-
sinn erkennen. Schon für die diversen christlichen Großorganisationen im Lande gilt, daß ihre medial gern allpräsenten Sprecher und
Vertreter zwar die jeweilige Organisation, etwa die Deutsche Bi-
schofskonferenz oder den Rat der EKD, repräsentieren, aber nur
sehr eingeschränkt die vielen christlichen Individuen, die sich, auch
im Falle des vermeintlich so institutionenstarken Katholizismus,
das elementare Recht auf Bildung einer eigenen Sicht der Welten-
dinge nun einmal von niemandem abnehmen lassen. In vielen aktuellen normativen Konflikten, vom Streit um die Genforschung bis
hin zu den bedrängenden Problemen eines angemessenen Umgangs
mit Todkranken und Sterbenden, nimmt eine deutliche Mehrheit
der Kirchenmitglieder signifikant andere Haltungen ein als kirchliche Spitzenakteure, die in funktionärsspezifischer *déformation
professionelle* ihre eigene Vertreterrolle für Realrepräsentation halten. Erst recht in Fragen des Lebensstils und der politischen Welt-
sicht folgen Christen zumeist ihrer je eigenen Überzeugung, die von
den ethischen Konzepten und moralischen Optionen anderer Christen zwar tiefgreifend unterschieden sein mag, aber mit den jeweils
anderen doch darin verwandt ist, daß eben jeder seinen Lebensent-
wurf für christlich legitim hält. Der zwar zuweilen unterhaltsame,
auf Dauer indes lediglich illusionsfördernde Streit der einschlägigen
Vereine und Verbände, wer denn nun für die muslimische Gemeinschaft in Deutschland spreche, läßt genau jene Anmaßung erkennen, die man auch bei sehr vielen christlichen Organisationsprofes-
sionals beobachten kann: den arroganten Glauben, «den eigenen
Leuten» im öffentlichen Meinungs- und Ressourcenkampf eine
Stimme geben zu können. Aber abgesehen davon, daß sich viele der
aus dominant muslimischen Gesellschaften nach Deutschland Ein-
gewanderten selbst gar nicht in erster Linie religiös definieren, sondern sich eher als türkische Frau, persischer Mann, marokkanischer
Student etc. denn als Muslim sehen, scheitert die Vorstellung einer
autoritativen Gesamtvertretung «der Muslime» an der extrem hohen internen religionskulturellen Differenziertheit, der moralischen,
politischen, religiösen Pluralität der vielen verschieden Frommen.

Eine realitätsnahe Religionskulturforschung muß sich deshalb auf die neuen Tendenzen einer zunehmenden De-facto-Amerikanisierung der europäischen Religionsmärkte einlassen: Nicht Homogenitätsvisionen sind zu beschwören und staatlich vorgegebene Integrationsmuster zu legitimieren, sondern gelebte Vielfalt ist durch Mikroanalysen und distinktionssensible Deutung der jeweiligen Identitätsentwürfe und Identitätenpolitik verstehbar zu machen – gerade auch in ihren Konsequenzen für Begriff und Ausgestaltung der Religionsfreiheit als einem Fundament der liberalen Selbstdeutung demokratisch verfaßter Gesellschaften.[10]

Die Umstellung der Aufmerksamkeitsökonomie von staatsfixiertem Integrationsdenken hin zur ebenso bunten wie konfliktreichen Vielfalt gelebter Religion verändert auch den Blick auf christliche Glaubens- und Lebenswelten. Die diversen europäischen Christentümer unterliegen seit den 1960er Jahren tiefgreifenden Wandlungsprozessen, die sich den im deutschen Diskurs noch immer dominierenden Oppositionsfiguren von Christlichkeit oder gar Kirchlichkeit und Säkularisierung entziehen. In anderen europäischen Gesellschaften ist die sozial- wie speziell religionswissenschaftliche Forschung zu den Transformationen von Kirchen und christlichen Lebenswelten methodisch wie empirisch deutlich fortgeschrittener als im deutschen Sprachraum. Der britische Sozial- und Kulturhistoriker Callum Brown hat «The Death of Christian Britain» analysiert[11] und Hugh McLeod die schnellen Entkirchlichungsprozesse im Großbritannien der 1960er Jahre untersucht.[12] Umgekehrt konnte Grace Davie mit dem Deutungsmodell der «vicarious institution» vor allem am Beispiel der skandinavischen Gesellschaften zeigen, daß die großen Volkskirchen irritierend stabile Institutionen sind: Auch wenn nur eine Minderheit der Schweden am kirchlichen Leben teilnimmt, hegt doch die große Mehrheit die Erwartung, daß es die Kirche(n) geben muß – damit sie präsent ist und effiziente religiöse Dienstleistungen anbieten kann, wenn man sie denn als individuelle Lebenshilfe oder in den Krisen des politischen Gemeinwesens, etwa nach dem Untergang der «Estonia», braucht. «Believing without belonging» lautet Davies suggestive Formel für dieses inzwischen weitverbreitete Phänomen situationsbezogener Aktivierung überkommener Glaubensüberzeugungen und «Wert»-Vorstellungen.[13]

Auch in Deutschland stellt sich die Lage der beiden großen Kirchen sehr viel komplexer, widersprüchlicher dar, als der konventionelle Blick auf Austrittszahlen und schlechte Umfragewerte in Untersuchungen über die Vertrauenswürdigkeit von Institutionen erkennen läßt. Die Zahl der Taufen und kirchlichen Hochzeiten ging zwar zwischen 1991 und 2003 um 25 bzw. 45 Prozent zurück, aber am Heiligen Abend nimmt die Zahl der Gottesdienstbesucher seit einigen Jahren merklich zu. Erst recht im politischen Diskurs der Berliner Republik wird den Kirchen, genauer: ihren Vertretern bzw. Funktionären, ein sehr großer Einfluß eingeräumt, und die Macht ihrer ökumenisch effizient organisierten Interessen zeigt sich nicht zuletzt darin, daß sie in den Debatten um eine Reform des Steuerrechts alte Privilegien wahren konnten.

Das Christentum, genauer und religionsanalytisch prägnanter gesagt: die diversen Christentümer waren aber immer sehr viel mehr und anderes als bloß die Kirchen. Gern wird in der Bundesrepublik inzwischen vom neuen religiösen Pluralismus gesprochen, vor allem mit Blick auf die muslimischen Einwanderer. Doch nur selten wird gesehen, wie stark innerchristliche Differenzierungsdynamik die Pluralisierungsprozesse in den religiösen Feldern Europas mit vorantreibt. Erhöhte innereuropäische Mobilität trägt zur neuen Vielfalt des Christlichen ebenso bei wie die Einwanderungsströme aus Asien, Lateinamerika und Afrika. Nicht selten entwickeln die nach Europa kommenden Christen einen starken Missionsdrang und wollen Gesellschaften, die sie als säkularistisch und moralisch allzu lax erleben, wieder zu einem Glauben jenseits innerweltlicher Konzessionen an die Moderne zurückführen. Besonderes Engagement entwickeln dabei zumal die Gläubigen der diversen neuchristlichen Bewegungen, etwa die geistergriffenen Frommen aus den Pfingstkirchen. Sie bezeugen mit starker Glaubensinbrunst den äußerst vitalen Gottesgeist, der nicht nur sie erfaßt hat, sondern zunehmend auch traditionale christliche Religionslandschaften durchdringt. Über die Präsenz der Pentecostals in Europa ist bisher erst sehr wenig bekannt, aber für einige osteuropäische Transformationsgesellschaften läßt sich sagen, daß hier die Mission der Pfingstler schnelle und beachtliche Erfolge zeitigt. Auch diese ersten, noch vagen Trendbestimmungen bestätigen die Hypothese, daß sich Europa in Sachen Religion allmählich amerikanisiert.

Das methodische Problem, daß im deutschsprachigen Diskurs Religionskonflikte und religiöse Mobilitätsdynamik allzu unreflektiert in einseitig eurozentrischen oder – wenn die USA eingeschlossen werden – okzidentalen Perspektiven wahrgenommen werden, läßt sich nur durch harte Forschungsarbeit über religiöse Transformationsprozesse außerhalb Europas beheben. Auch hier ist die englischsprachige Forschung deutlich weiter fortgeschritten. David Martin hat seit seiner klassischen Studie über «Tongues of Fire», erschienen erstmals 1990, in enger Zusammenarbeit mit seiner Ehefrau Bernice einige weitere Studien zum neuen Pfingstchristentum vorgelegt, die eindrucksvoll erkennen lassen, wie schnell und tiefgreifend sich die Religionswelten außerhalb Europas in den letzten zwanzig, dreißig Jahren gewandelt haben[14] – auch wenn viele europäische Intellektuelle es noch immer nicht gemerkt haben. Gerade in Sachen Religion ist jedenfalls ein postkolonial informierter Denkstil unerläßlich.[15]

Schon immer waren religiöse Symbolsprachen durch eine extrem hohe Interpretationsoffenheit geprägt. Sinnwelten und theologische Ideen, rituelle Praktiken und lebensbestimmende Kulte ließen sich zu keiner Zeit engen Religions- oder Konfessionsgrenzen unterwerfen, sondern gewannen in vielfältigen Rezeptionsprozessen oft unberechenbare Transferdynamik. Das kulturelle Deutungssystem Religion stimulierte in immer neuen Mutationen intensive Austausch- und Adaptionsvorgänge im Zeichen der paradoxen Gleichzeitigkeit von «Attraktion und Repulsion». In der Gegenwart haben sich diese Prozesse grenzüberschreitenden Transfers von Glaubenselementen vielfach dramatisch beschleunigt. Nicht nur bringen Migranten einstmals ferne, fremde Glaubenswirklichkeiten in neue kulturelle wie soziale Kontexte mit (wobei sie ihren «angestammten» Glauben zumeist sehr tief verändern), sondern die permanente medial entgrenzte Kommunikation sorgt dafür, daß alles religiös irgendwie Mögliche von ganz unterschiedlichen Akteuren gemäß eigener Visionen, Hoffnungen und Interessen angeeignet und miteinander zu einem mehr oder minder homogenen Sinnstoff verwoben werden kann. Diese spezifische Lebendigkeit des Religiösen zu erfassen, fällt vielen gelehrten Religionsdiagnostikern noch immer sehr schwer. Vermutlich bedarf es dazu einer neuen Aufmerksamkeit für ganz elementare Fragen, die im akademischen Religionsdiskurs kaum noch gestellt werden: Wie läßt sich die Offenheit religiöser Symbolsprachen für ganz unterschiedliche Interpretationsansätze deuten? Wie ist zu erklären, daß ein Glaubenssymbol – «Gottes gute Schöpfung» zum Beispiel – sowohl universalistisch, etwa als Garant einer vorstaatlichen unantastbaren Würde des Menschen als des «Ebenbildes Gottes», als auch partikularistisch, im Sinne der ethnozentrischen Auserwähltheit des eigenen Volkes als «Gottesvolk», gelesen werden kann? Worin gründet die außerordentlich hohe Mobilisierungskraft religiöser Rhetorik? Was stimuliert die vielgestaltige Renaissance apokalyptischen Denkens in aktuellen Debatten um Zukunftsperspektiven von Politik und Gesellschaft?[16] Wie erklärt sich die ungebrochene Konjunktur von Funktionsgöttern und Milieuheiligen – religiösen Identifikationsgestalten, die einer bestimmten sozialen Gruppe, im distinkten Gegenüber zu anderen, starke Identität auszuleben erlauben?

Viel Rätselhaftes bleibt. Es sollte jedenfalls nicht mit dem besserwisserischen Gestus des akademischen Allerklärungsvirtuosen der falsche Eindruck erzeugt werden, als könnten gelehrte Religionsdeuter welcher disziplinären Provenienz auch immer die Glaubensabgründe der Gegenwartsmoderne mit ihren alterprobten Theorie-Instrumenten ausloten. Weder mit Hilfe sozialhistorischer Prozeßanalysen und Strukturdeutungskompetenz noch mit den Methoden kulturhistorisch geschulter Kommunikationsforschung hat sich bislang etwa eine überzeugende Antwort auf die Frage finden lassen, wie sich religiöses Bewußtsein gegenüber den relativistischen Erfahrungen eines radikalen Glaubenspluralismus zu immunisieren vermag. Um dies zu erklären, müßte man die spezifischen Codes einer Glaubensgemeinschaft knacken, also hermeneutisch sensibel nachvollziehen, wie innerhalb einer bestimmten Glaubenssprache der Glaube bzw. Unglaube der vielen anderen wahrgenommen, gedeutet und auf Distanz gehalten wird. Vielleicht liegt ein elementares Defizit gegenwärtiger Religionsforschung darin, daß die implizite Theologie in allem religiösen Bewußtsein, anders gesagt: die subjektive Sinnkonstruktion eines Frommen, zu stark marginalisiert wird. Zumindest unter den Bedingungen der diversen Monotheismen ist kein religiöses Bewußtsein bekannt, das nicht entscheidend auch durch je eigene theologische Reflexionselemente, durch fundamentale Annahmen über Gott, seine Welt, den Ort des Menschen sub specie Dei und in diesem Leben bestimmt wäre. Dann aber muß man diesen je individuellen Glauben ernster nehmen, als dies die meisten Religionswissenschaftler in ihren mehr oder minder funktionalistischen, jedenfalls abstrakt allgemeinen Sprachspielen und Modellkonstruktionen zu tun imstande sind. Die für das friedliche Zusammenleben der Menschen in radikal pluralistischen Gesellschaften entscheidende Frage, wie man mit Religion umzugehen habe, die sich den bisherigen Konventionen des Üblichen, noch Erträglichen entzieht, kann jedenfalls allein aus den eigenen Logiken religiösen Glaubens plausibel beantwortet werden. Letztlich läßt sich ein frommer Mensch nur in Ehrfurcht vor seinem Gott, in Demut überzeugen. So gilt es, im jeweiligen Glauben selbst den Reflexionsort zu entdecken, der es dem Frommen erlaubt, auch ganz anders Gläubigen das Recht auf ihren Glauben oder Unglauben zuzugestehen – und die Chance, vielleicht eines fernen Tages vor Gottes Angesicht Anerkennung zu erfahren.

Anmerkungen

I. MODERNE RELIGION DEUTEN

Bisher unveröffentlicht.

1 Dietrich Rössler, Die Vernunft der Religion. München 1976, 7.
2 Den «Eigensinn» überkommener symbolischer Deutungskulturen haben in den letzten Jahren vor allem Mikro- und Alltagshistoriker betont. Dazu siehe: Alf Lüdtke, Eigen-Sinn. Fabrikalltag, Arbeitererfahrungen und Politik vom Kaiserreich bis in den Faschismus. Hamburg 1993.
3 Peter L. Berger, A Market Model for the Analysis of Ecumenicity, in: Social Research 30 (1963), 77–93.
4 Ebd., 77.
5 Ebd., 79.
6 Ebd., 79.
7 Ebd., 86.
8 Siehe vor allem: Berger (1980).
9 Gary Stanley Becker, Human Capital. New York 1964; ders., The Economic Approach to Human Behavior. Chicago 1976; ders., The Economics of Life. New York 1996 (dt.: Die Ökonomik des Alltags. Tübingen 1998).
10 Siehe dazu: Laurence R. Iannaccone, Rational Choice: Framework for the Scientific Study of Religion, in: Lawrence Alfred Young (Hg.), Rational Choice Theory and Religion. Summary and Assessment. New York 1997, 25–44; kritisch: Steve Bruce, Choice and Religion. A Critique of Rational Choice Theory. Oxford 1999.
11 Roger Finke/Rodney Stark, The Economics of Piety, in: Gerald W. Thielbar/ Saul D. Feldman (Hg.), Issues in Social Inequality. Boston 1971, 485–503.
12 Dazu siehe: Rodney Stark, The Rise of Christianity. A Sociologist Reconsiders History. Princeton 1996 (dt.: Der Aufstieg des Christentums. Neue Erkenntnisse aus soziologischer Sicht. Weinheim 1997).
13 Roger Finke/Rodney Stark, The Churching of America, 1776–1990. Winners and Losers in Our Religious Economy. New Brunswick 1992.
14 Rodney Stark/Roger Finke, Acts of Faith. Explaining the Human Side of Religion. Berkeley, Los Angeles, London 2000.
15 Robert Laurence Moore, Selling God. American Religion in the Marketplace of Culture. Oxford, New York 1994.
16 Als Einführung siehe: Laurence R. Iannaccone, Religious Markets and the Economics of Religion, in: Social Compass 39 (1992), 123–131; ferner: ders., Introduction to the Economics of Religion, in: Journal of Economic Literature 36 (1998), 1465–1495.

17 Grundlegend dazu: Hübinger (1994).

18 McLeod (1995); ders., Piety and Poverty. Working-Class Religion in Berlin, London and New York 1870–1914. New York, London 1996; ders. (2000).

19 Wichtig zum Thema: Laurence R. Iannaccone, Why Strict Churches Are Strong, in: American Journal of Sociology 99 (1994), 1180–1211.

20 Shmuel Feiner, New Perspectives on the Haskalah. London 2001; ders., Haskalah and History. The Emergence of a Modern Jewish Historical Consciousness. Oxford 2002

21 Siehe dazu: Gerhard Lauer, Die Rückseite der Haskala. Zur Kultur- und Literaturgeschichte einer kleinen Aufklärung (1680–1770). Habilitationsschrift München 2000.

22 Siehe dazu: David Sorkin, Moses Mendelssohn and the Religious Enlightenment. London 1996; ders., The Berlin Haskalah and German Religious Thought: Orphans of Knowledge. London, Portland 2000; zuletzt zusammenfassend: Christoph Schulte, Die jüdische Aufklärung. Philosophie, Religion, Geschichte. München 2002.

23 Dazu instruktiv: Christof Dipper, Volksreligiosität und Obrigkeit im 18. Jahrhundert, in: Wolfgang Schieder (Hg.), Volksreligiosität in der modernen Sozialgeschichte. Göttingen 1986, 73–96.

24 Siehe dazu: Andreas Gotzmann, Juden, Bürger, Deutsche. Zur Geschichte von Vielfalt und Differenz 1800–1933. Tübingen 2001; ders., Eigenheit und Einheit. Modernisierungsdiskurse des deutschen Judentums der Emanzipationszeit. Leiden 2002.

25 Zusammenfassend: Meyer (1988).

26 Moses Mendelssohn. Dokumente II: Die frühen Mendelssohn-Biographien. Bearbeitet von Michael Albrecht [Moses Mendelssohn, Gesammelte Schriften. Jubiläumsausgabe, Bd. 23]. Stuttgart-Bad Cannstatt 1998.

27 Jakob Katz, A House Divided: Orthodoxy and Schism in Nineteenth-Century Central European Jewry. Hanover (Mass.) 1998; Ismar Schorsch, From Text to Context: The Turn to History in Modern Judaism. Hanover (Mass.) 1994.

28 Pierre Bourdieu, Sozialer Raum und «Klassen». Zwei Vorlesungen. Frankfurt a. M. 1991.

29 Zur Feldtheorie siehe vor allem: Pierre Bourdieu, Les règles de l'art. Genèse et structure du champ littéraire. Paris 1992 (dt.: Die Regeln der Kunst. Genese und Struktur des literarischen Feldes. Frankfurt a. M. 1999).

30 Pierre Bourdieu, La sainte famille, in: Actes de la recherche en sciences sociales 44/45 (1982), 2–54.

31 Pierre Bourdieu, Die Auflösung des Religiösen, in: ders., Rede und Antwort. Frankfurt a. M. 1992, 231–237.

32 Siehe dazu: Bruce (1992).

33 Thomas Luckmann, Die unsichtbare Religion. Frankfurt a. M. 1991.

34 Zum Thema siehe: Casanova (1994); ders., Civil Society and Religion. Retrospective Reflections on Catholicism and Prospective Reflections on Islam, in: Social Research 68 (2001), 1041–1080.

35 Dazu siehe die ausgezeichnete Studie von Catharine Cookson, Regulating Religion: The Courts and the Free Exercise Clause. Oxford 2000.

36 Zu dieser Konfliktkonstellation siehe: Danièle Hervieu-Léger, Die Vergangenheit in der Gegenwart. Die Neudefinition des «laizistischen Paktes» im multikulturellen Frankreich, in: Peter L. Berger (Hg.), Die Grenzen der Gemeinschaft. Konflikt und Vermittlung in pluralistischen Gesellschaften. Gütersloh 1997, 85–153.

37 Siehe dazu als klassische Analyse: Robert Bellah, Civil Religion in America, in: Daedalus 96 (1967), 1–21; ferner: Thomas Hase, Zivilreligion. Religionswissenschaftliche Überlegungen zu einem theoretischen Konzept am Beispiel der USA. Würzburg 2001.

38 Siehe dazu die Studien von Robert Wuthnow, Rediscovering the Sacred. Perspectives on Religion in Contemporary Society. Grand Rapids 1992; ders., God and Mammon in America. New York 1994.

39 Pamela Voekel, Alone before God. The Religious Origins of Modernity in Mexico. Durham 2002.

40 Dazu siehe: Kallscheuer (1996); Greeley (2002).

41 Thomas Hauschild, Magie und Macht in Italien. Über Frauenzauber, Kirche und Politik. Gifkendorf 2002.

42 Ansgar Jödicke, Konfigurationen religiöser Symbolsysteme bei Chemikern. Eine semiotische Morphologie. Konstanz 1999, 423.

43 Falk Wagner, Geld oder Gott? Zur Geldbestimmtheit der kulturellen und religiösen Lebenswelt. Stuttgart 1985.

44 Walter Benjamin, Fragmente vermischten Inhalts. Zur Geschichtsphilosophie, Historik und Politik (Gesammelte Schriften, Bd. 6). Hrsg. von Rolf Tiedemann, Hermann Schweppenhäuser. Frankfurt a. M. 1985, 100–103, Zitat: 100.

45 Dirk Baecker, Einleitung, in: ders. (Hg.), Kapitalismus als Religion. Berlin 2003, 7–13, Zitat: 11.

46 Robert H. Nelson, Reaching for Heaven on Earth: The Theological Meaning of Economics. Lanham 1991.

47 Robert H. Nelson, Economics as Religion from Samuelson to Chicago and Beyond. University Park 2001.

48 Norbert Bolz/David Bosshart, Kult-Marketing. Die neuen Götter des Marktes. Düsseldorf 1995.

49 Bernd Schwarze, Die Religion der Rock- und Popmusik. Analysen und Interpretationen. Stuttgart, Berlin, Köln 1997.

50 Gräb (2002), 137 f.

51 David Dark, Everyday Apocalypse: The Sacred Revealed in Radiohead, the Simpsons and Other Pop Culture Icons. Grand Rapids 2002.

52 David Morgan, Visual Piety. A History and Theory of Popular Religious Images. Berkeley 1998.

53 Stewart M. Hoover, Religion in the News. Faith and Journalism in American Public Discourse. London 1998.

54 Joan Kristin Bleicher, Fernsehen als Mythos. Poetik eines narrativen Erkenntnissystems. Opladen 1999; Günter Thomas, Medien – Ritual – Reli-

gion. Zur religiösen Funktion des Fernsehens. Frankfurt a. M. 1998; ders. (Hg.), Religiöse Funktionen des Fernsehens. Medien-, kultur- und religionswissenschaftliche Perspektiven. Wiesbaden 2000.

55 Norbert Bolz, Die Sinngesellschaft. Düsseldorf 1997.

56 Anne Honer/Roland Kurt/Jo Reichertz (Hg.), Diesseitsreligion. Zur Deutung der Bedeutung moderner Kultur. Konstanz 1999.

57 Weiterführend dazu: Moshe Zimmermann, Die Religion des 20. Jahrhunderts: Der Sport, in: Europäische Sozialgeschichte. Festschrift für Wolfgang Schieder. Hrsg. von Christof Dipper, Lutz Klinkhammer, Alexander Nützenadel. Berlin 2000, 331–350; siehe auch: Paul Jakobi/Heinz-Egon Rösch (Hg.), Sport und Religion. Mainz 1986; Robert J. Higgs, God in the Stadium. Sports and Religion in America. Lexington 1995.

58 Jörg Herrmann, Sinnmaschine Kino. Sinndeutung und Religion im populären Film. Gütersloh 2001.

59 Albert J. Bergesen/Andrew M. Greeley, God in the Movies. New Brunswick 2000.

60 Als Überblick sehr hilfreich: Berger (1999).

61 Roger Bastide, The African Religions of Brazil. Baltimore 1978, 372.

62 D. Martin (1990), 65.

63 Die identitätsstärkenden Potentiale religiöser Vergemeinschaftung und spiritueller Praxis haben britische Soziologen für Anglikaner, römische Katholiken, *New Age*-Anhänger, Hindus und Muslime in Großbritannien aufzuzeigen versucht: Simon Coleman/Peter Collins (Hg.), Religion, Identity and Change. British Perspectives on Global Transformations. Aldershot 2003.

64 Zusammenfassend: Hollenweger (1997).

65 Dazu siehe: David Martin, Pentecostalism: The World Their Parish. Oxford 2002.

66 Zu Begriff und Deutungskonzept siehe: Jan Assmann, Moses der Ägypter. Entzifferung einer Gedächtnisspur. München 1998; ders., Die Mosaische Unterscheidung oder der Preis des Monotheismus. München 2003.

II. RELIGIONSGESCHICHTEN DER MODERNE

1. «Dechristianisierung»

Zuerst erschienen – für die erneute Veröffentlichung überarbeitet – in: Hartmut Lehmann (Hg.), Säkularisierung, Dechristianisierung, Rechristianisierung im neuzeitlichen Europa. Bilanz und Perspektiven der Forschung. Göttingen 1997, 32–66.

1 Zum Forschungsstand siehe: Bruce (1992); McLeod (1995); Lehmann (1997); McLeod (2000); Cox (2001); Hildebrandt/Brocker/Behr (2001); Lehmann (2001); McLeod/Ustorf (2003); Kirchliche Zeitgeschichte 11 (1998), Heft 1: Säkularisierung, Dechristianisierung und Rechristianisierung; sowie als Literaturbericht: Hering (2001). Anregend als Groß-Essay: Marramao (1994); als europäische Gesamtschau: Rémond (1998). Aus

der neueren soziologischen Literatur verdient besondere Beachtung: David Martin, A General Theory of Secularization. Oxford 1978.

2 Mit Recht kritisch zu den konfessionellen Leitannahmen und Dogmatismen in der Forschungspraxis vieler Kirchenhistoriker: Schieder (1987); ders. (1993), bes. 11 ff.

3 Zur relativ gut erforschten Geschichte des Säkularisierungsbegriffs siehe: Hermann Lübbe, Säkularisierung. Geschichte eines ideenpolitischen Begriffs. Freiburg, München 1965, ²1975; Hans-Wolfgang Strätz/Hermann Zabel, Art.: Säkularisation, Säkularisierung, in: Geschichtliche Grundbegriffe, Bd. 5. Stuttgart 1984, 789–829; Wolfgang Proske, Säkularisierung als universalhistorischer Perspektivbegriff, in: Aufklärung und Kritik 5 (1998), 3–26.

4 Zur Geschichte dieser von Aufklärungstheologen geprägten Formel siehe: Hans Wagenhammer, Das Wesen des Christentums. Eine begriffsgeschichtliche Untersuchung. Mainz 1973. Die systematischen Probleme der Bestimmung eines «Wesens des Christentums» beleuchtet: Markus Schröder, Die kritische Identität des neuzeitlichen Christentums. Schleiermachers Wesensbestimmung der christlichen Religion. Tübingen 1996.

5 Zu diesem Problem siehe schon: Adolf Harnack, Beunruhigungen des kirchlichen Glaubens und der Frömmigkeit, in: Die Christliche Welt 21 (1907), Sp. 583–591.

6 Siehe dazu: René Rémond, Die Entchristlichung. Gegenwärtiger Stand der Frage und der Arbeiten in französischer Sprache, in: Concilium 1 (1965), 611–614, sowie klassisch: Michel Vovelle, Piété baroque et déchristianisation en Provence au XVIIIᵉ siècle. Les attitudes devant la mort d'après les clauses des testaments. Paris 1971. Kritisch gegenüber eindimensionalen Niedergangsmodellen: Gabriel Le Bras, Déchristianisation: mot fallacieux, in: Social Compass 10 (1963), 445–452, und auf das teleologische Verfallskonzept bezogen, das Vovelles Darstellung bestimmt: Jean Delumeau, Déchristianisation ou nouveau modèle de christianisme?, in: Archives des Sciences Sociales des Religions 40 (1975), 3–20. Resümierend: Ph. Martin (1998).

7 Mona Ozouf, De-Christianization, in: François Furet/dies. (Hg.), A Critical Dictionary of the French Revolution. Cambridge, London 1989, 20–32; Michel Vovelle, Vom Vendémiaire zum Fructidor des Jahres II: «Die andere Entchristianisierung», in: Hans Ulrich Gumbrecht/Rolf Reichardt/Thomas Schleich (Hg.), Sozialgeschichte der Aufklärung in Frankreich, Bd. 2: Medien, Wirkungen. München, Wien 1981, 201–228.

8 Edward Dixon Junkin, Religion versus Revolution. The Interpretation of the French Revolution by German Protestant Churchmen, 1789–1799, 2 Bde. Austin 1974.

9 Allein zum Wöllnerschen Religionsedikt sind, neben zahlreichen Debattenbeiträgen in Zeitschriften, 93 selbständig erschienene Schriften publiziert worden. Den besten Überblick bietet eine instruktive Sammelrezension des Helmstedter Neologen Heinrich Philipp Conrad Henke, die auch selbständig erschienen ist und im Reprint vorliegt: Beurtheilung aller Schriften welche durch das Königlich Preußische Religionsedikt und

durch andre damit zusammenhängende Religionsverfügungen veranlaßt sind. Kiel 1793 (Nachdruck: Scriptor Reprints. Sammlung 18. Jahrhundert. Hrsg. von Jörn Garber. Königstein/Ts. 1978).

10 [Anonym], Die Lauheit des Zeitalters gegen Religion, Leipzig 1806, ²1810; Johann Christian Sebald Schiller, Von den vorzüglichsten, mehr oder weniger bekannten Ursachen, welche den zweydeutigen und lauen Zustand der Religion und Sittlichkeit herbeigeführt haben. Leipzig 1820.

11 Carl Wilhelm David Hoffmann, Ein Wort über die herrschende Irreligiosität und einen zweckmäßigen Religionsunterricht als das wirksamste Mittel dagegen. Berlin 1804.

12 Franz Christian Boll, Von dem Verfall und der Wiederherstellung der Religiosität, mit besonderer Rücksicht auf das protestantische Deutschland, 2 Bde. Neustrelitz 1809.

13 Friedrich Immanuel Niethammer, Philosophische Briefe über Religions-Indifferentismus und einige damit verwandte Begriffe. An den Herrn Stadtschreiber Krais in Beilstein, in: Philosophisches Journal einer Gesellschaft Teutscher Gelehrten 4 (1796), 1–80, 93–184.

14 Johann Martin Kutter, Ueber die religiöse und sittliche Verderbnis unsers Zeitalters, und die Mittel, ihm abzuhelfen. Biberach 1805.

15 Friedrich Wilhelm Himmerlich, Beurtheilung des protestantischen Gottesdienstes, oder über gemeinschaftliche Gottes-Verehrungen, und deren Verfall unter den Protestanten. Berlin 1803. Klagen darüber, daß vor allem in den Städten die Sonntagsgottesdienste kaum noch besucht werden, finden sich spätestens seit 1770.

16 Friedrich Heinrich Christian Schwarz, Religiosität, was sie seyn soll, und wodurch sie befördert wird. Gießen 1793; Wilhelm Martin Leberecht de Wette, Über den Verfall der protestantischen Kirche in Deutschland, und die Mittel ihr wieder aufzuhelfen, in: Reformations Almanach für Luthers Verehrer auf das evangelische Jubeljahr 1817. Hrsg. von Friedrich Keyser (1. Theil). Erfurt 1817, 296–371.

17 Siehe etwa: August Kirchhoff, Einige Gedanken über die Wiederherstellung der protestantischen Kirche. Leipzig 1817; Johann Ludwig Ewald, Unmaßgebliche Vorschläge zur Verbesserung des evangelischen Kirchenwesens. Der Königlich Preußischen Regierung ehrerbietig vorgelegt. Berlin 1818; Wilhelm Traugott Krug, Die Kirchenverbesserung und die Gefahren des Protestantismus. Leipzig 1826; Benjamin A. Marks, Die Kirchenverbesserung und die innern Gefahren der evangelischen Kirche. Halle 1827.

18 Zur Formel siehe: Saul Ascher, Ansichten von dem künftigen Schicksale des Christenthums. Leipzig 1819. In der zeitgenössischen Diskussion sehr einflußreich: Heinrich Philipp Conrad Henke, Frohe Aussichten für die Religion in die Zukunft. Helmstedt ²1801.

19 Karl Gottlieb Bretschneider, Ueber die Unkirchlichkeit dieser Zeit im protestantischen Deutschland. Gotha 1820. Zu Bretschneiders religiöser Zeitdiagnostik siehe: Axel Lange, Von der fortschreitenden Freiheit eines Christenmenschen. Glaube und moderne Welt bei Karl Gottlieb Bretschneider. Frankfurt a. M., Berlin, Bern 1994.

20 Schon 1797 spricht der semikantianische Theologe Daniel Jenisch davon, daß die jüngeren, nachkantisch-idealistischen Philosophen und Theologen den alten Glauben an Gott, Vorsehung und Unsterblichkeit wie «vormoderne Schalen ohne Kern» behandelten: Sollte Religion dem Menschen jemals entbehrlich werden? Ein theologisches Sendschreiben an Herrn Probst und Ober-Consistorial-Rat Spalding. Berlin 1797, 16 f.

21 Siehe dazu: Friedrich Germanus Lüdke, Gespräche über die Abschaffung des geistlichen Standes, nebst Untersuchung, ob derselbe im Staate entbehrlich oder sogar schädlich sey. Berlin, Stettin 1784.

22 Die Formel geht auf Johann Joachim Spalding zurück: Ueber die Nutzbarkeit des Predigtamts und deren Beförderung. Berlin 1772, ³1791; siehe jetzt: ders., Kritische Ausgabe, Abt. I: Schriften, Bd. 3. Hrsg. von Tobias Jersak. Tübingen 2002.

23 Siehe auch die Analyse einiger Traktate und Flugschriften zur «clerical identity» bei: Anthony J. La Vopa, Grace, Talent and Merit. Poor students, clerical careers, and professional ideology in eighteenth-century Germany. Cambridge, New York 1988, 326–350.

24 Siehe z. B.: Johann Wilhelm Schmid, Ueber christliche Religion, deren Beschaffenheit und zweckmäßige Behandlung als Volkslehre und Wissenschaft, für das gegenwärtige Zeitalter. Jena 1797; Carl Friedrich Senff, Ueber die Beförderung der Religiosität und Moralität durch gelehrte Schulen. Halle 1802.

25 Siehe dazu: Konrad Gottlob Ribbeck, Über den Werth des öffentlichen Gottesdienstes und die demselben gebührende Achtung. Magdeburg 1800; Daniel Jenisch, Ueber die Gottesverehrung und kirchliche Reformen, mit besonderer Hinsicht auf die von Friedrich Wilhelm III. dem preußischen Oberconsistorio abgeforderten Vorschläge zur Belebung eines echt-religiösen Volkssinnes. Berlin 1803; Friedrich Christian Thomasius, Ueber Veredelung des christlichen Kultus durch Hülfe der Aesthetik. Nürnberg 1803; Friedrich Ludwig Reinhold, Ideen über das Aeußere der evangelischen Gottesverehrung. Neustrelitz 1805; Josias Friedrich Christian Löffler, Über den Werth und die Erhaltung des christlichen kirchlichen Gottesdienstes. Jena 1812; Joachim Christian Gaß, Ueber den christlichen Cultus. Breslau 1815; Franz Wilhelm Jung, Beitrag zu Ideen über Kirche und Kirchengebräuche. Berlin 1815; Ludwig August Kähler, Sendschreiben an einen Freund weltlichen Standes über die Erneuerung des Kultus. Leipzig 1815; Georg Conrad Horst, Mysteriosophie oder über die Veredlung des protestantischen Gottesdienstes durch die Verbindung eines einfach-erhabenen innern Acts des Kultus mit der Predigt. Frankfurt a. M. 1817; Georg Jakob Ludwig Reuß, Neue evangelische Kirchenagende; oder was zu gründlicher Verbesserung des protestantischen Kultus geschehen sollte. Gotha 1821.

26 Siehe: Maximilian F. Scheibler, De fuga templi seu contemto et neglecto sacrorum cultu. Frankfurt a. M. 1807; ders., Iosias de restituendo cultu Dei sistendaque templorum fuga, ad Principes oratio. Sulzbach 1814.

27 Siehe: Johann August Nösselt, Anweisung zur Bildung angehender Theologen. Halle 1786; Andreas Gottlieb Masch, Religion, Glaube und Tu-

gend im Verhältnisse gegen einander betrachtet. Schwerin, Wismar 1788; Peter Villaume, Ueber das Verhältnis der Religion zur Moral und zum Staate. Libau 1791; Harro Wilhelm Dircksen, Philosophische Untersuchungen über den Einfluß der Religiosität auf die Sittlichkeit. Sulzbach 1808; Amadeus Wendt, Die Religion an sich, und in ihrem Verhältnisse zur Wissenschaft, Kunst, Leben und zu den verschiedenen Formen derselben; in einer Reihe von Vorträgen an Gebildete. Sulzbach 1813.

28 Johann Joachim Spalding, Religion, eine Angelegenheit des Menschen. Leipzig 1797, ⁴1806, 105 f.; siehe jetzt: ders., Kritische Ausgabe, Abt. I: Schriften, Bd. 5. Hrsg. von Tobias Jersak, Georg Friedrich Wagner. Tübingen 2001, 73 f.

29 Siehe: Georg Niklas Brehm, Was sind Religion, Theologie und Gottesdienst? Ein philosophischer Versuch. Leipzig 1785, 85.

30 Als einer der zahllosen einschlägigen Texte sei genannt: Jakob Christoph Rudolph Eckermann, Ueber das Verhältniß sinnlicher und vernünftiger Religion zum Staate und zur Bestimmung des Menschen, in: ders., Kleine vermischte Schriften, Bd. 1. Altona 1799, 1–130.

31 Niethammer, Philosophische Briefe (wie Anm. 13), 1.

32 Ebd., 162 (im Original gesperrt).

33 Johann Heinrich Fritsch, Ueber die zweckmäßigsten Mittel zur Wiederherstellung einer fleißigern Benutzung des öffentlichen Gottesdienstes. Magdeburg 1817, 57 f.

34 Siehe insbesondere: Friedrich Gottlob Sauppe, Von der Tendenz unsers Zeitalters zum Materialismus, als dem wesentlichsten Hindernisse des religiös-kirchlichen Sinnes, und der Richtung, die hierdurch der Thätigkeit des Predigers erzeugt wird. Leipzig 1819.

35 Volker Drehsen, Erosion – Auswanderung – Selbstparalysierung. Vermutungen über Schwund und Distanz protestantischer Kirchenbindung, in: Friedrich Wilhelm Graf/Klaus Tanner (Hg.), Protestantische Identität heute. Gütersloh 1992, 205–222, Zitat: 210.

36 Johann Wolfgang von Goethe, Aus meinem Leben. Dichtung und Wahrheit. Hrsg. von Klaus-Detlef Müller. Frankfurt a. M. 1986, 315 f. [2. Teil, 7. Buch].

37 Gaß, Cultus (wie Anm. 25), 19, 49 (im Original gesperrt).

38 David Ludwig Theremin, Ueber Moralität und Religiosität, in Beziehung auf das Wohl des Staats. Berlin 1810, 35.

39 Beispielsweise fordert der Landprediger Theremin – ebd., 34 f. – die Einrichtung einer neuen «Musterkirche» für den «Staats-Chef und Regent[en]», die als Vorbild für andere Kirchen wirken soll.

40 Lorenz Friedrich Leutwein, Wie ist dem verfallenen Christenthume wieder aufzuhelfen? Ein Wort an meine theuersten Herrn Amtsbrüder und an Mütter. Stuttgart 1813, 23 f.

41 Friedrich Julius Stahl, Die gegenwärtigen Parteien in Staat und Kirche. Neunundzwanzig akademische Vorlesungen. Berlin 1863, 4, 91 f. u. ö.

42 Ebd., 91.

43 Ebd., 98.

44 Richard Rothe, Die Anfänge der Christlichen Kirche und ihrer Verfassung. Wittenberg 1837, 85.

45 Der wohl früheste Beleg für den Begriff stammt aus der Mitte der neunziger Jahre: August Hermann Niemeyer, Briefe an christliche Religionslehrer. Halle 1796, ²1803, 235. Niemeyer bestimmt «Kirchlichkeit» als «Interesse» an der Religion und ihren Formen. Siehe auch: Bretschneider, Unkirchlichkeit (wie Anm. 19), 1. Für die Begriffsgeschichte ist instruktiv: Johann Friedrich Wilhelm Tischer, Die Pflicht der Kirchlichkeit aus den Gesetzen der Seelenlehre bewiesen. Leipzig 1836.

46 Universal-Lexikon der Gegenwart und Vergangenheit oder neuestes encyclopädisches Wörterbuch der Wissenschaften, Künste und Gewerbe. Hrsg. von Heinrich August Pierer, Bd. 16. Altenburg ²1843, 185.

47 Zur Geschichte der Kirchenstatistik siehe: Johannes Schneider, Wesen, Wert und Zweck der Kirchen-Statistik. Gütersloh 1926; Paul Troschke, Aus der Geschichte der Statistik. Aufgaben und Arbeitsweise. Berlin 1929; Christiane Kayser, Art.: Statistik, Kirchliche, in: Theologische Realenzyklopädie, Bd. 32. Berlin, New York 2001, 115–119. Als erste gesamtdeutsche statistische Erfassung protestantischer Kirchlichkeit ist grundlegend: Gerhard Zeller, Zur kirchlichen Statistik des evangelischen Deutschlands im Jahre 1862. Stuttgart 1865. Weitere Hinweise auf kirchenstatistische Literatur finden sich jetzt bei: Lucian Hölscher (Hg.), Datenatlas zur religiösen Geographie im protestantischen Deutschland. Von der Mitte des 19. Jahrhunderts bis zum Zweiten Weltkrieg, Bd. 1: Norden. Berlin, New York 2001, 1–20.

48 Zur Geschichte der von Praktischen Theologen betriebenen «religiösen Volkskunde» und den Anfängen kirchensoziologischer Forschung siehe: Drehsen (1988).

49 Siehe etwa: Rudolf Todt, Ursachen der Unkirchlichkeit und ihre Abhilfe. Eine Studie. Heilbronn 1893; Theodor Brieger, Die fortschreitende Entfremdung von der Kirche im Lichte der Geschichte. Akademische Rede. Leipzig 1894; Gustav Ecke, Die evangelischen Landeskirchen Deutschlands im neunzehnten Jahrhundert. Blicke in ihr inneres Leben. Berlin 1904.

50 Siehe dazu: Norbert Mette, Kirchlich distanzierte Christlichkeit. Eine Herausforderung für die praktische Kirchentheorie. München 1982; Matthias Kroeger, Die religiöse Innenseite der distanzierten Kirchlichkeit. Hannover 1986; Volker Drehsen, Wie religionsfähig ist die Volkskirche? Sozialisationstheoretische Erkundungen neuzeitlicher Christentumspraxis. Gütersloh 1994.

51 Friedrich Daniel Ernst Schleiermacher, Über die Mittel, dem Verfall der Religion vorzubeugen [1804], in: ders., Kleine Schriften und Predigten, Bd. 2: Schriften zur Kirchen- und Bekenntnisfrage. Bearbeitet von Hayo Gerdes. Berlin 1969, 64–112, Zitat: 64 f.

52 Das Datenmaterial präsentiert jetzt umfassend und eindrucksvoll: Hölscher (Hg.), Datenatlas (wie Anm. 47), Bde. 1–4. Berlin, New York 2001. Zu Perspektiven der analytischen Erschließung siehe: Lucian Hölscher, Möglichkeiten und Grenzen der statistischen Erfassung kirchlicher Bin-

dungen, in: Kaspar Elm/Hans-Dieter Loock (Hg.), Seelsorge und Diakonie in Berlin. Beiträge zum Verhältnis von Kirche und Großstadt im 19. und beginnenden 20. Jahrhundert. Berlin, New York 1990, 39–59; ders. (1990); (1991).

53 Die hohe Bedeutung der *longue durée* regionaler religiös-kultureller Prägungen ist vor allem in der französischen Dechristianisierungs-Forschung betont worden – siehe insbesondere: Fernand Boulard/Jean Remy, Pratique religieuse urbaine et régions culturelles. Paris 1968.

54 Alexander von Oettingen, Die Moralstatistik in ihrer Bedeutung für eine christliche Socialethik. Erlangen ²1874, 604 f.

55 Neben dem inzwischen klassischen Überblick von Owen Chadwick, The Secularization of the European Mind in the Nineteenth Century. Cambridge 1975, und Rémond (1998) sind die Arbeiten von Hugh McLeod für komparatistische Studien grundlegend: ders., Class and Religion in the Late Victorian City. London 1974; ders., Religion and the People of Western Europe, 1789–1970. Oxford 1981; ders., Religion and the Working Class in Nineteenth-Century Britain. London, Basingstoke 1984; ders., Poverty and Piety (wie Anm. 18 Kap. I); zuletzt: McLeod/Ustorf (2003).

56 Dazu exemplarisch: Blaschke/Kuhlemann (1996); von Reeken (1999).

57 Als materialreiche Fallstudie siehe dazu: Hans Otte, ‹More Churches – More Churchgoers›. The Lutheran Church in Hanover between 1850 and 1914, in: McLeod (1995), 90–118

58 Zur Typologie des protestantischen Vereins- und Verbandswesens und zur Bestimmung der organisationsstrukturellen Differenzen zwischen Verbandsprotestantismus und Verbandskatholizismus siehe: Kaiser (1992).

59 Als ersten Überblick siehe: Mehnert (1983).

60 Als knappe Übersicht siehe die einschlägigen Beiträge im Kapitel «Religiosität und Spiritualität» in: Diethart Kerbs/Jürgen Reulecke (Hg.), Handbuch der deutschen Reformbewegungen: 1880–1930. Wuppertal 1998, 495–609.

61 Frank Miller Turner, Contesting Cultural Authority. Essays in Victorian Intellectual Life. Cambridge 1993.

62 Dies ist die zentrale These in den religionshistorischen Arbeiten Thomas Nipperdeys. Siehe zusammenfassend: ders., Deutsche Geschichte 1866–1918, Bd. 1: Arbeitswelt und Bürgergeist. München 1990, 528 ff.

63 Neuer Nekrolog der Deutschen 23 (1845), 19.

64 Christian Konrad Jacob Dassel, Ueber den Verfall des öffentlichen Religions-Cultus in teleologischer Hinsicht. Neustadt 1818, 196.

65 Ebd., 199.

66 Siehe dazu die Hinweise in: Thomas Rohkrämer, Der Militarismus der «kleinen Leute». Die Kriegervereine im Deutschen Kaiserreich 1871–1914. München 1990, bes. 57–63; 203–213.

67 Den Begriff verdanke ich: Mona Ozouf, La fête révolutionnaire 1789–1799. Paris 1976, 317–340.

68 Siehe dazu: Lehmann (1966).

69 Zugänge zur Thematik erschließt, allerdings auf Entwicklungslinien der Frühen Neuzeit konzentriert: Alain Cabantous, Histoire du blasphème en Occident. Paris 1998 (dt.: Geschichte der Blasphemie. Weimar 1999).

70 Faszinierende Analysen dieses «Sakraltransfers» und der synkretistischen Verschmelzung traditioneller christlicher und nationaler Ikonographie finden sich in: Reinhart Koselleck/Michael Jeismann (Hg.), Der politische Totenkult. Kriegerdenkmäler in der Moderne. München 1994. Zu ähnlich komplexen Prozessen von «Säkularisierung und Resakralisierung» im Kirchenlied siehe: Faber (2001).

71 Dazu vor allem: Trutz Rendtorff, Zur Säkularisierungsproblematik. Über die Weiterentwicklung der Kirchensoziologie zur Religionssoziologie, in: Internationales Jahrbuch für Religionssoziologie 2 (1966), 51–72.

72 Die klassische Analyse stammt von: Eric Voegelin, Die politischen Religionen. Wien 1938; hrsg. von Peter J. Opitz: München ²1996.

73 Der Begriff ist von Ernst Troeltsch geprägt und in jüngster Zeit vor allem von Thomas Nipperdey wieder aufgegriffen worden – siehe: Nipperdey (1988), bes. 143–153.

74 Siehe dazu: Berger (1999).

75 Zur Geschichte des Religionsbegriffs in Philosophie, Theologie, Soziologie, Religionswissenschaft und verschiedenen Kulturwissenschaften liegen erste begriffshistorische Studien vor: Konrad Feiereis, Die Umprägung der natürlichen Theologie in Religionsphilosophie. Leipzig 1965; Ernst Feil, Religio. Die Geschichte eines neuzeitlichen Grundbegriffs vom Frühchristentum bis zur Reformation. Göttingen 1986; Wagner (1986); Heinrich von Stietencron, Der Begriff der Religion in der Religionswissenschaft, in: Walter Kerber (Hg.), Der Begriff der Religion. München 1993, 111–137. Zum Begriff der «Intellektuellen-Religiosität» siehe: Hans Gerhard Kippenberg, Intellektuellen-Religion, in: Peter Antes/Donate Pahnke (Hg.), Die Religion von Oberschichten. Religion, Profession, Intellektualismus. Marburg 1989, 181–202. Zur Entstehung des Begriffs «Religiosität» siehe: Gerhard Alexander/Johannes Fritsche, ‹Religion› und ‹Religiosität› im 18. Jahrhundert. Eine Skizze zur Wortgeschichte, in: Karlfried Gründer/ Karl Heinrich Rengstorf (Hg.), Religionskritik und Religiosität in der deutschen Aufklärung. Heidelberg 1989, 11–24.

76 Die Unterscheidung von «altem» und «neuem Glauben», zunächst von protestantischen Neologen und Rationalisten im späten 18. Jahrhundert entwickelt, gewann seit dem Vormärz als dichotomische Opposition zunehmend an Einfluß. Der dafür klassische Autor ist David Friedrich Strauß (Der alte und der neue Glaube. Ein Bekenntniß. Leipzig 1872).

77 Arthur Bonus, Deutscher Glaube. Träumereien aus der Einsamkeit. Heilbronn 1897, ²1901; ders., Zur religiösen Krisis, Bd. I: Zur Germanisierung des Christentums. Jena 1911.

78 Dazu siehe: Hoover (1986), (1989); Hartmut Lehmann, The Germans as a Chosen People. Old Testament Themes in German Nationalism [1991], zuletzt in: ders. (1996), 248–259; Krumeich/Lehmann (2000); Gramley (2001); Haupt/Langewiesche (2001), darin bes.: Frank-Michael Kuhl

mann, Pastorennationalismus in Deutschland im 19. Jahrhundert – Befunde und Perspektiven der Forschung, 548–586. Für die Frühgeschichte des Phänomens wichtig: Hans-Martin Blitz, Aus Liebe zum Vaterland. Die deutsche Nation im 18. Jahrhundert. Hamburg 2000.

79 Martin Rade, Der Bankerott des Christentums, in: Die Christliche Welt 28 (1914), Sp. 849 f.

80 Friedrich Daniel Ernst Schleiermacher, Über die Religion. Reden an die Gebildeten unter ihren Verächtern [1799], in: Friedrich Daniel Ernst Schleiermacher. Kritische Gesamtausgabe, 1. Abt., Bd. 2: Schriften aus der Berliner Zeit 1796–1799. Hrsg. von Günther Meckenstock. Berlin, New York 1984, 185–326, Zitat: 204.

81 Zu der großen Bedeutung, die der Gewissensbegriff für die kollektive Selbstrepräsentation protestantischer Religionsgemeinschaften hatte, siehe: Heinz Dieter Kittsteiner, Die Entstehung des modernen Gewissens. Frankfurt a. M., Leipzig 1991.

82 Schleiermacher, Über die Mittel (wie Anm. 51), 65.

83 Eine erste einschlägige, methodisch allerdings problematische Auswertung von zweihundert Biographien aus dem 19. Jahrhundert hat Friedrich Wilhelm Kantzenbach vorgelegt: Zur Entfaltung der Problematik von «Kirchlichkeit» und «Unkirchlichkeit» in der ersten Hälfte des 19. Jahrhunderts, in: Hospitium Ecclesiae 11 (1978), 93–127.

84 Programmatisch dazu: Winfried Schulze (Hg.), Ego-Dokumente. Annäherung an den Menschen in der Geschichte. Berlin 1996.

85 Max Weber, Die protestantische Ethik und der Geist des Kapitalismus, in: ders., Die protestantische Ethik. Eine Aufsatzsammlung, Bd. I. Hrsg. von Johannes Winckelmann. Hamburg ³1973, 27–277; Zitat: 190.

2. Die Nation – von Gott «erfunden»?

Stark überarbeitet aus: Gerd Krumeich/Hartmut Lehmann (Hg.), «Gott mit uns». Nation, Religion und Gewalt im 19. und frühen 20. Jahrhundert. Göttingen 2000, 285–317.

1 Zum Konzept siehe: Otto Gerhard Oexle, Geschichte als Historische Kulturwissenschaft, in: Wolfgang Hardtwig/Hans-Ulrich Wehler (Hg.), Kulturgeschichte Heute. Göttingen 1996, 14–40, Zitat: 15.

2 Max Weber, Die Wirtschaftsethik der Weltreligionen. Konfuzianismus und Taoismus. Schriften 1915–1920 [Max Weber-Gesamtausgabe, Bd. I/ 19]. Hrsg. von Helwig Schmidt-Glintzer. Tübingen 1989, 101.

3 Das dafür beste Beispiel ist die *Deutsche Gesellschaftsgeschichte* Hans-Ulrich Wehlers. Mit Jürgen Habermas unterscheidet der führende Repräsentant der «Bielefelder Schule» drei Strukturdimensionen historischen Wandels: Politische Herrschaft, Ökonomie und Kultur. In dieser trinitarischen Struktur wird die Religion der dritten Sphäre, der Kultur, zugeordnet – analog zum Bildungssystem oder der literarischen Öffentlichkeit. Wehler restringiert die Religionsgeschichte der Moderne stark auf die institutionalisierte Religion, also die Kirchen, und handelt sich mit seinem Dreierschema das Problem ein, Religion weithin nur in ihrer Funktion für anderes (die po-

litische Herrschaft etc.) thematisieren zu können. Religion gilt Wehler primär als eine Ideologie, die sich entweder auf die Legitimationsinteressen der Herrschenden oder auf die protestbezogenen Artikulationsbedürfnisse der Opfer von kapitalistischer Modernisierung zurückführen läßt.

4 Siehe dazu vergleichend: Martin Riesebrodt, Fundamentalismus als patriarchalische Protestbewegung. Amerikanische Protestanten (1910–1928) und iranische Schiiten (1961–1979) im Vergleich. Tübingen 1990.

5 Dazu siehe: Martin Sterr, Lobbyisten Gottes – Die Christian Right in den USA von 1980 bis 1996. Zwischen Aktion, Reaktion und Wandel. Berlin 1999.

6 Dazu siehe: Hollenweger (1997). Als Fallstudie für Lateinamerika vorbildlich: D. Martin (1990).

7 Wichtige Sammelbände: Lynn A. Hunt (Hg.), The New Cultural History. Berkeley 1989; Hartmut Lehmann (Hg.), Wege zu einer neuen Kulturgeschichte. Göttingen 1995; Hardtwig/Wehler (Hg.), Kulturgeschichte (wie Anm. 1); Thomas Mergel/Thomas Welskopp (Hg.), Geschichte zwischen Kultur und Gesellschaft. Beiträge zur Theoriedebatte. München 1997; Kiesow/Simon (2000). Weitere Literatur nennt: Wehler (1998).

8 Als Forschungsüberblick siehe: Jonathan Sperber, Kirchengeschichte or the Social and Cultural History of Religion?, in: Neue Politische Literatur 43 (1998), 13–35. Eine erste eindrucksvolle Bilanz bietet der Sammelband von: Haupt/Langewiesche (2001).

9 Siehe vor allem: Hübinger (1994). Zum liberalprotestantischen Vereinswesen auch: Lepp (1996).

10 Ribbat (1996).

11 Kuhlemann (2001).

12 Von Reeken (1999).

13 David Blackbourn, Marpingen. Apparitions of the Virgin Mary in Bismarckian Germany. New York ²1995 (dt.: «Wenn ihr sie wieder seht, fragt wer sie sei». Marienerscheinungen in Marpingen – Aufstieg und Niedergang des deutschen Lourdes. Hamburg 1997).

14 Busch (1997); ergänzend: Laurence Cole, Nationale Identität eines «auserwählten Volkes». Zur Bedeutung des Herz Jesu-Kultes unter der deutschsprachigen Bevölkerung Tirols 1859–1896, in: Haupt/Langewiesche (2001), 480–515.

15 Van Rahden (2000).

16 Hans Medick, Weben und Überleben in Laichingen, 1650–1900. Lokalgeschichte als allgemeine Geschichte. Göttingen ²1997.

17 Aus der Fülle der neueren Literatur siehe exemplarisch: Hübinger (1996); Linse (1996); Simon-Ritz (1997); Corinna Treitel, Avatars of the Soul. Cultures of Science, Medicine, and the Occult in Modern Germany. Ph. D. Dissertation Harvard University 1999.

18 Zander (1999).

19 Siehe dazu: Blaschke (2000); zur Diskussion der These: Blaschke (2002) sowie den Literaturbericht von Carsten Kretschmann/Henning Pahl, Ein «Zweites Konfessionelles Zeitalter»? Vom Nutzen und Nachteil

einer neuen Epochensignatur, in: Historische Zeitschrift 276 (2003), 369–392.

20 Siehe im einzelnen: Arie L. Molendijk, Zwischen Theologie und Soziologie. Ernst Troeltschs Typen der christlichen Gemeinschaftsbildung: Kirche, Sekte, Mystik. Gütersloh 1996.

21 Siehe dazu: Meyer (1988).

22 Instruktive Fallstudien jetzt in: Kuhlemann/Schmuhl (Hg.) (2003); methodisch innovativ: Ansgar Jödicke, Konfigurationen religiöser Symbolsysteme bei Chemikern (wie Anm. 42 Kap. I.).

23 Eben diese Sensibilität für Chancen und Grenzen historischer Kulturforschung klagt zu Recht ein: Ute Daniel, «Kultur» und «Gesellschaft». Überlegungen zum Gegenstandsbereich der Sozialgeschichte, in: Geschichte und Gesellschaft 19 (1993), 69–99.

24 Aus der Fülle der Literatur sind besonders hervorzuheben: Wagner (1986); Pollack (1995); Kippenberg (1997); Molendijk/Pels (1998); Platvoet/Molendijk (1999); Fitzgerald (2000); Pyysiäinen (2001); Krech (2002).

25 Siehe dazu oben Kap. I a).

26 Zum Begriff siehe: Dietrich Rössler, Die Vernunft der Religion. München 1976.

27 Wilhelm Gräb, Lebensgeschichten, Lebensentwürfe, Sinndeutungen. Eine Praktische Theologie gelebter Religion. Gütersloh 1998, 37.

28 Der Begriff ist vor dem Hintergrund von Schleiermachers Religionstheorie geprägt worden von: Hermann Lübbe, Religion nach der Aufklärung. Graz, Wien, Köln 1986, 149–160.

29 Gerhard Kaiser, Pietismus und Patriotismus im literarischen Deutschland. Ein Beitrag zum Problem der Säkularisation. Wiesbaden 1961. Kritisch weiterführend dazu: Lehmann (1982); ders. (1989); als Detailstudie siehe: Lächele (2001).

30 Dazu siehe: Perkins (1999).

31 Mit weiterem Horizont jetzt: Dieter Langewiesche/Georg Schmidt (Hg.), Föderative Nation. Deutschlandkonzepte von der Reformation bis zum Ersten Weltkrieg. München 2000.

32 Wolfgang Hardtwig, Vom Elitebewußtsein zur Massenbewegung. Frühformen des Nationalismus in Deutschland, in: ders., Nationalismus und Bürgerkultur in Deutschland 1500–1914. Göttingen 1994, 34–54.

33 Dieter Langewiesche, Nation, Nationalismus und Nationalstaat in Deutschland und Europa. München 2000.

34 Elias Canetti, Masse und Macht. Hamburg 1960, 192 (Hervorhebung im Original).

35 Norbert Elias, Studien über die Deutschen. Machtkämpfe und Habitusentwicklung im 19. und 20. Jahrhundert. Hrsg. von Michael Schröder. Frankfurt a. M. [4]1990, 195.

36 Josep Ramon Llobera, The God of Modernity. The Development of Nationalism in Western Europe. Oxford, Providence 1994.

37 Carlton Joseph Huntley Hayes, Nationalism: A Religion. New York 1960.

38 Ursprünge und Konjunktur des zwischen Substitutgehalt und *light-imagination* changierenden Begriffs «Ersatzreligion» bleiben noch zu untersuchen. Als Anwendungsbeispiel siehe: Dietrich Geyer, Der Zerfall des Sowjetimperiums und die Renaissance der Nationalismen, in: Heinrich August Winkler/Hartmut Kaelble (Hg.), Nationalismus – Nationalitäten – Supranationalität. Stuttgart 1993, 156–186, bes. 174. Für die internationale Diskussion wichtig: John E. Smith, Quasi-Religions: Humanism, Marxism and Nationalism. Basingstoke 1994; Arthur L. Greil (Hg.), Between Sacred and Secular. Research and Theory on Quasi-Religion. Greenwich 1994.

39 Anthony D. Smith, National Identity. Reno, Las Vegas, London 1991, 70.

40 Benedict Anderson, Imagined Communities: Reflections on the Origin and Spread of Nationalism. London, New York 1983 (dt.: Die Erfindung der Nation. Zur Karriere eines folgenreichen Konzepts. Erw. Ausgabe: Berlin 1998); Ernest Gellner, Nations and Nationalism. Oxford 1983 (dt.: Nationalismus und Moderne. Berlin 1991); John A. Hall (Hg.), The State of the Nation. Ernest Gellner and the Theory of Nationalism. Cambridge 1998; Paul James, Nation Formation. Towards a Theory of Abstract Community. London 1996; Terry H. Pickett, Inventing Nations. Justifications of Authority in the Modern World. Westport 1996. Systematisch äußerst instruktiv: Eugen Lemberg, Nationalismus. Reinbek 1964.

41 Christoph Conrad/Sebastian Conrad (Hg.), Die Nation schreiben. Geschichtswissenschaft im internationalen Vergleich. Göttingen 2002.

42 Die klassischen Texte finden sich bei: Eric J. Hobsbawm/Terence Ranger (Hg.), The Invention of Tradition. Cambridge, New York 1983.

43 Siehe beispielsweise: Ulrich Im Hof, Mythos Schweiz. Identität – Nation – Geschichte 1291–1991. Zürich 1991; Die Erfindung der Schweiz: 1848–1998. Bildentwürfe einer Nation. Hrsg. vom Musée Suisse/Schweizerisches Landesmuseum Zürich. Zürich 1998.

44 Zum Einsatz dieser Techniken siehe zuletzt exemplarisch: Hastings (1997); Ulrich Bielefeld (Hg.), Bilder der Nation. Kulturelle und politische Konstruktionen des Nationalen am Beginn der europäischen Moderne. Hamburg 1998; Ulrike Jureit (Hg.), Politische Kollektive. Die Konstruktion nationaler, rassischer und ethnischer Gemeinschaften. Münster 2001; Jörg Echternkamp/Sven Oliver Müller (Hg.), Die Politik der Nation. Deutscher Nationalismus in Krieg und Krisen 1760–1960. München 2002.

45 Anthony D. Smith, National Identity (wie Anm. 39), 70 f. Siehe auch: ders., The Nation: Invented, Imagined, Reconstructed?, in: Millenium 20 (1991), 353–368.

46 Ernst Schulin, Weltbürgertum und deutscher Volksgeist. Die romantische Nationalisierung im frühen 19. Jahrhundert, in: Bernd Martin (Hg.), Deutschland in Europa. München 1992, 105–125, Zitat: 109.

47 Shulamit Volkov, Reflexionen zum «modernen» und zum «uralten» jüdischen Nationalismus [1993], in: Volkov (2001), 32–48, 202–205, Zitat: 48.

48 Claude Lévi-Strauss, La pensée sauvage. Paris 1962, bes. 26–44 (dt.: Das wilde Denken. Frankfurt a. M. ⁹1994, bes. 29–44).

49 Dazu siehe: Bernhard Giesen (Hg.), Nationale und kulturelle Identität. Studien zur Entwicklung des kollektiven Bewußtseins in der Neuzeit. Frankfurt a. M. ²1991; Helmut Berding (Hg.), Nationales Bewußtsein und kollektive Identität. Studien zur Entwicklung des kollektiven Bewußtseins in der Neuzeit, Bd. 2. Frankfurt a. M. 1994; Bernhard Kittel, Moderner Nationalismus. Zur Theorie politischer Integration. Wien 1995; wichtige Beiträge auch in: Ulrike von Hirschhausen/Jörn Leonhard (Hg.), Nationalismus in Europa. West- und Osteuropa im Vergleich. Göttingen 2001.

50 Siehe dazu: Mario Rainer Lepsius, Extremer Nationalismus. Stuttgart 1966; ders., Demokratie in Deutschland. Soziologisch-historische Konstellationsanalysen. Göttingen 1993.

51 Zur Einführung in die Diskussion siehe: Graf/Platthaus/Schleissing (1999); Putnam (2001).

52 Zahlreiche Belege für die religiöse Aufladung des Nationsbegriffs finden sich in: Hutchison/Lehmann (1994); siehe auch: Conor Cruise O'Brien, God Land. Reflections on Religion and Nationalism. Cambridge 1988. Zu den religiösen Sprachmustern in neuen Nationalismen grundlegend: Michael Ignatieff, Blood and Belonging: Journeys into the New Nationalism. New York 1994.

53 Wichtige Beobachtungen dazu bei: Hastings (1997); siehe ferner: Etienne François / Hannes Siegrist / Jakob Vogel (Hg.), Nation und Emotion. Deutschland und Frankreich im Vergleich. 19. und 20. Jahrhundert. Göttingen 1995.

54 Einen exzellenten Überblick über das facettenreiche Spektrum teils synkretistischer, teils aggressiv nachchristlicher völkischer Religiosität bieten: Uwe Puschner/Walter Schmitz/Justus H. Ulbricht (Hg.), Handbuch zur «Völkischen Bewegung» 1871–1918. München, New Providence, London, Paris 1996; von Schnurbein/Ulbricht (2001). Zur religiösen Dimension völkischen Denkens auch: Puschner (2001), (2002).

55 Dazu siehe: Olender (1989).

56 Siehe dazu: Michael Brenner, Religion, Nation oder Stamm: zum Wandel der Selbstdefinition unter deutschen Juden, in: Haupt/Langewiesche (2001), 587–601; Sieg (2001), bes. 224–255; Eleonore Lappin, Der Jude 1916–1928. Jüdische Moderne zwischen Universalismus und Partikularismus. Tübingen 2000, bes. 134–227.

57 Zu dieser Neubestimmung von Identität siehe: Berghoff (2001).

58 Dies ist auch für die Verwendung von Rassebegriffen bei führenden akademischen Vertretern des Zionismus gezeigt worden: John M. Efron, Defenders of the Race. Jewish Doctors and Race Science in Fin-de-Siècle-Europe. New Haven 1994.

59 Siehe dazu: Berghoff (1997).

60 Angesichts der äußerst defizitären Forschungslage zum Themenspektrum «Religion und Krieg» erscheint vorerst Deutungsaskese angebracht. Forschungstendenzen markieren für den Ersten Weltkrieg: Chaline (1993); A. Becker (1994); als Problemskizze instruktiv: Krumeich (2000). Erste Hinweise auf zunehmende Kirchlichkeit und höheren religiösen Deutungs-

bedarf im Krieg finden sich in: Friedhelm Boll (Hg.), Volksreligiosität und Kriegserleben. Magdeburg 1996; als Fallstudie für das 19. Jahrhundert siehe: Gerhard Graf, Gottesbild und Politik. Eine Studie zur Frömmigkeit in Preußen während der Befreiungskriege 1813–1815. Göttingen 1993.

61 Zu den Kriegerdenkmälern grundlegend: Koselleck/Jeismann (Hg.), Totenkult (wie Anm. 70 Kap. II. 1.). Zur Transformation biblischer Symbole in den Erinnerungskulturen der Kriegervereine siehe: Rohkrämer, Militarismus (wie Anm. 66 Kap. II. 1.). Selbst die Nationalsozialisten haben sich in ihren politisch-religiösen Totenkulten noch aus den Symbolspeichern der Christentumsgeschichte bedient: Sabine Behrenbeck, Der Kult um die toten Helden. Nationalsozialistische Mythen, Riten und Symbole 1923 bis 1945. Vierow 1996. Siehe außerdem: George Lachmann Mosse, Gefallen für das Vaterland. Nationales Heldentum und namenloses Sterben. Stuttgart 1993.

62 Dies zeigt insbesondere: Kathrin Hoffmann-Curtius, Altäre des Vaterlandes. Kultstätten nationaler Gemeinschaft in Deutschland seit der Französischen Revolution, in: Anzeiger des Germanischen Nationalmuseums Nürnberg 1989, 283–308; dies., Das Kreuz als Nationaldenkmal: Deutschland 1814 und 1931, in: Zeitschrift für Kunstgeschichte 48 (1985), 77–100.

63 Karl Hammer, Deutsche Kriegstheologie 1870–1918. München 1971; Hoover (1986); als Fallstudien siehe: Günter Brakelmann, Protestantische Kriegstheologie im Ersten Weltkrieg. Reinhold Seeberg als Theologe des deutschen Imperialismus. Bielefeld 1974; Gambarotto (1996); Wilhelm Achleitner, Gott im Krieg. Die Theologie der österreichischen Bischöfe in den Hirtenbriefen zum Ersten Weltkrieg. Wien 1997; knapp resümierend: Krumeich (2000); Mommsen (2000).

64 Zu diesem Deutungsmuster in epochenübergreifender Perspektive: Carsten Colpe, Der «Heilige Krieg». Benennung und Wirklichkeit, Begründung und Widerstreit. Bodenheim 1994; Peter Partner, God of Battles. Holy Wars of Christianity and Islam. London, Princeton 1997.

65 Eine exemplarische Untersuchung zur schwedischen Entwicklung liegt jetzt vor: Kjell Blückert, The Church as Nation. A Study in Ecclesiology and Nationhood. Frankfurt a. M., Berlin, Bern 2000.

66 Zu Aspekten dieser Problemkonstellation im Deutschen Kaiserreich siehe: H. W. Smith (1995).

67 Zu Aggressivität und Gewaltbereitschaft als konstitutiven Elementen moderner Nationalismen siehe: Dieter Langewiesche, Nationalismus im 19. und 20. Jahrhundert: zwischen Partizipation und Aggression [1994], in: Langewiesche (2000), 35–54.

68 Zum Forschungsstand siehe: Kuhlemann, Pastorennationalismus (wie Anm. 78 Kap. II. 1.).

69 Gerhard Graf, Ermittlungen zur preußischen Kriegspredigt, in: Jahrbuch für die Geschichte des Pietismus 9 (1984), 32–55; ders., Gottesbild (wie Anm. 60).

70 Dieter Langewiesche, Nation, Nationalismus, Nationalstaat: Forschungsstand und Forschungsperspektiven, in: Neue Politische Literatur 40

(1995), 190–236, Zitat: 216. Welch großen Erkenntnisgewinn eine konfessionell «sehende» Nationalismusforschung verspricht, zeigt jetzt eindrucksvoll ein Aufsatzband zum Thema: Haupt/Langewiesche (2001).

71 Siehe dazu: Stambolis (1999); F. Becker (2001); Buschmann (2001); Laube (2001); Steinmetz (2001). Für die Quellenerschließung verdienstvoll, in der Analyse problematisch: Wolfgang Altgeld, Katholizismus, Protestantismus, Judentum. Über religiös begründete Gegensätze und nationalreligiöse Ideen in der Geschichte des deutschen Nationalismus. Mainz 1992.

72 Zur konfessionell geprägten Formierung eines nationalen Literaturkanons: Jutta Osinski, Katholizismus und deutsche Literatur im 19. Jahrhundert. Paderborn 1993; Dieter Breuer, Die protestantische Normierung des deutschen Literaturkanons in der Frühen Neuzeit, in: Haupt/Langewiesche (2001), 84–104; siehe dazu auch die Beiträge zum Thema «Sprache und Nation» in: Langewiesche/Schmidt, Nation (wie Anm. 31), 245–305.

73 Zu diesem Begriff, der vor allem durch Carl Schmitt populär wurde, siehe: Reinhart Koselleck, Feindbegriffe, in: Deutsche Akademie für Sprache und Dichtung, Jahrbuch 1993, 83–90.

74 Zu katholisch-nationalkirchlichen Tendenzen im 18. Jahrhundert: Anton Schindling, Reichskirche und Deutsche Nation in der Frühen Neuzeit, in: Haupt/Langewiesche (2001), 68–83.

75 In dieser Hinsicht enttäuschend: Hubert Cancik/Burkhard Gladigow/Karl-Heinz Kohl (Hg.), Handbuch religionswissenschaftlicher Grundbegriffe, Bde. I–V. Stuttgart, Berlin, Köln 1988–2001. Die älteren «Geschichtlichen Grundbegriffe» lassen eine unreflektierte protestantische Prägung erkennen. Dem Klassikerkanon des protestantischen Deutschland wird in nahezu allen Artikeln ein ungleich größerer Stellenwert eingeräumt als Autoren, die für das katholische Deutschland und die jüdische Minorität repräsentativ sind. Zu den Erkenntnismöglichkeiten begriffsgeschichtlicher Methoden siehe zuletzt: Hölscher (1999); Hans Erich Bödeker (Hg.), Begriffsgeschichte, Diskursgeschichte, Metapherngeschichte. Göttingen 2002.

76 Der begriffsgeschichtliche Ansatz ist aber nicht zu isolieren von wichtigen anderen Zugängen zur Thematik – dem «diskursgeschichtlichen», dem «symbol- und ritualgeschichtlichen», dem «organisationsgeschichtlichen» und dem «wirkungsgeschichtlichen»; zu diesen siehe: Heinz-Gerhard Haupt/Dieter Langewiesche, Nation und Religion – zur Einführung, in: dies. (2001), 11–29, Zitat: 18 f.

77 Langewiesche, Nation (wie Anm. 70), 214.

3. Alter Geist und neuer Mensch
Überarbeitet aus: Ute Frevert (Hg.), Das Neue Jahrhundert. Europäische Zeitdiagnosen und Zukunftsentwürfe um 1900. Göttingen 2000, 185–228.

1 Zur Problematik des Begriffs siehe: Eugen Weber, France, fin de siècle. Cambridge 1986; John Stokes, Fin de siècle, fin du globe. Fears and Fantasies of the Late Nineteenth Century. New York 1992; Walter Laqueur, Breaking Traditions. Fin de siècle 1896 and 1996. Art and Literature, in:

Partisan Review 64 (1997), 245–268; Jürgen Kleist (Hg.), Fin de siècle. 19th and 20th Century Comparisons and Perspectives. New York 1996.

2 Zur Geschichte des Topos siehe: Dietrich Rössler, Art.: Mensch, ganzer, in: Historisches Wörterbuch der Philosophie, Bd. 5. Basel 1980, Sp. 1106. Zur integrativen Funktion der Formel und der impliziten Kritik an einer Fraktionierung des Menschen durch Einzelwissenschaften oder dichotomische, trichotomische Menschenbilder grundlegend: ders., Der «ganze» Mensch. Das Menschenbild der neueren Seelsorgelehre und des modernen medizinischen Denkens im Zusammenhang der allgemeinen Anthropologie. Göttingen 1962. Materialreiche Einzelstudien in: Volker Drehsen u. a. (Hg.), Der «ganze Mensch». Perspektiven lebensgeschichtlicher Individualität. Festschrift für Dietrich Rössler zum siebzigsten Geburtstag. Berlin 1997.

3 Zum Begriff «Selbstreform» siehe: Wolfgang R. Krabbe, Lebensreform/ Selbstreform, in: Diethart Kerbs/Jürgen Reulecke (Hg.), Handbuch der deutschen Reformbewegungen 1890–1933. Wuppertal 1998, 73–75.

4 Siehe dazu: Eva Barlösius, Naturgemäße Lebensführung. Zur Geschichte der Lebensreform um die Jahrhundertwende. Frankfurt a. M. 1997; Die Lebensreform. Entwürfe zur Neugestaltung von Leben und Kunst um 1900. Darmstadt 2001.

5 In den USA und Großbritannien zeigte sich dies besonders in den moralischen Auseinandersetzungen um die *tee totalists* und dem öffentlichen Kampf gegen den Alkohol, den vorrangig hochmotivierte protestantische Gruppen führten – siehe dazu: Norman H. Clark, Deliver Us from Evil. An Interpretation of American Prohibition. New York 1976; Jack S. Blocker, Retreat from Reform. The Prohibition Movement in the United States 1890–1913. Westport 1976.

6 Zur Geschichte des Topos vom «neuen Menschen» siehe die materialreiche, aber wegen pauschaler Wertungen problematische Studie von Gottfried Küenzlen, Der neue Mensch. Eine Untersuchung zur säkularen Religionsgeschichte der Moderne. München 1994. Ferner: Justus H. Ulbricht, Der «neue Mensch» auf der Suche nach «neuer Religion». Ästhetisch-religiöse Sinnsuche um 1900, in: Der Deutschunterricht 50 (1998), 38–49.

7 Beiträge zur Weiterentwicklung der christlichen Religion. Hrsg. von Adolf Deissmann, August Dorner, Rudolf Eucken, Hermann Gunkel u. a. München 1905. Im englischen Sprachraum lautete der entsprechende Topos: «evolution of religious thought». Dazu grundlegend: Eugène Félicien Albert Comte Goblet d'Alviella, The Contemporary Evolution of Religious Thought in England, America and India. London 1885.

8 Für Deutschland liegen derzeit noch keine Untersuchungen zur Konversionsthematik vor. Zu Methoden und Perspektiven der «Konversionsforschung» siehe jetzt allgemein: Christian Henning/Erich Nestler (Hg.), Konversion. Zur Aktualität eines Jahrhundertthemas. Frankfurt a. M. 2002. Für die rhetorischen Muster, mit denen Amerikaner ihren Glaubenswechsel oder die Wiedergewinnung einer religiösen Identität deute-

ten, siehe: Peter A. Dorsey, Sacred Estrangement. The Rhetoric of Conversion in Modern American Autobiography. University Park 1993.

9 Zur Vorgeschichte im 19. Jahrhundert siehe: Blaschke (2002).

10 Zur Institutionalisierung der Religionswissenschaften in Frankreich, Großbritannien und den Niederlanden siehe: Molendijk/Pels (1998). Komparatistisch, aber primär an den großen Fachheroen orientiert: Kippenberg (1997). Die aporetischen Versuche der Erfindung eines disziplinenspezifischen Klassikerkanons der Religionswissenschaft spiegelt: Axel Michaels (Hg.), Klassiker der Religionswissenschaft. Von Friedrich Schleiermacher bis Mircea Eliade. München 1997.

11 Zum Kontext der Entwicklung einer eigenen Religionssoziologie in Deutschland siehe: Klaus Lichtblau, Kulturkrise und Soziologie um die Jahrhundertwende. Zur Genealogie der Kultursoziologie in Deutschland. Frankfurt a. M. 1996.

12 Zahlreiche Belege dazu bei: Krech/Tyrell (1995).

13 Christian Henning/Erich Nestler (Hg.), Religion und Religiosität zwischen Theologie und Psychologie. Frankfurt a. M., Berlin, Bern 1998.

14 Edwin Diller Starbuck, The Psychology of Religion. An Empirical Study of the Growth of Religious Consciousness. London 1903 (dt.: Religionspsychologie, 2 Bde. Leipzig 1909).

15 William James, The Varieties of Religious Experience. New York 1902 (dt.: Die religiöse Erfahrung in ihrer Mannigfaltigkeit. Leipzig 1907; Die Vielfalt religiöser Erfahrung. Olten 1979; Frankfurt a. M. 1997).

16 Besondere Aufmerksamkeit haben die Prägungen von Durkheims Sozialtheorie durch seinen jüdischen Erfahrungshintergrund gefunden. Dazu siehe: Steven Lukes, Emile Durkheim. His Life and Work. A Historical and Critical Study. New York 1972; William Stuart Frederick Pickering, Durkheim's Sociology of Religion. Themes and Theories. London 1984.

17 Heinz Mürmel, Bemerkungen zum Problem des Einflusses von William Robertson Smith auf die Durkheimgruppe, in: Holger Preißler/Hubert Seiwert (Hg.), Gnosisforschung und Religionsgeschichte. Festschrift für Kurt Rudolph zum 65. Geburtstag. Marburg 1994, 471–478.

18 Dazu detailliert: Volkhard Krech, Georg Simmels Religionstheorie. Tübingen 1998, bes. 210–226.

19 Zu Webers «protestantischem Erbe» zuletzt: Friedemann Voigt, Das protestantische Erbe in Max Webers Vorträgen über «Wissenschaft als Beruf» und «Politik als Beruf», in: Zeitschrift für Neuere Theologiegeschichte 9 (2002), 245–267.

20 Ernst Troeltsch, Über historische und dogmatische Methode in der Theologie [1900], überarbeitet in: ders., Gesammelte Schriften, Bd. 2: Zur religiösen Lage, Religionsphilosophie und Ethik. Tübingen 1913, 729–753.

21 Dazu äußerst materialreich: Drehsen (1988).

22 Leopold von Schroeder, Über den Glauben an ein höchstes gutes Wesen bei den Ariern (Indogermanen), in: Verhandlungen des II. Internationalen Kongresses für Allgemeine Religionsgeschichte in Basel, 30. August bis 2. September 1904. Basel 1905, 89–92; Anton Willem Nieuwenhuis, Die

religiösen Zeremonien beim Häuserbau der Bahau-Dajak am obern Mahakam in Borneo, in: ebd., 109–119.

23 Zur zeitgenössischen Diskussion um diese «Selbständigkeit» siehe den
klassischen Text des jungen Ernst Troeltsch: Die Selbständigkeit der Religion, in: Zeitschrift für Theologie und Kirche 5 (1895), 361–436; 6
(1896), 71–110, 167–218.

24 Zur Frühgeschichte der vergleichenden Religionswissenschaft und ihren
ersten Fachzeitschriften siehe: Louis Henry Jordan, Comparative Religion. Its Genesis and Growth. Edinburgh 1905; ders., Comparative Religion. A Survey of Its Recent Literature. Edinburgh 1910. Zu den frühen
Fachzeitschriften auch: Sigurd Hjelde, Die Religionswissenschaft und das
Christentum. Eine historische Untersuchung über das Verhältnis von Religionswissenschaft und Theologie. Leiden 1994, 135–138.

25 Adolf von Harnack, Die Bedeutung der theologischen Fakultäten [1919],
in: ders., Erforschtes und Erlebtes. Reden und Aufsätze. Gießen 1923,
199–217, Zitat: 209 (im Original kursiv).

26 Den zentralen Vortrag hielt der in Paris lehrende protestantische Systematische Theologe Auguste Sabatier: Die Religion und die moderne Kultur.
Vortrag auf dem ersten religionswissenschaftlichen Kongress in Stockholm, gehalten am 2. September 1897. Freiburg 1898.

27 Siehe: John Henry Barrows (Hg.), The World's Parliament of Religions:
An Illustrated and Popular Story of the World's First Parliament of Religions, held in Chicago in Connection with the Columbian Exposition of
1893, 2 Bde. Chicago 1893. Eine unvollständige Auswahl aus den alten
Proceedings findet sich nun auch bei: Richard Hughes Seager (Hg.), The
Dawn of Religious Pluralism: Voices from the World's Parliament of Religions, 1893. La Salle 1993. – Zu einem anderen Fallbeispiel siehe: Arie
L. Molendijk, Religion at the 1883 Colonial and Export Trade Exhibition
in Amsterdam, in: Zeitschrift für Neuere Theologiegeschichte 11 (2004).

28 Eric J. Ziolkowski, Preface, in: ders. (Hg.), A Museum of Faiths. Histories
and Legacies of the 1893 World's Parliament of Religions. Atlanta 1993,
IX–XIII.

29 William Copeland Bowie (Hg.), Liberal Religious Thought at the Beginning of the Twentieth Century. Adresses and Papers at the International
Council of Unitarian and Other Liberal Religious Thinkers and Workers,
held in London, May 1901. London 1901.

30 Pieter Herman Hugenholtz (Hg.), Religion and Liberty. Addresses and Pa-
pers at the Second International Council of Unitarian and Other Liberal
Religious Thinkers and Workers, held in Amsterdam, September 1903.
Leyden 1904, 179–191; 405–410.

31 Siehe dazu: Hübinger (1994), bes. 251–262.

32 Fünfter Weltkongreß für freies Christentum und religiösen Fortschritt,
Berlin 5. bis 10. August 1910. Protokolle der Verhandlungen, 2 Bde. Hrsg.
von Max Fischer, Friedrich Michael Schiele. Berlin 1911.

33 Zitiert nach: Immanuel Heyn, Wittenberg, Weimar, Wartburg, in: Weltkongreß (wie Anm. 32), 54–58, Zitat: 56.

34 Dieter Langewiesche, Bildungsbürgertum und Liberalismus im 19. Jahrhundert, in: Jürgen Kocka (Hg.), Bildungsbürgertum im 19. Jahrhundert, Teil IV. Politischer Einfluß und gesellschaftliche Formation. Stuttgart 1989, 95–121, Zitat: 112.

35 Grundlegend dazu: Uwe Puschner/Walter Schmitz/Justus H. Ulbricht (Hg.), Handbuch zur «Völkischen Bewegung» 1871–1918. München, New Providence, London 1996; Diethart Kerbs/Jürgen Reulecke (Hg.), Handbuch der deutschen Reformbewegungen 1880–1933. Wuppertal 1998, bes. 495–609 («Religiosität und Spiritualität»).

36 Die Zeitschrift diente primär als Organ der «Krausgesellschaft» und wurde 1909 in «Das Neue Jahrhundert» umbenannt. Siehe dazu jetzt: Jörg Haustein, Liberal-katholische Publizistik im späten Kaiserreich: «Das Neue Jahrhundert» und die Krausgesellschaft. Göttingen 2001. Zur Biographie des leitenden Redakteurs und dem publizistischen Programm des «Neuen Jahrhunderts»: Roland Engelhart, «Wir schlugen unter Kämpfen und Opfern dem Neuen Bresche». Philipp Funk (1884–1937). Leben und Werk. Frankfurt a. M., Berlin, Bern 1996, bes. 187–238.

37 Friedrich Küchler, Bibel und Babel, in: Die Religion in Geschichte und Gegenwart, Bd. I. Tübingen 1909, Sp. 1138–1144, Zitat: Sp. 1138.

38 Zu den Interventionen des Kaisers und den öffentlichen Kontroversen finden sich nun wichtige Informationen bei: Reinhard G. Lehmann, Friedrich Delitzsch und der Babel-Bibel-Streit. Fribourg 1994.

39 Paul de Lagarde, Deutsche Schriften. Göttingen 1886, ³1892, 75.

40 Zur Biographie Lagardes siehe: Jean Favrat, La Pensée de Paul de Lagarde (1827–1891). Contribution à l'étude des rapports de la religion et de la politique dans le nationalisme et le conservatisme allemands au XIXème siècle. Paris 1976; als präzises Porträt auch: Ina Ulrike Paul, Paul Anton de Lagarde, in: Puschner / Schmitz / Ulbricht (Hg.), Handbuch (wie Anm. 35), 45–93.

41 Zur Analyse von Lagardes Kulturkritik grundlegend: Fritz Stern, Kulturpessimismus als politische Gefahr. Eine Analyse nationaler Ideologie in Deutschland. Bern, Stuttgart 1963.

42 Vgl. insbesondere: Christophe Charle, Vordenker der Moderne. Die Intellektuellen im 19. Jahrhundert. Frankfurt a. M. 1997; Gangolf Hübinger, Die Intellektuellen im wilhelminischen Deutschland. Zum Forschungsstand, in: ders./Wolfgang J. Mommsen (Hg.), Intellektuelle im Deutschen Kaiserreich. Frankfurt a. M. 1993, 198–210.

43 Arthur Bonus, Von Stoecker zu Naumann. Ein Wort zur Germanisierung des Christentums. Heilbronn 1896.

44 Martin Schian, Geheimreligion der Gebildeten, in: ders. (Hg.), Handbuch für das kirchliche Amt. Leipzig 1928, 201. Siehe auch: Constantin von Zastrow/Theophil Steinmann, Die Geheimreligion der Gebildeten. Göttingen 1913.

45 Zum Begriff siehe: Johannes Wendland, Die neue Diesseitsreligion. Tübingen 1914.

46 Die Pfarrer Jatho und Schrempf wurden nach aufsehenerregenden kirch-

lichen Disziplinar- bzw. Lehrbeanstandungsverfahren ihres Amtes enthoben. Als erste neuere Fallstudie siehe: Hans Martin Müller, Persönliches Glaubenszeugnis und das Bekenntnis der Kirche. Der «Fall Schrempf», in: Friedrich Wilhelm Graf/Hans Martin Müller (Hg.), Der deutsche Protestantismus um 1900. Gütersloh 1996, 223–237.

47 Arthur Drews, Die Christusmythe. Jena 1909.

48 Zum Verlagsprofil siehe: Hübinger (1996); Irmgard Heidler, Der Verleger Eugen Diederichs und seine Welt (1896–1930). Wiesbaden 1998; Justus H. Ulbricht/Meike G. Werner (Hg.), Romantik, Revolution und Reform. Der Eugen Diederichs-Verlag im Epochenkontext 1900 bis 1949. Göttingen 1999.

49 Der Briefwechsel zwischen Strauß und Renan ist zugänglich in: Ernest Renan, Was ist eine Nation? und andere politische Schriften. Wien 1995, 85–138.

50 Von großem Interesse wäre ein systematisch orientierter Vergleich zwischen den zivil- oder nationalreligiösen Utopien von Renan einerseits und Strauß oder de Lagarde andererseits. Zu Renan immer noch grundlegend: Jules Chaix-Ruy, Ernest Renan. Paris 1956; Harold William Wardmann, Ernest Renan. A Critical Biography. London 1964.

51 Heather A. Henderson, The Victorian Self. Autobiography and Biblical Narrative. Ithaca 1989; Errol Warwick Slinn, The Discourse of Self in Victorian Poetry. Basingstoke, London 1991.

52 Siehe u. a. David Lyttle, Studies in Religion in Early American Literature. Edwards, Poe, Channing, Emerson, Some Minor Transcendentalists, Hawthorne, and Thoreau. Lanham 1983; Donald L. Gelpi, Endless Seeker. The Religious Quest of Ralph Waldo Emerson. Lanham 1991.

53 William Daniel Grant (Hg.), Christendom Anno Domini 1901. A Presentation of Christian Conditions and Activities in Every Country of the World at the Beginning of the Twentieth Century, 2 Bde. New York 1902.

54 Siehe u. a. die Beiträge von Paul Schubring in: Carl Werckshagen (Hg.), Der Protestantismus am Ende des XIX. Jahrhunderts in Wort und Bild, Bd. 2. Berlin 1901: Die protestantische Malerei im XIX. Jahrhundert (809–842); Die protestantische Bildnerei im XIX. Jahrhundert (843–853); Der protestantische Kirchenbau im XIX. Jahrhundert (854–864).

55 Rudolf Steininger, Polarisierung und Integration. Eine vergleichende Untersuchung der strukturellen Versäulung der Gesellschaft in den Niederlanden und in Österreich. Meisenheim am Glan 1975.

56 Ribbat (1996).

57 Horst Groschopp, Dissidenten. Freidenkerei und Kultur in Deutschland. Berlin 1997; Simon-Ritz (1997).

58 Reinhold Seeberg, Die Kirche Deutschlands im neunzehnten Jahrhundert. Eine Einführung in die religiösen, theologischen und kirchlichen Fragen der Gegenwart (4. durchweg neubearbeitete und stark vermehrte Auflage von «An der Schwelle des zwanzigsten Jahrhunderts»). Leipzig 1903.

59 Encyclopædia of Religion and Ethics, 12 Bde. Hrsg. von James Hastings.

Edinburgh 1908–1921. Deutsche Mitarbeiter waren u. a. die Theologen Wilhelm Bousset, Eduard König, Friedrich Loofs und Ernst Troeltsch, aus Philosophie und Philologie Rudolf Eucken, Carl Bezold, Richard Garbe und Heinrich Zimmer.

60 The Jewish Encyclopaedia. A descriptive record of the history, religion, literature, and customs of the Jewish people from the earliest times, 12 Bde. Hrsg. von Isidor Singer. New York 1901–1906.

61 Heinrich Julius Holtzmann, Die Zukunftsaufgaben der Religion und der Religionswissenschaft, in: Die Kultur der Gegenwart, Teil I, Abteilung IV, 2: Systematische christliche Religion. Berlin 1909, 256–279, Zitat: 278.

62 Den besten Überblick über die religionskulturellen Zeitdiagnosen prominenter italienischer Modernisten bietet: Lorenzo Bedeschi, Il Modernismo Italiano. Voci e volti. Milano 1995.

63 Dazu immer noch grundlegend: Lawrence Francis Barmann, Baron Friedrich von Hügel and the Modernist Crisis in England. Cambridge 1972.

64 Vgl. den Sammelband von Jacques Gadille u. a. (Hg.), Les catholiques libéraux au XIXème siècle: Actes du Colloque International d'Histoire Religieuse de Grenoble [1971]. Grenoble 1974.

65 Zum amerikanischen katholischen Modernismus bzw. «americanism» grundlegend: Robert Scott Appleby, «Church and Age Unite!». The Modernist Impulse in American Catholicism. Notre Dame 1992. Appleby spielt im Untertitel seiner materialreichen Studie auf eine inzwischen klassische Monographie zur nordamerikanischen liberalprotestantischen Theologie an: William Robert Hutchison, The Modernist Impulse in American Protestantism. Durham ²1992.

66 Zur internen Differenzierung der katholischen Theologie um 1900 siehe: Hubert Wolf (Hg.), Antimodernismus und Modernismus in der katholischen Kirche. Beiträge zum theologiegeschichtlichen Vorfeld des II. Vatikanums. Paderborn 1998.

67 Siehe: Otto Weiß, Der Modernismus in Deutschland. Ein Beitrag zur Theologiegeschichte. Regensburg 1995; ders., Modernismus und Antimodernismus im Dominikanerorden. Zugleich ein Beitrag zum «Sodalitium Pianum». Regensburg 1998.

68 Dazu siehe: Lepp (1996).

69 Siehe etwa: Reinhold Seeberg, Kirche (wie Anm. 58), 171 f., 359.

70 Dafür repräsentativ sind die Kulturanalysen des vor allem in den USA und in Großbritannien einflußreichen Berliner Systematischen Theologen und Religionswissenschaftlers Otto Pfleiderer.

71 Ernst Troeltsch, Die Religion im deutschen Staate [1912], in: ders., Zur religiösen Lage, Religionsphilosophie und Ethik. Gesammelte Schriften, Bd. 2. Tübingen 1913, 68–90, Zitat: 73.

72 Hartmut Ruddies, Soziale Demokratie und freier Protestantismus. Ernst Troeltsch in den Anfängen der Weimarer Republik, in: Troeltsch-Studien, Bd. 3: Protestantismus und Neuzeit. Gütersloh 1984, 145–174, Zitat: 146.

73 Die einschlägigen Texte finden sich vor allem in Band 2 der «Gesammelten Schriften» Troeltschs (wie Anm. 71).

74 Ernst Troeltsch, Religion, in: Das Jahr 1913. Ein Gesamtbild der Kulturentwicklung. Hrsg. von D. Sarason. Leipzig 1913, 533–549.

75 Siehe dazu: Herman Schell, Der Katholicismus als Prinzip des Fortschritts. Würzburg 1897.

76 Armin Müller-Dreier, Konfession in Politik, Gesellschaft und Kultur des Kaiserreichs. Der Evangelische Bund 1886–1914. Gütersloh 1998; zur Katholikenphobie im Evangelischen Bund sehr instruktiv: Willibald Beyschlag, Aus meinem Leben, Bd. 2. Halle 1899.

77 Adolf Harnack, Protestanten und Katholiken, in: ders., Wissenschaft und Leben, Bd. 1. Gießen 1911, 225–250.

78 Der klassische Text liegt nun in einer Neuausgabe vor: Adolf von Harnack, Das Wesen des Christentums. Hrsg. von Trutz Rendtorff. Gütersloh 1999.

79 Vgl. hierzu den Briefwechsel zwischen Ernst Troeltsch und Friedrich von Hügel: Ernst Troeltsch. Briefe an Friedrich von Huegel 1901–1923. Hrsg. von Karl-Ernst Apfelbacher, Peter Neuner. Paderborn 1974.

80 Siehe etwa: Shailer Mathews, The Making of To-Morrow. Interpretations of the World To-Day. New York 1913.

81 Dazu siehe: Christian Schwarke, Jesus kam nach Washington. Die Legitimation der amerikanischen Demokratie aus dem Geist des Protestantismus. Gütersloh 1991.

82 Felix Aaron Theilhaber, Der Untergang der deutschen Juden. Eine volkswirtschaftliche Studie. München 1911, 44.

83 Ebd., 49 ff.

84 Felix Aaron Theilhaber, Die Schädigung der Rasse durch soziales und wirtschaftliches Aufsteigen. Berlin 1914. Zum Gebrauch von Rassekonzepten in den europäischen Ethnologien und Religionswissenschaften des 19. Jahrhunderts siehe: Olender (1989).

85 Theilhaber, Untergang (wie Anm. 82), 94.

86 Dazu siehe: Helmuth F. Braun, «Höre, Israel!». Antisemitismus und Assimilation, in: Hans Wilderotter (Hg.), Walther Rathenau 1867–1922: Die Extreme berühren sich. Berlin 1994, 320–341.

87 Dazu siehe auch: David H. Ellenson, The Role of Reform in Selected German-Jewish Orthodox Response. A Sociological Analysis, in: Hebrew Union College Annual 53 (1982), 357–380.

88 Theilhaber, Untergang (wie Anm. 82), 92 f. Zur Geschichte des liberalen Reformjudentums grundlegend: Meyer (1988).

89 Zu Hermann Cohens Bekenntnis zum Judentum und seiner nationalistischen Emphase insbesondere im Ersten Weltkrieg siehe vor allem: Amos Funkenstein, Hermann Cohen: Philosophie, Deutschtum und Judentum, in: Walter Grab (Hg.), Jüdische Integration und Identität in Deutschland und Österreich 1848–1918. Tel Aviv 1984, 355–364; Ulrich Sieg, Aufstieg und Niedergang des Marburger Neukantianismus. Die Geschichte einer philosophischen Schulgemeinschaft. Würzburg 1994, bes. 146–157,

393–412; ders. (2001). Zum philosophiehistorischen Kontext wichtig: Nathan Rotenstreich, Jews and German Philosophy. The Polemics of Emancipation. New York 1984.

90 Theilhaber, Untergang (wie Anm. 82), 93.

91 Zitiert nach Theilhaber, Untergang (wie Anm. 82), 93.

92 Zur Renegatensemantik siehe u. a. Theilhaber, Untergang (wie Anm. 82), 95.

93 Die vielfältigen Vernetzungen zwischen der deutschsprachigen liberalprotestantischen Exegese um 1900 und der «Wissenschaft des Judentums» sind nun in materialreichen Fallstudien sichtbar geworden: Hans-Günter Waubke, Die Pharisäer in der protestantischen Bibelwissenschaft des 19. Jahrhunderts. Tübingen 1998; Wiese (1999).

94 Aus der Fülle der Literatur siehe: Jonathan Sacks, One People? Tradition, Modernity, and Jewish Unity. London 1993. Speziell zur Situation der deutschen Juden: Yerushalmi (1982).

95 Für Deutschland siehe: Shulamit Volkov, Jüdische Assimilation und Eigenart im Kaiserreich, in: dies., Jüdisches Leben und Antisemitismus im 19. und 20. Jahrhundert. München 1990, 131–145; dies., Die Juden in Deutschland 1780–1918. München 1994, 86–112. Analytisch weiterführend: Till van Rahden, Weder Milieu noch Konfession. Die situative Ethnizität der deutschen Juden im Kaiserreich in vergleichender Perspektive, in: Blaschke/Kuhlemann (1996), 409–434.

96 Zur Historisierung jüdischer Traditionsbestände siehe: Ismar Schorsch, The Emergence of Historical Consciousness in Modern Judaism, in: Leo Baeck Institute. Year Book 23 (1983), 413–437.

97 Dazu noch immer grundlegend: Hans Liebeschütz, Das Judentum im deutschen Geschichtsbild von Hegel bis Max Weber. Tübingen 1967.

98 Dazu siehe die in der Quellenerschließung allerdings unzureichende Studie von Uriel Tal, Christians and Jews in Germany. Religion, Politics and Ideology in the Second Reich, 1870–1914. Ithaca 1974.

99 Der klassische Text ist jetzt erstmals in einer kritischen Edition zugänglich: Ernst Troeltsch, Die Absolutheit des Christentums und die Religionsgeschichte (1902/1912) mit den Thesen von 1901 und den handschriftlichen Zusätzen. Hrsg. von Trutz Rendtorff (Ernst Troeltsch Kritische Gesamtausgabe, Bd. 5). Berlin, New York 1998.

100 Siehe insbesondere: Leo Baeck, Harnacks Vorlesungen über das Wesen des Christentums, in: Monatsschrift für Geschichte und Wissenschaft des Judentums 45 = N. F. 9 (1901), 97–130; Separatausgabe Breslau ²1902. Bibliographische Hinweise zu der von Baeck ausgelösten Diskussion finden sich bei: Thomas Hübner, Adolf von Harnacks Vorlesungen über das Wesen des Christentums unter besonderer Berücksichtigung der Methodenfragen als sachgemäßer Zugang zu ihrer Christologie und Wirkungsgeschichte. Frankfurt a. M., Berlin, Bern 1994. Zu den lebensgeschichtlichen Kontexten von Baecks Harnack-Kritik grundlegend: Albert H. Friedlander, Leo Baeck. Leben und Lehre. Stuttgart 1973, 70–75. Speziell zu seiner Konstruktion des «Wesens des Judentums»: Uriel Tal, Theologi-

sche Debatte um das «Wesen des Judentums», in: Werner Eugen Mosse/ Arnold Paucker (Hg.), Juden im Wilhelminischen Deutschland 1890–1914. Tübingen 1976, 599–632; Walter Homolka, Jüdische Identität in der modernen Welt. Leo Baeck und der deutsche Protestantismus. Gütersloh 1994.

101 Martin Buber, Jüdische Renaissance, in: Ost und West 1 (1901), 7–10.

102 Martin Buber an Eugen Diederichs, 20.6.1907, in: Martin Buber, Briefwechsel aus sieben Jahrzehnten, Bd. I: 1897–1918. Hrsg. von Grete Schaeder. Heidelberg 1972, 257. Bubers spätere Transformation der Mystik in eine dialogische Ich-Du-Philosophie analysiert: Paul Mendes-Flohr, From Mysticism to Dialogue. Martin Buber's Transformation of German Social Thought. Detroit 1988.

103 Siehe dazu den instruktiven Überblick von Ritchie Robertson, Die Erneuerung des Judentums aus dem Geist der Assimilation 1900–1922, in: Wolfgang Braungart u. a. (Hg.), Ästhetische und religiöse Erfahrungen der Jahrhundertwenden, Bd. II: um 1900. Paderborn 1998, 171–193; weiterführend jetzt: Sieg (2001).

104 Dazu finden sich faszinierende Hinweise bei: Stéphane Mosès, L'Ange de l'Histoire. Rosenzweig, Benjamin, Scholem. Paris 1992 (dt.: Der Engel der Geschichte. Franz Rosenzweig, Walter Benjamin, Gershom Scholem. Frankfurt a. M. 1994).

105 Zu den Traditionen des liberalen Reformjudentums grundlegend: Meyer (1988). Bleibende Traditionsbindungen prominenter Reformjuden betont: Jacob Toury, The Revolution that Did Not Happen. A Reappraisal of Reform-Judaism, in: Zeitschrift für Religions- und Geistesgeschichte 36 (1984), 193–203.

106 Zu den Historisierungsprozessen in der «Wissenschaft des Judentums» siehe: Nathan Rotenstreich, Tradition and Reality. The Impact of History on Modern Jewish Thought. New York 1972; Wiese (1999).

107 Barbara Suchy, The Verein zur Abwehr des Antisemitismus – From Its Beginning to the First World War, in: Leo Baeck Institute. Year Book 28 (1983), 205–239; 30 (1985), 67–103.

108 Dazu im einzelnen: Kurt Nowak, Kulturprotestantismus und Judentum in der Weimarer Republik. Wolfenbüttel 1991.

109 Dies gilt trotz des brillanten Überblicks von Thomas Nipperdey, Religion im Umbruch. München 1988; leicht überarbeitet in: ders., Deutsche Geschichte 1866–1918, Bd. I. München 1990, 428–531.

110 Für die Erschließung religiöser Neologismen um 1900 ist das «Kirchenlexikon» sehr hilfreich, das sich Franz Overbeck in tausenden von kleinen Notaten erstellt hat, um seinen Bruch mit dem Kirchenglauben zu verarbeiten: Franz Overbeck, Werke und Nachlaß. Kirchenlexicon Texte. Ausgewählte Artikel A–I, J–Z. Hrsg. von Barbara von Reibnitz. Stuttgart 1995; Kirchenlexicon Materialien, 2 Bde. Hrsg. von Barbara von Reibnitz. Stuttgart 1996, 1997.

111 Edith Hanke, Prophet des Unmodernen. Leo N. Tolstoi als Kulturkritiker in der deutschen Diskussion der Jahrhundertwende. Tübingen 1993.

112 Niklaus Peter, Im Schatten der Modernität. Franz Overbecks Weg zur
     «Christlichkeit unserer heutigen Theologie». Stuttgart 1992.

113 Einen präzisen Überblick bietet: Ulrich Linse, Säkularisierung oder neue
     Religiosität? Zur religiösen Situation in Deutschland um 1900, in: Re-
     cherches Germaniques 26 (1996), 117–141.

114 Zu den vielen synkretistischen Verschmelzungen von christlichen und ger-
     manischen Symbolsystemen siehe: Puschner/Schmitz/Ulbricht (Hg.),
     Handbuch (wie Anm. 35).

115 Klaus-Josef Notz, Der Buddhismus in Deutschland in seinen Selbstdarstel-
     lungen. Frankfurt a. M. 1984, bes. 31–43.

116 Siehe dazu: Urs Walter Meyer, Europäische Rezeption indischer Philoso-
     phie und Religion. Dargestellt am Beispiel von Arthur Schopenhauer. Bern
     1994.

117 Hans Gallwitz, Friedrich Nietzsche als Erzieher zum Christentum, in:
     Preußische Jahrücher 83/84 (1896), 324–347.

118 Steven E. Aschheim, Nietzsche und die Deutschen. Karriere eines Kults.
     Stuttgart, Weimar 1996, bes. 221.

119 Albert Kalthoff, Die Religion der Modernen. Jena 1905.

120 Aschheim, Nietzsche (wie Anm. 118), 226.

121 Julius Hart, Der neue Gott. Ein Ausblick auf das kommende Jahrhundert.
     Florenz 1899, 92.

122 Siehe dazu: Kristian Fechtner, Volkskirche im neuzeitlichen Christentum.
     Die Bedeutung Ernst Troeltschs für eine künftige praktisch-theologische
     Theorie der Kirche. Gütersloh 1995, das Troeltsch-Zitat: 189; Arie L. Mo-
     lendijk, Zwischen Theologie und Soziologie. Ernst Troeltschs Typen der
     christlichen Gemeinschaftsbildung: Kirche, Sekte, Mystik. Gütersloh 1996.

123 Ernst Troeltsch, Religiöser Individualismus und Kirche, in: ders., Gesam-
     melte Schriften, Bd. 2. Tübingen 1913, 109–133, Zitat: 133.

4. Gottes Stimme auf globalen Märkten

Stark gekürzt und überarbeitet aus: Wilhelm Korff u. a. (Hg.), Handbuch
der Wirtschaftsethik, Bd. 1: Verhältnisbestimmung von Wirtschaft und
Ethik. Gütersloh 1999, 567–596; 627–669.

 1 Dazu unter anderen: Donald N. McCloskey, Knowledge and Persuasion in
    Economics. Cambridge 1994; Hansjörg Siegenthaler, Regelvertrauen, Pro-
    sperität und Krisen. Die Ungleichmäßigkeit wirtschaftlicher und sozialer
    Entwicklung als Ergebnis individuellen Handelns und sozialen Lernens.
    Tübingen 1993; ders., Wege zum Wohlstand: Das Beispiel der USA, der
    Schweiz und Brasiliens, in: Wolfram Fischer (Hg.), Lebensstandard und
    Wirtschaftssysteme. Frankfurt a. M. 1995, 175–212; ders., Geschichte
    und Ökonomie nach der kulturalistischen Wende, in: Geschichte und Ge-
    sellschaft 25 (1999), 276–301; Jan-Otmar Hesse (Hg.), Kulturalismus,
    neue Institutionenökonomik oder Theorienvielfalt: eine Zwischenbilanz
    der Unternehmensgeschichte. Essen 2002.

 2 Siehe dazu: Viktor Vanberg/James M. Buchanan, Interests and Theories in
    Constitutional Choice, in: Journal of Theoretical Politics 1 (1989), 49–62.

3 Zum Aufbau von Regelvertrauen und den Strategien der Bewältigung von Krisenerfahrungen mit Blick auf ökonomische Prozesse grundlegend: Siegenthaler, Regelvertrauen (wie Anm. 1).

4 «Vor allem das Adjektiv ‹wirtschaftlich› entledigte sich meist der umständlichen Langform und triumphierte im letzten Drittel des 19. Jahrhunderts über ‹kommerziell› wie über ‹ökonomisch›. Nun liest man allenthalben von ‹wirtschaftlichen Fragen›, ‹wirtschaftlichen Interessen› […]. Von ‹Volkswirtschaft› bleibt um 1900: ‹die Wirtschaft›»: Johannes Burkhardt, Art.: Wirtschaft, VII. Die Entfaltung des Wirtschaftsdenkens, 19./20. Jahrhundert, in: Otto Brunner/Werner Conze/Reinhart Koselleck (Hg.), Geschichtliche Grundbegriffe. Historisches Lexikon zur politisch-sozialen Sprache in Deutschland, Bd. 7. Stuttgart 1992, 577–591, Zitat: 586 f.

5 Zu Begriff und Thema siehe: Martin Baumeister, Parität und katholische Inferiorität. Untersuchungen zur Stellung des Katholizismus im Kaiserreich. Paderborn, München 1987.

6 Zusammenfassend: Werner Sombart, Die Juden und das Wirtschaftsleben. München, Leipzig 1911. Zur Entstehungs- und Wirkungsgeschichte von Sombarts Thesen siehe: Friedrich Lenger, Werner Sombart. Eine Biographie. München 1994, 187–218.

7 Zur Begriffsgeschichte siehe die Hinweise bei: Richard Passow, «Kapitalismus». Eine begrifflich-terminologische Studie. Jena 1918; [2]1927.

8 Zur Wirkungsgeschichte der «Weber-These» siehe: Hartmut Lehmann/Guenther Roth (Hg.), Weber's ‹Protestant Ethic›. Origins, Evidence, Contexts. Cambridge 1993; Hartmut Lehmann, Max Webers «Protestantische Ethik». Beiträge aus der Sicht eines Historikers. Göttingen 1996.

9 Michel Albert, Capitalisme contre capitalisme. Paris 1991 (dt.: Kapitalismus contra Kapitalismus. Frankfurt a. M., New York 1992).

10 Siehe dazu: Carsten Herrmann-Pillath, Konfuzianismus und chinesische Religionen, in: Wilhelm Korff u. a. (Hg.), Handbuch der Wirtschaftsethik, Bd. 1. Gütersloh 1999, 605–618; Nutzinger (2002).

11 Zu diesem Modell, das von vier Haupttypen des Kapitalismus ausgeht: Siegfried Böttcher, Ostasien denkt und handelt anders. Konsequenzen für Deutschland. Berlin, München 1996; ders., Kulturelle Unterschiede – Grenzen der Globalisierung. Ein Vergleich zwischen dem Westen und Ostasien. Berlin, München 1999. Zu den unterschiedlichen «Marktkulturen» auch: Robert W. Hefner (Hg.), Market Cultures. Society and Morality in the New Asian Capitalisms. Boulder 1998.

12 Zu den spezifisch okzidentalen Prägungen des horizontalen Marktkapitalismus siehe: Alfred Bürgin, Zur Soziogenese der Politischen Ökonomie. Wirtschaftsgeschichtliche und dogmenhistorische Betrachtungen. Marburg 1993.

13 Die europäische Entwicklung seit der Reformation skizzieren prägnant: Kaspar von Greyerz, Religion und Kultur. Europa 1500–1800. Göttingen 2000; Rémond (1998).

14 Zur «globalen Rückkehr von Religionen» in kulturvergleichender Perspektive siehe: Riesebrodt (2000); zur politischen Dimension: Berger (1999).

15 Dazu siehe den Überblick bei: Gilles Kepel, La Revanche de Dieu: Chré-
    tiens, juifs et musulmans à la reconquête du monde. Paris 1991 (dt.: Die
    Rache Gottes. Radikale Moslems, Christen und Juden auf dem Vor-
    marsch. München 1991; ³1994); Marty/Appleby (1995) und weitere Bän-
    de des «Fundamentalism Project» der American Academy of Arts and
    Sciences; Bielefeldt/Heitmeyer (1998); Almond/Appleby/Sivan (2003).

16 Max Weber, Wirtschaft und Gesellschaft. Die Wirtschaft und die gesell-
    schaftlichen Ordnungen und Mächte. Nachlaß, Teilband 1: Gemeinschaf-
    ten. Hrsg. von Wolfgang J. Mommsen (Max-Weber-Gesamtausgabe, Bd.
    22–1). Tübingen 2001, 194.

17 Ebd.

18 Zur Problemdiskussion siehe: Wolfgang Schluchter, Die Entstehung des
    okzidentalen Rationalismus. Eine Analyse von Max Webers Gesellschafts-
    geschichte. Tübingen 1979; ders. (Hg.), Max Webers Studie über das anti-
    ke Judentum. Interpretation und Kritik. Frankfurt a. M. 1981; Kippen-
    berg/Riesebrodt (2001); Kippenberg (2002).

19 Siehe dazu die Beiträge in: Wilhelm Korff u. a. (Hg.), Handbuch (wie
    Anm. 10).

20 Zum Thema: Richard Sennett, The Corrosion of Character. The Personal
    Consequences of Work in the New Capitalism. New York 1998 (dt.: Der
    flexible Mensch. Die Kultur des neuen Kapitalismus. Berlin 1998).

21 Zum Diskussionsstand siehe: Graf/Platthaus/Schleissing (1999); André
    Habisch, Sozialkapital, in: Wilhelm Korff u. a. (Hg.), Handbuch der Wirt-
    schaftsethik, Bd. 4: Ausgewählte Handlungsfelder. Gütersloh 1999, 472–
    509; Putnam (2001); Corwin Smidt (Hg.), Religion as Social Capital. Pro-
    ducing the Common Good. Waco 2003.

22 Gordon Redding, The Spirit of Chinese Capitalism. Berlin, New York 1990.

23 Francis Fukuyama, Trust. The Social Virtues and the Creation of Prosperi-
    ty. London, New York 1995 (dt.: Konfuzius und Marktwirtschaft. Mün-
    chen 1995, 381).

24 Dazu siehe: Mohamed Ariff (Hg.), Islamic Banking in Southeast Asia. Is-
    lam and the Economic Development of Southeast Asia. Singapore 1988.

25 Als Überblick siehe: Hans-Dieter Evers/Sharon Siddique (Hg.), Religious
    Revivalism in Southeast Asia. Singapore 1993.

26 Zum analytischen Konzept: John Sydenham Furnivall, Plural Societies, in:
    Hans-Dieter Evers (Hg.), Sociology of South-East Asia. Readings on So-
    cial Change and Development. Kuala Lumpur 1980, 86–96.

27 Dazu finden sich vielfältige historische Belege bei: Jürgen Osterhammel,
    Die Entzauberung Asiens. Europa und die asiatischen Reiche im 18. Jahr-
    hundert. München 1998.

28 Grundlegend dazu: Gunnar Myrdal, Asian Drama. An Enquiry into the
    Poverty of Nations. Harmondsworth, London, New York 1968 (dt. Kurz-
    fassung: Asiatisches Drama. Eine Untersuchung über die Armut der Na-
    tionen. Frankfurt a. M. 1973).

29 Siehe im einzelnen dazu: Volker S. Stahr, Südostasien und der Islam. Kul-
    turraum zwischen Kommerz und Koran. Darmstadt 1997; Robert W. Hef-

ner/Patricia Horvatich (Hg.), Islam in an Era of Nation States. Politics and Religious Renewal in Muslim Southeast Asia. Honolulu 1997.

30 Auf den religiösen Faktor verweist ausdrücklich die Analyse der Asian Development Bank: Emerging Asia. Changes and Challenges. Manila 1997.

31 Zum Hintergrund siehe: Young-Yoon Kim, Die asiatische Pazifikregion. Entstehung eines neuen Weltwirtschaftsraumes. Frankfurt a. M. 1990; Eric Jones/Lionel Frost/Colin White, Coming Full Circle. An Economic History of the Pacific Rim. Boulder 1993.

32 Siehe dazu: Richard Francis Gombrich, Theravada Buddhism. A Social History from Ancient Benares to Modern Colombo. London 1988 (dt.: Der Theravada-Buddhismus. Vom alten Indien bis zum modernen Sri Lanka. Stuttgart 1996).

33 Siehe dazu die Kontroversen in: Suzanne Berger/Ronald Dore (Hg.), National Diversity and Global Capitalism. Ithaca, London 1996; Colin Crouch/Wolfgang Streeck (Hg.), Political Economy of Modern Capitalism. Mapping Convergence and Diversity. London 1997; Peter Bernholz/Manfred E. Streit/Roland Vaubel (Hg.), Political Competition, Innovation and Growth. A Historical Analysis. Berlin, Heidelberg, New York 1998.

34 Die strukturelle Überlegenheit eines reformierten «rheinischen Kapitalismus» über das anglo-amerikanische Konkurrenzmodell favorisiert vor allem: Albert, Capitalisme (wie Anm. 9).

35 Zum «neuen Institutionalismus» siehe: Norbert Reuter, Der Institutionalismus. Geschichte und Theorie der evolutionären Ökonomie. Marburg 1994; Thomas Plümper, Der Wandel weltwirtschaftlicher Institutionen. Regimedynamik durch ökonomische Prozesse. Berlin 1996; Robert Boyer/Daniel Drache (Hg.), States against Markets. The Limits of Globalization. London, New York 1997; Joseph Rogers Hollingsworth/Robert Boyer (Hg.), Contemporary Capitalism. The Embeddedness of Institutions. Cambridge 1997.

5. Religiöse Letzthorizonte –
Risiko oder Chance für kulturelle Identitäten?

Stark überarbeitet aus: Werner Krawietz/Gert Riechers/Klaus Veddeler (Hg.), Konvergenz oder Konfrontation? Transformationen kultureller Identität in den Rechtssystemen an der Schwelle zum 21. Jahrhundert (= Rechtstheorie 29 [1998]), 311–329.

1 Samuel P. Huntington, The Clash of Civilizations?, in: Foreign Affairs 72, 3 (1993), 22–49.

2 Samuel P. Huntington, The Clash of Civilizations and the Remaking of World Order. New York 1996 (dt.: Der Kampf der Kulturen. Die Neugestaltung der Weltpolitik im 20. Jahrhundert. München 1996). Zur Diskussion um Huntingtons Thesen siehe: Werner Krawietz/Gert Riechers/Klaus Veddeler (Hg.), Konvergenz oder Konfrontation? Transformationen kultureller Identität in den Rechtssystemen an der Schwelle zum 21. Jahrhun-

dert. Berlin 1998; Riesebrodt (2000); Udo M. Metzinger, Die Huntington-Debatte. Die Auseinandersetzung mit Huntingtons «Clash of Civilizations» in der Publizistik. Köln 2000.

3 Huntington, Clash? (wie Anm. 1), 25.

4 Dazu siehe: Wagner (1986).

5 Zur Geschichte religionswissenschaftlicher Deutungen der Religion als eines Integrationsmediums grundlegend: Kippenberg (1997).

6 Siehe dazu die Quellensammlung: Sami Awad Aldeeb Abu-Sahlieh, Les musulmans face aux droits de l'homme. Religion & droit & politique. Etude et documents. Bochum 1994, sowie: ders., Les mouvements islamistes et les droits de l'homme. Bochum 1998; Abdullahi Ahmed An-Na'im, Islamic Foundations of Religious Human Rights, in: Witte (1996), 337–359; Lorenz Müller, Islam und Menschenrechte. Sunnitische Muslime zwischen Islamismus, Säkularismus und Modernismus. Hamburg 1996.

7 Zu Asiens Standort in der Menschenrechtsdiskussion siehe: Voigt (1998), 239–324; William Theodore de Bary, Asian Values and Human Rights. A Confucian Communitarian Perspective. Cambridge 1998; dazu auch den Kommentar von: Anthony C. Yu, Which Values? Whose Perspective?, in: Journal of Religion 80 (2000), 299–304.

8 Georg Jellinek, Die Erklärung der Menschen- und Bürgerrechte. Ein Beitrag zur modernen Verfassungsgeschichte. Leipzig 1895. Zur Wirkungsgeschichte siehe: Michael Stolleis, Georg Jellineks Beitrag zur Entwicklung der Menschen- und Bürgerrechte, in: Stanley L. Paulson/Martin Schulte (Hg.), Georg Jellinek – Beiträge zu Leben und Werk. Tübingen 2000, 103–116.

9 Eingehend dazu: Putz (1991). Zu Problemgeschichte und historischer Tiefendimension siehe auch: Wolfgang Schmale, Archäologie der Grund- und Menschenrechte in der Frühen Neuzeit. München 1997.

10 Traugott Koch, Menschenwürde als das Menschenrecht – Zur Grundlegung eines theologischen Begriffs des Rechts, in: Zeitschrift für Evangelische Ethik 35 (1991), 96–112.

11 Ebd., 98 f.; 101.

12 Dazu siehe: Heckel (1987), 40–75, Zitat: 40.

13 Für Perspektiven des Vergleichs siehe: Schwartländer (1993); Witte (1996); Voigt (1998); Wolf (2000); Höver (2001).

14 Sultanhussein Tabandeh, A Muslim Commentary on the Universal Declaration of Human Rights. London 1970.

15 Hinzu kommen zahlreiche Erklärungen aus einzelnen arabischen Staaten – siehe dazu Aldeeb Abu-Sahlieh, Musulmans (wie Anm. 6).

16 Abdullahi Ahmed An-Na'im, Toward an Islamic Reformation. Civil Liberties, Human Rights, and International Law. Syracuse 1990.

17 Ann Elizabeth Mayer, Islam and Human Rights. Tradition and Politics. Boulder 1991.

18 Johann Christoph Bürgel, Allmacht und Mächtigkeit. Religion und Welt im Islam. München 1991; ders., Der Islam und die Menschenrechte, in: Roland Kley (Hg.), Geisteswissenschaftliche Dimensionen der Politik.

Festschrift für Alois Riklin zum 65. Geburtstag. Bern, Stuttgart, Wien 2000, 31–60.

19 Zur islamischen Menschenrechtsdebatte siehe: Bassam Tibi, Im Schatten Allahs. Der Islam und die Menschenrechte. München, Zürich 1994; aktualisiert: München 2003.

20 Zum Diskussionshintergrund siehe: Johannes Hoffmann (Hg.), Begründung von Menschenrechten aus der Sicht unterschiedlicher Kulturen. Frankfurt a. M. 1991; ders. (Hg.), Universale Menschenrechte im Widerspruch der Kulturen. Frankfurt a. M. 1994; Wolfgang Schmale (Hg.), Human Rights and Cultural Diversity: Europe. Arabic-Islamic World. Africa. China. Goldbach 1993; Voigt (1998); Wolf (2000); Hoppe (2002).

21 Thomas Hoppe, Menschenrechte: international verpflichtende Minimalstandards oder Manifestationen säkularisierter Religiosität? Zum Spannungsverhältnis zwischen universalem Geltungsanspruch der Menschenrechte und der Partikularität seiner Begründungen, in: Andreas Fritzsche/Manfred Kwiran (Hg.), Der Mensch. München 1998, 26–36, Zitat: 29.

22 Panajotis Kondylis, Globale Mobilmachung. Konflikt der Kulturen oder Konflikte ohne Kultur?, in: Frankfurter Allgemeine Zeitung, 13.7.1996, 27.

23 Dazu grundlegend: D. Martin (1990).

24 Sehr materialreich dazu: Hollenweger (1997).

25 Dazu siehe: Hans Küng, Projekt Weltethos. München, Zürich 1990, [7]2002; zuletzt: ders., Wozu Weltethos? Religion und Ethik in Zeiten der Globalisierung. Freiburg, Wien 2002; ders. (Hg.), Dokumentation zum Weltethos. München, Zürich 2002. Zum Konzept eines «planetarischen Ethos» siehe auch: Wolfgang Huber, Gerechtigkeit und Recht. Grundlinien christlicher Rechtsethik. Gütersloh 1996.

III. DAS EIGENRECHT DES NORMATIVEN. REFLEXIONEN IN POSTSÄKULARER ZEIT

1. Was leistet postmoderne Religionswissenschaft?
Bisher unveröffentlicht.

1 Dazu siehe: Hans Rollmann, Ernst Troeltsch in Amerika. Die Reise zum Weltkongreß der Wissenschaften nach St. Louis (1904), in: Horst Renz (Hg.), Ernst Troeltsch zwischen Heidelberg und Berlin. Gütersloh 2001, 88–117.

2 Ernst Troeltsch, (Rez.) William James: The Varieties of Religious Experience [1904], in: ders., Rezensionen und Kritiken (1901–1914). Hrsg. von Friedrich Wilhelm Graf (Ernst Troeltsch Kritische Gesamtausgabe, Bd. 4). Berlin, New York 2004, 364–371.

3 Ernst Troeltsch, Psychologie und Erkenntnistheorie in der Religionswissenschaft. Eine Untersuchung über die Bedeutung der Kantischen Religionslehre für die heutige Religionswissenschaft [1905]. Tübingen [2]1922, 18.

4 So überliefert in der Vorlesungsmitschrift von Gertrud von Le Fort, «Reli-

gionsphilosophie», Friedrich-Wilhelms-Universität zu Berlin, Winter-semester 1915/1916 (Ernst-Troeltsch-Forschungsstelle, Ludwig-Maximilians-Universität München), 39.

5 Zur neueren anglo-amerikanischen Diskussion um den Religionsbegriff siehe: Saler (1993); McCutcheon (1997); Flood (1999).

6 Zusammenfassend dazu: Friedrich Wilhelm Graf/Astrid Reuter, Art. Religion, History of, in: International Encyclopedia of the Social and Behavioral Sciences, Bd. 19. Oxford 2001, 1371–1377.

7 Siehe dazu: Kippenberg (1997); Molendijk/Pels (1998).

8 Zu Begriff und Begrenzung dieses Feldes: Pierre Bourdieu, Genèse et structure du champ religieux, in: Revue française de sociologie 12 (1971), 295–334; ders., Die Auflösung des Religiösen, in: ders., Rede und Antwort. Frankfurt a. M. 1992, 231–237.

9 Dazu instruktiv: Terence R. Wright, The Religion of Humanity. The Impact of Comtean Positivism on Victorian Britain. Cambridge 1986.

10 Michel Foucaults Begriff «Diskurspolizei» hat viele Vorläufer in den deutschen Religionsdebatten des 18. Jahrhunderts: So wurde die moralische Disziplinierung und religiöse Gesinnungssteuerung durch die weltlichen wie kirchlichen oder synagogalen Obrigkeiten in den einschlägigen Rechtstexten und in der juristischen Literatur als «Religionspolizei» bezeichnet. Genau diesem Ziel, den kirchlichen «Afterglauben» der einfachen Leute (I. Kant) oder die dumpfe «Volksfrömmigkeit» um der öffentlichen Wohlfahrt willen zu reinigen, dienten auch die neuen Religionswissenschaften.

11 Olender (1989).

12 Ernst Troeltsch, Der Historismus und seine Probleme. Tübingen 1922; siehe dazu: Friedrich Wilhelm Graf (Hg.), Ernst Troeltschs Historismus. Gütersloh ²2003. Zur wissenschaftsgeschichtlichen Entwicklung im ganzen: Michael Murrmann-Kahl, Die entzauberte Heilsgeschichte. Der Historismus erobert die Theologie. Gütersloh 1992.

13 Ulrich Raulff, Auf sie mit Gedrill! Martialisch, monumentalisch, mythisch: Michel Foucault erfand die Historie, von der Friedrich Nietzsche träumte, in: Frankfurter Allgemeine Zeitung, 2. 11. 1999, L 25.

14 Russell T. McCutcheon (Hg.), The Insider/Outsider Problem in the Study of Religion. London, New York 1999; James Clifford/George E. Marcus (Hg.), Writing Culture. The Poetics and Politics of Ethnography. Berkeley, Los Angeles, London 1986.

15 Asad (1993), bes. 256 ff.

16 Siehe dazu: Schmitz (1996); Haußig (1999).

17 Jonathan Z. Smith (1982), XI.

18 Fritz Stolz, Religionswissenschaft nach dem Verlust ihres Gegenstandes, in: Ernst Feil (Hg.), Streitfall «Religion». Münster 2000, 137–140.

19 William Edward Arnal, Definition, in: Willi Braun/Russell T. McCutcheon (Hg.), Guide to the Study of Religion. London, New York 2000, 21–34, Zitat: 30.

20 Zur Selbsterkundung religiöser Sprachen im Wandel siehe jetzt: Prickett

(2002); Concise Encyclopedia of Language and Religion. Hrsg. von John F. A. Sawyer, J. M. Y. Simpson. Amsterdam 2001.

21 Karl-Heinz Kohl, Abwehr und Verlangen. Zur Geschichte der Ethnologie. Frankfurt a. M., New York 1987, 3 ff.; Astrid Reuter, Die Intellektuellen, die brasilianische Identität und der Candomblé. Zur Motivgeschichte der afro-brasilianischen Religionsforschung, in: Kea 12 (1999), 91–111.

22 Hayden White, Historical Emplotment and the Problem of Truth, in: Saul Friedlander (Hg.), Probing the Limits of Representation. Nazism and the «Final Solution». Cambridge 1992, 37–53.

23 Roger Chartier, Au bord de la falaise. L'histoire entre certitude et inquiétude. Paris 1998, 119 ff. Zu diesem Problemkomplex siehe auch: Egon Flaig, Kinderkrankheiten der Neuen Kulturgeschichte, in: Kiesow/Simon (2000), 26–47.

24 Yerushalmi (1982).

25 Zu dieser Tendenz siehe: Bill Ashcroft/Gareth Griffiths/Helen Tiffin (Hg.), The Empire Writes Back. Theory and Practice in Post-Colonial Literatures. London, New York 1989; dies. (Hg.), The Post-Colonial Studies Reader. London, New York 1995.

26 Hannah Franziska Augstein, James Cowles Prichard's Anthropology. Remaking the Science of Man in Early Nineteenth Century Britain. Amsterdam, Atlanta 1999, 68 ff., 143 ff.

27 Zu Fromms jüdischer Prägung siehe: Svante Lundgren, Fight Against Idols. Erich Fromm on Religion, Judaism and the Bible. Frankfurt a. M., Berlin, Bern 1998.

28 Siehe dazu: Richard Fardon, Mary Douglas. An Intellectual Biography. London, New York 1999, bes. 241 ff.

29 Berger (1980).

30 Siehe dazu: Francisco J. Varela/Evan Thompson, The Embodied Mind. Cognitive Science and Human Experience. Cambridge 1991 (dt.: Der mittlere Weg der Erkenntnis. Die Beziehung von Ich und Welt in der Kognitionswissenschaft – der Brückenschlag zwischen wissenschaftlicher Theorie und menschlicher Erfahrung. Bern, München 1992); Francisco J. Varela/Humberto R. Maturana, The Tree of Knowledge. The Biological Roots of Human Understanding. Boston, London 1987; Pyysiäinen (2001).

31 Ernst Troeltsch, Religion, in: Das Jahr 1913 (wie Anm. 74 Kap. II. 3.), Zitat: 534.

32 Bruce Hoffman, Inside Terrorism. New York 1998 (dt.: Terrorismus – der unerklärte Krieg. Neue Gefahren politischer Gewalt. Frankfurt a. M. 1999, ⁴2002). Zur religiösen Codierung terroristischer Gewalt in vergleichender Perspektive siehe: Juergensmeyer (2000).

33 Zur religiösen Codierung der komplexen Konfliktlagen im Nahen Osten siehe: Reiner Bernstein, Der verborgene Frieden. Politik und Religion im Nahen Osten. Berlin 2000.

34 Dazu siehe: Almond/Appleby/Sivan (2003).

35 Ernst Troeltsch an Hugo Münsterberg, 15. 10. 1904 – siehe dazu eingehend: Rollmann, Troeltsch (wie Anm. 1), 116.

2. Wozu noch Theologie?

Erheblich erweitert und überarbeitet aus: Frankfurter Allgemeine Zeitung, 17. 8. 2000, Nr. 190, S. 11.

1 Trutz Rendtorff, Theologie als Kritik und Konstruktion. Die exemplarische Bedeutung der Frage der Theologie nach sich selbst, in: ders., Theorie des Christentums. Historisch-theologische Studien zu seiner neuzeitlichen Verfassung. Gütersloh 1972, 182–200, Zitat: 184.

2 Paul Tillich (Hg.), Protestantismus als Kritik und Gestaltung. Darmstadt 1929.

3 Wolfhart Pannenberg, Wissenschaftstheorie und Theologie. Frankfurt a. M. 1973.

4 Edward Farley, Ecclesial Reflection. An Anatomy of Theological Method. Philadelphia 1982.

5 Der klassische Text stammt von Johann Joachim Spalding und erschien 1772: Ueber die Nutzbarkeit des Predigtamts und deren Beförderung (wie Anm. 22 Kap. II. 1.).

6 Hintergrundaufhellung betreibt: Wolfhart Pannenberg, Hintergründe des Streites um die Rechtfertigung in der evangelischen Theologie. Sitzungsberichte der Bayerischen Akademie der Wissenschaften, Phil.-Hist. Klasse, 2000, H. 3. München 2000; siehe auch: Zur Rechtfertigungslehre. Zeitschrift für Theologie und Kirche, Beiheft 10. Tübingen 1998. Zum Streit um die «Erklärung» als Diskussionsübersicht hilfreich: Rechtfertigung kontrovers. Die Gemeinsame Erklärung zur Rechtfertigungslehre im Gespräch der Konfessionen. Berlin 2000.

7 Dazu siehe: Nipperdey (1988); ferner als ebenso dichte wie differenzierte Fallstudien und Milieu-Analysen: von Reeken (1999); Kuhlemann (2001).

8 Falk Wagner, Metamorphosen des modernen Protestantismus. Tübingen 1999.

9 Adolf Harnack, Die evangelische Theologie. (Leitsätze), in: Franz Koehler (Hg.), Frei und gewiß im Glauben! Beiträge zur Vertiefung in das Wesen der christlichen Religion. Berlin 1909, 1–3, Zitat: 1.

10 Die journalistische Begriffsprägung greift auf: Ingolf U. Dalferth, «Was Gott ist, bestimme ich!». Theologie im Zeitalter der «Cafeteria-Religion», in: Theologische Literaturzeitung 121 (1996), Sp. 415–430.

11 Wolfgang Steck, Praktische Theologie, Bd. I: Horizonte der Religion. Konturen des neuzeitlichen Christentums. Strukturen der religiösen Lebenswelt. Stuttgart, Berlin, Köln 2000.

12 Zuerst wohl: Olaf Blaschke, Die Kolonialisierung der Laienwelt. Priester als Milieumanager und die Kanäle kirchlicher Kuratel, in: Blaschke/Kuhlemann (1996), 93–135.

13 Hier im Sinne von Donald Davidsons hermeneutischem «principle of charity» – dazu siehe die Studien in: Donald Davidson, Inquiries into Truth and Interpretation. Oxford, New York 1984.

14 Paul Tillich, Über die Idee einer Theologie der Kultur [1919], in: ders., Gesammelte Werke, Bd. IX: Die religiöse Substanz der Kultur. Schriften zur Theologie der Kultur. Hrsg. von Renate Albrecht. Stuttgart ²1975, 13–31.

15 Als inzwischen klassische Bestandsaufnahme und Lagebeschreibung siehe: Jürgen Habermas (Hg.), Stichworte zur «Geistigen Situation der Zeit», 2 Bde. Frankfurt a. M. 1979; ders., Die neue Unübersichtlichkeit. Frankfurt a. M. 1985.

16 Zum Kontext der Kulturdiskurse um 1900 siehe: Rüdiger vom Bruch/ Friedrich Wilhelm Graf/Gangolf Hübinger (Hg.), Kultur und Kulturwissenschaften um 1900, 2 Bde. Stuttgart 1989, 1997.

17 Ernst Troeltsch, Der Historismus und seine Probleme. Erstes Buch: Das logische Problem der Geschichtsphilosophie. Tübingen 1922, 84.

18 Wolfgang Hardtwig, Geschichtsreligion – Wissenschaft als Arbeit – Objektivität. Der Historismus in neuer Sicht, in: Historische Zeitschrift 252 (1991), 1–32.

19 Siehe dazu die wichtige Studie von: Thomas Albert Howard, Religion and the Rise of Historicism. W. M. L. de Wette, Jacob Burckhardt, and the Theological Origins of Nineteenth-Century Historical Consciousness. Cambridge 2000.

20 Als theoretisch-theoriegeschichtliche Untersuchung des Problemfeldes jetzt grundlegend: Thomas (2001).

21 Entscheidungen des Bundesverfassungsgerichts, Bd. 101, Nr. 1 [6. 7. 1999]. Tübingen 2000, 1–45, hier bes.: 36.

22 Erik Peterson, Der Monotheismus als politisches Problem. Ein Beitrag zur Geschichte der politischen Theologie im Imperium Romanum. Leipzig 1935; zur Diskussion um Petersons These siehe: Alfred Schindler (Hg.), Monotheismus als politisches Problem? Erik Peterson und die Kritik der politischen Theologie. Gütersloh 1978.

23 Siehe dazu: Heinrich Meier, Carl Schmitt, Leo Strauss und «Der Begriff des Politischen». Zu einem Dialog unter Abwesenden. Stuttgart 1988, erweitert: Stuttgart 1998; ders., Das theologisch-politische Problem. Zum Thema von Leo Strauss. Stuttgart 2003.

24 Trutz Rendtorff, Gott – ein Wort unserer Sprache? Ein theologischer Essay. München 1972, 17.

25 Adolf Harnack, Das Wesen des Christentums. Leipzig 1900, 40.

POSTSKRIPTUM 2007

1 Christian Eilinghoff, Ökonomische Analyse der Religion. Theoretische Konzepte und rechtspolitische Empfehlungen. Frankfurt a. M., New York 2005.

2 Anne Koch, The Study of Religion as Theorienschmiede for Cultural Studies: A Test of Cognitive Science and Religious-Economic Modes of Access, in: Method and Theory in the Study of Religion 18 (2006), 254–272.

3 Alexander Kenneth Nagel, Charitable Choice – Religiöse Institutionalisierung im öffentlichen Raum. Religion und Sozialpolitik in den USA. Hamburg 2006.

4 Martin Held/Gisela Kubon-Gilke/Richard Sturm (Hg.), Ökonomie und Religion. Jahrbuch Normative und institutionelle Grundfragen der Öko-

nomik, Bd. 6. Marburg 2007; an Bourdieu orientiert: Jean-Pierre Bastian (Hg.), Pluralisation religieuse et logique de marché. Bern, Berlin 2007.

5 Vgl. Friedrich Wilhelm Graf/Klaus Große Kracht (Hg.), Religion und Gesellschaft. Europa im 20. Jahrhundert. Köln 2007.

6 Vgl. Ralph Ghadban, Tariq Ramadan und die Islamisierung Europas. Berlin 2006.

7 Vgl. Gritt Klinkhammer, Moderne Formen islamischer Lebensführung. Eine qualitativ-empirische Untersuchung zur Religiosität sunnitisch geprägter Frauen der zweiten Generation in Deutschland. Marburg 2000; Jamal Malik (Hg.), Muslims in Europe. From the Margin to the Centre. Münster, Berlin 2004; Thorsten Gerald Schneiders/Lamya Kaddor (Hg.), Muslime im Rechtsstaat. Münster, Berlin 2005; Nina Clara Tiesler, Muslime in Europa. Religion und Identitätspolitiken unter veränderten gesellschaftlichen Bedingungen. Berlin 2006; Gerdien Jonker/Valérie Amiraux (Hg.), Politics of Visibility. Young Muslims in European Public Spaces. Bielefeld 2006; Schirin Amir-Moazami, Politisierte Religion. Der Kopftuchstreit in Deutschland und Frankreich. Bielefeld 2007.

8 Zur juristischen Hintergrunddimension vgl. Hans G. Kippenberg/Gunnar F. Schuppert (Hg.), Die verrechtlichte Religion. Der Öffentlichkeitsstatus von Religionsgemeinschaften. Tübingen 2005.

9 Aziz Al-Azmeh, Islams and Modernities. London 1993; dt. Übersetzung: Die Islamisierung des Islam. Imaginäre Welten einer politischen Theologie. Frankfurt a. M., New York 1996.

10 Vgl. dazu Winnifred Fallers Sullivan, The Impossibility of Religious Freedom. Princeton 2005; Oliver Lepsius, Die Religionsfreiheit als Minderheitenrecht in Deutschland, Frankreich und den USA, in: Leviathan 34 (2006), 321–349.

11 Callum G. Brown, The Death of Christian Britain. Understanding secularisation 1800–2000. London 2001; ders., Religion and Society in Twentieth-Century Britain. Harlow 2006.

12 Hugh McLeod, The Religious Crisis of the 1960s, in: Journal of Modern European History 3 (2005), 205–230; ders., The Religious Crisis of the 1960s. Oxford 2007.

13 Grace Davie, Religion in Britain since 1945: Believing without Belonging. Oxford 1994; dies., Religion in Modern Europe: A Memory Mutates. Oxford 2000; methodisch weiterführend: dies., The Sociology of Religion. London 2007.

14 Vgl. David Martin, Forbidden Revolutions: Pentecostalism in Latin America and Catholicism in Eastern Europe. London 1996; ders., Pentecostalism: The World Their Parish. Oxford ³2006; Bernice Martin, The aesthetics of Latin American pentecostalism. The sociology of religion and the problem of taste, in: Elisabeth Arweck (Hg.), Materializing Religion: Expression, performance and ritual. Aldershot 2006, 138–160.

15 Zum Thema instruktiv: Sebastian Conrad/Shalini Randeria (Hg.), Jenseits des Eurozentrismus. Frankfurt a. M. 2002.

16 Dazu jetzt erste Analysen in: Bernd U. Schipper/Georg Plasger (Hg.), Apokalyptik und kein Ende? Göttingen 2007.

Literaturhinweise

(in den Anmerkungen mit Verfassername und Erscheinungsjahr zitiert)

Almond, Gabriel Abraham/Appleby, Robert Scott/Sivan, Emmanuel (Hg.): Strong Religion. The Rise of Fundamentalisms around the World. Chicago 2003.

Asad, Talal: Genealogies of Religion. Discipline and Reasons of Power in Christianity and Islam. Baltimore, London 1993.

Becker, Annette: La guerre et la foi. De la mort à la mémoire 1914–1930. Paris 1994.

Becker, Frank: Konfessionelle Nationsbilder im Deutschen Kaiserreich. In: Haupt/Langewiesche (2001), 389–418.

Berger, Peter L.: The Heretical Imperative. Contemporary Possibilities of Religious Affirmation. Garden City 1980 (dt.: Der Zwang zur Häresie. Religion in der pluralistischen Gesellschaft. Frankfurt a. M. 1980).

Berger, Peter L. (Hg.): The Desecularization of the World. Resurgent Religion and World Politics. Washington 1999.

Berghoff, Peter: Der Tod des politischen Kollektivs. Politische Religion und das Sterben und Töten für Volk, Nation und Rasse. Berlin 1997.

Berghoff, Peter: Das Phantasma der «kollektiven Identität» und die religiöse Dimension in den Vorstellungen von Volk und Nation. In: von Schnurbein/Ulbricht (2001), 56–74.

Bielefeldt, Heiner/Heitmeyer, Wilhelm (Hg.): Politisierte Religion. Ursachen und Erscheinungsformen des modernen Fundamentalismus. Frankfurt a. M. 1998.

Blaschke, Olaf: Das 19. Jahrhundert: Ein Zweites Konfessionelles Zeitalter? In: Geschichte und Gesellschaft 26 (2000), 38–75.

Blaschke, Olaf (Hg.): Konfessionen im Konflikt. Deutschland zwischen 1800 und 1970: ein zweites konfessionelles Zeitalter. Göttingen 2002.

Blaschke, Olaf/Kuhlemann, Frank-Michael (Hg.): Religion im Kaiserreich. Milieus, Mentalitäten, Krisen. Gütersloh 1996; ²2000.

Bruce, Steve (Hg.): Religion and Modernization. Sociologists and Historians debate the Secularization Thesis. Oxford 1992.

Busch, Norbert: Katholische Frömmigkeit und Moderne. Die Sozial- und Mentalitätsgeschichte des Herz-Jesu-Kultes in Deutschland zwischen Kulturkampf und Erstem Weltkrieg. Gütersloh 1996.

Buschmann, Nikolaus: Auferstehung der Nation? Konfession und Nationalismus vor der Reichsgründung in der Debatte jüdischer, protestantischer und katholischer Kreise. In: Haupt/Langewiesche (2001), 333–388.

Casanova, José: Public Religions in the Modern World. Chicago 1994.

Chaline, Nadine-Josette (Hg.): Chrétiens dans la Première Guerre Mondiale. Paris 1993.

Cox, Jeffrey: Secularization and Other Master Narratives of Religion in Modern Europe. In: Kirchliche Zeitgeschichte 14 (2001), 24–35.

Drehsen, Volker: Neuzeitliche Konstitutionsbedingungen der Praktischen Theologie. Aspekte der theologischen Wende zur sozialkulturellen Lebenswelt christlicher Religion. 2 Bde., Gütersloh 1988.

Faber, Richard (Hg.): Politische Religion – religiöse Politik. Würzburg 1997.

Faber, Richard (Hg.): Säkularisierung und Resakralisierung. Zur Geschichte des Kirchenlieds und seiner Rezeption. Würzburg 2001.

Fitzgerald, Timothy: The Ideology of Religious Studies. New York, Oxford 2000.

Flood, Gavin: Beyond Phenomenology. Rethinking the Study of Religion. London, New York 1999.

Gambarotto, Laurent: Foi et patrie. La prédication du protestantisme français pendant la Première Guerre Mondiale. Genève 1996.

Gräb, Wilhelm: Sinn fürs Unendliche. Religion in der Mediengesellschaft. Gütersloh 2002.

Graf, Friedrich Wilhelm/Platthaus, Andreas/Schleissing, Stephan (Hg.): Soziales Kapital in der Bürgergesellschaft. Stuttgart 1999.

Gramley, Hedda: Propheten des deutschen Nationalismus. Theologen, Historiker und Nationalökonomen 1848–1880. Frankfurt a. M., New York 2001.

Greeley, Andrew M.: Religion in Europe at the End of the Second Millennium. New Brunswick, London 2002.

Hastings, Adrian: The Construction of Nationhood. Ethnicity, Religion and Nationalism. Cambridge 1997.

Haupt, Heinz-Gerhard/Langewiesche, Dieter (Hg.): Nation und Religion in der deutschen Geschichte. Frankfurt a. M., New York 2001.

Haußig, Hans-Michael: Der Religionsbegriff in den Religionen. Studien zum Selbst- und Religionsverständnis in Hinduismus, Buddhismus, Judentum und Islam. Berlin, Bodenheim 1999.

Heckel, Martin: Die Menschenrechte im Spiegel der reformatorischen Theologie. Heidelberg 1987.

Hering, Rainer: Säkularisierung, Entkirchlichung, Dechristianisierung und Formen der Rechristianisierung bzw. Resakralisierung in Deutschland. In: von Schnurbein/Ulbricht (2001), 120–164.

Hildebrandt, Mathias/Brocker, Manfred/Behr, Hartmut (Hg.): Säkularisierung und Resakralisierung in westlichen Gesellschaften. Ideengeschichtliche und theoretische Perspektiven. Wiesbaden 2001.

Hölscher, Lucian: Weltgericht oder Revolution. Protestantische und sozialistische Zukunftsvorstellungen im Kaiserreich. Stuttgart 1989.

Hölscher, Lucian: Die Religion des Bürgers. Bürgerliche Frömmigkeit und protestantische Kirche im 19. Jahrhundert. In: Historische Zeitschrift 250 (1990), 595–630.

Hölscher, Lucian: Säkularisierungsprozesse im deutschen Protestantismus des

19. Jahrhunderts. Ein Vergleich zwischen Bürgertum und Arbeiterschaft. In: Hans-Jürgen Puhle (Hg.): Bürger in der Gesellschaft der Neuzeit. Wirtschaft – Politik – Kultur. Göttingen 1991, 238–258.

Hölscher, Lucian: Religion im Wandel. Von Begriffen des religiösen Wandels zum Wandel religiöser Begriffe. In: Wilhelm Gräb (Hg.): Religion als Thema der Theologie. Geschichte, Standpunkte und Perspektiven theologischer Religionskritik und Religionsbegründung. Gütersloh 1999, 45–62.

Höver, Gerhard (Hg.): Religion und Menschenrechte. Genese und Geltung. Baden-Baden 2001.

Hollenweger, Walter J.: Charismatisch-pfingstliches Christentum. Herkunft – Situation – Ökumenische Chancen. Göttingen 1997.

Hoover, Arlie J.: The Gospel of Nationalism: German Patriotic Preaching from Napoleon to Versailles. Stuttgart 1986.

Hoover, Arlie J.: God, Germany, and Britain in the Great War: A Study in Clerical Nationalism. New York 1989.

Hoppe, Thomas: Menschenrechte im Spannungsfeld von Freiheit, Gleichheit und Solidarität. Grundlagen eines internationalen Ethos zwischen universalem Geltungsanspruch und Partikularitätsverdacht. Stuttgart 2002.

Hübinger, Gangolf: Kulturprotestantismus und Politik. Zum Verhältnis von Liberalismus und Protestantismus im wilhelminischen Deutschland. Tübingen 1994.

Hübinger, Gangolf (Hg.): Versammlungsort moderner Geister. Der Eugen Diederichs Verlag – Aufbruch ins Jahrhundert der Extreme. München 1996.

Hutchison, William Robert/Lehmann, Hartmut (Hg.): Many Are Chosen. Divine Election and Western Nationalism. Minneapolis 1994.

Juergensmeyer, Mark: Terror in the Mind of God. The Global Rise of Religious Violence. Berkeley, London 2000.

Kaiser, Jochen-Christoph: Konfessionelle Verbände im 19. Jahrhundert. Versuch einer Typologie. In: Helmut Baier (Hg.): Kirche in Staat und Gesellschaft im 19. Jahrhundert. Neustadt a. d. Aisch 1992, 187–209.

Kallscheuer, Otto (Hg.): Das Europa der Religionen. Ein Kontinent zwischen Säkularisierung und Fundamentalismus. Frankfurt a. M. 1996.

Kiesow, Rainer Maria/Simon, Dieter (Hg.): Auf der Suche nach der verlorenen Wahrheit. Zum Grundlagenstreit in der Geschichtswissenschaft. Frankfurt a. M., New York 2000.

Kippenberg, Hans Gerhard: Die Entdeckung der Religionsgeschichte. Religionswissenschaft und Moderne. München 1997.

Kippenberg, Hans Gerhard/Riesebrodt, Martin (Hg.): Max Webers «Religionssystematik». Tübingen 2001.

Kippenberg, Hans Gerhard: Handlungsrationalität im Lichte von Webers Religiösen Gemeinschaften. Inspektion eines Paradigmas. In: Nutzinger (2002), 23–42.

Krech, Volkhard: Wissenschaft und Religion. Studien zur Geschichte der Religionsforschung in Deutschland 1871–1933. Tübingen 2002.

Krech, Volkhard/Tyrell, Hartmann (Hg.): Religionssoziologie um 1900. Würzburg 1995.

Krumeich, Gerd: «Gott mit uns»? Der Erste Weltkrieg als Religionskrieg. In: ders./Lehmann (2000), 273–283.

Krumeich, Gerd/Lehmann, Hartmut (Hg.): «Gott mit uns». Nation, Religion und Gewalt im 19. und frühen 20. Jahrhundert. Göttingen 2000.

Kuhlemannn, Frank-Michael: Bürgerlichkeit und Religion. Zur Sozial- und Mentalitätsgeschichte der evangelischen Pfarrer in Baden 1860–1914. Göttingen 2001.

Kuhlemann, Frank-Michael/Schmuhl, Hans-Walter (Hg.): Beruf und Religion im 19. und 20. Jahrhundert. Stuttgart 2003.

Lächele, Rainer: Pietismus und Patriotismus im protestantischen Kirchenlied des 19. Jahrhunderts. Das Beispiel Württemberg. In: Faber (2001), 41–60.

Langewiesche, Dieter: Nation, Nationalismus, Nationalstaat in Deutschland und Europa. München 2000.

Laube, Stefan: Konfessionelle Brüche in der nationalen Heldengalerie – Protestantische, katholische und jüdische Erinnerungsgemeinschaften im deutschen Kaiserreich (1871–1918). In: Haupt/Langewiesche (2001), 293–332.

Lehmann, Hartmut: Friedrich von Bodelschwingh und das Sedanfest. Ein Beitrag zum nationalen Denken der politisch aktiven Richtung im deutschen Pietismus des 19. Jahrhunderts. In: Historische Zeitschrift 202 (1966), 542–573 [erneut in: Lehmann (1996), 205–232].

Lehmann, Hartmut: Pietism and Nationalism. The Relationship between Protestant Revivalism and National Renewal in Nineteenth-Century Germany. In: Church History 51 (1982), 39–53 [erneut in: Lehmann (1996), 233–247].

Lehmann, Hartmut: Neupietismus und Säkularisierung. Beobachtungen zum sozialen Umfeld und politischen Hintergrund von Erweckungsbewegung und Gemeinschaftsbewegung. In: Pietismus und Neuzeit 15 (1989), 40–58 [erneut in: Lehmann (1998), 81–104].

Lehmann, Hartmut: Religion und Religiosität in der Neuzeit. Historische Beiträge. Hrsg. von Manfred Jakubowski-Tiessen, Otto Ulbricht. Göttingen 1996.

Lehmann, Hartmut (Hg.): Säkularisierung, Dechristianisierung, Rechristianisierung im neuzeitlichen Europa. Bilanz und Perspektiven der Forschung. Göttingen 1997.

Lehmann, Hartmut: Protestantische Weltsichten. Transformationen seit dem 17. Jahrhundert. Göttingen 1998.

Lehmann, Hartmut: Protestantisches Christentum im Prozeß der Säkularisierung. Göttingen 2001.

Lepp, Claudia: Protestantisch-liberaler Aufbruch in die Moderne. Der deutsche Protestantenverein in der Zeit der Reichsgründung und des Kulturkampfes. Gütersloh 1996.

Linse, Ulrich: Geisterseher und Wunderwirker. Heilssuche im Industriezeitalter. Frankfurt a. M. 1996.

Marramao, Giacomo: Cielo e terra. Genealogia della secolarizzazione. Bari, Roma 1994 (dt.: Die Säkularisierung der westlichen Welt. Frankfurt a. M., Leipzig 1996).

Martin, David: Tongues of Fire. The Explosion of Protestantism in Latin America. Oxford 1990.

Martin, Philippe: Christianisation? Déchristianisation? Rechristianisation? La question de la sacralisation de l'espace dans la France catholique (XIXe–XXe siècles). In: Kirchliche Zeitgeschichte 11 (1998), 51–68.

Marty, Martin Emil/Appleby, Robert Scott (Hg.): Fundamentalisms Comprehended. Chicago, London 1995.

McCutcheon, Russell T.: Manufacturing Religion. The Discourse on Sui Generis Religion and the Politics of Nostalgia. New York, Oxford 1997.

McLeod, Hugh (Hg.): European Religion in the Age of Great Cities, 1830–1930. London, New York 1995.

McLeod, Hugh: Comparing Secularisations: Germany and Britain. In: Anselm Doering-Manteuffel/Kurt Nowak (Hg.): Religionspolitik in Deutschland. Von der Frühen Neuzeit bis zur Gegenwart. Stuttgart, Berlin, Köln 1999, 177–192.

McLeod, Hugh: Secularisation in Western Europe, 1848–1914. Basingstoke, London 2000.

McLeod, Hugh/Ustorf, Werner (Hg.): The Decline of Christendom in Western Europe, 1750–2000. Cambridge 2003.

Mehnert, Gottfried: Evangelische Presse. Geschichte und Erscheinungsbild von der Reformation bis zur Gegenwart. Bielefeld 1983.

Meyer, Michael A.: Response to Modernity. A History of the Reform Movement in Judaism. Oxford 1988 (dt.: Antwort auf die Moderne. Geschichte der Reformbewegungen im Judentum. Wien 2000).

Molendijk, Arie L./Pels, Peter (Hg.): Religion in the Making. The Emergence of the Sciences of Religion. Leiden, New York, Köln 1998.

Mommsen, Wolfgang J.: Die nationalgeschichtliche Umdeutung der christlichen Botschaft im Ersten Weltkrieg. In: Krumeich/Lehmann (2000), 249–261.

Nipperdey, Thomas: Religion im Umbruch. Deutschland 1870–1918. München 1988.

Nutzinger, Hans Gottfried (Hg.): Religion, Werte und Wirtschaft. China und der Transformationsprozeß in Asien. Marburg 2002.

Olender, Maurice: Les langues du paradis. Aryens et sémites: un couple providentiel. Paris 1989 (dt.: Die Sprachen des Paradieses. Religion, Philologie und Rassentheorie im 19. Jahrhundert. Frankfurt a. M., New York, Paris 1995).

Perkins, Mary Anne: Nation and Word, 1770–1850. Religious and Metaphysical Language in European National Consciousness. Aldershot 1999.

Platvoet, Jan G./Molendijk, Arie L. (Hg.): The Pragmatics of Defining Religion. Contexts, Concepts and Contests. Leiden, Boston, Köln 1999.

Pollack, Detlef: Was ist Religion? Probleme der Definition. In: Zeitschrift für Religionswissenschaft 3 (1995), 163-190.

Prickett, Stephen: Narrative, Religion and Science. Fundamentalism versus Irony, 1700–1999. Cambridge 2002.

Puschner, Uwe: Die völkische Bewegung im wilhelminischen Kaiserreich. Sprache – Rasse – Religion. Darmstadt 2001.

Puschner, Uwe: ‹One People, one Reich, one God›: the Völkische Weltanschauung and Bewegung. In: Bulletin. German Historical Institute London 24 (2002), 5–28.

Putnam, Robert D. (Hg.): Gesellschaft und Gemeinsinn. Sozialkapital im internationalen Vergleich. Gütersloh 2001.

Putz, Gertraud: Christentum und Menschenrechte. Innsbruck, Wien 1991.

Pyysiäinen, Ilkka: How Religion Works. Towards a New Cognitive Science of Religion. Leiden, Boston, Köln 2001.

Rahden, Till van: Juden und andere Breslauer. Die Beziehungen zwischen Juden, Protestanten und Katholiken in einer deutschen Großstadt 1860–1925. Göttingen 2000.

Reeken, Dietmar von: Kirchen im Umbruch zur Moderne. Milieubildungsprozesse im nordwestdeutschen Protestantismus 1849–1914. Gütersloh 1999.

Rémond, René: Religion et société en Europe. Paris 1998 (dt.: Religion und Gesellschaft in Europa. Von 1789 bis zur Gegenwart. München 2000).

Ribbat, Christoph: Religiöse Erregung. Protestantische Schwärmer im Kaiserreich. Frankfurt a. M., New York 1996.

Riesebrodt, Martin: Die Rückkehr der Religionen. Fundamentalismus und der «Kampf der Kulturen». München 2000; ²2001.

Saler, Benson: Conceptualizing Religion. Immanent Anthropologists, Transcendent Natives, and Unbounded Categories. Leiden, New York, Köln 1993.

Schieder, Wolfgang: Religion in der Sozialgeschichte. In: ders./Volker Sellin (Hg.): Sozialgeschichte in Deutschland. Entwicklungen und Perspektiven im internationalen Zusammenhang, Bd. 3: Soziales Verhalten und soziale Aktionsformen in der Geschichte. Göttingen 1987, 9–31.

Schieder, Wolfgang: Sozialgeschichte der Religion im 19. Jahrhundert. Bemerkungen zur Forschungslage. In: ders. (Hg.): Religion und Gesellschaft im 19. Jahrhundert. Stuttgart 1993, 11–28.

Schmitz, Bertram: ‹Religion› und seine Entsprechungen im interkulturellen Bereich. Marburg 1996.

Schnurbein, Stefanie von/Ulbricht, Justus H. (Hg.): Völkische Religion und Krisen der Moderne: Entwürfe «arteigener» Glaubenssysteme seit der Jahrhundertwende. Würzburg 2001.

Schwartländer, Johannes (Hg.): Freiheit der Religion. Christentum und Islam unter dem Anspruch der Menschenrechte. Mainz 1993.

Sieg, Ulrich: Jüdische Intellektuelle im Ersten Weltkrieg. Kriegserfahrungen, weltanschauliche Debatten und kulturelle Neuentwürfe. Berlin 2001.

Simon-Ritz, Frank: Die Organisation einer Weltanschauung. Die freigeistige Bewegung im Wilhelminischen Deutschland. Gütersloh 1997.

Smith, Helmut Walser: German Nationalism and Religious Conflict. Culture, Ideology, Politics 1870–1914. Princeton 1995.

Smith, Helmut Walser (Hg.): Protestants, Catholics and Jews in Germany: 1800–1914. Oxford 2001.

Smith, Jonathan Z.: Imagining Religion. From Babylon to Jonestown. Chicago 1982.

Stambolis, Barbara: Nationalisierung trotz Ultramontanisierung oder: «Alles für Deutschland. Deutschland aber für Christus». Mentalitätsleitende Wertorientierung deutscher Katholiken im 19. und 20. Jahrhundert. In: Historische Zeitschrift 269 (1999), 57–97.

Steinmetz, Willibald: Die ‹Nation› in konfessionellen Lexika und Enzyklopädien (1830–1940). In: Haupt/Langewiesche (2001), 217–292.

Thomas, Günter: Implizite Religion. Theoriegeschichtliche und theoretische Untersuchungen zum Problem ihrer Identifikation. Würzburg 2001.

Veer, Peter van der/Lehmann, Hartmut (Hg.): Nation and Religion. Perspectives on Europe and Asia. Princeton 1999.

Voigt, Uwe (Hg.): Die Menschenrechte im interkulturellen Dialog. Frankfurt a. M. 1998.

Volkov, Shulamit: Das jüdische Projekt der Moderne. Zehn Essays. München 2001.

Wagner, Falk: Was ist Religion? Studien zu ihrem Begriff und Thema in Geschichte und Gegenwart. Gütersloh 1986.

Wehler, Hans-Ulrich: Die Herausforderung der Kulturgeschichte. München 1998.

Wiese, Christian: Wissenschaft des Judentums und protestantische Theologie im wilhelminischen Deutschland. Ein Schrei ins Leere? Tübingen 1999.

Witte, John (Hg.): Religious Human Rights in Global Perspective, Bd. I: Religious Perspectives. Den Haag 1996.

Wolf, Jean-Claude (Hg.): Menschenrechte interkulturell. Fribourg 2000.

Yerushalmi, Yosef Hayim: Zakhor. Jewish History and Jewish Memory. Seattle, London 1982 (dt.: Zachor: Erinnere Dich! Jüdische Geschichte und jüdisches Gedächtnis. Berlin 1988).

Zander, Helmut: Geschichte der Seelenwanderung in Europa. Alternative religiöse Traditionen von der Antike bis heute. Darmstadt 1999.

Personenregister